JUS PUBLICUM

Beiträge zum Öffentlichen Recht

Band 330

Hendrik Munsonius

Das Amtsparadox

Vom Amt und seinem »Ethos«

Mohr Siebeck

PD Dr. iur. *Hendrik Munsonius*, M.Th., geboren 1973. Studium der Rechtswissenschaften (1993–1999) und Ev. Theologie (2007–2010). 2001–2006 Referent in der Kirchenverwaltung der Ev. Kirche in Hessen und Nassau, Darmstadt. Seit 2006 Referent im Kirchenrechtlichen Institut der EKD, Göttingen. Promotion 2008. Habilitation 2024.
orcid.org/0000-0002-6936-6794

ISBN 978-3-16-163862-6 / eISBN 978-3-16-163863-3
DOI 10.1628/978-3-16-163863-3

ISSN 0941-0503/eISSN 2568-8480 (Jus Publicum)

Die Deutsche Nationalbibliothek verzeichnet diese Publikation in der Deutschen Nationalbibliographie; detaillierte bibliographische Daten sind über *https://dnb.dnb.de* abrufbar.

Das Buch wurde von Laupp und Göbel aus der Minion gesetzt, von Druckerei Stückle in Ettingen auf alterungsbeständiges Werkdruckpapier gedruckt und von der Buchbinderei Spinner in Ottersweier gebunden.

Printed in Germany.

Vorwort

Diese Schrift ist im Januar 2023 als Habilitationsschrift bei der Juristischen Fakultät der Georg-August-Universität Göttingen eingereicht und von dieser im Wintersemester 2023/24 angenommen worden. Sie ist über einen längeren Zeitraum neben meiner Tätigkeit als Referent im Kirchenrechtlichen Institut der Ev. Kirche in Deutschland entstanden. Zu danken habe ich vor allem Prof. Dr. *Hans Michael Heinig*, der die Arbeit angeregt, in seiner Eigenschaft als mein Dienstvorgesetzter ermöglicht, sie inhaltlich begleitet sowie im Verfahren als Dekan betreut und begutachtet hat. Die Freiheit der Wissenschaft wird von ihm nicht nur im Außen-, sondern stets auch im Innenverhältnis gepflegt. Mein Dank gilt außerdem den beiden weiteren Gutachtern Prof. Dr. *Florian Meinel* und Prof. Dr. *Thomas Mann*. Ein wichtiger Gesprächspartner über viele Jahre war und ist mir Prof. Dr. *Christoph Goos*. Meine Institutskollegen *Stephan Liebchen*, Dr. *Jens Reisgies, Tasso von der Burg*, Dr. *Marten Gerjets* und *Till Nima Albers* haben in den verschiedenen Phasen der Arbeit daran anteilgenommen. Wertvolle Hilfe bei den Korrekturen vor der Abgabe und vor der Drucklegung haben unsere Institutssekretärin *Birgitt Klinker* sowie stud. iur. *Tim Becker*, *Mattis Bieberle-Aumann*, *Jakob Köhler*, *Ngoc Bich Vu* und stud. iur. et phil. *Meret Unruh* geleistet. Die über die Jahre zahlreichen Hilfskräfte des Kirchenrechtlichen Instituts und des Lehrstuhls für öffentliches Recht, insb. Kirchen- und Staatskirchenrecht waren bei der Literaturbeschaffung stets behilflich. Ihnen allen sei von Herzen gedankt! Und ich danke *Daniela Taudt-Wahl*, *Silja Meister* und *Susanne Mang* für die bewährte verlegerische Betreuung.

Göttingen, im Mai 2024 Hendrik Munsonius

Inhaltsübersicht

Inhaltsverzeichnis

Abkürzungsverzeichnis

AbgG	Abgeordnetengesetz
Abs.	Absatz
AEUV	Vertrag über die Arbeitsweise der Europäischen Union
AöR	Archiv des öffentlichen Rechts
APuZ	Aus Politik und Zeitgeschichte
ArbGG	Arbeitsgerichtsgesetz
Art.	Artikel
BauGB	Baugesetzbuch
BBG	Bundesbeamtengesetz
Bd.	Band, Bände
BDG	Bundesdisziplinargesetz
BDSG	Bundesdatenschutzgesetz
BeamtStG	Beamtenstatusgesetz
BeckOK	Beck'scher Online-Kommentar
BGB	Bürgerliches Gesetzbuch
BGBl.	Bundesgesetzblatt
BK	Bonner Kommentar
BMinG	Bundesministergesetz
BVerfGE	Entscheidungen des Bundesverfassungsgerichts
BVerfGG	Gesetz über das Bundesverfassungsgericht
BVerwGE	Entscheidungen des Bundesverwaltungsgerichts
bzw.	beziehungsweise
c.	Canon
ca.	circa
CIC	Codex Iuris Canonici
DDR	Deutsche Demokratische Republik
ders.	derselbe
d. h.	das heißt
dies.	dieselbe
DöD	Der öffentliche Dienst
DÖV	Die öffentliche Verwaltung
DRiG	Deutsches Richtergesetz
DRiZ	Deutsche Richterzeitung
DSGVO	Datenschutzgrundverordnung
DtPfrBl	Deutsches Pfarrerblatt
DVBl.	Deutsches Verwaltungsblatt
et al.	et alii = und andere
EuGRZ	Europäische Grundrechte-Zeitschrift
EvStL	Evangelisches Staatslexikon
f., ff.	folgende
FGO	Finanzgerichtsordnung
Fn.	Fußnote

FS	Festschrift
GG	Grundgesetz
GKFA	Große Kommentierte Frankfurter Ausgabe
GLU	Glossar zu Niklas Luhmann
GOBR	Geschäftsordnung der Bundesregierung
GöPRR	Göttinger E-Papers zu Religion und Recht
GS	Gedenkschrift
GVG	Gerichtsverfassungsgesetz
Hrsg., hrsg.	Herausgeber, herausgegeben
i. e. S.	im engeren Sinne
i. V. m.	in Verbindung mit
i. w. S.	im weiteren Sinne
JEV	Jahrbuch für Europäische Verwaltungsgeschichte
JöR	Jahrbuch des öffentlichen Rechts
JW	Juristische Wochenschrift
JZ	Juristenzeitung
KuD	Kerygma und Dogma
KJ	Kritische Justiz
Lfg.	Lieferung
m. E.	meines Erachtens
MEW	Marx-Engels-Werke
MüKo	Münchener Kommentar
MWG	Max-Weber-Gesamtsausgabe
m. w. N.	mit weiteren Nachweisen
MWS	Max-Weber-Studienausgabe
NJW	Neue Juristische Wochenschrift
NVwZ	Neue Zeitschrift für Verwaltungsrecht
PersV	Die Personalvertretung
Pr.OVG	Preußisches Oberverwaltungsgericht
PURL	Persistent Uniform Resource Locator
RGBl.	Reichsgesetzblatt
Rn.	Randnummer
S.	Satz, Seite
SGB	Sozialgesetzbuch
SGG	Sozialgerichtsgesetz
Sp.	Spalte
StGB	Strafgesetzbuch
StPO	Strafprozessordnung
s. u.	siehe unten
Tz.	Textziffer
u. a.	unter anderem/anderen
VerwArch	Verwaltungsarchiv
vgl.	vergleiche
VVDStRL	Veröffentlichungen der Vereinigung der deutschen Staatsrechtslehrer
VwGO	Verwaltungsgerichtsordnung
VwVfG	Verwaltungsverfahrensgesetz
WRV	Weimarer Reichsverfassung
WuG	Wirtschaft und Gesellschaft
z. B.	zum Beispiel
ZBR	Zeitschrift für Beamtenrecht
ZevKR	Zeitschrift für evangelisches Kirchenrecht

ZfV	Zeitschrift für Verwaltung
ZögU	Zeitschrift für öffentliche und gemeinwirtschaftliche Unternehmen
ZPO	Zivilprozessordnung
ZRP	Zeitschrift für Rechtspolitik
ZSE	Zeitschrift für Staats- und Europawissenschaften

Kapitel 1

Exposition

I. Erhebung

1. Vorkommen des Amtes

a) Element entwickelter Sozialstruktur

Dass der Mensch nicht alleine, sondern in Gemeinschaft mit anderen lebt, mag von ihm als Belastung oder Bereicherung erlebt werden. Jedenfalls wirft es eine Reihe interessanter Probleme auf. Zu diesen gehört auch das Amt, zunächst noch sehr offen verstanden als eine soziale Formation, die dadurch bestimmt ist, dass jemand – in der Regel nicht nur gelegentlich – gegenüber Dritten für andere tätig wird.[1]

Alles menschliche Zusammenleben ist von Konstellationen der Kooperation und des Konflikts durchzogen. Darum erscheinen Mechanismen der Koordination und des Ausgleichs erforderlich. Da der Mensch in der Lage ist, sich in seinem Handeln selbst zu bestimmen, und Menschen untereinander ihr Handeln koordinieren können, ist Arbeitsteilung in der Weise möglich, dass einer für den anderen bestimmte Handlungen übernimmt. Diese Handlungen können unmittelbar dem anderen gegenüber, oder aber für diesen gegenüber Dritten vollzogen werden. In diesem Fall der (noch untechnisch verstandenen) Stellvertretung haben wir es mit einer ersten (Vor-)Form des Amtes zu tun.

Es ist auch möglich, dass mehr als zwei Personen ihr Handeln aufeinander abstimmen, um einen bestimmten Zweck zu verfolgen, und dies nicht nur fallweise und vorübergehend tun. Die Komplexität der Handlungskoordination nimmt zu und bedarf zunehmend verlässlicher Absprachen. Werden dauerhafte Strukturen für koordiniertes Handeln gebildet, können diese als Organisation bezeichnet werden. Das Handeln in Organisationen ist stets ein solches für die Organisation und bedarf notwendigerweise der Struktur des Amtes. Das Amt stellt damit ein unverzichtbares Strukturelement sozialer Ordnung dar.[2]

b) Element einer Rechtsordnung

Um die Konstellationen von Kooperation und Konflikt erträglich und produktiv werden zu lassen, gibt es das Recht. Es vermag Erwartungen an das Verhalten anderer zu stabilisieren und bietet Möglichkeiten, bestimmte Handlungserwar-

[1] Erste Eingrenzung unter III. Zugang 3. Elementarstruktur, S. 24.
[2] Näher unter Kapitel 2: Exploration I. Allgemeine Handlungstheorie, S. 29.

tungen auch durchzusetzen. Die Handlungskoordination durch Organisation vermag das Recht durch die Bildung juristischer Personen (im weiteren Sinne) zu unterstützen. Diese bedürfen notwendigerweise bestimmter Organe, um als juristische Person handlungsfähig zu sein, und bilden Ämter aus.

Recht setzt voraus, dass es besondere Stellen gibt, die darüber entscheiden, was rechtens ist. Dies kann sich auf der einen Seite auf die Rechtsetzung und -gestaltung beziehen. Jedenfalls aber bedarf es solcher Instanzen zur Rechtsfeststellung und -durchsetzung. Ohne Richter gibt es kein Recht, ohne Gesetzgeber kein positives Recht. Nach der Konzeption von *H. L. A. Hart* ist für Recht konstitutiv, dass Regeln erster und zweiter Ordnung zu unterscheiden sind. Während Regeln erster Ordnung das Verhalten von Menschen allgemein betreffen, verleihen Regeln zweiter Ordnung die Kompetenz, Regeln erster Ordnung zu erlassen oder festzustellen.[3]

Bei der Rechtsanwendung und -durchsetzung stellt sich außerdem das methodische Problem, dass Rechtsfolgen nicht bloß deduziert werden, sondern immer der wertenden und konkretisierenden Interpretation von Rechtsnormen bedürfen. Rechtsanwendung geschieht nicht *more geometrico*. Damit ist jeder Rechtsentscheid nur begrenzt methodisch kontrollierbar. Es kommt also auch aus methodischen Gründen darauf an, wer autorisiert ist, eine Rechtsfrage verbindlich für andere zu entscheiden.[4] Das Amt erweist sich damit als notwendige Struktur einer Rechtsordnung.[5]

c) Element staatlicher Ordnung

Zwischen Staat und Recht besteht ein enger Zusammenhang. *Kelsen* ist in rechtswissenschaftlicher Hinsicht so weit gegangen, beide miteinander zu identifizieren.[6] Selbst wenn man ihm darin nicht folgen will, ist zumindest festzustellen, dass es eine wesentliche Funktion des modernen Staates ist, Recht hervorzubringen und durchzusetzen. Andererseits ist er als Verfassungsstaat selbst rechtlich verfasst. Beides kann als Ausprägung des Rechtsstaatsprinzips begriffen werden. So, wie das Amt Element einer Rechtsordnung ist, ist es folglich auch für den Staat notwendig.

Über seine Funktion für die Erhaltung einer Rechtsordnung hinaus hat der Staat weitere Aufgaben, die sich aus seiner im Republikprinzip begründeten Gemeinwohlbindung und aus dem Sozialstaatsprinzip ergeben.[7] Für die Wahrnehmung dieser Aufgaben ist eine differenzierte Staatsorganisation und damit die Ausbildung von Ämtern erforderlich.[8] »Der moderne bürokratische Staat ist in

---

[3] *Hart*, Der Begriff des Rechts, S. 112 ff.

[4] Für das Verfassungsrecht *Häberle*, Die offene Gesellschaft der Verfassungsinterpreten, S. 299 f.; *Hillgruber*, Verfassungsinterpretation, Rn. 51 ff.

[5] Näher unter Kapitel 4: Rekonstruktion I. Programm 5. Modus c) Personale Anwendung des Rechts, S. 151.

[6] *Kelsen*, Allgemeine Staatslehre, S. 16 ff.

[7] Siehe Kapitel 4: Rekonstruktion I. Programm, S. 113.

[8] Vgl. *Scheuner*, Amt und Demokratie, S. 24.

einem seiner wesentlichsten Aspekte eine Organisation von Ämtern, durch die das öffentliche Leben geordnet wird.«[9] Die »Existenz, Wirksamkeit und Sichtbarkeit des modernen Staates« ist ohne das Amt nicht möglich.[10] Das liegt schon daran, dass der Staat als juristische Person oder als »organisierte Entscheidungs- und Wirkungseinheit«[11] auf Menschen angewiesen ist, »die in seinem Namen und mit Wirkung für ihn handeln.«[12]

Mit der Ämterstruktur werden aber noch weitere für den modernen Verfassungsstaat essentielle Funktionen verbunden, denn alles staatliche Handeln bedarf der Legitimation. Diese gründet auf dem Demokratieprinzip und der Gewaltenteilung, die wiederum die Ausdifferenzierung von Ämtern erfordern.[13] Indem Zuständigkeiten und Kompetenzen einzelnen Personen zugewiesen werden, wird Verantwortung begründet. Die Ausübung von Macht wird rechtlich strukturiert, transparent und kontrollierbar.[14] Die Ämterstruktur ermöglicht Gewaltenteilung und die rechtsstaatliche Bindung des staatlichen Handelns ebenso wie seine demokratische Steuerung.[15]

Das Grundgesetz beschränkt sich darauf, einzelne Ämter wie das des Bundespräsidenten oder der Mitglieder der Bundesregierung oder von Angehörigen der Justiz mehr oder weniger detailliert zu regeln. Es enthält mit Art. 33 Abs. 2–5 GG einige Grundbestimmungen zum »öffentlichen Amt« und »öffentlichen Dienst« und in Art. 34 GG eine Regelung zur Behandlung von Amtspflichtverletzungen.

> »Die zentrale Bedeutung des öffentlichen Amtes für die Wirklichkeit eines freiheitlich-parlamentarischen Verfassungsstaates spiegelt sich im Text des Grundgesetzes nur ansatzweise. Zwar rekurriert das Grundgesetz auf den Amtsbegriff an zahlreichen Stellen; Begriff und Idee des Amtes aber setzt es voraus.«[16]

Daraus allein lässt sich also kein geschlossenes Konzept des Amtes gewinnen.[17] Ein solches wird auf der Basis funktionaler Erwägungen und grundlegender Verfassungsprinzipien zu entwickeln sein.[18]

---

[9] *Luhmann*, Begriff und Funktion des Amtes, S. 15; vgl. *Scheuner*, Verantwortung und Kontrolle in der Demokratie, S. 294.

[10] *Depenheuer*, Das öffentliche Amt, Rn. 1; vgl. *Schönberger*, Die zwei Körper der Gewählten, S. 584 f.

[11] *Heller*, Staatslehre, S. 259 ff.

[12] *Depenheuer*, Das öffentliche Amt, Rn. 1; vgl. *Heintzen*, Amtsprinzip, Rn. 22; *M. Weber*, Soziologie, MWG I/23, S. 161 = WuG, S. 6.

[13] *Seibel*, Verwaltung verstehen, S. 18.

[14] *Battis*, Amt, staatlich, Sp. 47; *Depenheuer*, Das öffentliche Amt, Rn. 2; *R. Dreier*, Das kirchliche Amt, S. 130 f.; *Isensee*, Transformation von Macht in Recht, S. 3 ff.; *Schuppert*, Staatswissenschaft, S. 113.

[15] *Depenheuer*, Das öffentliche Amt, Rn. 3.

[16] *Depenheuer*, Das öffentliche Amt, Rn. 5.

[17] *Isensee*, Gemeinwohl und öffentliches Amt, S. 142; *Vogt*, Verzicht, S. 21 f.

[18] Vgl. *Köttgen*, Das anvertraute öffentliche Amt, S. 120; näher unter Kapitel 4: Rekonstruktion, S. 113.

2. Rechtswissenschaftliche Bearbeitung

Wenn man das Beamtenrecht im engeren Sinne beiseitelässt und sich die Verweise in Standardwerken ansieht,[19] lassen sich drei Gruppen von Veröffentlichungen zum Thema des Amtes ausmachen, die wiederholt rezipiert werden:

- Die »Klassiker« der 1960/70er Jahre[20] setzen sich mit dem Verhältnis von Amt und Staatsform auseinander und untersuchen vorrangig die Frage, wie das überkommene Amt mit Demokratie repräsentativer oder direkter Spielart zu vereinbaren ist.[21] Dabei wird das Amt als Institution wahrgenommen; der Amtsträger[22] kommt nicht zentral in den Blick, wird aber stets immanent vorausgesetzt. Ein Monolith dieser Zeit ist die Amtslehre, die *Krüger* in seiner Allgemeinen Staatslehre von 1964 und darüber hinaus entfaltet.[23]
- In immer neuen Beiträgen hat sich *Isensee* mit dem Amt beschäftigt[24] und auch andere zur Bearbeitung dieses Themas angeregt[25]. Dabei wird einerseits die ›Objektivität‹ des Amtes stets besonders betont, andererseits kommt der Amtsträger stärker in den Blick – allerdings vor allem als Adressat von Erwartungen. Demgemäß wird das Amtsethos auffallend emphatisch herausgestellt.
- In den neueren Beiträgen seit 2000[26] setzt sich diese Entwicklung fort. Die Ethik des Amts gewinnt an Bedeutung und wird zunehmend differenzierter

[19] *Battis*, Amt, staatlich, Sp. 48 f.; *Depenheuer*, Das öffentliche Amt, D. Bibliographie; *R. Dreier*, Amt, öffentlich-rechtlich, Sp. 132; *Heintzen*, Amtsprinzip, L. Bibliographie; *Isensee*, Gemeinwohl und öffentliches Amt, S. 157 ff.; *Schuppert*, Staatswissenschaft, S. 107 ff.; *Voßkuhle/Kaiser*, Personal, Rn. 2 ff.

[20] *Hennis*, Amtsgedanke und Demokratiebegriff (1962); *Köttgen*, Das anvertraute öffentliche Amt (1962); *Leisner*, Öffentliches Amt und Berufsfreiheit (1968), weitere Beiträge in: *ders.*, Beamtentum; *Scheuner*, Amt und Demokratie (1971); siehe auch *R. Dreier*, Das kirchliche Amt (1972); *Kluth*, Amtsgedanke und Pflichtethos in der Industriegesellschaft (1965); *Pirson*, Das öffentliche Amt (1971).

[21] Dazu auch *Kielmannsegg*, Das Experiment der Freiheit, S. 58 ff.

[22] Der Unterschied zwischen den Begriffen »Amtsträger«, »Amtsinhaber« und »Amtswalter« ist recht zart. »Amtsträger« lässt – wenn man ihn nicht auf die das Amt verleihende Körperschaft bezieht – eher an die Stellung im Organisationsgefüge, »Amtsinhaber« an die persönliche Rechtsstellung und »Amtswalter« an die Ausführung der dem Amt aufgegebenen Aufgaben denken. Da die rechte Nuance nicht immer leicht zu treffen ist, werden die Begriffe weitgehend synonym gebraucht.

[23] *H. Krüger*, Allgemeine Staatslehre (1964), S. 253–275; *ders.*, Das Leistungsprinzip als Verfassungsgrundsatz (1957) *ders.*, Amtsgewalt und Amtsmacht (1972).

[24] *Isensee*, Beamtenstreik (1971); *ders.*, Der Zugang zum öffentlichen Dienst (1978); *ders.*, Beamtentum. Sonderstatus in der Gleichheitsgesellschaft (1988); *ders.*, Öffentlicher Dienst (1994); *ders.*, Affekt gegen Institutionen (1998); *ders.*, Das Amt als Medium des Gemeinwohls (2002); *ders.*, Das antiquierte Amt (2002); *ders.*, Transformation von Macht in Recht (2004); *ders.*, Gemeinwohl und öffentliches Amt (2013). Der zuletzt genannte Titel bietet ein Kondensat früherer Veröffentlichungen (ebd., S. 16). Darum wird er im Folgenden vorrangig zitiert.

[25] *Loschelder*, Vom besonderen Gewaltverhältnis (1982), S. 227–351 (s. S. V); *ders.*, Kampf um das Berufsbeamtentum (2004); *ders.*, Weisungshierarchie und persönliche Verantwortung (2007); *Hilp*, »Den bösen Schein vermeiden« (2004); siehe auch *Depenheuer*, Das öffentliche Amt (2003); *ders.*, Amt (2017).

[26] *P. Badura*, Das politische Amt des Ministers (2000); *Depenheuer*, Das öffentliche Amt (2003); *Schuppert*, Staatswissenschaft (2003), S. 107–153; *Hebeler*, Moderne Verwaltungsorganisation (2004); *Hilp*, »Den bösen Schein vermeiden« (2004); *Heyen*, Amt und Rationalität (2004); *Weibezahn*, Ethische Standards in der Verwaltung (2012); *Gärditz*, Das Amtsprinzip und seine

betrachtet. Die Fragen, wie Amtsträger zu amtsgemäßem Handeln angehalten und wie dieses gesteuert und kontrolliert werden kann, treten in den Vordergrund.

Während in der neueren Verwaltungs-(rechts-)wissenschaft zunehmend das Personal als ein wesentlicher Steuerungsfaktor neben Recht und Organisation berücksichtigt wird[27] und während das kirchliche Amt recht gut erforscht und fester Bestandteil einschlägiger Darstellungen ist,[28] ist in der Allgemeinen Staatslehre und der Verfassungslehre der Topos »Amt« noch nicht in den Themenkanon eingegangen.[29] In etlichen Werken kommt es weder im Inhaltsverzeichnis, noch im Register vor,[30] in anderen findet es Erwähnung, aber keine Entfaltung.[31] Das rechtfertigt jedoch nicht den Schluss, dass das Amt kein Thema der Staats- oder Verfassungslehre sei. Es steht allerdings nicht im Fokus der Aufmerksamkeit. In erster Linie geht es um die Bildung, Kompetenz und Wirkmöglichkeiten staatlicher Organe. Dahinter treten die Personen, die die Organe bilden, zurück.[32] »Eine Verfassungstheorie des Amtes ist ein Desiderat.«[33] Das mag zum einen daran liegen, dass die Idee des Amtes älter als die Verfassung ist und als selbstverständliche Verfassungsvoraussetzung unhinterfragt übernommen werden konnte; zum anderen hat sich die Beschäftigung mit dem Amtsrecht auf

---

Sicherung bei Verfassungsorganen (2016); *Vogt*, Der Verzicht auf die weitere Ausübung eines politischen Führungsamtes (2020); siehe auch *Baecker*, Ämter, Themen und Kontakte (2000); *Schönberger*, Die zwei Körper der Gewählten (2022); lesenswert zum unterschiedlichen Personalisierungsgrad in der Justiz in Deutschland, England und den USA *Lepsius*, La cour, c'est moi (2016); zur Personalisierung eines Amtes *Krüper*, Charisma der Aufklärung (2016).

[27] *Franzius*, Steuerung durch Recht, Rn. 58 f.; *Hebeler*, Verwaltungspersonal, passim; *Schuppert*, Verwaltungswissenschaft, S. 625 ff.; *Voßkuhle/Kaiser*, Personal, passim; *Wißmann*, Verwaltungsrecht, Rn. 236 ff.

[28] So schon *Köttgen*, Das anvertraute öffentliche Amt, S. 122; siehe exemplarisch: *H. von Campenhausen*, Kirchliches Amt und geistliche Vollmacht (1953); *R. Dreier*, Das kirchliche Amt (1972); *Scheuner*, Amt und Demokratie, S. 36 ff.; *Schmidt-Rost*, Amt, kirchlich (2006); *Thier*, Charisma, Sakramentalität und Amtskirche (2016); *de Wall*, Pfarrer und Kirchenbeamte (2016); weitere Nachweise bei *Isensee*, Gemeinwohl und öffentliches Amt, S. 102, Fn. 213.

[29] Und auch sonst steht es nicht im Fokus der Aufmerksamkeit; vgl. *H. Krüger*, Allgemeine Staatslehre, S. 256; *B. Vogel*, Arbeiten im Amt, S. 23, 25; *Voßkuhle/Kaiser*, Personal, Rn. 1; ähnlicher Befund bei *Heintzen*, Amtsprinzip, Rn. 2; eine Ausnahme bildet *Schuppert*, Staatswissenschaft, S. 107 ff.

[30] *Depenheuer/Grabenwarter* (Hrsg.), Verfassungstheorie (2010); *Fleiner/Fleiner*, Allgemeine Staatslehre (2004); *Hermens*, Verfassungslehre (1968); *von Hippel*, Allgemeine Staatslehre (1967); *Schmitt*, Verfassungslehre (1928); *Schöbener/Knauff*, Allgemeine Staatslehre (2019); *Thiele*, Allgemeine Staatslehre (2022).

[31] *Bornhak*, Allgemeine Staatslehre (1909), S. 159; *Haverkate*, Verfassungslehre (1992), S. 6; *Loewenstein*, Verfassungslehre (1969), S. 14; recht knapp bei *Küchenhoff/Küchenhoff*, Allgemeine Staatslehre (1971), S. 103 ff.; *Rehm*, Allgemeine Staatslehre (1899), S. 179 f. (»Staatsorgan«); *Zippelius*, Allgemeine Staatslehre (2017), S. 88, 91, 94, 318; etwas ausführlicher bei *Herzog*, Allgemeine Staatslehre (1971), S. 95 ff.; *Kriele*, Staatslehre (2003), S. 10 ff.

[32] Vgl. z. B. *von Hippel*, Allgemeine Staatslehre, S. 215 ff.; zur Unterscheidung von Organ und Organwalter *Böckenförde*, Organ, Organisation, Juristische Person, S. 270 f.

[33] *Depenheuer*, Das öffentliche Amt, Rn. 51; ebenso *Schuppert*, Staatswissenschaft, S. 107; auch schon *Scheuner*, Amt und Demokratie, S. 11. Für die Vereinigten Staaten von Amerika siehe die ausführliche Studie von *Roßbach*, Das Personal der Republik (2020).

das Beamtenrecht verengt,[34] von dem das Thema »Amt« praktisch aufgesogen worden ist.[35] Und schließlich kommt es für die Beurteilung der Rechtmäßigkeit staatlichen Handelns zwar auf die Stelle, nicht aber auf die Person an, die für den Staat gehandelt hat. »Wer in der Rolle des Staates im einzelnen auftritt und wie seine Entscheidung im einzelnen bedingt ist, hat für die juristische Frage nach ihrer Rechtmäßigkeit keine Bedeutung.«[36] Man kann hierin aber auch ein Erbe der Lehre von der Impermeabilität des Staates erkennen, nach der Binnenverhältnisse des Staates zwischen seinen Organen und zu den Amtsträgern nicht als Rechtsverhältnisse betrachtet worden sind.[37]

3. Paradigma

Die Erörterung des Amtes läuft zumeist, wenn auch oft unausgesprochen, in den Spuren von *Max Weber*,[38] der vor allem in seinem (disparaten) Hauptwerk »Wirtschaft und Gesellschaft«[39] den Typus des modernen Beamten paradigmatisch beschrieben hat, wie durch ein ausführliches Zitat verdeutlicht werden soll:[40]

»I. Es besteht das Prinzip der festen, durch Regeln: Gesetze oder Verwaltungsreglements, generell geordneten behördlichen *Kompetenzen* [...]

II. Es besteht das Prinzip der *Amtshierarchie* und des Instanzenzuges, d. h. ein fest geordnetes System von Über- und Unterordnung der Behörden unter Beaufsichtigung der unteren durch die oberen [...]

III. Die moderne Amtsführung beruht auf Schriftstücken (Akten), welche in Urschrift oder Konzept aufbewahrt werden, und auf einem Stab von Subalternbeamten und Schreibern aller Art. [...] Die moderne Behördenorganisation trennt grundsätzlich das Büro von der Privatbehausung. Denn sie scheidet überhaupt die Amtstätigkeit als gesonderten Bezirk von der privaten Lebenssphäre. [...]

IV. Die Amtstätigkeit, mindestens alle spezialisierte Amtstätigkeit – und diese ist das spezifisch Moderne – setzt normalerweise eine eingehende Fachschulung voraus. [...]

V. Beim vollentwickelten Amt nimmt die amtliche Tätigkeit die gesamte Arbeitskraft des Beamten in Anspruch, unbeschadet des Umstandes, daß das Maß seiner pflichtmäßigen Arbeitszeit auf dem Büro fest begrenzt sein kann. [...]

---

[34] Dazu *Leppek*, Beamtenrecht (2019) m. w. N.; *Schnellenbach/Bodanowitz*, Beamtenrecht (2020) m. w. N.; zur Geschichte *Hattenhauer*, Geschichte des Beamtentums (1980); *Leppek*, Beamtenrecht, Rn. 12ff.

[35] *Depenheuer*, Das öffentliche Amt, Rn. 6; *Köttgen*, Das anvertraute öffentliche Amt, S. 120, 124.

[36] *Grimm*, Staat und Gesellschaft, S. 14.

[37] *Rupp*, Grundfragen der heutigen Vewaltungsrechtslehre, S. 19ff.

[38] *Mayntz*, Soziologie der öffentlichen Verwaltung, S. 62; *Schuppert*, Verwaltungswissenschaft, S. 66; *Uerpmann*, Das öffentliche Interesse, S. 47f.; ausdrücklich – wenn auch ohne Begründung – affirmierend *Weibezahn*, Ethische Standards in der Verwaltung, S. 36ff.

[39] Zur Problematik der Überlieferung *Greve*, Wirtschaft und Gesellschaft, S. 371f.; *Schluchter*, Nachwort, S. 221ff.

[40] Siehe dazu *Albrow*, Bürokratie, S. 45ff.; *Kieser*, Max Webers Analyse der Bürokratie, S. 51ff.; *Mayntz*, Max Webers Idealtypus der Bürokratie, passim; *Paetz*, Bürokratie, passim; *Raphael*, Recht und Ordnung, S. 38f.; *Schuppert*, Verwaltungswissenschaft, S. 66ff.; *Seibel*, Verwaltung verstehen, S. 49ff.

VI. Die Amtsführung der Beamten erfolgt nach generellen, mehr oder minder festen und mehr oder minder erschöpfenden, erlernbaren Regeln. [...] –

Für die innere und äußere Stellung der Beamten hat dies alles folgende Konsequenzen:

I. Das Amt ist ›*Beruf*‹. Dies äußert sich zunächst in dem Erfordernis eines fest vorgeschriebenen, meist die ganze Arbeitskraft längere Zeit hindurch in Anspruch nehmenden Bildungsganges und in generell vorgeschriebenen Fachprüfungen als Vorbedingungen der Anstellung. Ferner in dem Pflichtcharakter der Stellung des Beamten, durch welchen die innere Struktur seiner Beziehungen folgendermaßen bestimmt wird: die Innehabung eines Amtes wird rechtlich und faktisch nicht als Besitz einer gegen Erfüllung bestimmter Leistungen ausbeutbaren Renten- oder Sportelquelle – wie normalerweise im Mittelalter und vielfach bis an die Schwelle der neusten Zeit – und auch nicht als ein gewöhnlicher entgeltlicher Austausch von Leistungen, wie im freien Arbeitsvertrag, behandelt. Sondern der Eintritt in das Amt gilt auch in der Privatwirtschaft als Übernahme einer spezifischen *Amtstreuepflicht* gegen Gewährung einer gesicherten Existenz. Für den spezifischen Charakter der modernen Amtstreue ist entscheidend, daß sie, beim reinen Typus, [...] einem unpersönlichen *sachlichen Zweck* gilt.

II. Die *persönliche* Stellung des Beamten gestaltet sich bei all dem folgendermaßen:

1. Auch der moderne, sei es öffentliche, sei es private, Beamte erstrebt immer und genießt meist den Beherrschten gegenüber eine spezifisch gehobene, ›ständische‹ *soziale Schätzung*. [...]

2. Der reine Typus der bürokratischen Beamten wird von einer übergeordneten Instanz *ernannt*. [...]

3. Es besteht, wenigstens in den öffentlichen und in den ihnen nächststehenden bürokratischen Gebilden, zunehmend aber auch in anderen, normalerweise *Lebenslänglichkeit der Stellung* [...] Diese rechtliche oder faktische Lebenslänglichkeit gilt jedoch nicht, wie in vielen Herrschaftsformen der Vergangenheit, als ein ›Besitzrecht‹ des Beamten am Amt. Sondern wo [...] Rechtsgarantien gegen willkürliche Absetzung oder Versetzung entstanden, haben sie lediglich den Zweck: eine Garantie für die streng sachliche, von persönlichen Rücksichten freie Ableistung der betreffenden spezifischen Amtspflicht zu bieten. [...]

4. Der Beamte bezieht regelmäßig *Geld*entlohnung in Gestalt eines normalerweise festen *Gehalts* und Alterssicherung durch Pension. Der [!] Gehalt ist der lohnartigen Abmessung nach der Leistung im Prinzip entzogen, vielmehr ›standesgemäß‹, d. h. nach der Art der Funktionen (dem ›Rang‹) und daneben eventuell nach der Dauer der Dienstzeit bemessen.

5. Der Beamte ist, entsprechend der hierarchischen Ordnung der Behörden, auf eine ›*Laufbahn*‹ von den unteren, minder wichtigen und minder bezahlten Stellen zu den oberen eingestellt.«[41]

So sehr diese Beschreibung für die rechtswissenschaftliche Arbeit anschlussfähig erscheint, müssen zwei *Vorbehalte* festgehalten werden, die unterschiedlich akzentuiert sind, aber letztlich in dieselbe Richtung weisen: Es geht *Weber* bei seiner Darstellung nicht um normative, sondern um deskriptive Aussagen; er

---

[41] *M. Weber*, Herrschaft, MWG I/22-4, S. 157 ff. = WuG, S. 650 ff., erneut ausgeführt in *ders.*, Soziologie, MWG I/23, S. 455 ff. = WuG, S. 125 ff.; zu verschiedenen Varianten der Rationalisierung *Breuer*, Der Staat, S. 175 ff.

sucht zu beschreiben, wie legale Herrschaft dauerhaft und effizient ausgeübt werden kann. Und es handelt sich um die Beschreibung eines Idealtypus, der nicht mit seinem Vorkommen in der Realität gleichgesetzt werden darf.[42]

»Er [= der Idealtypus] wird gewonnen durch einseitige *Steigerung eines* oder *einiger* Gesichtspunkte und durch Zusammenschluß einer Fülle von diffus und diskret, hier mehr, dort weniger, stellenweise gar nicht, vorhandenen *Einzel*erscheinungen, die sich jenen einseitig herausgehobenen Gesichtspunkten fügen, zu einem in sich einheitlichen *Gedanken*bilde. In seiner begrifflichen Reinheit ist dieses Gedankenbild nirgends in der Wirklichkeit empirisch vorfindbar, es ist eine *Utopie* [...].«[43]

Die »verstehende Soziologie« *Webers* konstruiert solche Idealtypen auf der Grundlage eines streng zweckrationalen Handlungskonzepts um ihrer Verständlichkeit willen und, um Abweichungen beschreiben zu können.

»*Insofern* und nur aus diesem methodischen Zweckmäßigkeitsgrunde ist die Methode der ›verstehenden‹ Soziologie ›rationalistisch‹. Dies Verfahren darf aber natürlich nicht als ein rationalistisches Vorurteil der Soziologie, sondern nur als methodisches Mittel verstanden und also nicht etwa zu dem Glauben an die tatsächliche Vorherrschaft des Rationalen über das Leben umgedeutet werden.«[44]

Weder können aus *Webers* Idealtypus der Bürokratie unmittelbar normative Folgerungen, noch Aussagen über seine Realität abgeleitet werden.[45] Außerdem ist für den hier behandelten Zusammenhang festzuhalten, dass das Feld des Amtes weiter ist als das des bürokratischen Beamtentums. Das Konzept vermag uns, trotz der eindrucksvollen und wirkmächtigen Darstellung *Webers*, nicht als Paradigma[46], sondern lediglich als heuristisches Instrument zu dienen.

II. Fragestellung

1. Beobachtungen

Überblickt man die Beiträge zum Thema, so ergeben sich drei Auffälligkeiten, die im Folgenden jeweils durch längere Zitate illustriert werden und den Ausgangspunkt für die weiteren Überlegungen darstellen. Diese Auffälligkeiten sind auch bei den einschlägigen Normtexten zu beobachten.[47]

---

[42] *M. Weber*, Soziologie, MWG I/23, S. 169f. = WuG, S. 9f.; *Albert*, Idealtyp, passim; *Mayntz*, Max Webers Idealtypus der Bürokratie, S. 29f.

[43] *M. Weber*, »Objektivität«, S. 191.

[44] *M. Weber*, Soziologie, MWG I/23, S. 152 = WuG, S. 3.

[45] Zur Kritik und Weiterentwicklung von Webers Konzept siehe die Beiträge in *Mayntz*, Bürokratische Organisation; außerdem *Albrow*, Bürokratie, S. 62ff.; *Esser*, Institutionen, S. 289ff.; *Heller*, Staatslehre, S. 77ff.; *Luhmann*, Zweck – Herrschaft – System, passim.

[46] Hier nicht bloß im Sinne von Schema oder Beispiel, sondern anspruchsvoller als umfassender Erklärungsansatz gemeint, vgl. *Kuhn*, Die Struktur wissenschaftlicher Revolutionen, S. 37ff.

[47] *Heintzen*, Amtsprinzip, Rn. 22.

Zunächst fällt ein für juristische Texte recht ungewöhnliches Pathos auf:[48]

»Kein Staat ohne Amt: Ohne das öffentliche Amt können Existenz, Wirksamkeit und Sichtbarkeit des modernen Staates weder gedacht noch begriffen werden. [...] Und nur über das Amt läßt sich der Staat ethisch in die Pflicht nehmen, rechtlich binden und politisch steuern. [...] Aus der staatstheoretischen Außenperspektive ist es das Medium, über das sich die Staatsgewalt aus dem Aggregatzustand der Macht in den des Rechts verwandelt. Indem das Amt Transparenz schafft, Rechtfertigung einfordert und Kontrolle ermöglicht, wird Macht in einen Bestandteil der Rechtsordnung transformiert und rechtlich gebändigt. [...] Durch das Amt wird das positive Recht mit Leben erfüllt und wirksam. [...] Als Kern staatlicher Sittlichkeit kann sich die Idee des allgemeinen Besten nur über das Amt entfalten. Idee und Wirksamkeit des Gemeinwohls bedürfen des Amtes, das seine Legitimation aus seinem Bezug zur staatlichen Allgemeinheit und dessen Wohl findet. ›Republik‹ und ›sittlicher Staat‹ kann der Staat nur in und durch seine Ämterverfassung sein.«[49]

»Das Prinzip des Amtes verbindet die rechtsstaatliche Idee, daß Rechtsgesetze herrschen *sollen*, mit der Realität, daß allein Menschen herrschen *können*, und führt beide dahin, daß Menschen, welche die staatliche Herrschaft ausüben, sich in den Dienst der Rechtsgesetze stellen, sich auf das durch diese vermittelte Gemeinwohl ausrichten und auf jedwede Eigenmacht verzichten. Im Prinzip des Amtes beginnt die rechtliche Konstitution der Staatsgewalt.«[50]

»Im Amt werden die Staatsfunktionen aus dem Aggregatzustand der Macht überführt in den des Rechts und umgewandelt in das Substrat rechtlicher wie ethischer Pflichten. [...] Das Amt ist kein Medium egozentrischer Selbstverwirklichung. Es verkörpert das Gegenethos zu Eigennutz und Eigenwilligkeit, wie sie von den Grundrechten freigesetzt werden. Der Staatsdiener hat in der Amtsführung ein gewisses Maß an Askese zu leisten.«[51]

»Folglich wäre es verkürzt, das Amt lediglich auf eine organisationssoziologische Kategorie zur reduzieren. Gerade aus historischer Perspektive zeigt sich, dass Amtsgewalt immer (rechtlich) gebundene Herrschaft ist, die dem Einzelnen von der Gemeinschaft zum Zwecke der Gemeinwohlrealisierung anvertraut worden ist. Diese *›Veredelung‹ des Amtes* kommt treffend in dem Begriff des *›öffentlichen Amtes‹* zum Ausdruck, der eine zusätzliche werthafte Anreicherung durch den korrespondierenden Begriff des *›Amtsethos‹* erfährt.«[52]

Besonders auffällig ist sodann die starke Betonung der »Objektivität« und Überpersönlichkeit des Amtes:[53]

»Gegenüber seinem Amt hat der Amtsinhaber nur objektive Pflichten, aber keine subjektiven Rechte. Seine Person, seine Motivation und Befindlichkeit sind für die amtliche Tätigkeit ohne Bedeutung. Die eigenen Vorstellungen, Wünsche, Hoffnungen und Ziele müssen

---

48 *R. Dreier*, Amt, Sp. 131: »pathetische[] Überhöhungen«; siehe auch *Voßkuhle/Kaiser*, Personal, Rn. 4; im Hinblick auf *H. Krüger*, Allgemeine Staatslehre, S. 266 f. auch konstatiert bei *Schuppert*, Staatswissenschaft, S. 120.

49 *Depenheuer*, Das öffentliche Amt, Rn. 1 ff.

50 *Isensee*, Gemeinwohl und öffentliches Amt, S. 141 f.

51 *Isensee*, Öffentlicher Dienst, Rn. 16, 17 f.

52 *Voßkuhle/Kaiser*, Personal, Rn. 3; der Begriff »Veredelung« ist übernommen von *Gneist*, Der Rechtsstaat, S. 15: »Das Amt veredelt die Herrschaft, welche ohne Vermittlung des Staats den mächtigsten Klassen der Gesellschaft als eine pflichtenlose, nur durch ihr Interesse bestimmte Herrschaft zufällt.«; auch zitiert bei *H. Krüger*, Allgemeine Staatslehre, S. 270.

53 *Krüper*, Charisma der Aufklärung, S. 184.

im Amt der Erfüllung der anvertrauten Aufgabe weichen. Maßgeblich für sein Handeln ist ferner auch nicht die persönliche Moral oder das religiöse Bekenntnis des Amtsträgers, sondern allein die amtliche Aufgabenwahrnehmung [...] ›Das Amt bestimmt die Person.‹ Dieses Zurücktreten des Subjekts hinter die Objektivität des Amtes verlangt vom Inhaber des Amtes Askese, Disziplin und Altruismus.«[54]

»Der Amtswalter hat das Handlungsprogramm, den Geltungswillen und das Selbstbewußtsein der Institution zu verwirklichen, nicht seine moralischen Bedürfnisse und persönlichen Neigungen.«[55]

»Um der Dienste seiner Amtsträger vielmehr nach Erbringung und Richtigkeit durchaus sicher zu sein, geht der Moderne Staat in seinen Anforderungen über die Gesetzlichkeit hinaus und verlangt von seinen Amtsträgern eine von Grund auf und ausschließlich amtliche Motivation: Der Amtsträger soll keinerlei andere Beweggründe und Überlegungen als die sachlichen des Amtes mehr kennen, ja er soll persönlicher Auffassungen und Bestrebungen nicht einmal mehr fähig sein. [...] Zwar vermöchte die sittliche Persönlichkeit das Amt durchaus auch zu steigern, indem sie die Amtsgebote auf ihre Weise individualisiert oder der Art der Amtsausübung eine persönliche Note gibt. Die Idee des Staatsamtes verzichtet jedoch grundsätzlich auf diese Möglichkeit und zieht es vor, den Amtsträger jeden persönlichen Zugs zu entkleiden, damit das Amt ausschließlich von Sachlichkeit, und zwar von regelmäßiger und typischer Sachlichkeit beherrscht ist.«[56]

»Das Amt, soweit seine Gesetzlichkeit reicht, hebt durchaus jegliches Interesse auf. [...] Nicht in der Hingabe des objektiven Mediums Zeit liegt entsprechend der entscheidende subjektive Akt, sondern in der Disziplinierung der eigenen Motivationslage, in der Einnahme einer von Interessenbezogenheit insgesamt entleerten ›Haltung‹.«[57]

Der Begriff »Objektivität« wird dabei zwar verwendet, aber nicht erläutert. Aus dem Zusammenhang ergibt sich, dass damit vor allem bezeichnet werden soll, was dem Amtsinhaber durch das Amt vorgegeben ist.[58]

Damit einher geht schließlich eine bemerkenswert emphatische Betonung des »Amtsethos«:[59]

»Die Tradition des Amtsprinzips ist auch eine Tradition der Amtsethik. Der Macht, die sich im Amt verkörpert, korrespondieren Tugenden, die ihren guten Gebrauch gewährleisten.«[60]

---

[54] *Depenheuer*, Das öffentliche Amt, Rn. 58.

[55] *Isensee*, Gemeinwohl und öffentliches Amt, S. 130; siehe auch unten bei Fn. 62.

[56] *H. Krüger*, Allgemeine Staatslehre, S. 266 f.; ähnlich *ders.*, Amtsgewalt und Amtsmacht, S. 13: »ausschließlich einer reinen Gesetzlichkeit und Amtlichkeit«.

[57] *Loschelder*, Vom besonderen Gewaltverhältnis, S. 300.

[58] Objektiv bedeutet »auf das Objekt sich beziehend, gegenständlich sachlich, tatsächlich, unabhängig vom Subjekt, seiner Wahrnehmung, Meinung und Wertung bestehend« (*Kirchner/ Michaelis*, Wörterbuch der philosophischen Begriffe, S. 465). Objektivität kommt in erster Linie der Logik und der Mathematik zu und ist das Ideal der Naturwissenschaft (ebd., S. 466; *Röhl/ Röhl*, Allgemeine Rechtslehre, S. 83 f.). Da das dem Amt Vorgegebene Normen sind, die nicht allein logisch oder empirisch, sondern letztlich nur hermeneutisch erschlossen werden können, kann nicht im starken Sinne von Objektivität gesprochen werden (vgl. *Kirchner/Michaelis*, Wörterbuch der philosophischen Begriffe, S. 466 f.; *von der Pfordten*, Rechtsethik, S. 37, 54 ff.). Letzlich gemeint ist wohl der Geltungsanspruch der Norm. Die – in der Rechtswissenschaft durchaus geläufige – Rede von ›Objektivität‹ wird darum im Folgenden eher als Chiffre, denn als Begriff verwendet.

[59] *Heintzen*, Amtsprinzip, Rn. 33.

[60] *Isensee*, Gemeinwohl und öffentliches Amt, S. 114.

»Das Amt erwartet von seinem Inhaber eigenverantwortliches Handeln in Bindung an das Gesetz. Das ist mehr als die äußere Befolgung rechtlicher Vorschriften und die Einhaltung dienstlicher Standards. Wo aber die Bindung an das Gesetz und die Macht der Sachzwänge endet, ist das Amt angewiesen auf Loyalität, Treue und Hingabe, kurz: auf die Vitalität von Idee und Ethos des öffentlichen Amtes. [...] Formal zielt dieses Ethos auf die volle Hingabe an die öffentliche Aufgabe, deren Erfüllung dem Amtswalter anvertraut ist, auf persönliche Identifikation mit dem Staat, dem er dient, und auf die Treue zur Verfassung, die ihn trägt.«[61]

2. Zuspitzung

»Das objektive Prinzip des Amtes steht in einem Spannungsverhältnis zu der Subjektivität seines Inhabers.«[62] Damit ist auf ein Kernproblem des Amtes hingewiesen, ohne es schon in seiner Eigenart richtig zu erfassen. Dass im Hinblick auf das Amt gleichermaßen seine ›Objektivität‹ und sein Ethos betont werden, ist ein deutliches Signal dafür, dass hier ein Problem liegt, das schließlich doch nicht durch das aufgewendete Pathos überdeckt werden kann. Denn durch das Ethos soll die ›Objektivität‹ des Amtes sichergestellt werden, es kann aber seinerseits nur vom Subjekt des Amtswalters verwirklicht und gewährleistet werden, welches wiederum hinter der ›Objektivität‹ des Amtes verschwinden soll. *Es soll also auf die Person des Amtswalters ankommen, damit es nicht auf die Person des Amtswalters ankomme.* Das Amt soll überpersönlich sein, setzt aber die Person voraus, um die Überpersönlichkeit zu gewährleisten.[63] Damit wird ein fundamentales Problem, das dem Amt notwendig inhärent zu sein scheint, bei der Person des Amtsinhabers abgeladen.

»Die klassische Organisationslehre versteckt zahlreiche Probleme und tendiert dazu, den Einzelpersonen, besonders den Systemmitgliedern, die an nicht eingestehbaren Rollenkonflikten scheitern, die Schuld zu geben – also Probleme aus dem System in die Umwelt der Persönlichkeiten und ihres Versagens abzuschieben. Vermutlich käme es aber gerade darauf an, die Problematik aus der Umwelt in das System hineinzuziehen, um sie intern definieren und absorbieren zu können.«[64]

Es stellt sich also die Frage, inwiefern das Amt die Person oder die Person das Amt trägt. Diesen Sachverhalt könnte man als »Dialektik von Amt und Person« bezeichnen. Ich halte es aber für fragwürdig, ob diese Bezeichnung treffend ist. Denn

»[d]er Begriff der Dialektik dient in der Philosophie zur Kennzeichnung unterschiedlich gearteter Denkweisen, denen die Tendenz gemeinsam ist, Widersprüche oder andere Gegensätze aufzusuchen und für das Erkennen fruchtbar zu machen. Widersprüche wer-

---

[61] *Depenheuer*, Das öffentliche Amt, Rn. 82; ebenso *ders.*, Amt, Sp. 146 f.; im Folgenden beschreibt *Depenheuer* jeweils ein »Ethos der Vertrauenswürdigkeit«, der »Distanz« und der »Ehre«; siehe auch oben bei Fn. 52.

[62] *Isensee*, Gemeinwohl und öffentliches Amt, S. 112.

[63] *Isensee*, Das antiquierte Amt, S. 51; *Loschelder*, Vom besonderen Gewaltverhältnis, S. 313 f.; *Scherzberg*, Innovative Verwaltung, S. 35: »Die Ausübung des Amtes erfordert nicht das Absehen von, sondern das Einbringen der eigenen Person.«

[64] *Luhmann*, Zweckbegriff und Systemrationalität, S. 73 f.; vgl. *Breuer*, Der Staat, S. 188 f.

den von der Dialektik zum Anlaß genommen, Gesichtspunkte zu entwickeln, unter deren Voraussetzung sie sich auflösen oder relativieren lassen.«[65]

Es ist zweifelhaft, ob die Spannung zwischen Amt und Person durch neue Gesichtspunkte aufgelöst oder relativiert werden kann. Die Vermutung liegt nahe, dass diese Spannung erhalten bleibt und gewissermaßen das Lebensprinzip des Amtes darstellt. Treffender scheint es darum, das Verhältnis von Amt und Person als Paradox zu bezeichnen.[66]

»Eine Aussage, die einfach ›nicht zu glauben‹ ist, wird in Philosophie und Logik als Paradox (auch Paradoxie) bezeichnet, wenn sie ihrer ›Unglaublichkeit‹ zum Trotz aus akzeptablen Prämissen korrekt geschlossen zu sein scheint.«[67]

»Paradoxien entstehen, wenn die Bedingungen der Möglichkeit einer Operation zugleich auch die Bedingungen ihrer Unmöglichkeit sind.«[68]

Die ›Objektivität‹ des Amtes kann nur gewährleistet werden durch die Persönlichkeit (Subjektivität) des Amtswalters. Sie ist damit abhängig von dem, was sie überwinden soll. Durch das Amt wird zwischen Amt und Person unterschieden, wobei das Amt zugleich eine Seite der Unterscheidung und die Einheit des so unterschiedenen darstellt.[69] Während in der Dialektik der Widerspruch durch eine neue Synthese aufgehoben werden kann, bleibt die Paradoxie erhalten. Sie kann nicht nach einer Seite aufgelöst oder aufgehoben, sondern nur entfaltet und so erträglich werden. »Es kann nur darum gehen, zu beobachten, wie das System mit dieser Paradoxie umgeht, das heißt: durch welche Unterscheidungen es sie ersetzt und ›entfaltet‹.«[70] Jedenfalls gibt der Eindruck des Paradoxen Anlass, sich genauer mit dem Phänomen zu befassen.[71]

3. Ausgangsbefund

Es ergibt sich demnach folgender Ausgangsbefund:

Das Amt stellt ein notwendiges Strukturelement entwickelter sozialer, rechtlicher und insbesondere staatlicher Ordnung dar. Das Grundgesetz setzt das Amt voraus, enthält Regelungen zu einzelnen Ämtern und zu Grundlagen des öffentlichen Dienstes, aber kein geschlossenes System des Amtsrechts. Das Paradigma,

---

[65] *Wieland*, Dialektik, Sp. 806 f. (Abkürzungen aufgelöst); siehe auch *Quante*, Dialektik, passim.

[66] So auch *Schlamelcher*, Religiöse Organisation, S. 492 f.; der Begriff des Paradoxes wird auch vewendet bei *Towfigh*, Das Parteien-Paradox, S. 16: »Parteien sind gleichzeitig das wichtigste Mittel und die gefährlichste Bedrohung, die nützlichsten Diener und die eigennützigsten Herren für den Prozess demokratischer Herrschaft. Wir können nicht ohne sie, aber wir können auch nicht mit ihnen.«

[67] *Schütt*, Paradox, Sp. 923 (Abkürzungen aufgelöst); vgl. *Röhl/Röhl*, Allgemeine Rechtslehre, S. 94.

[68] *Baraldi/Corsi/Esposito*, GLU, S. 131 (Corsi).

[69] Luhmann beschreibt dies als re-entry der Unterscheidung in das Unterschiedene; vgl. *Baraldi/Corsi/Esposito*, GLU, S. 132 (Corsi); *Luhmann*, Einführung in die Systemtheorie, S. 87 f.

[70] *Luhmann*, Die operative Geschlossenheit psychischer und sozialer Systeme, S. 36.

[71] *Kirchner/Michaelis*, Wörterbuch der philosophischen Begriffe, S. 482.

in dem das Amt bisher meist verhandelt wird, ist von *Max Weber* beschrieben worden. Dieser hat sich jedoch darauf beschränkt, einen Idealtypus zu beschreiben, dem unmittelbar weder empirische noch normative Aussagen entnommen werden können.

Die Struktur des Amtes ist komplexer, als dies in den meisten Darstellungen deutlich wird. Diese Komplexität wird zuweilen durch ein eigenartiges Pathos und Verweise auf außerrechtliche Normativität wie ein Amtsethos überspielt. Die gleichzeitige Betonung der ›Objektivität‹ des Amtes und deren Abhängigkeit von der Person (Subjektivität) des Amtsinhabers lässt vermuten, dass die Struktur des Amtes eine Paradoxie enthält. Hierin dürfte das Kernproblem des Amtes liegen, das es zu erhellen gilt.

Bei der Auseinandersetzung mit dem Amtsparadox sind in Anlehnung an *Luhmann* zwei Wege denkbar:

> »Der eine Weg setzt eine Ordnung als gegeben voraus und problematisiert deren Defekte. Zum anderen Theoriemodell geht man über in dem Maße, als man gerade das Normale für unwahrscheinlich hält.«[72]

Den ersten Weg scheinen die meisten der bisherigen Beiträge zu beschreiten.[73] Daraus ergibt sich der zuweilen emphatische, gar pathetische Ton, aber auch eine gewisse Stagnation der theoretischen Entwicklung. Hier soll der zweite Weg versucht und in einer verfassungstheoretischen Studie die Paradoxie des Amtes genauer erfasst und entfaltet werden.[74]

III. Zugang

1. Verfassungstheorie

Verfassungstheorie wird hier als eine juristische Disziplin verstanden, die sich zum einen durch ihren Gegenstand, nämlich die Verfassung als Teil der Rechtsordnung im Unterschied zu allem übrigen Recht (a)), und durch ihre Zugangsweise, nämlich als Theorie im Unterschied zur Dogmatik (b)), auszeichnet. Die Verfassungstheorie umfasst auch Themenbestände der Staatslehre. Zuschnitt und Methode einer Verfassungstheorie können unterschiedlich konzipiert werden. Die beiden bedeutendsten Entwürfe, an die ich mich anlehnen möchte, stammen von *Martin Morlok* und *Matthias Jestaedt* (c)).[75]

---

[72] *Luhmann*, Vorbemerkungen zu einer Theorie sozialer Systeme, S. 13 f.

[73] Dies gilt namentlich für die Beiträge von *Isensee* und seiner Gefolgschaft.

[74] Vgl. *Voßkuhle/Kaiser*, Personal, Rn. 4.

[75] *Morlok*, Was heißt und zu welchem Ende studiert man Verfassungstheorie? (1988); *Jestaedt*, Verfassungstheorie als Disziplin (2010); zuvor schon mit weitgehenden Überschneidungen *ders.*, Die Verfassung hinter der Verfassung (2009). Kritik – vor allem an dem Entwurf von Jestaedt – bei *Kersten*, Die Notwendigkeit der Zuspitzung, S. 19 ff.

a) Recht

Recht stellt neben Sitte und Moral eine besondere Kulturform zum Umgang mit der Dichotomie von Sein und Sollen dar.[76] Als solche verbindet das Recht drei Aspekte miteinander: Der *empirische* Aspekt erfasst die gegebenen Zusammenhänge der Lebenswirklichkeit (Sein). Diesem steht der *teleologische* Aspekt gegenüber als den Wert- und Zielvorstellungen, nach denen die Empirie beeinflusst werden soll (Sollen). Beides wird im Recht durch den *funktionalen* Aspekt miteinander verknüpft. Die Verknüpfung geschieht durch die aus Tatbestand und Rechtsfolge gebildete Norm, wobei der Tatbestand das Sein, die Rechtsfolge das Sollen repräsentiert. Durch die Norm werden im Hinblick auf bestimmte Seins-Konstellationen bestimmte Sollens-Aussagen getroffen, die als Norm mit dem Anspruch von Geltung und mit der Erwartung ihrer Umsetzung in empirisches Verhalten artikuliert werden.

Modernes Recht kann als autopoietisches System beschrieben werden.[77] Jede Rechtsentscheidung knüpft an andere Rechtsentscheidungen an, durch die formale und materielle Aspekte der Entscheidung vorentschieden werden, und bietet Anknüpfungsmöglichkeiten für weitere Rechtsentscheidungen. Die Umwelt des Systems Recht wird allein nach Maßgabe der Rechtsnormen im System wahrgenommen und verarbeitet. Gerade dadurch wird die Komplexitätsreduktion geleistet, die bei Entscheidungszwang und Zeitknappheit erforderlich ist. Zur Umwelt des Rechtssystems gehören auch Telos und Empirie des Rechts. Für die Empirie ist dies insofern offensichtlich, als der Tatbestand einer Norm die Sachverhaltsmomente vorgibt, die vollständig und ausschließlich zu berücksichtigen sind. Im Vorgang der Subsumtion wird die systemkonstitutive Unterscheidung und Verknüpfung von Recht und Empirie prozessiert.

Für das Telos ist zu differenzieren. Es findet seinen systeminternen Ausdruck in der Rechtsfolge einer Norm, darf mit dieser aber nicht identifiziert werden. Denn nicht jede Norm und nicht jede Rechtsfolge steht mit dem Telos des Rechts in Einklang. Die durch die Norm überbrückte Dichotomie von Sein und Sollen tritt innerhalb des Rechts als Dichotomie von *Legalität* und *Legitimität* erneut in Erscheinung und führt damit über einen reinen Positivismus hinaus. Das Sein des positiven Rechts (Legalität) wird aus der Perspektive des Sollens als eines anzustrebenden Guten und Gerechten auf seine Legitimität hin befragt. Die Frage nach dem Guten und Gerechten ist seit jeher Gegenstand der (Rechts-)Philosophie. Diese vermag jedoch materielle Aussagen nur in sehr abstrakter Weise zu treffen und verweist zunehmend auf den prozeduralen Aspekt für die Formulierung des Guten und Gerechten. Die Legitimität des Rechts und seiner Normen lässt sich allenfalls sehr begrenzt materiell und objektiv feststellen. Sie ist darum stets umstritten und bedarf einer prozeduralen Bearbeitung. Die Beschäftigung mit dem Recht erhält so einen eminent politischen Charakter.[78] Innerhalb des Rechts provoziert die Frage nach der Legitimität eine Paradoxie. Denn:

---

76 Zum Folgenden siehe *Munsonius*, Erwägungen zur Rechtswissenschaft, S. 1 ff.
77 Ausführlich *Luhmann*, Das Recht der Gesellschaft, passim.
78 Siehe 2. Umsetzung a) Politizität, S. 19.

»Die Legitimierung des Legalen kann nur eine legalitätsexterne Funktion sein, niemals aber mit den Mitteln der Legalität selbst gelingen, ohne entweder in einen infiniten Regress zu verfallen oder aber in die Legalität einen jederzeit aktivierbaren politischen Vorbehalt einzubauen, der zerstörerisch sein kann, was die Befriedungsfunktion der Legalität angeht.«[79]

Die Rechtsordnung umfasst die Normen des positiven Rechts, das von dafür durch Rechtsnorm ermächtigten Stellen in der vorgesehenen Weise erlassen worden ist, und diejenigen Normen, die von dafür durch Rechtsnorm ermächtigten Stellen methodengerecht ermittelt und festgestellt werden, um Lücken des positiven Rechts zu schließen. Der *Verfassung* kommt innerhalb der Rechtsordnung eine besondere und grundlegende Funktion zu. Sie enthält zum einen die formalen Regeln darüber, wie Recht gesetzt, angewendet und durchgesetzt wird. Sie begründet so die Legalität des Rechts. Zum anderen bildet sie die Grundlage für die Legitimität des Rechts, indem sie einerseits die Verfahren vorsieht, in denen diese verhandelt werden kann, und andererseits Maßstäbe enthält, nach denen die Legitimität beurteilt werden kann. Die Verfassung hat damit die Funktion einer Gerechtigkeitsreserve oder eines Naturrechtssurrogats.[80] Da sie jedoch selbst Recht ist und somit zwar Ausdruck einer (kontingenten) Vorstellung des Guten und Gerechten sein kann, mit diesem aber nicht zu identifizieren ist, enthält sie Verweise auf transpositive Normativität. Im Grundgesetz sind diese beispielsweise in der *nominatio dei* der Präambel, im Menschenwürdeprinzip nach Art. 1 GG und in der Bindung von Exekutive und Judikative an »Gesetz und Recht« (Art. 20 Abs. 3 GG) zu erkennen.[81] Diese Besonderheiten des Verfassungsrechts werfen für die Rechtswissenschaft besondere Probleme auf, auf die Verfassungstheorie eine Antwort ist.

b) *Rechtswissenschaft*

Aufgabe der Rechtswissenschaft ist es, das Recht einer methodisch kontrollierten Reflexion zu unterziehen.

»Die Rechtswissenschaft betreibt die systematische, kritisch reflektierte und methodische Auseinandersetzung mit Recht. Sie hat dabei eine unmittelbar praktische Perspektive, insofern sie die Entscheidungsfindung im Rechtssystem mit vorbereitet, begleitet und gestaltet. Die Rechtswissenschaft entwickelt die Lehre vom Inhalt des geltenden Rechts (Dogmatik[en]), ebenso wie sie seine vielfältigen (historischen, politischen, philosophischen, sozialen und individuellen etc.) Grundlagen untersucht.«[82]

Im Vordergrund stehen die Auslegung und Anwendung des geltenden Rechts. Dazu ist nicht nur die Interpretation der einzelnen Normen, sondern auch die Untersuchung des Zusammenhangs zwischen den Normen und die Herausarbeitung übergeordneter Prinzipien erforderlich. Dazu entwickelt die Rechtswis-

---

79 *Meinel*, Die Legalisierung der Legitimation, S. 176.

80 *Morlok*, Verfassungstheorie, S. 91 ff.

81 *Munsonius*, Religiöses im Grundgesetz, S. 4 f.

82 *Wissenschaftsrat*, Perspektiven der Rechtswissenschaft in Deutschland, S. 25 ([] im Original).

senschaft Theorien unterschiedlicher Reichweite. Diese reichen von singulären Lösungsvorschlägen für zweifelhafte Rechtsfragen bis zu umfassenden Konzeptionen eines Rechtsgebiets oder des Rechts überhaupt.[83] Die Verwendung des Begriffs Theorie ist dabei oft nicht ganz klar. Zuweilen wird er schon für die Bezeichnung eines einzelnen Arguments bei der Auslegung einer Norm verwendet. Im Anschluss an allgemeine Konzeptionen jedoch

»wird man wissenschaftliche Theorien als Systeme oder Mengen von Aussagen bestimmen können, zwischen denen Ableitbarkeitsbeziehungen bestehen und die mindestens den Anforderungen der Konsistenz und der Prüfbarkeit genügen.«[84]

Es geht also um einen Zusammenhang von Aussagen, der Erschließungskraft für unterschiedliche Fragestellungen hat. Dabei können verschiedene Theorieperspektiven eingenommen werden. Die *praktische* (normative) Perspektive hat die Anwendung des Rechts zum Gegenstand. Sie ist auf die juristische Entscheidungspraxis bezogen, für die das rechtswissenschaftliche Studium ausbildet.[85] Es geht dabei um die Methoden und Kenntnisse, die für die Anwendung der Normen auf gegebene Sachverhalte erforderlich sind. Die *historische* (empirische) Perspektive abstrahiert von der unmittelbaren Anwendungssituation und betrachtet das Recht, seine Gestaltung, Anwendung und Durchsetzung als geschichtliches Phänomen. Das Recht wird weniger als normative Größe, sondern auf seine Wandlungen und Wirkungen hin untersucht. Die *analytische* Perspektive abstrahiert von einer bestimmten Rechtsordnung und sucht, Begriffe und Konzepte zu entwickeln, um die Aspekte des Rechts sinnvoll zu erfassen und zu deuten.[86] Diese Perspektiven können jeweils auf die genannten Aspekte des Rechts angewendet werden, um so das Arbeitsfeld der Rechtswissenschaft aufzuspannen:

	Empirie	Funktion	Telos
analytisch			
historisch			
praktisch			

Dem Praxisbezug der Rechtswissenschaft entsprechend steht die praktische Perspektive, die sich ganz auf den funktionalen Aspekt konzentriert, im Vordergrund. Dies ist das Feld der *Dogmatik*. »Dogmatik fungiert [...] als rechtswissenschaftliche Anwendungshilfe für die entscheidungsberufene Rechtspraxis.«[87]

[83] *Röhl/Röhl*, Allgemeine Rechtslehre, S. 163f.; *Volkmann*, Was ist Recht?, S. 297f.; vgl. *Canaris*, Funktion, Struktur und Falsifikation juristischer Theorien, S. 377f.; *Seiffert*, Theorie, passim.

[84] *R. Dreier*, Zur Theoriebildung in der Jurisprudenz, S. 82.

[85] *Mann/Kian*, Die Rolle der Rechtswissenschaft, S. 119ff.

[86] Vgl. *R. Dreier*, Zur Theoriebildung in der Jurisprudenz, S. 84; *Munsonius*, Erwägungen zur Rechtswissenschaft, S. 8ff.

Telos und Empirie nimmt sie allein nach Maßgabe der Norm in den Blick. Die *Rechtstheorie* (im weiteren Sinne) weitet den Horizont und nimmt über die Dogmatik hinaus alle Aspekte des Rechts in historischer und analytischer Perspektive in den Blick. Damit ergeben sich Bezüge zu anderen Wissenschaften, die in den sog. Grundlagenfächern auf das Recht bezogen angewendet werden, insbesondere Historik, Soziologie und Philosophie.

<table>
<tr><th></th><th>Empirie</th><th>Funktion</th><th>Telos</th></tr>
<tr><td>analytisch</td><td colspan="3" rowspan="2">Rechtstheorie</td></tr>
<tr><td>historisch</td></tr>
<tr><td>praktisch</td><td>→</td><td>Dogmatik</td><td>←</td></tr>
</table>

Dogmatik und Theorie werden zuweilen danach unterschieden, dass diese aus einer Beobachter-, jene aus einer Teilnehmerperspektive betrieben wird.[88] Dies ist insofern problematisch, als Dogmatik als Rechtswissenschaft von der Rechtsanwendungspraxis zu unterscheiden ist und somit zwischen Teilnehmer- und Beobachterperspektive steht. Präziser ist wohl, danach zu unterscheiden, dass Dogmatik dem geltenden Recht immanent argumentiert, während Theorie diese Bindung transzendieren kann.

c) *Verfassungstheorie*

Verfassungstheorie ist die Antwort darauf, dass Recht als autopoietisches System zwar autonom aber nicht autark ist, dass also Telos und Empirie vom Recht zu unterscheiden, für seine Funktion aber (mittelbar) relevant sind. Die geschilderte Eigenart des Verfassungsrechts fordert solche über die Dogmatik hinausgehenden theoretischen Bemühungen in besonderer Weise heraus.[89] Daraus ergeben sich die Komplexität der Verfassungstheorie[90] und vielfältige Bezüge zur Verfassungslehre, Allgemeinen Staatslehre, Rechtsgeschichte und Rechtsvergleichung, Politikwissenschaft und Soziologie, Rechtsphilosophie und Rechtstheorie.[91] In der Konkretion kann die disziplinäre von verschiedenen materiellen Verfassungstheorien unterschieden – wenn auch nicht getrennt – werden, in denen sich bestimmte Lesarten der Verfassung artikulieren.[92]

In der Konzeption von *Jestaedt* kommt das *Telos* in der Verfassungstheorie dadurch zur Geltung, dass die normativ-reale positivrechtliche Verfassung als

---

[87] *Jestaedt*, Verfassungstheorie als Disziplin, Rn. 20.

[88] *Roellecke*, Beobachtung der Verfassungstheorie, Rn. 7; *Jestaedt*, Verfassungstheorie als Disziplin, Rn. 11; vgl. *Volkmann*, Was ist Recht?, S. 298; *ders.*, Situation einer Verfassungstheorie, S. 603.

[89] Siehe a) Recht, S. 14.

[90] *Morlok*, Verfassungstheorie, S. 50 f.

[91] Eingehend *Morlok*, Verfassungstheorie, S. 20 ff.

[92] *Volkmann*, Rechts-Produktion, S. 35 f.

Gegenstand der Dogmatik (»constitutio minor«) einer normativ-idealen Verfassung (»constitutio maior«) kontrastiert und an dieser gemessen wird. Genannt werden die Begriffspaare der Verfassung im formellen und im materiellen Sinne, der positivrechtlichen und der positiven, der realen und der idealen sowie der faktischen und der normativen Verfassung.[93]

»Die Verfassungs*theorie* gewinnt ihren Resonanzboden und erzielt Reflexionsgewinne aus den Inbezugsetzungen der unterschiedlichen Variationen der ›constitutio maior‹ zu den Erscheinungsformen der ›constitutio minor‹, die Gegenstand der Verfassungsdogmatik sind.«[94]

Dazu vermitteln die synchrone Verfassungskomparatistik und die diachrone Verfassungsgeschichte hilfreiches Anschauungsmaterial und helfen, den blinden Fleck des eigenen verfassungsdogmatischen wie -theoretischen Standpunkts zu erhellen.[95] Auf einer zweiten Ebene sucht die Verfassungstheorie – im Unterschied zur Dogmatik, die es stets mit der Auslegung von Einzelnormen zu tun hat – die Verfassung »hinter« den Verfassungsnormen zu erschließen und die Suprastruktur aufzudecken, »die sich in den positivrechtlichen Verfassungsbestimmungen erkennen lässt und aus der heraus diese zu verstehen sind.«[96]

Die dem Verfassungsrecht vorgelagerte *Empirie* kommt zur Geltung, wenn es in der Verfassungstheorie um »die nicht-positivierten und überwiegend auch nicht positivierbaren Bedingungen [geht], unter denen Verfassungsbestimmungen ihre volle Sinnentfaltung oder Sinnerfüllung erfahren,« wenn also die Frage nach den Verfassungsvoraussetzungen und Verfassungserwartungen gestellt wird.[97] Denn der Verfassungsanspruch bricht sich an der machtvollen Verfassungswirklichkeit.[98]

»Dass hier zahlreiche, die Möglichkeiten der Steuerung des positiven Rechts weit überschreitende Faktoren am Werke sind, ist ebenso wenig zu übersehen, wie in umgekehrter Richtung, dass die eine oder andere Bedingung normativer Sinnerfüllung durchaus positiv(verfassungs)rechtlich mitgewährleistet ist.«[99]

Zu den Verfassungsvoraussetzungen gehört auch das Amt als soziale Struktur, die es ermöglicht, dass jemand für ein Gemeinwesen handelt. Diese soziale Struktur soll auf ihre Unwahrscheinlichkeit, d. h. daraufhin betrachtet werden, wie voraussetzungsreich sie ist. Es ist zu fragen, ob die mit dem Amt verbundenen hochgesteckten, als solche aber zumeist nicht problematisierten Erwartungen[100] überhaupt eine Chance haben, erfüllt zu werden, oder sich in kontrafaktischer Normativität erschöpfen.

---

[93] *Jestaedt*, Verfassungstheorie als Disziplin, Rn. 29, 42 ff.
[94] *Jestaedt*, Verfassungstheorie als Disziplin, Rn. 47.
[95] *Jestaedt*, Verfassungstheorie als Disziplin, Rn. 31 f.
[96] *Jestaedt*, Verfassungstheorie als Disziplin, Rn. 41; vgl. *Arnauld*, Rechtsstaat, Rn. 3.
[97] *Jestaedt*, Verfassungstheorie als Disziplin, Rn. 36; ausführlich dazu *Böckenförde*, Demokratie als Verfassungsprinzip, Rn. 58 ff.
[98] *Jestaedt*, Verfassungstheorie als Disziplin, Rn. 47.
[99] *Jestaedt*, Die Verfassung hinter der Verfassung, S. 59.
[100] Siehe II. Fragestellung 1. Beobachtungen, S. 8.

Das *Verhältnis* der Verfassungstheorie zur -dogmatik ist ambivalent, was in der Verfassungstheorie selbst zu reflektieren ist.[101] Verfassungstheorie ist vergleichsweise abstrakt und kann gerade dadurch manches sichtbar machen, was in der dogmatischen Arbeit am Konkreten nicht erkannt wird. Sie mildert das Komplexitätsgefälle zwischen Umwelt und System, bringt ans Licht, was in der Rechtsanwendung vorausgesetzt, aber nicht unmittelbar thematisiert wird.[102] Damit kann sie die Dogmatik vor einem Autismus bewahren, der die Autonomie des Rechts in (vermeintliche) Autarkie überführt.[103] Auf der anderen Seite kann die Verfassungstheorie zu komplex, um operabel zu sein.

»Als für den Rechtspraktiker nützliche Anwendungshilfe muss Dogmatik im Rahmen des Möglichen vereinfachen. […] Eine weitere Einbuße an Reflexionstiefe und Offenheit ist dem Umstand geschuldet, dass Dogmatik tunlichst Ungewissheiten und Zweifel für den Rechtsanwender eliminieren muss«.[104]

Dogmatik funktioniert nur, wenn die Filterfunktion der Norm wirksam wird, also die Komplexitätsreduktion gelingt. Sie geht mit ihrem Konsequentialismus und Konstruktivismus sogar über das positive Recht und seine Kontingenzen hinaus und sucht Widersprüche möglichst zu beseitigen.[105] Paradoxien, wie sie beim Amt zu vermuten sind, sind für die Rechtsanwendung unerträglich. Wenn das Amt eine paradoxe Struktur hat, muss das Recht und mit ihm die Dogmatik dies ignorieren oder wenigstens dissimulieren, um funktionieren zu können. Rechtswissenschaft muss aber erkennen, was damit passiert. Darum bedarf es einer verfassungstheoretischen Untersuchung des Amtes.[106]

2. Umsetzung

Die Eigenart der Verfassungstheorie bringt es mit sich, dass vor der Umsetzung des Vorhabens (c)) das Problem ihrer unausweichlichen Politizität (a)) und Eklektizität (b)) bedacht werden muss.

a) Politizität

Ein Problem jeder Verfassungstheorie stellt die Politizität dar, die in ihrem Gegenstand begründet ist. Politik umfasst »alle Vorgänge kollektiver Willensbildung und Entscheidungen, deren Ergebnis für ein Kollektiv, seine Mitglieder und seine Umwelt verbindlich und wirksam sind.«[107] Dabei kann einerseits

---

[101] Vgl. *Jestaedt*, Verfassungstheorie als Disziplin, Rn. 50; zur Unterscheidung zwischen Verfassungstheorie und verfassungstheoretischem System als operativer Zwischenebene *Honer*, Das verfassungstheoretische System, S. 246 ff. und passim.

[102] *Jestaedt*, Verfassungstheorie als Disziplin, Rn. 27; vgl. *Volkmann*, Situation einer Verfassungstheorie, S. 602 ff.

[103] *Jestaedt*, Verfassungstheorie als Disziplin, Rn. 38.

[104] *Jestaedt*, Verfassungstheorie als Disziplin, Rn. 23; vgl. *Volkmann*, Was ist Recht?, S. 298.

[105] *Jestaedt*, Das mag in der Theorie richtig sein …, S. 83.

[106] Vgl. *Jestaedt*, Verfassungstheorie als Disziplin, Rn. 13.

[107] *Herms*, Politik, Sp. 1449.

an das politische Handeln, durch das Bürger ihre Konflikte bearbeiten und ihr Zusammenleben koordinieren, andererseits an die institutionelle Ordnung angeknüpft werden, in der politisches Handeln stattfindet.[108] Demgemäß hält *Morlok* im Hinblick auf die Verfassungstheorie fest:

»›*Politisch*‹ soll definiert werden durch den Bezug auf die Positionen der institutionalisierten Staatlichkeit, die mit der Befugnis zu bindenden Entscheidungen ausgestattet sind. [...] In diesem Sinn ist alles (staatliche gesetzte) Recht politisch, geht es doch um staatlich verantwortete Steuerungseffekte.«[109]

Der politische Charakter allen Rechts tritt bei der Verfassung besonders ausgeprägt in Erscheinung. Dies liegt an ihrer Eigenschaft als oberste, nicht anderweitig rechtlich begründete Ebene des Rechts, von der alle weitere Rechtsetzung ausgeht. Hinzu kommt ihre Funktion als Gerechtigkeitsreserve und Naturrechtssurrogat. Als Grundordnung des Gemeinwesens ist die Verfassung auf Zustimmung und Konsens angewiesen und zugleich die Grundlage dafür, solches zu generieren. Schließlich aber ist die Verfassung auch durch Allgemeinheit und Offenheit bestimmt. Sie lässt Raum für Interpretation und Gestaltung.[110] *Volkmann* differenziert nach »Konzeptionen der politischen Theorie«, »Berücksichtigung der politischen Realitäten« und »Erwägungen einer bloß politischen Angemessenheit und Zweckmäßigkeit«, die in die Anwendung der Verfassung einfließen.[111] Damit stellt die Verfassung nicht nur einen institutionellen Rahmen für politische Auseinandersetzungen bereit, sondern ist zwangsläufig auch deren Gegenstand.

Die Verfassungstheorie wird durch diesen politischen Charakter ihres Gegenstandes beeinflusst. »Wenn Staatsrecht normative Ordnung des politischen Lebens ist, so lassen sich seine Rechtsprobleme nicht lösen ohne Rückgriff auf zweckorientierte politische Gedankengänge und Wertungen.«[112] Alle Rechtstheorie hat notgedrungen insofern politischen Charakter, als sie die Kontingenz geltenden Rechts aufdeckt, Alternativen aufzeigt und über den Normtext hinaus die Normanwendung steuert. Zwischen verfassungstheoretischem und politischem Diskurs bestehen mannigfache Wechselwirkungen, indem Probleme und Argumente ausgetauscht werden. Verfassungstheorie beeinflusst gleichermaßen die Verfassungsinterpretation (*de lege lata*) und die Rechtsgestaltung (*de lege ferenda*). Vermittelt über die Dogmatik wirkt sie auf die Entscheidungspraxis der zuständigen Instanzen ein und beeinflusst so die Anwendung und Wirksamkeit des Rechts.[113] Die Grenze zwischen Verfassungstheorie und -politik wird unscharf und droht zu verschwimmen.

---

[108] *Kreide/Niederberger*, Politik, S. 290.
[109] *Morlok*, Verfassungstheorie, S. 178, 180.
[110] *Morlok*, Verfassungstheorie, S. 180, ausführlich S. 89 ff.; siehe auch *Heun*, Verfassungsordnung, S. 6 f.
[111] *Volkmann*, Verfassungslehre, S. 136 f.
[112] *Böckenförde*, Gesetz und gesetzgebende Gewalt, S. 335.
[113] *Morlok*, Verfassungstheorie, S. 181 ff.; *Volkmann*, Verfassungslehre, S. 2 ff.

Diese im Gegenstand der Verfassungstheorie begründete Not darf nicht schlankerhand als Tugend ausgemünzt werden. »Politische Sensibilität und Offenheit der Verfassungstheorie sind eine Sache, politischer Opportunismus und Gefügigkeit eine andere.«[114] Alle Rechtstheorie steht in der Gefahr, den Normtext und die Absichten des Normsetzers, also ihren Gegenstand und damit am Ende auch sich selbst als Theorie zu desavouieren.[115] Ein Exempel bildet die Verfassungslehre *Carl Schmitts*, der einen relativen (»Verfassung als eine Vielheit einzelner Gesetze«) und einen positiven Verfassungsbegriffs (»Verfassung als Gesamtentscheidung über Art und Form der politischen Einheit«) unterscheidet und dadurch gezielt den Verfassungstext depotenziert:

»Die Relativierung des Verfassungsbegriffs besteht darin, daß statt der einheitlichen Verfassung im Ganzen, [!] nur das *einzelne Verfassungsgesetz*, der Begriff des Verfassungs*gesetzes* aber nach äußerlichen und nebensächlichen, sog. *formalen Kennzeichen* bestimmt wird. [...] Die Verfassung im positiven Sinne entsteht durch einen *Akt der verfassunggebenden Gewalt*. Der Akt der Verfassungsgebung enthält als solcher nicht irgendwelche einzelnen Normierungen, sondern bestimmt durch einmalige Entscheidung das Ganze der politischen Einheit hinsichtlich ihrer besonderen Existenzform.«[116]

Als Menetekel aller Rechtstheorie mögen der Nationalsozialismus und die sozialistische Rechtstheorie dienen, in denen durch ein ideologisches *framing* Aussagen des geschriebenen Rechts überformt und pervertiert worden sind.[117]

Wissenschaftlich verantwortliche Rechts- und Verfassungstheorie zeichnet sich dadurch aus, dass sie sich selbst beobachtet und methodisch kontrolliert.

»Dies bedeutet zuvörderst, sich des politischen Charakters und der politischen Bedeutung wichtiger Teile verfassungsrechtlicher Argumentation zu vergewissern, diese offenzulegen, um sie so innerhalb der Theorie zu kontrollieren (nicht: eliminieren) und um sie so auch öffentlich kontrollierbar zu machen.«[118]

Auszugehen ist von der geltenden Verfassung und der Bindung an den Verfassungstext. Dieser stellt das zwar kontingente, aber zugleich normative Element der Verfassungstheorie dar.[119] Die Verfassung tritt der Wirklichkeit mit einem normativen Anspruch entgegen, der auch in der Interpretation festzuhalten ist.[120] Dieser normative Anspruch impliziert, dass sie nicht lediglich als Sammlung von Vorschriften, sondern als Einheit zu begreifen und zu interpretieren ist.[121] Ein wichtiger Kontrollposten für die Verfassungstheorie bleibt die Frage, inwiefern sie für Verfassungsdogmatik fruchtbar gemacht werden kann.

---

[114] *Morlok*, Verfassungstheorie, S. 183.

[115] Eklatant bei *Kersten*, Die Notwendigkeit der Zuspitzung, passim.

[116] *Schmitt*, Verfassungslehre, S. 11, 21; dazu *Volkmann*, Rechts-Produktion, S. 41 f.

[117] *Grimm*, Die »Neue Rechtswissenschaft«, passim; *Rüthers*, Entartetes Recht, S. 22 ff.; *ders.*, Die unbegrenzte Auslegung, S. 91 ff.; *Stolleis*, Geschichte des öffentlichen Rechts, Bd. 4, S. 289 ff.

[118] *Morlok*, Verfassungstheorie, S. 189; vgl. *Volkmann*, Verfassungslehre, S. 3.

[119] Vgl. *Kelsen*, Reine Rechtslehre, 1. Auflage, S. 37 f.; 2. Auflage, S. 111 ff.

[120] *Böckenförde*, Die Methoden der Verfassungsinterpretation, S. 151.

[121] Anders *Kersten*, Die Notwendigkeit der Zuspitzung, S. 45, wo die Verfassung unter dem schicken Begriff der »Assemblage« in einen normativen Selbstbedienungsladen umfunktioniert wird.

Der jeweils geltenden Verfassung sind Aussagen zu entnehmen, wie mit dem Phänomen des Politischen umgegangen werden soll. Dies wirkt sich auch auf das Verständnis von Verfassungstheorie aus, soweit es um ihre eigene Politizität geht.[122] Im demokratischen Verfassungsstaat ist Verfassungstheorie stets auch verfassungsbezogene Demokratietheorie.[123] Indem die Entscheidungen über das Gemeinwesen nicht vorgegeben, sondern dem demokratischen Prozess überantwortet werden, gewinnen formale Aspekte von Zuständigkeit, Verfahren und Form zunehmend Relevanz und sind keinesfalls Petitessen.[124]

Verfassungstheorie kann sich selbst methodisch kontrollieren, indem sie nicht nur ein bestimmtes Konzept vertritt, sondern Alternativen aufdeckt, den eigenen Ansatz einer Ideologiekritik unterzieht und seine Folgen, d.h. seine Missbrauchsanfälligkeit in die Erwägungen einbezieht.[125] In der Durchführung ist der Politizität aller Verfassungstheorie dadurch Rechnung zu tragen, dass Voranahmen, die an den Verfassungstext herangetragen werden, tunlich offengelegt und rechts*politische* Aussagen als solche markiert werden.

b) Eklektizismus

Ein weiteres Problem ergibt sich für die Verfassungstheorie aus ihrer Funktion als Brückendisziplin, »mit deren Hilfe die Konzepte und Theoreme verfassungsbezogener Nachbarwissenschaften für den verfassungsdogmatischen Diskurs aufbereitet und allererst zugänglich gemacht werden.«[126] Man kommt nicht umhin, sich – orientiert durch das eigene Erkenntnisinteresse – in anderen Disziplinen umzuschauen, ohne freilich einen vollständigen Überblick gewinnen zu können, und dort vorfindliche Theorien und Ansätze für die eigene Fragestellung zu adaptieren, ohne in die jeweilige Theoriediskussion einsteigen zu können. Eine eklektische und fragmentarische Theorieverwendung scheint mir darum unvermeidlich, aber auch unschädlich. Solange es hilft, den Gegenstand in anderem Licht zu sehen, aus mehreren Perspektiven wahrzunehmen und so genauer zu verstehen, scheint mir dieses Vorgehen gerechtfertigt.

> »Wenn Ideen interessant und erhellend sind, dann zählt mehr als ihr Ursprung, daß man imstande ist, sie so zu schärfen, daß ihre Nützlichkeit bewiesen werden kann, selbst wenn dies innerhalb eines ganz anderen Rahmens geschieht als dem, der sie hervorgebracht hat.«[127]

Der Zweck der Verfassungstheorie liegt nicht darin, die verwendeten Theorien zu durchdringen oder gar einen Beitrag zu ihrer Entwicklung zu leisten, sondern mit ihrer Hilfe den eigenen Gegenstand besser zu verstehen. Alle Aussagen stehen folglich unter dem Vorbehalt, dass die Theorieimporte tragfähig sind.

---

[122] Vgl. *Böckenförde*, Die Methoden der Verfassungsinterpretation, S. 150.
[123] *Morlok*, Verfassungstheorie, S. 191.
[124] *von Jhering*, Geist des römischen Rechts, S. 456: »Die Form ist die geschworene Feindin der Willkühr, die Zwillingsschwester der Freiheit.«
[125] *Morlok*, Verfassungstheorie, S. 189f.
[126] *Jestaedt*, Verfassungstheorie als Disziplin, Rn. 48.
[127] *Giddens*, Die Konstitution der Gesellschaft, S. 35.

Der Anspruch einer Theorie kann nicht sein, Realität vollständig und ausschließlich abzubilden. Ihr Anspruch kann nur sein, die Realität unter ihrem Gesichtspunkt möglichst umfassend wahrzunehmen. So hält *Luhmann* für soziologische Theoriebildung fest:

»Sie reklamiert für sich selbst *nie*: *Widerspiegelung* der kompletten Realität des Gegenstandes. *Auch nicht: Ausschöpfung* aller Möglichkeiten der Erkenntnis des Gegenstandes. Daher *auch nicht: Ausschließlichkeit* des Wahrheitsanspruchs im Verhältnis zu anderen, konkurrierenden Theorieunternehmungen. *Wohl aber: Universalität* der Gegenstandserfassungen in dem Sinne, daß sie als soziologische Theorie *alles* Soziale behandelt und nicht nur Ausschnitte [...].«[128]

Jede Theoriebildung basiert auf bestimmten Einschränkungen, die erforderlich sind, um Wirklichkeit zu erfassen. Sie hat damit zugleich einen blinden Fleck, den sie selbst nicht mehr erkennen kann. »Die in der Beobachtung operativ verwendete, aber nicht beobachtbare Unterscheidung ist der blinde Fleck des Beobachters.«[129] Mit jeder Theorie kann man an seinem Gegenstand etwas erkennen und anderes nicht. Dies spricht dafür, verschiedene Theorien miteinander zu kombinieren, um mehr zu sehen als mit nur einer Theorie.[130] Wie sich zeigen wird, ist gerade die Kombination von handlungs- und systemtheoretischen Konzepten hilfreich, um die Paradoxie des Amtes genauer in den Blick zu bekommen.[131]

c) Vorgehen

Im weiten Feld der Verfassungstheorie und der vielfältigen Aspekte des Amtes erscheint eine umfassende Verfassungstheorie des Amtes als allzu ambitioniertes Unterfangen und soll hier nicht geleistet werden. Im Fokus der Untersuchung steht das Amtsparadox in der Annahme, dass dieses einen Kristallisationspunkt der Amtsproblematik darstellt, ohne dessen genaueres Verständnis auch weitere theoretische Bemühungen um das Amt erschwert werden.[132] Die Untersuchung des Amtsparadoxes soll den normativen Charakter und den empirischen Bezug als zwei wesentliche Aspekte der Verfassungstheorie aufnehmen.[133]

Für den empirischen Bezug ist in Kapitel 2 eine sozialwissenschaftliche *Exploration* gewählt worden. Es geht darum zu verstehen, was es heißt, dass jemand ein Amt wahrnimmt, also nicht für sich selbst, sondern für einen anderen (genauer: für ein Gemeinwesen) handelt, und welche Faktoren dieses Handeln beeinflussen.[134] Dazu sollen sowohl handlungs- wie auch systemtheoretische Ansätze fruchtbar gemacht werden.

---

[128] *Luhmann*, Soziale Systeme, S. 9.

[129] *Luhmann*, Ich sehe was, was du nicht siehst, S. 223.

[130] Anfrage an allzu großen Pragmatismus bei *Volkmann*, Situation einer Verfassungstheorie, S. 608.

[131] Siehe Kapitel 2: Exploration, S. 29.

[132] Weil es so schön ist, soll das Zitat auch hier nicht fehlen: »Die Zucht des Konkreten lehrt das Maß der Dinge und führt in die Tiefen des Prinzips.« (*Heckel*, Kirchenreform im Verfassungssystem, S. 298, Fn. 36 = S. 575).

[133] *Morlok*, Verfassungstheorie, S. 54, 60.

[134] So auch *Voßkuhle/Kaiser*, Personal, Rn. 4.

Da die allgemeine Struktur des Amtes auf eine große Fülle von Konstellationen anwendbar ist, bedarf es in Kapitel 3 der *Konkretion* auf das staatliche Amt, das durch die Verfassung geordnet ist. Dabei sind auch die Hintergrundannahmen über das Verhältnis von Staat und Gesellschaft sowie Staat und Verfassung darzulegen, die den weiteren Erörterungen zugrunde liegen.

In Kapitel 4 kommt dann der normative Bezug mit einer verfassungsrechtlich fundierten *Rekonstruktion* des Amtes zum Zuge. Dabei werden die Regelungen des Grundgesetzes zu einzelnen Ämtern und zum öffentlichen Dienst ebenso in Anschlag gebracht wie die Fundamentalprinzipien der Art. 1 und 20 GG. Es wird sich zeigen, dass das Amt verfassungsrechtlich nur im Zusammenhang aller dieser Normen recht verstanden werden kann.

Die *Konklusion* in Kapitel 5 soll die Erkenntnisse bündeln und aufdecken, inwiefern das Amtsparadox nicht nur als Problem bewältigt werden kann, sondern auch welche konstruktive Funktion es für ein verfassungsgemäßes Ämterwesen hat.

3. Elementarstruktur

Doch zunächst soll der bisher noch sehr vage gefasste Begriff des Amtes für die weitere Untersuchung etwas genauer bestimmt werden. »Welche Begriffsbildung sinnvoll ist, hängt maßgeblich von der Fragestellung ab.«[135] Es kann vorerst nicht um eine umfassende Bestimmung, sondern nur um einen Elementarbegriff des Amtes gehen. Damit soll zweierlei geleistet werden:

– Zum einen ist dem Umstand Rechnung zu tragen, dass das Amtsverständnis immer vom Kontext, beim staatlichen Amt namentlich von der Herrschafts- oder Staatsform, abhängig ist.[136] Darum ist jede Begriffsbestimmung fragwürdig, die Elemente des Kontextes in den Amtsbegriff hineinnimmt, ohne deren Kontextabhängigkeit aufzudecken. Zur Aufdeckung seiner Elementarstruktur soll das Amt zunächst seines bestimmten Kontextes entkleidet werden. Insbesondere die Engführungen auf Beamtenverhältnisse und auf staatliche Ämter sollen zunächst außer Acht gelassen werden.[137] Ein Elementarbegriff des Amtes enthält nur so viele Festlegungen, als vorerst für die Bestimmung des Untersuchungsgegenstandes nötig ist. Er kann damit in einer Vielzahl von Kontexten zur Anwendung kommen.

– Zum anderen sind den bisher vorgenommenen Begriffsbestimmungen im Rückschluss aus ihren Festlegungen, die über den Elementarbegriff hinausgehen, Fragen zu entnehmen, die sich im Zusammenhang des Amtes stellen und nicht vorschnell damit beantwortet bzw. abgeschnitten werden sollen, dass sie als Element des Amtsbegriffes eingeführt werden. Ein Elementarbegriff des Amtes soll

[135] *Heyen*, Amtsbegriff als Kernelement, S. 279.

[136] Vgl. *Heyen*, Amt und Rationalität, S. 52; *Köttgen*, Das anvertraute öffentliche Amt, S. 120.

[137] Siehe Kapitel 3: Konkretion I. Gegenstand, S. 93, Fn. 3; vgl. *Battis*, Amt, staatlich, Sp. 47 f.; *Köttgen*, Das anvertraute öffentliche Amt, S. 124 ff.; *Luhmann*, Begriff und Funktion des Amtes, S. 24; *Schuppert*, Staatswissenschaft, S. 122.

also den Untersuchungsgegenstand und seine Fragehinsichten festhalten, ohne vorzeitig zu Festlegungen in der Sache zu kommen. Es geht darum eine Struktur aufzudecken, die zu den Kernproblemen führt.

Und somit fangen wir an. Wer ein Amt ausübt, wird nicht für sich selbst, sondern für einen anderen tätig. Die basale Struktur des Amtes lässt sich auf die Formel bringen: *A handelt für P.* Dies setzt zunächst voraus, dass A und P voneinander unterschieden werden können (a)). Sodann muss A handeln (b)) und dieses Handeln muss P zugerechnet werden (c)).

a) Unterscheidung von A und P

Zwischen A und P muss unterschieden werden können, um von einem Amt zu sprechen. Denn ohne eine solche Unterscheidung kann keine Differenz zwischen einer ›Objektivität des Amtes‹ und der ›Subjektivität der Person‹ ausgemacht werden. Die ›Objektivität des Amtes‹ resultiert daraus, dass sie von einem anderen (P) vorgegeben wird. Das Amt ist insofern von der Person des A unabhängig, als auch andere mit demselben Amt betraut werden können.

Die Struktur setzt voraus, dass A handelt. Da nur Menschen unmittelbar handeln können, Organisationen (juristische Personen) auf Menschen angewiesen sind, um handlungsfähig zu sein, muss A stets ein Mensch sein. Dies gilt offenbar auch, wenn Vorgänge maschinell bearbeitet werden. Denn dann wird stets gefragt, wer die maschinelle Bearbeitung ausgelöst und zu verantworten hat.[138]

Demgegenüber enthält die Aussage, dass P jemand ist, für den gehandelt wird, noch keine Festlegung, ob es sich bei P um eine natürliche oder juristische Person handelt. Es muss nur jemand sein, dem ein Handeln zugerechnet werden kann. Darum soll hier vorerst auch die Frage offenbleiben, ob der Begriff des Amtes voraussetzt (oder: voraussetzen soll), dass P ein Staat, ein Träger hoheitlicher oder öffentlicher Aufgaben, dem Gemeinwohl verpflichtet oder auf andere Weise qualifiziert ist.

Das Bild wird komplexer, wenn bei P zu differenzieren ist. So kann zu unterscheiden sein, wer das Amt überträgt (P_1), für wen (zu wessen Gunsten, in wessen Interesse) das Amt wahrgenommen wird (P_2) und wem gegenüber der handelnde A verantwortlich ist (P_3). Demgegenüber ist die Rolle des Amtsträgers stets auf eine Person zugeschnitten. Es kann aber notwendig werden, auch hier zu differenzieren, angesichts der Möglichkeit, dass dasselbe Amt nacheinander auf verschiedene Personen übertragen wird.

b) Handeln des A

Das Amt verwirklicht sich darin, dass A handelt. Allerdings ist nicht jedes Handeln des A ein Amtshandeln. Die Unterscheidung zwischen A und P ist auf das Handeln des A abzubilden. Das Handeln für P ist von dem Handeln, das auf A

---

138 Zur Idee einer »elektronischen Person« und ihren konstruktiven Charakter *Plaul/Ahrens*, Die elektronische Person, S. 272 ff. m. w. N.; *Muckel*, Wandel des Verhältnisses von Staat und Gesellschaft, S. 265 ff.

selbst bezogen ist, zu unterscheiden. Von Interesse ist (zunächst) nur das Handeln, das A in Wahrnehmung des Amtes, d. h. für P vornimmt. Davon zu unterscheiden ist die Frage, ob sich das Amt auch auf das sonstige Handeln des A auswirkt.

Dass A handelt, wirft eine Menge Fragen auf, denen später nachzugehen ist. Es geht um die Handlung selbst, wodurch sie bestimmt wird und welche Folgen sie zeitigt. Insbesondere wie die Handlung bestimmt wird, ist hier von Interesse. Welche Rolle spielt der Handelnde? Von welchen Voraussetzungen und Motiven lässt er sich bestimmen? Welche Ziele verfolgt er dabei? Der Umstand, dass A nicht für sich, sondern für P handelt, dürfte erheblich komplexitätssteigernd wirken.

Zunächst soll auch offen bleiben, wie der Aufgabenkreis des A bestimmt ist. Dies gilt quantitativ im Hinblick auf die Frage, ob eine bestimmte Dauer oder ein bestimmter Umfang von Aufgaben konstitutiv ist, und qualitativ, ob es sich z. B. um hoheitliche Aufgaben oder um einen Professionsberuf handelt, der durch seine Ausbildung und das Maß an Eigenverantwortung ausgezeichnet ist.

c) *Zurechnung*

Die Pointe des Amtes besteht darin, dass A nicht für sich, sondern für P handelt. Dabei kann dieses »für« ganz unterschiedliches bezeichnen: Ist ein Handeln im Auftrag oder im Interesse von P gemeint? Geht es um eine Zurechnung der Handlung? Doch welche Aspekte der Handlung können zugerechnet werden? Denn trotz aller Zurechnung bleibt die Handlung eine solche des A. Geht es nur um die Zurechnung von Handlungsfolgen?

Das Amt bringt es mit sich, dass die Strukturelemente der Handlung auf A und P verteilt sind und durch Normen zusammengehalten werden. Dies setzt eine definierte Beziehung zwischen diesen beiden voraus. Das Amt bedarf einer Begründung durch Rechtsnorm oder Rechtsakt. Dadurch wird formell das Rechtsverhältnis zwischen den Beteiligten begründet und dieses materiell bestimmt. Im Fall des Amtes wird ein Auftragsverhältnis statuiert: A übernimmt eine bestimmte Aufgabe, erhält entsprechende Kompetenzen und wird in diesem Rahmen für P tätig, seine Handlungen bzw. deren Resultate werden diesem zugerechnet.

Da A handelt, dies aber für P tut, werden zwei verschiedene Agenden relevant. Mit dem Auftrag übernimmt A eine auf P bezogene Agenda als handlungsleitend. Er hat sich an dessen Zielen und Programmen zu orientieren, wobei deren Detailgenauigkeit sich nach dem Auftrag bestimmt. Die eigene Agenda von A bleibt jedoch daneben wirksam. Bei der Ausrichtung des Handelns von A für P ist wiederum die Unterscheidung von A und P abzubilden.

Während die Handlung selbst eine solche des A bleibt, können die Wirkungen P zugerechnet werden. Wie dies genau geschieht, hängt von der näheren Ausgestaltung des Amtes ab. Da die Wirkungen des Handelns P treffen sollen, hat dieser regelmäßig A mit den Mitteln auszustatten, die er für seine Amtsführung benötigt, und seine Aufwendungen zu erstatten. Dies ist jedoch nicht zwingend.

Es kann auch aus anderen Gründen die Pflicht geben, ein Amt zu übernehmen und auf eigene Kosten auszuüben.

Im Außenverhältnis kann P so angesehen werden, als habe er selbst gehandelt. A tritt dann vollständig zurück und kommt als Adressat Dritter nicht oder ausschließlich in seiner Amtsfunktion als Vertreter des P in Betracht. Dieser muss regelmäßig Dritten gegenüber für das Handeln seines Beauftragten einstehen. Es ist aber auch denkbar, dass A selbst von Dritten in Anspruch genommen werden kann. Dann kann er wiederum im Innenverhältnis einen Ausgleichsanspruch gegenüber P haben.

Durch das Amt wird einerseits der Wirkungskreis von P erweitert, andererseits wird er von dem Verhalten des A abhängig. Er muss das Handeln nicht selbst vollziehen, kann es damit aber auch nur mittelbar beeinflussen. Darin liegt ein Moment der Unsicherheit. Jemanden mit einem Amt zu betrauen setzt Vertrauen voraus und begründet im Gegenzug Verantwortlichkeit.

KAPITEL 2

Exploration

I. Allgemeine Handlungstheorie

Wenn der Kerngedanke des Amtes ist, dass A für P handelt, bedarf es für eine Rekonstruktion des Amtes einer handlungstheoretischen Exploration. Die Handlungstheorie bildet (neben der Systemtheorie) eine der zwei großen Schulen der Soziologie.[1] Sie hat im Laufe des 20. Jahrhunderts eine Fülle von Ansätzen hervorgebracht, deren Verhältnis zueinander oft noch ungeklärt ist.[2] Im Folgenden kann es deshalb nur darum gehen, einen gewissen Ein- und Überblick zu verschaffen und in beherzt eklektischer Weise dem Theorieangebot zu entnehmen, was für die hier interessierende Frage relevant zu sein scheint.

1. Soziales Handeln

a) Handeln

Ausgangspunkt der handlungstheoretischen Erörterung ist regelmäßig die Bestimmung der Soziologie und des (sozialen) Handelns, die *Max Weber* zu Beginn seines Hauptwerks »Wirtschaft und Gesellschaft« vorgenommen hat:

> »§ 1. Soziologie (im hier verstandenen Sinn dieses sehr vieldeutig gebrauchten Wortes) soll heißen: eine Wissenschaft, welche soziales Handeln deutend verstehen und dadurch in seinem Ablauf und seinen Wirkungen ursächlich erklären will. ›Handeln‹ soll dabei ein menschliches Verhalten (einerlei ob äußeres oder innerliches Tun, Unterlassen oder Dulden) heißen, wenn und insofern als der oder die Handelnden mit ihm einen subjektiven *Sinn* verbinden. ›Soziales‹ Handeln aber soll ein solches Handeln heißen, welches seinem von dem oder den Handelnden gemeinten Sinn nach auf das Verhalten *anderer* bezogen wird und daran in seinem Ablauf orientiert ist.«[3]

Handeln ist demnach eine bestimmte Weise menschlichen Verhaltens. Dieser Begriff wird weit verstanden als jedes »körperliche Geschehen in Raum und Zeit«.[4] Insofern können auch die Blutzirkulation, das Denken als Nervenerregung und die Bewegungen von Körperteilen zum Verhalten gezählt werden.

---

[1] *Schimank*, Handeln und Strukturen, S. 7.

[2] Zur Orientierung siehe z. B. *Bonß et al.*, Handlungstheorie, passim; *Joas/Knöbl*, Sozialtheorie, passim; *Luckmann*, Theorie des sozialen Handelns, passim; *Miebach*, Soziologische Handlungstheorie, passim; *R. Münch*, Handlungstheorie, passim; *Schimank*, Handeln und Strukturen, passim.

[3] *M. Weber*, Soziologie, MWG I/23, S. 149 = WuG, S. 1.

[4] *Luckmann*, Theorie des sozialen Handelns, S. 38.

Alles Verhalten kann ursächlich durch physikalische, biologische und chemische Faktoren erklärt werden.[5] Zum Handeln wird das Verhalten, wenn mit ihm ein subjektiver Sinn verbunden wird, wenn es also mit einer bestimmten Absicht geschieht. Diese Absicht ist dem Verhalten nicht unmittelbar anzusehen und bei routiniertem Handeln dem Handelnden selbst oft nur vage bewusst. Die Übergänge vom bloßen Verhalten zum Handeln sind fließend.[6]

»Handeln ist ein motivational über einen auf Zukünftiges gerichteten Entwurf gesteuerter Ablauf des Tuns.«[7] Am Beginn des Handelns steht eine (mehr oder weniger bewusste) Vorstellung davon, was an seinem Ende erreicht werden soll. Zu dieser Zielvorstellung treten sodann Erwägungen, auf welche Weise das Ziel erreicht werden kann. Hier sind unter Umständen auch Alternativen zu prüfen. Die Zielvorstellung und der beabsichtigte Weg dorthin bilden zusammen den Entwurf des Handelns. An der Schwelle zwischen Entwurf und Vollzug steht der Entschluss, den Entwurf auch tatsächlich umzusetzen. Idealtypisch lassen sich also beim Handeln Entwurf, Entschluss, Vollzug und Ergebnis unterscheiden. In der Praxis können sich diese Phasen überlagern, weil größere Ziele in Teilziele zerlegt werden und während des Vollzugs immer wieder Anpassungen des Entwurfs – sowohl im Hinblick auf das angestrebte Ziel, wie auch auf den geeigneten Weg dahin – nötig werden können. Dabei wird das Schema von Entwurf, Entschluss, Vollzug und Ergebnis in unterschiedlichem Maßstab immer wieder neu angewendet.[8]

Motiv ist nach *Max Weber* »ein Sinnzusammenhang, welcher dem Handelnden selbst oder dem Beobachtenden als sinnhafter ›Grund‹ eines Verhaltens erscheint«.[9] Bei den Motiven des Handelns lassen sich zurückgehend auf *Alfred Schütz*[10] Um-zu-Motive und Weil-Motive unterscheiden. Um-zu-Motive bestimmen den Handlungsentwurf, sie geben an, was jemand mit seinem Handeln beabsichtigt, welche Wirkung er in der Welt herbeiführen will. Ohne Um-zu-Motiv lässt sich nicht von einem Handeln sprechen. Doch diese Motive ergeben sich nicht *ex nihilo*. Warum jemand etwas erreichen will, lässt sich durch Weil-Motive erhellen. Mit ihnen gibt jemand an, wie er dazu kommt, ein bestimmtes Ziel zu verfolgen. Die Weil-Motive erklären das konkrete Handeln nicht unmittelbar, sondern über die Zwischenstufe der Um-zu-Motive. Während diese in die Zukunft gerichtet sind, führen Weil-Motive zurück in die Vorgeschichte des Handelnden und seiner Situation. »Die ›Weil-Motive‹ sind also subjektiver Ausdruck der sozialen Prägung des Handelns durch die ›Logik der Situation‹[11]; sie kennzeichnen auch unbewussteres Tun wie zum Beispiel Routi-

---

[5] *Schimank*, Handeln und Strukturen, S. 28.

[6] *Schimank*, Handeln und Strukturen, S. 30.

[7] *Schimank*, Handeln und Strukturen, S. 32.

[8] Siehe hierzu die detaillierte Darstellung bei *Luckmann*, Theorie des sozialen Handelns, S. 48–92; kritisch zum Phasenmodell *Schimank*, Handeln und Strukturen, S. 103 Fn. 59, siehe auch III. Materiale Handlungstheorie 4. Ertrag, S. 89 bei Fn. 434.

[9] *M. Weber*, Soziologie, MWG I/23, S. 159 = WuG, S. 5.

[10] *Schütz*, Der sinnhafte Aufbau der sozialen Welt, S. 197, 203 [= S. 95, 100].

[11] Dazu siehe c) Handeln und Struktur, S. 33 bei Fn. 43.

nen.«[12] Im Unterschied zu den Um-zu-Motiven müssen Weil-Motive dem Handelnden nicht bewusst sein und können auch nie abschließend erhellt werden.[13]

Für das Amt ergibt sich an dieser Stelle bereits ein zentrales Problem. Wenn, wie dies beim Amt der Fall ist, jemand (A) für einen anderen (P) handelt, ist im Hinblick auf die Motivlage eine doppelte Betrachtung anzustellen. Um-zu- und Weil-Motive sind für A und P gleichermaßen festzustellen, wobei gefordert ist, dass A zumindest die Um-zu-Motive von P übernimmt, um sein Handeln auszurichten. Jedoch wird sich bei den Weil-Motiven eine Diskrepanz auftun, weil A aus anderen Gründen im Sinne von P handelt, als dieser sie für seine Handlungserwartung an A hat. Die Verknüpfung von Um-zu- und Weil-Motiven bei A ergibt sich nicht von selbst, sondern muss durch das Amt erst hergestellt werden.[14]

Bereits der Handelnde selbst ist nicht in der Lage, seine Motivlage im Hinblick auf die Weil-Motive gänzlich zu durchschauen. Für jeden Beobachter besteht dieses Problem in weitaus radikalerer Weise. Denn zugänglich ist ihm allein das Verhalten, d. h. das wahrnehmbare körperliche Geschehen. Die Motive des Handelnden bleiben im Dunkel und können nur vermutet werden. Selbst wenn sich der Handelnde zu seinen Motiven äußert, ist nicht gewiss, dass es sich dabei um seine wahren Motive handelt. Es besteht immer ein Hiatus zwischen Selbst- und Fremdverstehen. Die Motive des Handelns eines Menschen bleiben letztlich für andere immer undurchschaubar. Allerdings wird man eine grundlegende Gleichheit aller Erfahrungen in der Welt und damit auch eine generelle Vergleichbarkeit der Handlungsmotive unterstellen können.[15]

»Den Handlungssinn eines anderen zu verstehen, heißt, von uns auf ihn zu schließen. Darüber, wie bei uns ein bestimmtes äußerliches Verhalten mit einem bestimmten Handeln, also subjektivem Sinn, verbunden ist, erschließen wir den Sinn des gleichartigen Verhaltens als Handeln beim anderen.«[16]

Die Diskrepanz zwischen Selbst- und Fremdwahrnehmung kann aber auch so weit gehen, dass infrage steht, ob überhaupt von einem Handeln auszugehen ist. *Weber* knüpft daran an, dass der Handelnde sein Verhalten mit einem bestimmten Sinn verbindet. Es ist aber auch möglich, dass ein Verhalten von anderen *als* Handeln beobachtet wird, indem ihm Sinnhaftigkeit unterstellt wird und der Akteur sich darauf ansprechen lassen muss. Dann steht der Aspekt im Vordergrund, dass über die Zuschreibung von Handeln *als solchem* Verantwortlichkeit statuiert wird.[17]

---

[12] *Schimank*, Handeln und Strukturen, S. 33.

[13] *Luckmann*, Theorie des sozialen Handelns, S. 56 ff.; *Schimank*, Handeln und Strukturen, S. 32 f.

[14] Näher 3. Handeln für überindividuelle Akteure b) Das Principal-Agent-Problem, S. 51 ff.

[15] *Luckmann*, Theorie des sozialen Handelns, S. 34 f.

[16] *Schimank*, Handeln und Strukturen, S. 34.

[17] *Schimank*, Handeln und Strukturen, S. 30 f.; siehe auch II. Organisation und Person – systemtheoretisch 4. Organisation und Interaktion b) Handeln und Entscheiden, S. 68 zum Handlungsbegriff bei *Luhmann*.

Alles Handeln ist von Umweltbedingungen abhängig. Diese können danach unterschieden werden, ob sie naturgesetzlich vorgegeben sind oder daraus resultieren, dass Menschen nicht isoliert handeln, sondern dass ihr Handeln sozial eingebettet ist.

b) Sozialität des Handelns

Soziales Handeln ist nach *Weber* ein solches, das auf das (vergangene, gegenwärtige oder zukünftige) Verhalten anderer bezogen ist.[18] Das heißt, das unabhängige Verhalten anderer wird ebenso in Rechnung gestellt wie deren Handeln in Reaktion auf das eigene Handeln. Außerdem werden die Auswirkungen des eigenen Handelns auf andere in die Erwägungen einbezogen. Dabei kann noch einmal zwischen Entwurf und Vollzug unterschieden werden also »zwischen der sinnhaften Ausrichtung von Entwürfen auf andere Menschen (und deren Handlungen und die Folgen von deren Handlungen) und der sinnhaften Verflechtung von Handlungsvollzügen mit den Handlungen anderer Menschen.«[19]

Der Bezug des sozialen Handelns auf andere beschränkt sich nicht auf Anwesende. Vielmehr kann in formal-struktureller Hinsicht danach unterschieden werden, ob sich das Handeln unmittelbar auf Menschen in der Reichweite des Handelnden, d.h. auf »Mitmenschen«, oder mittelbar auf solche außerhalb der Reichweite, also insbesondere auf »Zeitgenossen« und Nachfahren, bezieht.[20] Zeitgenossen können dabei als lebendige Erinnerung an Menschen, die der Handelnde als Mitmensch erlebt hat, oder als »Typisierungen (mehr oder minder individueller oder auch nur ganz anonymer Art)« vorgestellt werden.[21] Inhaltlich-konkret geht es beim Bezug auf andere um deren lebensgeschichtlich bedingte Bedeutung für den Handelnden. Dieser Aspekt ist besonders für die Wahl zwischen verschiedenen Entwürfen als unterschiedlichen Zukunftsmöglichkeiten wichtig.[22]

In anderer Hinsicht kann danach unterschieden werden, ob das Handeln einseitig stattfindet oder wechselseitig, d.h. so, dass sich die Handlungen verschiedener Akteure aufeinander beziehen und ineinander einfügen. Es können also vier Hauptformen des sozialen Handelns unterschieden werden: einseitig-unmittelbar, einseitig-mittelbar, wechselseitig-unmittelbar und wechselseitig-mittelbar.[23] Die Intentionen der Akteure überlagern sich und können einander befördern oder behindern. Dabei können Effekte auftreten, die intendiert sind, und solche, die als Neben- oder Fernwirkungen transintentional sind; diese können erwünscht oder unerwünscht sein.[24] So entstehen weiträumige Bezüge zwi-

---

[18] *M. Weber*, Soziologie, MWG I/23, S. 172 = WuG, S. 11; siehe auch a) Handeln, S. 29 bei Fn. 3.

[19] *Luckmann*, Theorie des sozialen Handelns, S. 106.

[20] *Luckmann*, Theorie des sozialen Handelns, S. 107ff.

[21] *Luckmann*, Theorie des sozialen Handelns, S. 108.

[22] *Luckmann*, Theorie des sozialen Handelns, S. 108f.

[23] *Luckmann*, Theorie des sozialen Handelns, S. 109ff.

[24] *Schimank*, Handeln und Strukturen, S. 189ff.

schen dem Handeln verschiedener Akteure, durch die das Handeln der einzelnen gefördert oder gehemmt werden kann.

Das Handeln im Amt ist in mehrfacher Weise als soziales Handeln zu begreifen. Zum einen wird es sich um einseitig oder (wohl meist) wechselseitig unmittelbares Handeln bezogen auf die Adressaten (D) in Ausübung der eigentlichen Amtstätigkeit handeln. Zum anderen agiert der Amtsinhaber (A) stets in Wechselseitigkeit mit seinem Auftraggeber (P). Dieser sitzt gewissermaßen beim Handeln gegenüber D immer mit am Tisch. P handelt durch die Mandatierung des Amtsinhabers stets mittelbar gegenüber D.

c) Handeln und Struktur

Letztlich ist jeder Akteur auf das Handeln anderer angewiesen. »Wenn die Mitmenschen nicht in bestimmten Weisen handelten, wäre man selbst nicht handlungsfähig, lernte keine Sprache, keine Gefühlskontrolle und Interessenabstimmung, keine Arbeit.«[25] Jedes Handeln ist damit von vornherein gesellschaftlich eingebettet und bedingt.[26] Es ist davon auszugehen,

»daß es im Laufe der sozialen Entwicklung keinen Zeitpunkt gegeben hat, in dem die Menschen die Wahl hatten, ob sie in das Gesellschaftsleben eintreten sollten oder nicht, oder ob sie eher in diese Gesellschaft als in jene eintreten sollten.«[27]

»[D]ie Gesellschaft schafft die Bedingungen dafür, daß Menschen überhaupt handeln; und dafür, daß sie so handeln, wie sie handeln. Ohne irgendeine Gesellschaft wäre kein menschliches Handeln möglich; ohne eine bestimmte historische Gesellschaft wäre das jeweilige bestimmte Handeln nicht möglich.«[28]

Die Einwirkungen der Gesellschaft auf das individuelle Handeln beschreibt *Émile Durkheim* als »soziologische Tatbestände« und charakterisiert sie als »besondere Arten des Handelns, Denkens, Fühlens, deren wesentliche Eigentümlichkeit darin besteht, daß sie außerhalb des individuellen Bewußtseins existieren« und sich mit zwingender Gewalt aufdrängen.[29]

»Weit davon entfernt, ein Erzeugnis unseres Willens zu sein, bestimmen sie [= die sozialen Erscheinungen] ihn von außen her; sie bestehen gewissermaßen aus Gußformen, in die wir unsere Handlungen gießen müssen. Häufig ist dieser Zwang so stark, daß wir ihm nicht ausweichen können. Aber selbst wenn wir ihn schließlich überwinden, genügt der erfahrene Widerstand, um uns klar zu machen, daß wir hier vor einem Ding stehen, das nicht von uns abhängig ist.«[30]

Damit ist allerdings nur eine Seite des Sachverhalts beschrieben. Denn es ist zugleich die Frage zu stellen, wie solche soziologischen Tatbestände zustande

---

25 *Luckmann*, Theorie des sozialen Handelns, S. 95.

26 *Abels*, Identität, S. 142; *Berger/Luckmann*, Die gesellschaftliche Konstruktion der Wirklichkeit, S. 51 ff.

27 *Durkheim*, Die Regeln der soziologischen Methode, S. 189.

28 *Luckmann*, Theorie des sozialen Handelns, S. 94.

29 *Durkheim*, Die Regeln der soziologischen Methode, S. 106 f.

30 *Durkheim*, Die Regeln der soziologischen Methode, S. 126.

kommen. Sie sind letztlich Ausdruck der Gesellschaft, die ihrerseits das Produkt individueller Handlungen ist.[31] So besteht eine komplexe Dialektik von Individuum und Gesellschaft: Die individuellen Handlungsmöglichkeiten sind gesellschaftlich formatiert, die Gesellschaft erweist sich zugleich als das Produkt je individueller Handlungen. Die prinzipielle Freiheit des Handelns steht mit seiner gesellschaftlichen Einbettung und Bindung in einer schwer zu durchschauenden Wechselwirkung.[32] »Gesellschaft ist ein menschliches Produkt. Gesellschaft ist eine objektive Wirklichkeit. Der Mensch ist ein gesellschaftliches Produkt.«[33] Diese Wechselwirkung ist es, die Soziologen eigentlich interessiert.[34]

Anthony Giddens beispielsweise sucht diese Wechselwirkung zwischen individuellem Handeln und gesellschaftlicher Struktur mit der Theorie der »Strukturierung« zu beschreiben.[35] Darin werden herkömmliche Dualismen von Individuum und Gesellschaft oder von Subjektivismus und Objektivismus als Dualität von Handlung und Struktur rekonzeptualisiert.[36] Diese stellen nicht unabhängig voneinander gegebene Phänomene dar, sondern stehen von vornherein in einem bestimmten Zusammenhang.[37] »In ihrem Alltagshandeln beziehen sich die Akteure immer und notwendig auf die strukturellen Momente übergreifender sozialer Systeme, welche strukturellen Momente sie so zugleich reproduzieren.«[38] Diese Strukturen ermöglichen einerseits das Handeln, schränken es auf der anderen Seite aber auch ein.[39] Die Strukturen selbst haben nur dadurch Bestand, dass sie durch das Handeln, das sie ermöglichen, ihrerseits fortgesetzt und stabilisiert werden.[40]

> »Ohne menschliches Handelns [!] gäbe es menschliche Gesellschaften oder soziale Systeme überhaupt nicht. Das heißt aber nicht, daß Handelnde soziale Systeme erschaffen: sie reproduzieren und verändern sie, indem sie immer wieder neu schaffen, was in der Kontinuität von *Praxis* bereits existiert.«[41]

Die Handelnden sind also weder in ihrem Handeln durch die Strukturen in dem Sinne determiniert, dass sie nur auf eine bestimmte Weise handeln könnten, noch in einer Weise frei, dass sie unabhängig von den Strukturen und beliebig handeln könnten. »Die Menschen machen ihre eigene Geschichte, aber sie machen sie nicht aus freien Stücken, nicht unter selbstgewählten, sondern unter unmittel-

---

[31] *Luckmann*, Theorie des sozialen Handelns, S. 4.

[32] *Berger/Luckmann*, Die gesellschaftliche Konstruktion der Wirklichkeit, S. 49 ff.; *Giddens*, Die Konstitution der Gesellschaft, S. 77; *Luckmann*, Theorie des sozialen Handelns, S. 93 ff.; *Schimank*, Handeln und Strukturen, S. 16 ff.

[33] *Berger/Luckmann*, Die gesellschaftliche Konstruktion der Wirklichkeit, S. 65.

[34] Vgl. *Schelsky*, Zur soziologischen Theorie der Institution, S. 215 f.

[35] *Giddens*, Die Konstitution der Gesellschaft, passim; dazu *Bonß et al.*, Handlungstheorie, S. 224 ff.; *Esser*, Allgemeine Grundlagen, S. 604 ff.; *Joas/Knöbl*, Sozialtheorie, S. 393 ff.; *Miebach*, Soziologische Handlungstheorie, S. 376 ff.; *R. Münch*, Gesellschaftstheorie, S. 475 ff.

[36] *Giddens*, Die Konstitution der Gesellschaft, S. 34, 215.

[37] *Giddens*, Die Konstitution der Gesellschaft, S. 77.

[38] *Giddens*, Die Konstitution der Gesellschaft, S. 76.

[39] *Giddens*, Die Konstitution der Gesellschaft, S. 215.

[40] *Giddens*, Die Konstitution der Gesellschaft, S. 52, 70, 78 f.

[41] *Giddens*, Die Konstitution der Gesellschaft, S. 224.

bar vorgefundenen, gegebenen und überlieferten Umständen.«[42] Und – so ist zu ergänzen – sie wirken auf diese Weise selbst an der Überlieferung mit.

Die Theorie der Strukturierung findet eine Entsprechung in dem Modell der soziologischen Erklärung, wie es *Hartmut Esser* in Aufnahme ähnlicher Konzepte formuliert hat.[43] Dieses Modell verbindet die Makroebene der Strukturen mit der Mikroebene der Handlungen, um so soziale Sachverhalte zu erklären. Dazu werden drei »Logiken« untersucht. (1) Das erste ist die Logik der *Situation*. Sie stellt mithilfe einer Brückenhypothese den Zusammenhang zwischen der sozialen Situation auf der Strukturebene und den einzelnen Akteuren her und verbindet gegebene Bedingungen und Möglichkeiten mit den Erwartungen und Bewertungen der Akteure.[44] (2) Im zweiten Schritt geht es um die Logik der *Selektion*. Damit soll erklärt werden, nach welchen Gesetzen die Akteure bestimmte Handlungsweisen wählen. Dies ist eine Frage der materialen Handlungstheorie und in der Soziologie lebhaft umstritten.[45] (3) Im dritten Schritt, der Logik der *Aggregation*, geht es um die Frage welche Effekte das aggregierte Handeln je individueller Akteure auf der Strukturebene hat. Über Transformationsregeln sollen spezielle und inhaltliche Informationen über den konkreten Fall mit allgemeinen und formalen Regeln und Ableitungen verknüpft werden.[46] Die Pointe des Modells besteht darin, dass Entwicklungen auf der Strukturebene nur erklärt werden können, wenn ein Umweg über die Ebene der je individuellen, sodann aber aggregierten Handlungen gewählt wird. Dabei beeinflussen sich Struktur- und Handlungsebene gegenseitig.

2. Institutionen

Soziale Strukturen entstehen, indem individuelle Handlungen aggregieren, und sie ermöglichen und formen das individuelle Handeln. Es liegt auf der Hand, dass eine Handlung für sich allein kaum strukturwirksam wird, sondern dass weitere Faktoren hinzutreten müssen. Dies kann zum einen die große Häufigkeit ähnlicher Handlungen sein. Zum anderen können bestehende Strukturen für bestimmte Handlungen wirkungsverstärkend sein und unwahrscheinliches Handeln damit wahrscheinlich machen. Zur Beschreibung besonders stabiler Strukturen wird regelmäßig der Begriff der »Institution« verwendet. Als eine solche Institution kann auch das Amt verstanden werden. »Die Soziologie ist gewiß nicht arm an zentral wichtigen, aber nach wie vor nicht eindeutig geklärten Konzepten. Der Begriff der Institution gehört auch dazu.«[47] Die Klärung

---

[42] *Karl Marx*, Der 18. Brumaire des Louis Bonaparte, MEW 8, S. 115, zitiert nach *Giddens*, Die Konstitution der Gesellschaft, S. 35, Fn. 2.

[43] *Esser*, Allgemeine Grundlagen, S. 90 ff., Nachweise S. 98, Fn. 3; Bezug auf Giddens (mit polemischem Einschlag), ebd. S. 607; vgl. *Miebach*, Soziologische Handlungstheorie, S. 396 ff.; *Schimank*, Handeln und Strukturen, S. 16 ff., 23 ff.

[44] *Esser*, Allgemeine Grundlagen, S. 94.

[45] *Esser*, Allgemeine Grundlagen, S. 95 f.; siehe auch III. Materiale Handlungstheorie, S. 71.

[46] *Esser*, Allgemeine Grundlagen, S. 96 f.

[47] *Esser*, Institutionen, S. 1; zu den verschiedenen Konzepten siehe *Dubiel*, Institution, passim; *Lepsius*, Institution, passim; *Luckmann*, Theorie des sozialen Handelns, S. 125 ff. m. w. N.

dieses Konzepts kann und braucht an dieser Stelle nicht geleistet zu werden. Es mag genügen, die wesentlichen Aspekte der wichtigsten Institutionentheorien zu vergegenwärtigen.

a) Funktion und Effekte

»Gesellschaftliche Institutionen *organisieren* die Lösung grundlegender (und auch nicht so grundlegender) menschlicher Lebensprobleme. Sie tun das, indem sie bestimmte Ausschnitte gesellschaftlichen Handelns einigermaßen verpflichtend steuern und dafür Durchsetzungsmechanismen und – unter Umständen – einen Zwangsapparat bereitstellen. Sie *entlasten* den einzelnen durch die Vorlage mehr oder minder selbstverständlicher Lösungen für die Probleme seiner Lebensführung und gewährleisten und bewahren dadurch zugleich – sozusagen en détail – den Bestand gesellschaftlicher Ordnungen.«[48]

Institutionen geben eine Antwort auf die Frage, wie angesichts einer übermäßigen Komplexität der Umwelt und der Fülle ihrer Anforderungen und angesichts der je individuellen Möglichkeiten und der Angewiesenheit auf das Handeln anderer sowie der Unsicherheit darüber überhaupt gehandelt werden kann.[49] Sie stellen eine Kompensation der Instinktarmut und Weltoffenheit des Menschen dar und haben im Wesentlichen Entlastungsfunktion, indem sie Komplexität reduzieren.[50] Dies geschieht zunächst im Hinblick auf die Situation dadurch, dass der Kreis der Probleme, die jeweils zu bearbeiten sind, eingegrenzt wird. Beispielsweise werden in einem Krankenhaus, einer Autowerkstatt, einer Polizeistation und einer Versicherung im Hinblick auf das gleiche Ereignis eines Verkehrsunfalls ganz unterschiedliche und jeweils nur sehr bestimmte Probleme bearbeitet. Sodann geben Institutionen ein bestimmtes Instrumentarium zur Problemlösung an die Hand. Sie bieten einen Erfahrungshintergrund, vor dem bewährte Lösungen oder Wege der Problemlösung zur Anwendung kommen.

Institutionen geben darüber hinaus Orientierung für das eigene Handeln, indem sie die Erwartungen anderer kanalisieren: Es wird institutionengemäßes Handeln erwartet. Sie geben außerdem Erwartungssicherheit im Hinblick auf das Handeln anderer, von denen wiederum institutionengemäßes Handeln erwartet werden darf.[51] Durch die wechselseitige Erwartungsstabilisierung ermöglichen Institutionen Arbeitsteilung und damit die Bewältigung von Problemen, mit denen der einzelne überfordert wäre. Damit geht einher, dass einzelne Akteure nicht sämtliche für ihr Handeln relevanten Informationen bewältigen müssen, sondern von der Informationsverarbeitung anderer profitieren können.[52]

---

[48] *Luckmann*, Theorie des sozialen Handelns, S. 130.

[49] Siehe zum Problem der »doppelten Kontingenz« II. Organisation und Person – systemtheoretisch 2. Organisation als System b) Soziale Systeme, S. 56 bei Fn. 209.

[50] *Berger/Luckmann*, Die gesellschaftliche Konstruktion der Wirklichkeit, S. 49 f.; *Gehlen*, Urmensch und Spätkultur, S. 21 f.; *ders.*, Mensch und Institutionen, S. 70 f.; *Popitz*, Die normative Konstruktion von Gesellschaft, S. 18; *Schelsky*, Zur soziologischen Theorie der Institution, S. 223 f.

[51] *Dietl*, Institution und Zeit, S. 36 f., 86 f.

[52] *Dietl*, Institution und Zeit, S. 89 f.

»Durch die Institutionalisierung von Kriterien, Regeln und Verfahren gelingt es, soziales Handeln dauerhaft zu strukturieren, berechenbar und vorhersehbar zu machen, aus diffusen Handlungszusammenhängen zu isolieren, von individuellen Motivlagen abzulösen und intersubjektiv zu kontrollieren.«[53]

Es findet also eine Objektivierung statt, indem Subjektivität suspendiert wird. Auf diese Weise ist dann auch die Bildung von Vertrauen und die Zurechnung von Verantwortung über Institutionen möglich, indem Handlungserwartungen konkretisiert und personalisiert werden.

»Institutionen helfen den Menschen, mit ihren Schwächen fertig zu werden, die Begrenzungen ihrer Möglichkeiten zu überwinden, riskante Transaktionen dennoch abzuwickeln und Sinn in ihrem Tun zu finden. Über alledem darf jedoch nicht vergessen werden, daß die Institutionen diese Leistung gerade dadurch erst erbringen können, daß sie *andere* Möglichkeiten als die, die in den Regeln vorgeschrieben sind, verläßlich *ausschließen*. Institutionen ermöglichen daher nicht nur, sie *begrenzen* auch.«[54]

Indem Institutionen die Handlungserwartungen für bestimmte Situationen standardisieren und die konkret handelnden Personen nur in einer bestimmten, der Institution entsprechenden Rolle in Betracht kommen, bewirken sie zugleich die Anonymisierung des sozialen Handelns und tragen den Keim der Entfremdung in sich.[55] Sie erscheinen den individuellen Akteuren als gesellschaftlich vorgegeben. Mit der Standardisierung und Anonymisierung (Objektivierung) sind aber auch erhebliche Flexibilitätsgewinne verbunden. So stellt beispielsweise der Geldverkehr eine Institution dar, in der der Austausch von Werten weitgehend von personalen und sächlichen Bezügen abgelöst, d. h. standardisiert und anonymisiert ist, und dadurch einen hochgradig flexiblen Einsatz der Zahlungsmittel ermöglicht.[56]

Institutionen lassen sich danach unterscheiden, ob sie konkrete Handlungsprobleme unmittelbar lösen (interne Institutionen) oder ob sie einen institutionellen Rahmen bereitstellen, in dem Problemlösungen institutionalisiert werden können (externe Institutionen).[57] Das Amt als abstrakte Struktur, die es ermöglicht, dass jemand (A) für einen anderen (P) handelt, wird man als externe Institution (im weiteren Sinne) ansehen können, das konkrete Amt mit seiner Aufgabenbestimmung als interne Institution. Ämter, zu deren Aufgabe es gehört, andere Ämter zu institutionalisieren, haben einen ambivalenten Charakter. Als abstrakte Struktur ist das Amt eine eminent moderne Institution, weil es ein Instrument der (Rollen-)Differenzierung ist.[58]

---

53 *Lepsius*, Institution, Sp. 1005.
54 *Esser*, Institutionen, S. 37.
55 *Esser*, Institutionen, S. 37; *Luckmann*, Theorie des sozialen Handelns, S. 135 f.
56 *Dietl*, Institution und Zeit, S. 95 ff.; *Hörisch*, Geld, S. 111 ff.
57 *Esser*, Institutionen, S. 41; *Vanberg*, Kulturelle Evolution, S. 44.
58 Vgl. *Gehlen*, Mensch und Institution, S. 69–77.

b) Entstehung und Wandel

Für die Entstehung und den Wandel von Institutionen können kollektivistische Ansätze, die Institutionen als emergentes Phänomen sozialer Systeme begreifen, und individualistische Ansätze, die sie auf individuelles Handeln zurückführen, ausgemacht werden. Zu den kollektivistischen werden marxistische, strukturell-funktionalistische und autopoietisch-systemtheoretische Ansätze gezählt. Bei den individualistischen lassen sich kontrakttheoretische und evolutionistische sowie integrierende Ansätze unterscheiden.[59] Gemäß der hier vorausgesetzten Annahme, dass soziales Handeln nicht isoliert durch gesellschaftliche Strukturen oder individuelles Verhalten, sondern nur in der Wechselwirkung zwischen beiden begriffen werden kann,[60] kann keiner der genannten Ansätze allein Entstehung und Wandel von Institutionen erklären. Sie sind darum insoweit fruchtbar zu machen, als sie andere Ansätze ergänzen und selbst für eine solche Ergänzung anschlussfähig sind.[61] Resümierend lassen sich Entstehung und Wandel von Institutionen danach folgendermaßen beschreiben:

Institutionen können durch Evolution entstehen oder durch Dezision, d. h. aufgrund expliziter Planung durch Dekret oder Vertrag. Dabei setzt die dezisionale Bildung von Institutionen voraus, dass es andere Institutionen, nämlich diejenige des Vertrags bzw. der politischen Herrschaft bereits gibt. Man kann darum auch von fundamentalen und abgeleiteten Institutionen sprechen.[62]

Die Entstehung von Institutionen durch *Evolution* ist von *Berger* und *Luckmann* detailliert beschrieben worden.[63] Dabei können mehrere Stufen unterschieden werden. Voraussetzung ist zunächst, dass Individuen bestimmte Handlungsweisen habitualisieren und Routinen ausbilden.[64] Sodann können mehrere Individuen ihre Handlungsweisen aufeinander abstimmen und reziprok typisieren, wobei sich die Typisierung schließlich sowohl auf die Akte, wie auch auf die Akteure bezieht. Die Handlungsweise wird von den ursprünglichen Akteuren abgelöst und zur Institution externalisiert. Dies kann nur im Lauf einer gemeinsamen Geschichte geschehen. Sind Institutionen einmal vorhanden, beeinflussen sie das weitere Verhalten der Menschen in einer bestimmten Weise. Auf diese Weise wird Arbeitsteilung möglich und es werden vor dem Hintergrund der etablierten Routinen Kapazitäten für Neuerungen frei.[65] So können weitere Handlungsweisen habitualisiert werden, wodurch die gesellschaftliche Welt zuneh-

---

[59] *Dietl*, Institutionen und Zeit, S. 39 ff. m. w. N., insbesondere *marxistisch*: Marx/Engels; *strukturell-funktionalistisch*: Parsons; *autopoietisch-systemtheoretisch*: Luhmann; *kontrakttheoretisch*: Hobbes, Locke, Rousseau, Habermas; *evolutionistisch*: Mandeville, Hume, Ferguson, Smith, von Hayek; *integrierend*: Public-Choice-Theorie, Property-Rights-Theorie.

[60] Siehe 1. Soziales Handeln c) Handeln und Struktur, S. 33 ff.

[61] So auch *Dietl*, Institutionen und Zeit, S. 67.

[62] *Dietl*, Institutionen und Zeit, S. 71 ff.; *Esser*, Institutionen, S. 38 ff.

[63] Zum Folgenden siehe *Berger/Luckmann*, Die gesellschaftliche Konstruktion der Wirklichkeit, S. 56 ff.; *Luckmann*, Theorie des sozialen Handelns, S. 131 ff.; dazu *Esser*, Institutionen, S. 320 ff.

[64] *Gehlen*, Urmensch und Spätkultur, S. 24 f.

[65] Vgl. *Gehlen*, Urmensch und Spätkultur, S. 35 ff., 47.

mend komplexer gestaltet wird. Eine weitere Stufe der Institutionalisierung wird erreicht, sobald eine neue Generation auftritt, die bei der Entwicklung von Institutionen nicht beteiligt war, sondern diese als objektiv gegeben vorfindet und sich zu eigen machen muss (Internalisierung). »Institutionen sind nun etwas, das seine eigene Wirklichkeit hat, eine Wirklichkeit, die dem Menschen als äußeres, zwingendes Faktum gegenübersteht.«[66] Da die neu hinzukommende Generation an der Geschichte der Institutionen nicht teilgenommen hat, entsteht nun allerdings ein Bedarf an Sozialisation sowie an Legitimation und Stabilisierung der Institutionen durch soziale Kontrollmechanismen.[67] Der Prozess der Institutionalisierung geschieht also in einem Kreislauf von Habitualisierung, Externalisierung, Objektivation sowie Internalisierung und Sozialisation. Institutionen erweisen sich so als »die normativ bewußt gemachten, auf Dauer gestellten Regelmäßigkeiten des sozialen Handelns«.[68]

Wenn die Institutionalisierung so weit fortgeschritten ist, dass Vertrag und politische Herrschaft etabliert sind, können weitere Institutionen im Wege der expliziten Planung, d. h. durch *Dezision* statt Evolution, etabliert werden. Dies bedeutet einen erheblichen Zeitgewinn. Werden Institutionen durch Vertrag geschaffen, bindet dies zunächst nur die am Vertragsschluss Beteiligten. Durch die Vertragsform werden sie in ihrer Bereitschaft geschützt, sich auf das Verhalten der anderen einzulassen. Das Problem allen kollektiven Handelns, dass die Individuen bereit sein müssen, Lasten zu übernehmen, bevor sie Vorteile genießen können, wird auf diese Weise gemildert.[69] Wenn Institutionen durch Dekret geschaffen werden, handeln Individuen aufgrund einer durch fundamentale/externe Institutionen verliehenen und damit gesellschaftlich sanktionierten Gestaltungsmacht, die auch als Amt beschrieben werden kann. Während die Zuweisung, Begrenzung und Kontrolle dieser Gestaltungsmacht einen zusätzlichen institutionellen Aufwand darstellt, wird zugleich damit die gesellschaftliche Handlungsfähigkeit in beträchtlicher Weise erhöht, u. a. indem weitere Ämter geschaffen werden können. Es können also *Ämter erster Ordnung*, die zur Lösung eines bestimmten lebensweltlichen Problems, und *Ämter zweiter Ordnung*, die zur Schaffung dieser Ämter und zur Lösung der dadurch evozierten Probleme eingerichtet werden, unterschieden werden.[70]

Institutionen sind somit stets das Ergebnis kollektiven menschlichen Handelns. Sie sind kontingent und geschichtlich. Sie haben damit keinen unwandelbaren Bestand, sondern können verändert oder aufgehoben werden.[71] Institutionen unterliegen einem Wandel, wenn ihre Funktion, Probleme zu lösen, problema-

---

[66] *Berger/Luckmann*, Die gesellschaftliche Konstruktion der Wirklichkeit, S. 62; vgl. *Gehlen*, Mensch und Institution, S. 71.

[67] Siehe c) Sozialisation, S. 40 ff., d) Stabilisierung, S. 42 ff., e) Legitimation, S. 44 ff.

[68] *Schelsky*, Zur soziologischen Theorie der Institution, S. 218.

[69] *Esser*, Institutionen, S. 304 ff.

[70] Vgl. zur Entscheidung über Entscheidungsprämissen II. Organisation und Person – systemtheoretisch 3. Person und Organisation b) Zurechnung von Entscheidungen: Stelle, S. 63 bei Fn. 270.

[71] *Luckmann*, Theorie des sozialen Handelns, S. 144.

tisch wird.[72] Dies kann dadurch geschehen, dass sich die Probleme mittlerweile auf andere Weise erledigt haben, ohne dass die Institution andere Funktionen übernehmen kann, dass die Art der Problemlösung neu bewertet wird oder dass die nicht-intendierten Effekte der Problemlösung ihrerseits problematisch werden. Da Institutionen nur selten in der Lage sind, den Interessen aller Betroffenen in gleicher Weise zu dienen, können auch Machtverschiebungen zu ihrem Wandel führen.[73] Institutionen können erodieren, wenn ihre Legitimation nicht mehr zu vermitteln ist. Dies gilt besonders für externe Institutionen, die selbst nur mittelbar zur Lösung der sich unmittelbar stellenden Probleme beitragen.

Allerdings weisen Institutionen ein eigenes Beharrungsvermögen auf, das einem einfachen und schnellen Wandel entgegensteht.[74] Dazu verhelfen schon die Faktoren ihrer Stabilisierung, auf die noch einzugehen ist.[75] Bevor ein neuer Lösungsweg beschritten werden kann, muss zudem der alte Weg verlassen werden, was einen – unter Umständen ganz erheblichen – Mehraufwand darstellt, so dass es einfacher sein kann, bei der bisherigen, wenn auch suboptimalen Lösung zu bleiben. Man bezeichnet dies auch als Pfadabhängigkeit.[76] Institutionen wandeln sich auf die gleiche Weise, wie sie entstehen, d. h. es bedarf entweder entsprechend langer Umstellungen beginnend mit erneuter Habitualisierung, Externalisierung, Objektivation und Internalisierung; oder es bedarf – vom Fall der Revolution abgesehen[77] – wandlungsfreundlicher externer Institutionen, die einen schnelleren dezisionalen Wandel ermöglichen.[78] Dazu gehören beispielsweise Demokratie und Rechtspositivismus.[79] Ämter können so entzogen und neu besetzt werden, in ihren Aufgaben und Kompetenzen verändert, neu geschaffen oder aufgehoben werden.

c) Sozialisation

Jede Gesellschaft hat das Bedürfnis, ihre Identität in der Zeit zu erhalten, d. h. Kontinuität auszubilden, was stets mit dem Eintritt einer neuen Generation zum Problem wird. Kontinuität erfordert, dass das Wissen um bestehende Institutionen an die neue Generation vermittelt wird.[80] Andererseits wird jedes Kind »in die Wirklichkeit eines geschichtlichen gesellschaftlichen Apriori geboren, die vor ihm mehr oder minder feststeht.«[81] Die Vermittlung bestehender Institutionen an eine neue Generation geschieht im Wege der Sozialisation.[82] »Sozialisa-

---

[72] *Esser*, Institutionen, S. 367.

[73] Vgl. *Esser*, Institutionen, S. 42; *Luckmann*, Theorie des sozialen Handelns, 142, 166.

[74] Vgl. *Giddens*, Die Konstitution der Gesellschaft, S. 141.

[75] Siehe d) Stabilisierung, S. 42 ff.

[76] *Esser*, Institutionen, S. 375 ff.

[77] Dazu *Esser*, Institutionen, S. 380 ff.; *Gehlen*, Mensch und Institution, S. 72 ff.

[78] Vgl. *Esser*, Institutionen, S. 41.

[79] *Luhmann*, Positivität des Rechts, passim.

[80] *Esser*, Institutionen, S. 120; *Popitz*, Die normative Konstruktion von Gesellschaft, S. 77.

[81] *Luckmann*, Theorie des sozialen Handelns, S. 161; *Berger/Luckmann*, Die gesellschaftliche Konstruktion der Wirklichkeit, S. 140.

[82] *Esser*, Institutionen, S. 113; ausführlich dazu: *Berger/Luckmann*, Die gesellschaftliche Konstruktion der Wirklichkeit, S. 139 ff.; *Esser*, Sinn und Kultur, S. 371 ff.

tion bezeichnet den Prozeß der Entstehung und Entwicklung der Persönlichkeit in wechselseitiger Abhängigkeit von der gesellschaftlich vermittelten und dinglich materiellen Umwelt.«[83]

Dabei können vier Ebenen unterschieden werden:[84] (1) Zunächst ist die Individualebene zu nennen auf der die gegebene physisch-psychische Grundstruktur und die Persönlichkeitsentwicklung unterschieden werden können. Hier entscheidet sich, wie die sozialen Einflüsse verarbeitet werden.[85] »Sozialisation ist immer Selbstsozialisation.«[86] (2) Auf der Interaktionsebene hat das Individuum mit Kleingruppen und sozialen Netzwerken einerseits und zusätzlich mit organisierten Sozialisationsinstanzen andererseits zu tun. Dabei kommt zunächst der Familie und dem näheren sozialen Umfeld (bewusst oder unbewusst) die Funktion zu, dem Kind das Institutionenwissen zu vermitteln (*primäre Sozialisation*).[87] In entwickelten Gesellschaften wird darüber hinaus diese Wissensvermittlung ihrerseits »institutionalisiert und institutionell spezialisiert und pädagogisiert.«[88] (3) Auf der Institutionsebene finden sich weitere soziale Organisationen wie öffentliche Einrichtungen, Instanzen sozialer Kontrolle, Betriebe, Kirchen und Massenmedien, die in – allerdings schwer zu analysierender Weise – auf die Persönlichkeitsentwicklung Einfluss nehmen. (4) Die Gesellschaftsebene umfasst die ökonomische, technologische, politische, soziale und kulturelle Struktur der Gesellschaft.

Von der primären kann die *sekundäre Sozialisation* unterschieden werden, in der institutionale oder in Institutionalisierung gründende »Subwelten« internalisiert werden. Hierzu zählt auch die Sozialisation von (potentiellen) Amtsträgern. Es geht dabei vor allem um die Vermittlung von Spezialwissen, das aufgrund der arbeitsteiligen Struktur der Gesellschaft erforderlich wird.[89] Die sekundäre Sozialisation steht allerdings vor dem Problem, dass sie die Primärsozialisation voraussetzen und mit bereits vorhandenen Internalisierungen rechnen muss.[90] Während in der Primärsozialisation das Gegenüber noch als Vermittler von Wirklichkeit aufgefasst wird, begegnen in der Sekundärsozialisation Funktionäre von Institutionen. Darum ist in der sekundären Sozialisation auch die Anonymität der Rollen größer und eine Differenzierung zwischen einer Rolle und ihrem Träger (sei es das Gegenüber oder der Sozialisand selbst) leichter.[91] Für die Herausstellung der Rollen und eine stärkere Identifikation mit ihnen sind darum

---

[83] *Hurrelmann*, Sozialisationstheorie, S. 70.

[84] *Geulen/Hurrelmann*, Sozialisationsforschung, S. 64 ff.

[85] *Esser*, Sinn und Kultur, S. 391 f.

[86] *Luhmann*, Soziale Systeme, S. 327.

[87] *Berger/Luckmann*, Die gesellschaftliche Konstruktion der Wirklichkeit, S. 141; *Luckmann*, Theorie des sozialen Handelns, S. 161 f.; *Popitz*, Die normative Konstruktion von Gesellschaft, S. 77 ff.

[88] *Luckmann*, Theorie des sozialen Handelns, S. 162.

[89] *Berger/Luckmann*, Die gesellschaftliche Konstruktion der Wirklichkeit, S. 148 ff.; *Esser*, Sinn und Kultur, S. 378 ff.

[90] *Berger/Luckmann*, Die gesellschaftliche Konstruktion der Wirklichkeit, S. 150; *Hurrelmann*, Sozialisationstheorie, S. 152.

[91] *Berger/Luckmann*, Die gesellschaftliche Konstruktion der Wirklichkeit, S. 152 f.

zusätzliche Maßnahmen wie besondere Ausbildungsvoraussetzungen oder Initiationsriten erforderlich.[92]

d) Stabilisierung

Ein wesentliches Merkmal von Institutionen ist, dass die durch sie begründeten Erwartungen sozial sanktioniert werden.[93] Denn

»von ›Institutionalisierung‹ [ist] erst dann zu sprechen, wenn das Handeln, um das es geht, gesellschaftliches Handeln ist; wenn die Regeln, denen es folgt, intersubjektive Gültigkeit beanspruchen; und wenn die Abweichungen von der Regel nicht dem Gutdünken des (Zuwider-)Handelnden selbst überlassen sind.«[94]

»Letztlich aber [...] hat jede Institutionalisierung nur *ein* zentrales Problem zu überwinden: daß die Akteure auf die Institution bindend verpflichtet werden, auch wenn ihre individuellen Interessen davon abweichen.«[95]

Ihre Leistung können Institutionen nur dadurch erbringen, dass die – im Einzelnen nicht mehr plausibilisierten – Erwartungen durch Sanktionsmechanismen stabilisiert werden. »Sanktionen nennen wir Reaktionen, die mit der *Intention der Erkennbarkeit* für den Betroffenen als negative (strafende) Antwort auf ein bestimmtes Verhalten vollzogen werden.«[96] Dabei kann der Sanktionierungsbedarf ganz verschieden sein. Bei einigen Institutionen bringt deren Beachtung unmittelbar Vorteile für den Handelnden selbst und verspricht ein regel- oder normenverletzendes Handeln keinen Vorteil (z. B. verständliche Sprache, Rechtsfahrgebot im Straßenverkehr); man kann diese als *selbsterhaltende Institutionen* bezeichnen.[97] Bei anderen Institutionen verspricht norm- und regelverletzendes Verhalten (zumindest vordergründig) individuelle Vorteile; dies sind die *überwachungsbedürftigen Institutionen*.[98] Zu diesen wird man schon allein wegen der Diskrepanz der Motivlagen[99] auch das Amt zählen müssen.

Im Hinblick auf die Stabilisierung der Institutionen lassen sich die Ebenen der Konvention, des Rechts und der Moral unterscheiden, wobei davon auszugehen ist, dass diese Ebenen meist ineinandergreifen und sich gegenseitig stabilisieren.[100] Für das Handeln von Amtsträgern können alle diese Sanktionsmechanismen relevant werden.

– Zunächst entwickeln Institutionen eine gewisse Eigenstabilität, indem sich Menschen generell normgemäß verhalten (Verhaltensgeltung der Norm) und sich

---

[92] *Berger/Luckmann*, Die gesellschaftliche Konstruktion der Wirklichkeit, S. 151, 155 f.; *Esser*, Sinn und Kultur, S. 381 f.

[93] *Dietl*, Institution und Zeit, S. 36 f.

[94] *Luckmann*, Theorie des sozialen Handelns, S. 131.

[95] *Esser*, Institutionen, S. 304.

[96] *Popitz*, Die normative Konstruktion von Gesellschaft, S. 28.

[97] *Dietl*, Institutionen und Zeit, S. 80; *Esser*, Institutionen, S. 70; *Kunz*, Marktsystem und Information, S. 16 f.

[98] *Dietl*, Institutionen und Zeit, S. 79; *Kunz*, Marktsystem und Information, S. 16 f.

[99] Siehe 1. Soziales Handeln a) Handeln, S. 29 bei Fn. 10.

[100] *Esser*, Institutionen, S. 128 ff., 326 ff.

am Verhalten anderer orientieren.[101] »Die Stabilität institutioneller Formen existiert nicht trotz oder außerhalb der Begegnungen des Alltagslebens, sondern sie ist *gerade in diese Begegnungen einbegriffen.*«[102] Devianz verspricht keine Vorteile oder wird als Verstoß gegen die Konvention durch andere Beteiligte durch Missbilligung sanktioniert.[103] Denn mit Erwartung eines bestimmten Verhaltens geht die Bereitschaft einher, diese Erwartung im Falle der Enttäuschung zu bekräftigen.[104] Dies kann auf sehr unterschiedliche und diffuse Weise geschehen. Der Normbrecher wird gemieden oder nicht mehr ins Vertrauen gezogen, ihm wird Hilfe verweigert oder seine Kommunikationen laufen ins Leere. Es handelt sich hierbei um *unspezifische Sanktionen.*[105] Sie können gleichwohl ausgesprochen wirksam sein, weil sie dem zentralen Interesse an einem positiven Selbstbild zuwiderlaufen.[106]

– Für *spezifische Sanktionen*, die in definierter Weise auf einen Normverstoß reagieren, kann genauer zwischen dem Schuldspruch, der Sanktionszumessung und dem Sanktionsvollzug unterschieden werden.[107] Für diese Funktionen können unterschiedliche Zuständigkeiten bestehen. In Betracht kommen der unmittelbar Betroffene, zu dessen Vorteil die verletzte Norm besteht, die Gruppe, der ein Normbrecher angehört, besondere Sanktionsinstanzen, die das Recht oder auch die Pflicht haben, über Sanktionen zu entscheiden, und schließlich der Normbrecher selbst, der versucht, Sanktionen durch andere von sich abzuwenden, indem er sich selbst einer Sanktion aussetzt.[108] Die Ebene des Rechts wird erreicht, wenn in einem politischen Verband besondere Instanzen eingerichtet sind, bei denen wenigstens bestimmte Sanktionsfunktionen monopolisiert sind.[109]

– Diesen externen stehen die *internen Sanktionen* gegenüber. Es geht dabei um die »Reaktionen der inneren Umwelt des Akteurs – seiner Identität also – auf sein Verhalten *aufgrund* der Geltung der Norm: ein gutes Gewissen für regelkonformes, ein schlechtes für abweichendes Verhalten.«[110] Diese Sanktion setzt unmittelbar mit dem problematischen Verhalten ein und ist darum besonders effektiv. Sie setzt aber voraus, dass die betreffenden Werte und Normen zuvor im Wege der Sozialisation internalisiert worden sind. Dabei lassen sich drei »Gewissenstypen« unterscheiden:

»Der ›externalisierte Typ‹ hat die moralischen Regeln gar nicht internalisiert und richtet sein Urteil über richtiges Verhalten in moralisch problematischen Situationen nach den zu erwartenden Strafen; der ›konventionelle Typ‹ hat die Regeln internalisiert und bemüht

---

[101] *Popitz*, Die normative Konstruktion von Gesellschaft, S. 1, 34.
[102] *Giddens*, Die Konstitution der Gesellschaft, S. 121.
[103] *M. Weber*, Soziologie, MWG I/23, S. 186 f. = WuG, S. 18.
[104] *Popitz*, Die normative Konstruktion von Gesellschaft, S. 8 f.; vgl. *Luhmann*, Soziale Systeme, S. 437.
[105] *Popitz*, Die normative Konstruktion von Gesellschaft, S. 60.
[106] *Esser*, Institutionen, S. 112.
[107] *Popitz*, Die normative Konstruktion von Gesellschaft, S. 57.
[108] *Popitz*, Die normative Konstruktion von Gesellschaft, S. 52 ff.
[109] *Popitz*, Die normative Konstruktion von Gesellschaft, S. 32, 54 f.; *M. Weber*, Soziologie, MWG I/23, S. 187 f. = WuG, S. 18.
[110] *Esser*, Institutionen, S. 113, 117.

sich, sie auf jeden Fall einzuhalten; der ›humanistische Typ‹ hat die Regeln ebenfalls internalisiert, aber beurteilt bei ihrer Anwendung die Auswirkungen auf die Interessen und Gefühle aller Beteiligten.«[111]

e) Legitimation

Da Institutionen Bestand in der Geschichte haben, d.h. auch abgelöst von ihrer Ursprungssituation bestehen oder aber vergehen können, bedürfen sie früher oder später der Legitimation. »Die Frage nach dem ›Warum?‹ der Institution beginnt, wenn der Sinn der Regeln nicht mehr selbstverständlich ist und ihre Folgen nicht mehr als selbstverständlich hingenommen werden.«[112] Dies kann der Fall sein, wenn die Interessen der Beteiligten auseinandertreten, wenn neue Wege der Problemlösung auftreten, und spätestens, wenn neue Akteure hinzukommen, die die Entstehung der Institution nicht erlebt haben.[113] So können konkrete Ämter mit ihren Aufgaben und Kompetenzen immer wieder in die Kritik geraten und verändert werden. Das Amt als allgemeine Struktur ist jedoch so wandlungsfähig und verschiedenartig verwendbar und außerdem so unentbehrlich, dass seine Legitimation wahrscheinlich kaum einmal fraglich wird.

Durch Legitimation wird die Überzeugung vermittelt, »daß die Regeln der Institution richtig, vorbildlich und verbindlich sowie die damit verbunden Folgen gerecht seien.«[114]

> »Legitimation ›erklärt‹ die institutionale Ordnung dadurch, daß sie ihrem objektivierten Sinn kognitive Gültigkeit zuschreibt. Sie rechtfertigt die institutionale Ordnung dadurch, daß sie ihren pragmatischen Imperativen die Würde des Normativen verleiht.«[115]

Berger/Luckmann beschreiben vier Ebenen der Legitimation.[116] (1) »Der Grund für die Legitimation ist gelegt, sobald ein System sprachlicher Objektivationen menschlicher Erfahrung weitergegeben wird.« Durch die Verwendung und Weitergabe eines Vokabulars zur Erfassung eines bestimmten Lebensbereichs manifestiert sich eine bestimmte Weise der Wahrnehmung desselben und bekräftigt eine bestimmte Form des Umgangs damit.[117] (2) Auf der zweiten Ebene werden mit Lebensweisheiten, Legenden und Volksmärchen in poetischer Form bestimmte Schemata und Sinngefüge miteinander verknüpft. Man kann hierin »theoretische Postulate in rudimentärer Form« erkennen.[118] (3) »Auf der dritten Ebene der Legitimation stehen explizite Legitimationstheorien, die einen insti-

---

[111] *Krappmann*, Soziologische Dimensionen der Identität, S. 139.

[112] *Esser*, Institutionen, S. 337.

[113] *Berger/Luckmann*, Die gesellschaftliche Konstruktion der Wirklichkeit, S. 99 f.; *Esser*, Institutionen, S. 338.

[114] *Esser*, Institutionen, S. 337.

[115] *Berger/Luckmann*, Die gesellschaftliche Konstruktion der Wirklichkeit, S. 100.

[116] Dazu *Esser*, Institutionen, S. 338 ff.

[117] *Berger/Luckmann*, Die gesellschaftliche Konstruktion der Wirklichkeit, S. 100 f.; *Esser*, Institutionen, S. 325 f.

[118] *Berger/Luckmann*, Die gesellschaftliche Konstruktion der Wirklichkeit, S. 101; zur (auto-)suggestiven Kraft von Lebensweisheiten siehe auch das literarische Beispiel bei *Mann*, Joseph in Ägypten, S. 1302.

tutionellen Ausschnitt an Hand eines differenzierten Wissensbestandes rechtfertigen.« Diese Theorien stellen mehr oder weniger geschlossene Systeme dar und erweisen sich als zunehmend differenziert und komplex. Sie sind wegen ihrer Schwierigkeit häufig einem bestimmten Personenkreis anvertraut, der meist die Entwicklung der Theorien über das für die Problemlösung erforderliche Maß hinaustreibt.[119] (4) Auf einer vierten Stufe werden diverse Theorien zu symbolischen Sinnwelten integriert, die darauf gerichtet sind, die institutionale Ordnung als symbolische Totalität zu überhöhen. Dazu wird auf andere Wirklichkeiten als die der Alltagserfahrung verwiesen.[120]

»Jetzt [...] werden *alle* Ausschnitte der institutionalen Ordnung in ein allumfassendes Bezugssystem integriert, das eine Welt im eigentlichen Sinn begründet, weil *jede* menschliche Erfahrung nun nurmehr als etwas gedacht werden kann, das *innerhalb* ihrer stattfindet.«[121]

Dabei geht es auch um die Integration von Grenzerfahrungen, die die Alltagswelt infrage stellen, von Sinnwidersprüchen innerhalb der Alltagswelt und letztlich um die Integration der Erfahrung des Todes wesentlicher Bezugspersonen und des Wissens um den eigenen Tod.[122]

Als Ausprägungen solcher symbolischer Sinnwelten beschreiben *Berger/Luckmann* vier besonders markante Typen: (a) Mythologie ist ein Wirklichkeitsentwurf, der die dauernde Einwirkung heiliger Kräfte auf die Erfahrung der Alltagswelt und ein Kontinuum zwischen der Welt der Menschen und der Welt der Götter annimmt. (b) Theologie weist einen höheren Grad theoretischer Systematik auf und will zwischen beiden Welten vermitteln, weil das Kontinuum als gebrochen gilt. (c) Philosophie setzt diesen Weg fort. (d) Und Wissenschaft, insbesondere die moderne Naturwissenschaft, vollendet die Säkularisierung und die rationale Durchdringung und lässt die Sinnfrage dahinstehen.[123] Diese vier Typen können durchaus nebeneinander bestehen.

»Die gemeinsame Dimension dieser Reihenfolge ist die Abstraktion und Generalisierung der Inhalte. Sie wird durch die gesellschaftlichen Erfordernisse an die Institutionen bei sozialer Differenzierung erzwungen, bei sozialem Wandel und bei der Zunahme von Kulturkontakten.«[124]

Diese Tendenz zur Abstraktion und Generalisierung sieht man bestätigt, wenn man sich neuere Legitimationskonzepte ansieht. Exemplarisch sei auf *Rawls*, *Habermas* und *Luhmann* verwiesen.[125]

– *Rawls* fragt in seiner »Theorie der Gerechtigkeit« danach, wie die Grundstruktur einer Gesellschaft beschaffen sein muss, damit die von ihr abgeleiteten Institutionen als legitim anzusehen sind. Als das entscheidende Merkmal sieht

---

119 *Berger/Luckmann*, Die gesellschaftliche Konstruktion der Wirklichkeit, S. 101 f.
120 *Berger/Luckmann*, Die gesellschaftliche Konstruktion der Wirklichkeit, S. 102 f.
121 *Berger/Luckmann*, Die gesellschaftliche Konstruktion der Wirklichkeit, S. 103.
122 *Berger/Luckmann*, Die gesellschaftliche Konstruktion der Wirklichkeit, S. 104 ff.
123 *Berger/Luckmann*, Die gesellschaftliche Konstruktion der Wirklichkeit, S. 118 ff.
124 *Esser*, Institutionen, S. 346.
125 Dazu *Esser*, Institutionen, S. 346 ff.; *Hinsch*, Legitimität, passim.

er die Gerechtigkeit an. »Gerechtigkeit ist die erste Tugend sozialer Institutionen.«[126] Gerechtigkeit setzt allgemein anerkannte Grundsätze voraus, nach denen Rechte, Pflichten, Früchte und Lasten des gesellschaftlichen Handelns verteilt werden. Zur Ermittlung solcher Grundsätze stellt *Rawls* ein Gedankenexperiment an, wonach sich ein Kollektiv in einem Urzustand befindet, in dem über Grundsätze sozialer Ordnung zu entscheiden ist.[127] Vor allem sollen die Beteiligten nicht wissen, welchen Platz sie künftig in der Gesellschaft einnehmen werden, welche individuellen Voraussetzungen sie dafür mitbringen und von welchen Einstellungen sie sich werden leiten lassen.[128] Hinter diesem »Schleier des Nichtwissens« (*veil of ignorance*) wird man sich – so *Rawls* – auf Grundsätze der Gerechtigkeit als Fairness verständigen:

»*Erster Grundsatz*

Jedermann hat gleiches Recht auf das umfangreichste Gesamtsystem gleicher Grundfreiheiten, das für alle möglich ist.

Zweiter Grundsatz

Soziale und wirtschaftliche Ungleichheiten müssen folgendermaßen beschaffen sein:

(a) sie müssen unter der Einschränkung des gerechten Spargrundsatzes den am wenigsten Begünstigten den größtmöglichen Vorteil bringen, und

(b) sie müssen mit Ämtern und Positionen verbunden sein, die allen gemäß fairer Chancengleichheit offenstehen.«[129]

– Nach *Habermas* werden normative Ansprüche im kommunikativen Handeln legitimiert. Dieses zeichnet sich dadurch aus, dass die Teilnehmer allein an der Verständigung untereinander interessiert sind und keine strategischen Interessen verfolgen.[130] Geltungsansprüche finden nur dann Akzeptanz, wenn sie als kritisierbar und begründbar erhoben werden und vom anderen rational motivierte Zustimmung erfahren.[131] Es herrscht allein der »zwanglose Zwang des besseren Argumentes«.[132] Damit tatsächlich eine zwanglose Verständigung eintritt, bedarf es einer idealen Sprechsituation, die sich dadurch auszeichnet, dass sie weder von äußeren Einwirkungen, noch aus der Struktur der Kommunikation selbst zu Verzerrungen der Kommunikation führt. Redechancen müssen gleich verteilt und Äußerungen als gleichberechtigt anerkannt sein.[133]

– *Luhmann* verzichtet im Unterschied zu *Rawls* und *Habermas* auf die Konstruktion eines Urzustandes oder einer idealen Sprechsituation und betrachtet

---

126 *Rawls*, Theorie der Gerechtigkeit, S. 19.

127 Zu dessen Bestimmung siehe die Aufstellung bei *Rawls*, Theorie der Gerechtigkeit, S. 170 f.

128 *Rawls*, Theorie der Gerechtigkeit, S. 160.

129 *Rawls*, Theorie der Gerechtigkeit, S. 336.

130 *Habermas*, Theorie des kommunikativen Handelns I, S. 397 f.

131 *Habermas*, Theorie des kommunikativen Handelns I, S. 405 f.

132 *Habermas*, Vorbereitende Bemerkungen, S. 137; Wahrheitstheorien, S. 161.

133 *Habermas*, Legitimationsprobleme im Spätkapitalismus, S. 148 f.; *ders.*, Vorbereitende Bemerkungen, S. 136 ff.

Legitimation als einen sozialen Sachverhalt, der ohne Gewähr von Richtigkeit oder Wahrheit in Verfahren generiert wird. Ihm geht es um die Legitimation von Entscheidungen durch rechtsförmig geregelte Verfahren. Damit lässt sich *prima facie* nicht die Legitimation von Institutionen schlechthin erklären. Dies muss hier aber nicht vertieft werden. Denn zum einen unterliegen mittlerweile die meisten Institutionen der Möglichkeit, durch Entscheidungen geändert zu werden, so dass ihr Fortbestand auf die (implizite) Entscheidung zurückgeführt werden kann, dies zu unterlassen. Zum anderen handelt es sich beim Amt (wie sich immer wieder zeigen wird) um eine abgeleitete Institution, die in ihrer Entstehung wie in ihrer Praxis vor allem durch Entscheidungen geprägt ist.

Legitimität nimmt *Luhmann* an, wenn die Bereitschaft besteht, Entscheidungen Dritter anzuerkennen und dem eigenen Handeln zugrunde zu legen.[134] Verfahren dienen dazu, die Betroffenen in die Herstellung der Entscheidung einzubinden, sie in eine Verfahrensgeschichte zu verwickeln und so Widerstände zu absorbieren.[135] Die Bereitschaft, sich auf ein solches Verfahren einzulassen, beruht auf einem eigenen Interesse am Gegenstand des Verfahrens, auf der Gewissheit, dass es zu einer Entscheidung kommen wird, und auf der Ungewissheit, welche Entscheidung dies sein wird.[136] Indem Verfahren ausdifferenziert und aufeinander bezogen werden, in denen Entscheidungen im Einzelfall (Exekutive) oder Entscheidungen über die Prämissen solcher Verfahren (Legislative) oder Entscheidungen über die korrekte Durchführung von Verfahren (Judikative) getroffen werden, kann eine Sozialordnung insgesamt ein hohes Maß an dynamischer Stabilität gewinnen.[137]

Rawls, *Habermas* und *Luhmann* verweisen für die Legitimation übereinstimmend auf Verfahren. *Rawls* führt dieses Verfahren für die Ermittlung seiner Grundsätze zwar allein in einem Gedankenexperiment durch, aber spätestens für alle konkreten Institutionen ist auch sein Konzept auf Verfahren unter breiter Beteiligung angewiesen. Während *Rawls* und *Habermas* davon ausgehen, dass die Verfahren letztlich dazu dienen, mit Vernunft materielle Legitimationsgründe zu erweisen, neigt *Luhmann* dazu, dies dahinstehen zu lassen und setzt ganz auf das Verfahren als solches. Die genannten Konzepte lassen jedoch alle eine Reihe von Fragen offen, die hier nicht erörtert, aber wenigstens angedeutet werden sollen. So ist bei *Rawls* zu fragen, ob sich sein Konzept tatsächlich aus Vernunftgründen herleiten lässt oder nicht doch eine ganze Menge Intuition im Spiel ist.[138] Bei *Habermas* drängt sich die Frage auf, welchen Realitätsgehalt die Idee einer idealen Sprechsituation hat. Letztlich wird schon aus Zeitgründen kein Diskurs in der von ihm geforderten Weise geführt werden können. *Luhmann* schließlich setzt ganz auf das Verfahren, lässt dabei aber mit der ihm eigenen

---

134 *Luhmann*, Legitimation durch Verfahren, S. 27 ff.

135 *Luhmann*, Legitimation durch Verfahren, S. 38 ff.

136 *Luhmann*, Legitimation durch Verfahren, S. 51.

137 *Luhmann*, Legitimation durch Verfahren, S. 242 ff.

138 *von der Pfordten*, Rechtsethik, S. 431; vgl. *Callies*, Prozedurales Recht, S. 87; das wird auch von *Rawls* selbst eingeräumt: z. B. *Rawls*, Theorie der Gerechtigkeit, S. 143.

Nonchalance offen, was in solchen Verfahren materialiter zu verhandeln ist und welche Gründe mit Akzeptanz rechnen können.[139]

Meines Erachtens wird man gegenwärtig nicht umhin können, Legitimation multifaktoriell zu begründen. Am Anfang finden Institutionen ihre Legitimation darin, dass sie sich in der Praxis bewähren. Je weiter sich jedoch ein Institutionengefüge ausdifferenziert, desto schwieriger lässt sich die Legitimation einzelner Institutionen allein aus ihrem Praxisnutzen darlegen. In einem zweiten Strang können darum Sinnzusammenhänge und Vernunftgründe relevant werden. Da Institutionen kontingent und nur aus ihrer Geschichte heraus zu begreifen sind, kann ihre Legitimation aber nicht allein im Wege der Deduktion aus (vermeintlich) allgemein anerkannten Werten etc. geleistet werden. Es erscheint sinnvoller, außerdem ihre Geschichte zu erzählen.[140] Angesichts der Geschichtlichkeit von Institutionen vermag sich ihre Legitimation schließlich auf ihre Positivität zu stützen. Damit meine ich, dass die Geltung von Institutionen darauf zurückzuführen ist, dass sie zwar prinzipiell geändert werden können, aber bislang nicht geändert worden sind.[141] Die Änderbarkeit von Institutionen hat jedenfalls dann legitimierende Kraft, wenn Verfahren zu ihrer Änderung bereitstehen und die der Institution Unterworfenen auf diese Verfahren – wenn auch nur in vermittelter Weise – einwirken können. Entsprechende externe/fundamentale Institutionen können zugleich den Wandel wie die Stabilität von Institutionen ermöglichen. Die Positivität von Institutionen bringt schließlich auch den Faktor Zeit zur Geltung. Denn prinzipiell mag alles geändert werden können, aber nicht alles zur gleichen Zeit. Institutionenwandel ist aufwändig und benötigt Zeit, so dass sich eine Vermutung für den Bestand von Institutionen und eine Begründungslast für ihre Änderung ergibt.[142] Das heißt: Die Geschichte der Institutionen kann sie (in Grenzen) auch für die Zukunft legitimieren.

3. Handeln für überindividuelle Akteure

a) Überindividuelle Akteure

Handeln ist stets individuelles Verhalten. Es wird von einzelnen Menschen vollzogen und ihnen zugerechnet. Das Handeln mehrerer kann jedoch auch so aufeinander abgestimmt sein, dass es angebracht ist, von überindividuellen Akteuren zu sprechen. Dies ist zwar eine uneigentliche Sprechweise, denn auch überindividuelles Handeln ist stets das Handeln einzelner, aber es kann damit deutlich werden, dass bei überindividuellem Handeln das Handeln der einzelnen nur im größeren Zusammenhang richtig verstanden werden kann. Anlässe und Wirkungen des Handelns können so besser erfasst und Eigentümlichkeiten des überindividuellen Handelns genauer erkannt werden.[143] Das Handeln der einzelnen kann

---

[139] *Callies*, Prozedurales Recht, S. 87.
[140] Für das Amt *Sofsky/Paris*, Figurationen sozialer Macht, S. 46.
[141] Vgl. für das Recht *Luhmann*, Positivität des Rechts, S. 124 f.
[142] Vgl. *Marquard*, Zukunft braucht Herkunft, S. 238 f.
[143] Dazu *Geser*, Organisationen als soziale Akteure.

dem überindividuellen Akteur zugerechnet werden. Dies setzt jedoch voraus, dass es mit dem Handeln der übrigen beteiligten Individuen koordiniert ist.[144] Solche Koordination wird auch durch das Amt geleistet.

Die überindividuellen Akteure können in kollektive und korporative Akteure unterschieden werden. Zu den *kollektiven Akteuren* gehören Kleingruppen und Bewegungen, die auf »allen Anhängern gemeinsamen evaluativen und kognitiven Deutungsmustern« beruhen, »die durch eine vor allem über wechselseitige Beobachtung laufende Handlungsabstimmung zu gemeinsamem Handeln führen.«[145] Bei *korporativen Akteuren* beruht die Handlungskoordination hingegen auf einer ausdrücklichen Regelung.[146]

»Hier werden die Bedingungen eines sozialen Arrangements betont, in dem Akteure nicht separat und in wechselseitiger Anpassung aneinander über Ressourcen disponieren, in dem vielmehr die Disposition über bestimmte Ressourcen zentralisiert, einer *einheitlichen Verfügung* unterstellt ist.«[147]

Korporative Akteure entstehen nicht, sondern werden intentional produziert und reproduziert. Es lassen sich Koalitionen, die auf eine begrenzte Zeit angelegt sind, und Organisationen, die größere Dauer und Stabilität aufweisen, unterscheiden.[148]

Ein Grundmodell für die Bildung korporativer Akteure ist das von *James Coleman* eingeführte Konzept der Ressourcenzusammenlegung.[149] Danach werden korporative Akteure dadurch gebildet,

»daß mehrere Personen bestimmte Ressourcen zusammenlegen, über die dann nicht mehr individuell, separat, sondern ›im Verbund‹ verfügt wird. [...] Als Ressource in diesem allgemeinen Sinne ist all das zu bezeichnen, was ein Akteur zur Beeinflussung seiner – physischen und sozialen – Umwelt einsetzen kann.«[150]

»Der Einzelne nimmt eine solche Investition [...] in der Hoffnung und Erwartung vor, daß die Kontrolle, die ihm über diese Ressourcen verloren geht, durch die größeren Vorteile mehr als ausgeglichen wird, die sie ihm dadurch einbringen sollen, daß sie mit den Ressourcen anderer zusammengelegt werden.«[151]

Mit der Bildung eines korporativen Akteurs durch Ressourcenzusammenlegung sind zwei Regelungsprobleme verbunden: Zum einen bedarf es eines Verfahrens kollektiver Entscheidung, zum anderen muss geklärt werden, wie der Ertrag des Ressourceneinsatzes auf die Investoren zu verteilen ist:

– Es müssen zunächst Entscheidungen über den Einsatz der *Ressourcen* getroffen werden, die für alle Beteiligten verbindlich sind. Dies kann entweder genossenschaftlich-demokratisch geschehen, indem alle Investoren an den Ent-

144 *Schimank*, Handeln und Strukturen, S. 327f.
145 *Schimank*, Handeln und Strukturen, S. 329. einführend *Kern*, Soziale Bewegungen, passim.
146 *Esser*, Institutionen, S. 251.
147 *Vanberg*, Markt und Organisation, S. 72.
148 *Schimank*, Handeln und Strukturen, S. 329ff.
149 *Coleman*, Macht und Gesellschaftsstruktur, S. 25ff.
150 *Vanberg*, Markt und Organisation, S. 10f.
151 *Coleman*, Macht und Gesellschaftsstruktur, S. 30.

scheidungen beteiligt werden. Oder einer der Investoren hat die Position eines zentralen Koordinators, dem die anderen die Verfügung über ihre Ressourcen überlassen. Dieses Modell kann man als monokratisch-hierarchisch bezeichnen. In diesem Fall werden andere nur dann zur Investition bereit sein, wenn von vornherein geklärt ist, welchen Nutzen sie von ihrer Investition haben werden.

– Für die Verteilung des *Ertrags* kommen festgelegte Beträge (Kontrakteinkommen) oder bestimmte Anteile an dem Ertrag, der nach Abzug der Kosten übrigbleibt (Residualeinkommen), in Betracht.[152]

Aus den je zwei prinzipiellen Antworten auf die Frage nach der Beteiligung an den Entscheidungen und der Beteiligung am Ertrag lassen sich vier Grundtypen eines korporativen Akteurs bilden.[153] Diese wiederum lassen sich in unterschiedlicher Weise kombinieren, so dass verschiedene Korporationstypen entstehen bzw. Personen in unterschiedlicher Weise an einem korporativen Akteur beteiligt sein können. So kann man zwei Gruppen von Organisationen unterscheiden, wobei auch hier fließende Übergänge möglich sind:[154]

(1) Dem Grundmodell der Ressourcenzusammenlegung am nächsten sind *Interessenorganisationen* (Vereine, Verbände), die genossenschaftlich-demokratisch verfasst der Verfolgung gemeinsamer Interessen dienen. Prototypisch sind dieselben Personen Investoren, Entscheidungsbeteiligte, Mitarbeiter und Nutznießer. Es bleibt aber auch bei Interessenorganisationen nicht aus, dass Aufgaben und Kompetenzen (also: Ämter i. w. S.) zugewiesen und von einzelnen herausgehobene Positionen eingenommen werden, so dass auch hier eine gewisse Hierarchisierung einsetzt.[155] Ob darum tatsächlich von einem »ehernen Gesetz der Oligarchie«[156] zu sprechen ist, mag dahinstehen. Jedenfalls findet hierin das Grunddilemma seinen Ausdruck, dass oft »ohne korporativen Akteur mit starker Führung keine erfolgversprechende Durchsetzung individueller Interessen« möglich ist:[157]

> »Indem ein Mitglied der Korporation Handlungsmacht überträgt, verliert es weitgehend die Kontrolle über den Einsatz dieser Macht; behält es sich aber, durch eine restriktive Entscheidungsregel, diese Macht vor, so schwinden die möglichen Vorteile dahin, die der korporative Akteur erbringen kann.«[158]

Je stärker eine Interessenorganisation ihre Arbeitsstrukturen ausdifferenziert, desto mehr nähert sie sich dem anderen Organisationstyp an.

---

[152] *Esser*, Institutionen, S. 256 ff.; *Vanberg*, Markt und Organisation, S. 15 ff., 72 f.

[153] *Vanberg*, Markt und Organisation, S. 22.

[154] *Esser*, Institutionen, S. 243 f.; *Schimank*, Handeln und Strukturen, S. 331.

[155] *Esser*, Institutionen, S. 240.

[156] *Michels*, Zur Soziologie des Parteiwesens, S. 366 (Zitat); *Coleman*, Macht und Gesellschaftsstruktur, S. 33; kritisch zur These von Michels *Kafka*, Die verfassungsrechtliche Stellung politischer Parteien, S. 64 mit dem Hinweis, dass Oligarchie »die normative Abriegelung eines geschlossenen Kreises von aristokratisch oder plutokratisch determinierten Familien, in denen die Teilhabe an der politischen Macht wie ein Sachvermögen vererbt wird«, sei.

[157] *Schimank*, Handeln und Strukturen, S. 336; dazu *Vanberg*, Markt und Organisation, S. 176 ff.

[158] *Coleman*, Macht und Gesellschaftsstruktur, S. 27.

(2) Die *Arbeitsorganisation* ist darauf angelegt, bestimmte Leistungen für andere zu produzieren. Sie findet sich vor allem in Unternehmen und staatlichen Verwaltungen. Die Rollen der Investoren (Träger), Entscheidungsbeteiligten (Leitung), Mitarbeiter und Nutznießer sind zu unterscheiden und fallen regelmäßig auseinander.[159] Da die Leistungen der Organisation nicht den Mitgliedern (Mitarbeitern) zugutekommen, müssen diese für ihren Einsatz auf andere Weise, in der Regel durch Bezahlung, entschädigt werden. Organisationszweck und Motive der Mitarbeiter fallen auseinander und müssen auf besondere Weise miteinander verknüpft werden.[160] Diese *Zweck-Motiv-Trennung* löst einerseits einen nicht unerheblichen Aufwand aus, um Mitarbeiter einzubinden, sie ermöglicht andererseits eine erhebliche Flexibilität und Leistungsfähigkeit der Organisation.[161] Dazu gehört auch, dass korporative Akteure die ihnen zugehörigen Personen nicht (mehr) vollständig umfassen, sondern lediglich auf bestimmte Ressourcen und Dienstleistungen Anspruch haben.[162] Außerdem sind alle Personen prinzipiell ersetzbar. Korporative Akteure bestehen nicht aus Personen, sondern aus Positionen (Ämtern), mit denen bestimmte Aufgaben verbunden sind, die von denjenigen, die die Positionen innehaben zu erfüllen sind.[163]

b) Das Principal-Agent-Problem

Korporative Akteure »sind nicht wirklich handlungsfähig und müssen daher durch Agenten in Gestalt von natürlichen Personen handeln.«[164] Die auch für das Amt wesentliche Grundkonstellation, dass jemand für einen anderen handelt, wird als *Principal-Agent*-Problem verhandelt. Ein Prinzipal (P) betraut einen Agenten (A) damit, sein Geschäft wahrzunehmen. Damit erwirbt er Kontrollrechte an bestimmten Handlungen des Agenten, und diese Handlungen sind »das gemeinschaftliche Ergebnis der Ausübung dieser Rechte durch den Prinzipal und der Ausführung der Handlung durch den Agenten«.[165] Aus zwei unabhängigen wird eine einzige Handlungseinheit, die aus zwei Individuen besteht.[166] Damit erweitert der Prinzipal seine Handlungsmöglichkeiten, denn es werden so Ressourcen des Agenten (Kenntnisse, Fähigkeiten, Arbeitskraft, Zeit) in den Dienst des Prinzipals gestellt, d. h. seine Interessen können weit über seine eigenen Möglichkeiten hinaus verfolgt werden.[167] Zugleich können dem Agenten Ressourcen des Prinzipals (Sachmittel, Kontakte, Rechte) zur Ausführung seines Auftrags anvertraut werden. Im Hinblick auf alle betroffenen Ressourcen

---

159 Vgl. *Esser*, Institutionen, S. 240 f.
160 Siehe auch 1. Soziales Handeln a) Handeln, S. 29 bei Fn. 10.
161 *Esser*, Institutionen, S. 238 f.; *Luhmann*, Funktionen und Folgen, S. 89 ff.; *Schimank*, Handeln und Strukturen, S. 337 ff.
162 *Coleman*, Macht und Gesellschaftsstruktur, S. 17; *Esser*, Institutionen, S. 239.
163 *Coleman*, Macht und Gesellschaftsstruktur, S. 22.
164 *Coleman*, Macht und Gesellschaftsstruktur, S. 2.
165 *Coleman*, Grundlagen I, S. 194 f.
166 *Coleman*, Grundlagen I, S. 186.
167 *Coleman*, Grundlagen I, S. 187.

entsteht so eine zweifache Zuordnung: Der Agent hat das Recht, die Ressourcen zu gebrauchen, der Prinzipal hat das Recht, von ihrem Einsatz zu profitieren.[168]

Für das Verhältnis von Prinzipal und Agent sind damit zwei Grundsätze leitend: Die Handlungen des Agenten im Bereich des Auftragsverhältnisses dürfen nicht von den Interessen des Agenten bestimmt sein, sondern müssen denen des Prinzipals dienen. Und die Handlungsfolgen einschließlich etwaiger Haftung sind dem Prinzipal und nicht dem Agenten zuzurechnen.[169] »Auf diese Weise wird aus der Verbindung Prinzipal-Agent der Außenwelt gegenüber nur noch *eine einzige* Körperschaft mit vermehrten Ressourcen, aber nur einer Interessenmenge.«[170]

Im Hinblick auf den Agenten ist jedoch eine *Interessendivergenz* festzustellen. »Das Interesse des Agenten an den Handlungen bei der Interaktion ist lediglich ein abgeleitetes Interesse, dessen Stärke davon abhängt, wie eng der korporative Akteur die persönlichen Ziele seines Agenten an die korporativen Ziele gekoppelte hat.«[171] Daneben ist davon auszugehen, dass der Agent seine eigenen Interessen verfolgt.[172] Er erwartet darum von seiner Tätigkeit für den Prinzipal extrinsische Kompensation oder intrinsischen Gewinn.[173] Dieser kann sich aus einer engen Bindung an den Prinzipal ergeben, ist aber so von erheblichen weiteren Faktoren abhängig und kann regelmäßig nicht vorausgesetzt werden.[174] Diese Interessendivergenz muss der Prinzipal in Rechnung stellen. Er kann nicht davon ausgehen, dass seine Interessen unverändert dem Handeln des Agenten zugrunde liegen.

Hinzu kommt ein *Informationsdefizit* des Prinzipals. Er kann weder die Eigenschaften und Fähigkeiten, noch die Absichten seines Agenten durchschauen. Zudem ist ihm der Agent unter Umständen durch sein Expertenwissen voraus. Auch hat der Prinzipal keine vollständige Einsicht in das Handeln des Agenten.[175] Dem könnte man durch direktive Steuerung und stärkere Kontrolle des Agenten begegnen. Doch löst dies einerseits einen – möglicherweise exorbitanten – Informations- und Kontrollaufwand aus, und vermag andererseits keine positiven Leistungsanreize zu setzen, sondern eher Abwehr zu provozieren.[176] Diese Mittel scheinen darum nur angebracht, wenn es sich um einfache, überschaubare und messbare Tätigkeiten handelt, deren Ergebnisse eindeutig zugeordnet werden können. Hier lässt sich auch leicht eine angemessene Vergütung als extrinsische Kompensation festsetzen.[177]

---

168 *Coleman*, Grundlagen I, S. 200.
169 *Coleman*, Grundlagen I, S. 192 f.
170 *Coleman*, Grundlagen I, S. 194.
171 *Coleman*, Macht und Gesellschaftsstruktur, S. 78.
172 *Ebers/Gotsch*, Institutionenökonomische Theorien der Organisation, S. 209.
173 *Coleman*, Grundlagen I, S. 186.
174 *Coleman*, Grundlagen I, S. 201.
175 *Dietl*, Institutionen und Zeit, S. 137 ff.; *Ebers/Gotsch*, Institutionenökonomische Theorien der Organisation, S. 211 f.; *Esser*, Institutionen, S. 260; *Rasmusen*, Games and Information, S. 133 f.; vgl. *Mayntz*, Soziologie der öffentlichen Verwaltung, S. 112.
176 *Coleman*, Grundlagen I, S. 195 f.; *Dietl*, Institutionen und Zeit, S. 135 f.; *Ebers/Gotsch*, Institutionenökonomische Theorien der Organisation, S. 214.
177 *Coleman*, Grundlagen I, S. 195 f.; *Erikson/Goldthorpe*, The Constant Flux, S. 41 f.; *Esser*, Institutionen, S. 259.

Bei anspruchsvolleren Tätigkeiten, die spezialisiertes Wissen und größere Entscheidungsspielräume voraussetzen und deren Erfolg von weiteren Faktoren abhängig ist, so dass dieser nicht einfach zugerechnet werden kann, ist es erforderlich, dem Agenten eine gewisse Autonomie und Vertrauen einzuräumen. Dies gelingt aufgrund einer langfristigen Bindung, die weitere Einflussmöglichkeiten eröffnet.[178] So können erbrachter Arbeitseinsatz und erwiesene Vertrauenswürdigkeit honoriert, das Einkommen vom Erfolg abhängig gemacht und Karrierechancen eröffnet werden. Auf diese Weise findet eine Interessenangleichung zwischen Prinzipal und Agent statt.[179] Damit kann das Problem zwar eingehegt, aber nicht beseitigt werden. Eine gewisse Interessendivergenz bleibt in jedem Fall erhalten.[180] Und die für das *Principal-Agent*-Problem grundlegende Asymmetrie der Information lässt sich ebenfalls nicht beseitigen.[181]

Die Probleme, die hier zunächst für ein Zwei-Personen-Verhältnis von Prinzipal und Agent dargestellt worden sind, bleiben erhalten, gewinnen aber zusätzliche Komplexität, wenn jemand in eine hierarchische Organisation eingebunden wird und in unterschiedlichen Konstellationen als Prinzipal (Vorgesetzter) oder Agent tätig wird bzw. als Agent mehrere Vorgesetzte hat.

4. Ertrag

Das Amt kann als eine Institution begriffen werden, die *Principal-Agent*-Konstellationen ermöglicht und die dabei auftretenden Probleme bearbeitet. Dabei ist das Amt als abstrakt-generelle Struktur (externe Institution im weiteren Sinne) von einem konkreten Amt mit seinen spezifischen Aufgaben, Kompetenzen und Ressourcen (interne Institution) zu unterscheiden. Dabei kann noch einmal differenziert werden, ob es sich um ein Amt erster Ordnung handelt, das der Lösung bestimmter sachlicher Probleme dient, oder um ein Amt zweiter Ordnung, das dazu dient, Ämter erster Ordnung hervorzubringen und die damit evozierten Probleme zu bearbeiten.

Die Legitimation des Amts als abstrakt-generelle Struktur ergibt sich geradezu zwangsläufig aus seiner Notwendigkeit in einer arbeitsteiligen Gesellschaft. Kurz gesagt: Ohne Amt ist kein Staat zu machen. Die konkrete Ausgestaltung von Ämtern ist kontingent. Ihre Legitimation kann darum immer wieder infrage gestellt werden.

Aus der Betrachtung des *Principal-Agent*-Problems ergeben sich zwei zentrale Problem für das Handeln im Amt, die im Folgenden zu beachten sind: die Interessendivergenz und die Informationsasymmetrie zwischen Prinzipal und Agent. Im Hinblick auf die Interessendivergenz ist genauer zu fragen, welche Motivkonstellation beim Amtswalter zugrunde gelegt werden kann und durch

---

178 *Erikson/Goldthorpe*, The Constant Flux, S. 41 f.; *Esser*, Institutionen, S. 258 f.

179 *Dietl*, Institutionen und Zeit, S. 148 ff.; *Esser*, Institutionen, S. 261; *Rasmusen*, Games and Information, S. 169 f.

180 *Coleman*, Grundlagen I, S. 197 f.

181 *Dietl*, Institutionen und Zeit, S. 155.

welche Mittel (einschließlich welcher Sanktionen) diese Divergenz ausgeglichen werden kann. Doch zuvor soll durch einen Wechsel des Theorieansatzes präziser in den Blick genommen werden, was es bedeutet, dass Menschen für Organisationen handeln.

II. Organisation und Person – systemtheoretisch

1. Theorierahmen: Systemtheorie

Die Notwendigkeit und Problematik, dass Organisationen stets nur durch Menschen handeln können, lässt sich mithilfe der Systemtheorie *Niklas Luhmanns* (1927–1998) noch präziser erfassen.[182] *Luhmann* hat seine Systemtheorie in Anknüpfung an *Parsons* entwickelt und über sein Gesamtwerk hin konsequent entfaltet. Ihre Entwicklung wird verschiedentlich in drei Phasen eingeteilt: Funktional-strukturelle Theorie (ca. 1968–1979), Theorie autopoietischer Systeme (ca. 1980–1989), Theorie beobachtender Systeme (ca. 1990–1998). Diese Einteilung und insbesondere die Behauptung einer »autopoietischen Wende« in den frühen 1980er Jahren darf jedoch nicht verdecken, dass es sich bei den späteren Entwicklungen weniger um prinzipielle Neueinstellungen seiner Theorie handelt, als um eine weitere Radikalisierung des systemtheoretischen Denkens.[183] Die vergleichende Lektüre früher und später Texte lässt vielmehr erstaunen, wie konsequent *Luhmann* seine Theorie über 30 Jahre bis zu seinem Tod entwickelt hat.[184]

Die Systemtheorie *Luhmanns* erscheint als besonders anregender – weil auch verfremdender – Ansatz.[185] Sie rekonstruiert soziale Verhältnisse auf einem erheblichen Abstraktionsniveau, ist in vieler Hinsicht kontraintuitiv und ermöglicht so eine neue Wahrnehmung des Gegenstandes. Auch kann sie wegen der Weite ihres Ansatzes in vielfacher Hinsicht fruchtbar gemacht werden. Sie stößt allerdings an Grenzen, wenn ihr Gegenstandsbereich (das Soziale) verlassen wird, wie das beim Amt mit dem Übergang zur Person der Fall ist.[186] An dieser Stelle werden andere Theorieansätze zu berücksichtigen sein.[187] Ohnehin kann durch die Anwendung verschiedener Theorien auf denselben Gegenstand ein

---

[182] Einführend *Baraldi/Corsi/Esposito*, GLU, passim; *Esser*, Allgemeine Grundlagen, S. 493 ff.; *Jahraus/Nassehi et al.* (Hrsg.), Luhmann-Handbuch, passim; *Joas/Knöbl*, Sozialtheorie, S. 351 ff.; *Martens/Ortmann*, Organisationen, passim; *Miebach*, Soziologische Handlungstheorie, S. 246 ff.; *R. Münch*, Gesellschaftstheorie, S. 179 ff.

[183] *Joas/Knöbl*, Sozialtheorie, S. 351, 379, 383 f.

[184] An dieser Stelle darf der Hinweis wohl nicht fehlen: »Bei meiner Aufnahme in die 1969 gegründete Fakultät für Soziologie der Universität Bielefeld fand ich mich konfrontiert mit der Aufforderung, Forschungsprojekte zu benennen, an denen ich arbeite. Mein Projekt lautete damals und seitdem: Theorie der Gesellschaft; Laufzeit: 30 Jahre; Kosten: keine. Die Schwierigkeiten des Projekts waren, was die Laufzeit angeht, realistisch eingeschätzt worden.«, *Luhmann*, Die Gesellschaft der Gesellschaft, S. 11.

[185] So auch *Roellecke*, Beobachtung der Verfassungstheorie, Rn. 14.

[186] Zur Präzisierung des Begriffs »Person« siehe 3. Person und Organisation a) Strukturelle Kopplung sozialer und psychischer Systeme, S. 60.

[187] Siehe III. Materiale Handlungstheorie, S. 71 ff.

Grundproblem aller Theorie gedämpft werden, nämlich dass jede Theorie ihren blinden Fleck hat – ob sie dieses Faktum zu bearbeiten weiß oder nicht.[188]

2. Organisation als System

Die Definition einer Organisation durch *Luhmann* erinnert an das oft zitierte »A rose is a rose is a rose«[189]:

> »Eine Organisation ist ein System, das sich selbst als Organisation erzeugt. Wir müssen dann nur noch die Art und Weise definieren, wie das geschieht.«[190]

Doch zuvor ist es tunlich zu fragen, was unter einem System zu verstehen sei.

a) Autopoietische Systeme

Mit dem Systembegriff können Maschinen, Organismen, soziale und psychische Systeme erfasst werden.[191] Bei der Bestimmung dessen, was ein System ist, setzt sich *Luhmann* von einem überkommenen Verständnis ab, wonach ein System als in sich geschlossene Ganzheit von Teilen zu begreifen sei, und wählt als Ausgangspunkt die Unterscheidung von System und Umwelt, die durch das System selbst hergestellt wird.[192] »Das bedeutet, daß Systeme nicht auf Gestalt, nicht auf ihre eigene schöne Perfektion hin interpretiert werden, sondern auf das Problem ihres Aufbaus und ihrer Erhaltung in einer Umwelt, die von sich aus diese Systembildung nicht betreibt.«[193] Auf diese Weise kann sich das System gegenüber der (übermächtigen) Komplexität der Umwelt behaupten und eigene Komplexität aufbauen.[194] Komplexität meint dabei, dass in einer zusammenhängenden Menge von Elementen »auf Grund immanenter Beschränkungen der Verknüpfungskapazität der Elemente nicht mehr jedes Element jederzeit mit jedem anderen verknüpft sein kann.«[195] Es hängt vom System ab, wie die Umweltkomplexität reduziert und innerhalb des Systems verarbeitet wird. An der Außenseite des Systems werden alle Umwelteinflüsse nach systemeigenen Kriterien selegiert. Das System nimmt die Umwelt nur nach Maßgabe dieser eigenen Kriterien wahr und verarbeitet Umwelteinflüsse in der ihm eigenen Operationsweise.[196]

Ein System besteht aus Elementen, die durch das System selbst gebildet werden. »Element ist […] jeweils das, was für ein System als nicht weiter auflösbare Einheit fungiert.«[197] Allerdings kommen nicht Personen als Elemente eines Sys-

---

188 *Luhmann*, Ich sehe was, was du nicht siehst, S. 222 f.
189 *Gertrude Stein*, Sacred Emily (1913).
190 *Luhmann*, Organisation und Entscheidung, S. 45.
191 *Luhmann*, Soziale Systeme, S. 16.
192 *Luhmann*, Soziale Systeme, S. 20 ff., 35 ff.; *ders.*, Zweckbegriff und Systemrationalität, S. 171 ff.; *ders.*, Probleme mit operativer Schließung, S. 14.
193 *Luhmann*, Vorbemerkungen, S. 21.
194 *Luhmann*, Soziale Systeme, S. 47 f.
195 *Luhmann*, Soziale Systeme, S. 46.
196 *Luhmann*, Soziale Systeme, S. 35 ff., 47 f.
197 *Luhmann*, Soziale Systeme, S. 43.

tems in Betracht, auch wenn man dies bei sozialen Systemen zunächst vermuten würde.[198] Da sich Systeme in einer stets veränderlichen Umwelt behaupten müssen, kann ihre Stabilität nicht statisch, sondern nur dynamisch begriffen werden. Damit bekommen auch die Elemente des Systems ereignishaften Charakter, deren Reproduktion als *Operation* bezeichnet wird.[199] »Qualität gewinnen Elemente nur dadurch, daß sie relational in Anspruch genommen, also aufeinander bezogen werden.«[200] Die Elemente eines Systems sind also Ereignisse, die das System selbst im Rekurs und Vorausblick auf weitere Ereignisse des gleichen Typs erzeugt. Das System sichert seinen Fortbestand, indem diese relationale Reproduktion von Ereignissen fortgesetzt wird, und erhält so die Differenz zu seiner Umwelt aufrecht. *Luhmann* bezeichnet dies als Autopoiesis.[201] Der Begriff der Autopoiesis stammt aus der Biologie, kann aber auf soziale und psychische Systeme übertragen werden. So wie Zellbildung nur innerhalb eines Organismus, also eines Verbundes von Zellen, stattfindet, so finden Kommunikationen nur innerhalb der Gesellschaft (soziales System) im Zusammenhang von Kommunikationen statt, und nur ein Bewusstsein (psychisches System) kann denken und tut dies in steter Rekursion auf bereits gedachtes und im Vorgriff auf noch zu denkendes.[202] »Systeme werden durch diejenige Operationsweise definiert, mit der das System sich selbst produziert und reproduziert. [...] Wir gehen also von einem zirkulären Verhältnis der Begriffe System und Operation aus.«[203]

Die operative Schließung eines Systems, d. h. die Binnenrekursivität seiner Elemente, bedeutet allerdings nicht kausale Isolierung.[204] Die operative Schließung begründet nicht Autarkie, sondern Autonomie des Systems und ist zugleich Voraussetzung dafür, dass sich das System seiner Umwelt öffnen und von ihr »irritieren« lassen kann – dies jedoch nur nach Maßgabe seiner eigenen dynamisch-stabilen Struktur.[205] Doch »[s]tets wirken an allen Effekten System und Umwelt zusammen.«[206]»Mit Hilfe von Grenzen können Systeme sich zugleich schließen und öffnen, indem sie interne Interdependenzen von System/Umwelt-Interdependenzen trennen und beide aufeinander beziehen.«[207]

b) Soziale Systeme

Soziale Systeme sind solche, die durch die Operation Kommunikation gebildet werden. Sie sind mit psychischen Systemen gekoppelt, deren Operation das Prozessieren von Bewusstsein (also in Gestalt von Gedanken) ist. Soziale

---

198 *Luhmann*, Die operative Geschlossenheit, S. 27, 30.
199 *Luhmann*, Soziale Systeme, S. 79.
200 *Luhmann*, Soziale Systeme, S. 42.
201 *Luhmann*, Soziale Systeme, S. 57ff.; *ders.*, Die Gesellschaft der Gesellschaft, S. 60ff.; *ders.*, Die operative Geschlossenheit, S. 27ff.; *ders.*, Organisation und Entscheidung, S. 48ff.
202 *Luhmann*, Die Autopoiesis des Bewußtseins, S. 60.
203 *Luhmann*, Die operative Geschlossenheit, S. 27.
204 *Luhmann*, Probleme mit operativer Schließung, S. 15.
205 *Luhmann*, Organisation und Entscheidung, S. 51f.
206 *Luhmann*, Soziale Systeme, S. 40.
207 *Luhmann*, Soziale Systeme, S. 52f.

und psychische Systeme unterscheiden sich von anderen Systemen dadurch und haben ihre Gemeinsamkeit darin, dass sie im Medium *Sinn* operieren. Das heißt in einer Operation (Kommunikation, Gedanke) wird mitgeführt, dass, indem etwas bezeichnet wird, anderes ausgeschlossen wird und dass diese Bezeichnung (Selektion) durch die Operation des Systems geschieht. Fremdreferenz (Bezeichnung von etwas) geht stets mit Selbstreferenz (es ist das System, das bezeichnet) einher. Das System führt also ständig seine Selbstbeobachtung mit. Und indem mit der Bezeichnung von etwas verbunden ist, dass auch anderes bezeichnet werden kann, führt jede Operation einen Überschuss von Bedeutung mit sich, der die Anknüpfung weiterer Operationen und damit die Autopoiesis des Systems ermöglicht.[208]

Auslöser für Kommunikation und damit für die Bildung sozialer Systeme ist das Problem *doppelter Kontingenz*.[209] Kontingent ist, was weder notwendig noch unmöglich ist. Kontingenz bezeichnet also, dass etwas auch anders sein kann, als es ist.[210] Indem soziale und psychische Systeme im Medium Sinn operieren, selegieren sie in jeder Operation eine Möglichkeit und schließen andere damit aus. Die Operationen dieser Systeme sind damit kontingent, sie können anders als erwartet ausfallen und so Enttäuschungen bereiten. In der sozialen Situation, dass sich sinnkonstituierende Systeme begegnen, potenziert sich die Kontingenz zur doppelten Kontingenz: Sowohl die eigenen Operationen, wie auch die des anderen werden als kontingent beobachtet. *Ego* begegnet *Alter* und nimmt ihn als *alter Ego* wahr und bezieht diese Beobachtung und die Erwartung, von *Alter* in entsprechender Weise beobachtet zu werden, in das eigene Operieren ein. Die Kontingenz des jeweils eigenen Operierens wird so durch die Anwesenheit von *Alter* nicht einfach verdoppelt, sondern die Komplexität erfährt eine unkontrollierbare Steigerung, weil nicht abzusehen ist, wie sich die wechselseitige Beobachtung und das Beobachten der Beobachtung auf die Operationen von *Alter* und *Ego* auswirken.[211] Die Beteiligten werden darum versuchen, durch Kommunikation den Raum möglicher Anschlüsse für Folgeoperationen und damit die Komplexität der sozialen Situation wieder einzuschränken.[212] Dies geschieht durch erneute Systembildung, d. h. durch die Unterscheidung eines Kommunikationszusammenhangs von seiner Umwelt und damit durch den Aufbau eigener Komplexität.

Soziale Systeme lassen sich in Interaktionen, Organisationen und Gesellschaft unterscheiden.[213] Die *Gesellschaft* ist das umfassende Sozialsystem, das alle irgendwie aufeinander bezogenen Kommunikationen umfasst.[214] Während *Luhmann* anfangs Gesellschaften noch im Plural genannt hat, geht er später davon

---

208 *Luhmann*, Soziale Systeme, S. 62 ff.

209 *Luhmann*, Soziale Systeme, S. 148 ff.

210 *Luhmann*, Soziale Systeme, S. 152.

211 *Luhmann*, Soziale Systeme, S. 160 f.

212 *Luhmann*, Soziale Systeme, S. 166 ff.

213 *Luhmann*, Interaktion, Organisation, Gesellschaft, S. 10 ff.; siehe auch *Martens/Ortmann*, Organisationen, S. 410 f.

214 *Luhmann*, Soziale Systeme, S. 555 ff.; *ders.*, Die Gesellschaft der Gesellschaft, S. 78 ff.

aus, dass nur noch von einer Weltgesellschaft gesprochen werden kann.[215] Eine *Interaktion* beschränkt sich auf die Kommunikationen, die über die wechselseitige Wahrnehmung von Anwesenden aufeinander bezogen werden. Komplexität wird auf diese Weise stark reduziert und nur geringe eigene Komplexität aufgebaut, weil in der Interaktion nur zwischen Anwesenden kommuniziert wird, nur einzelne Themen behandelt werden können und die Kommunikationen nacheinander erfolgen müssen. Zudem werden Interaktionen nach kurzer Zeit wieder beendet.[216] *Organisationen* bilden demgegenüber dauerhafte – wenn auch veränderliche – Strukturen, an denen viele Kommunikationsteilnehmer beteiligt sein und eine Vielzahl von Themen bearbeitet werden können; sie ermöglichen so ein erhöhtes Maß an Eigenkomplexität und Komplexitätsbewältigung und damit auch Zeitgewinn.[217]

Eine andere Einteilung unterscheidet innerhalb der modernen Gesellschaft verschiedene *Funktionssysteme*, die sich dadurch auszeichnen, dass in ihnen Probleme in einer bestimmten Weise bearbeitet und die Kommunikationen in entsprechender Weise codiert werden.[218] Diese Funktionssysteme werden ihrerseits durch Interaktionen und Organisationen gebildet, soweit die in diesen ablaufenden Kommunikationen der Codierung des Funktionssystems entsprechen. Zu nennen sind insbesondere die Funktionssysteme Wirtschaft, die im Medium Geld mit dem Code Eigentum haben/nicht haben, Recht, das im Medium Recht mit dem Code recht/unrecht, Politik, die im Medium Macht mit dem Code Macht haben/nicht haben, und Wissenschaft, die im Medium Wahrheit mit dem Code wahr/unwahr operieren. Zwischen solchen Funktionssystemen bestehen strukturelle Kopplungen[219], indem bestimmte Ereignisse sowohl nach dem Code des einen wie nach dem des anderen Systems verarbeitet werden können. So werden beispielsweise Recht und Politik durch die Verfassung, Recht und Wirtschaft durch Eigentum und Vertrag, Politik und Wirtschaft durch Steuern, Abgaben und Notenbanken sowie Politik und Wissenschaft durch politische Beratung gekoppelt. Die Kopplung hebt die Autonomie der Systeme nicht auf, bewirkt aber in den Systemen jeweils Irritationen, die zu Änderungen des Systemzustands führen.[220]

---

[215] Siehe einerseits *Luhmann*, Soziale Systeme, S. 16 und andererseits *ders.*, Die Gesellschaft der Gesellschaft, S. 145 ff.

[216] *Luhmann*, Soziale Systeme, S. 560 ff.; *ders.*, Die Gesellschaft der Gesellschaft, S. 812 ff.

[217] *Luhmann*, Die Gesellschaft der Gesellschaft, S. 826 ff.

[218] *Luhmann*, Soziale Systeme, S. 624 ff.; *ders.*, Die Gesellschaft der Gesellschaft, S. 316 ff., 743 ff.

[219] Siehe 3. Person und Organisation a) Strukturelle Kopplung sozialer und psychischer Systeme, S. 60 ff.

[220] *Luhmann*, Die Gesellschaft der Gesellschaft, S. 776 ff.

c) Organisation

Es lässt sich beobachten, dass funktionale Differenzierung auf Organisationsbildung[221] angewiesen ist, um die notwendige strukturelle Komplexität der Gesellschaft auszubilden. Dabei sind Organisationen der Gesellschaft weitgehend durch funktionale Differenzierung zugeordnet, d. h. sie erbringen vor allem Leistungen für ein bestimmtes Funktionssystem, ohne dass sie deswegen nicht auch an anderen Funktionssystemen beteiligt wären.[222]

»[O]rganisierte Sozialsysteme [können] begriffen werden als Systeme, die aus Entscheidungen bestehen und die Entscheidungen, aus denen sie bestehen, durch die Entscheidungen, aus denen sie bestehen, selbst anfertigen.«[223]

Es handelt sich bei Organisationen also um autopoietische soziale Systeme, deren Operation, durch die sie sich von anderen Systemen unterscheiden, die Entscheidung ist.[224] Das System Organisation ist operativ geschlossen, indem die Entscheidungen aufeinander bezogen sind und füreinander Kontingenzspielräume definieren, so dass sich jede Entscheidung immer auch aus anderen Entscheidungen des Systems ergibt.[225] Allerdings tritt eine Entscheidung nicht notwendig als solche in Erscheinung. Darauf kommt es auch nicht unbedingt an. Interessanter ist, was im sozialen System als Entscheidung beobachtet und markiert wird.[226]

Die Funktion von Entscheidungen ist es, Unsicherheit zu absorbieren, indem die Differenz von Wissen und Nichtwissen überspielt wird.[227] »Die Last der fehlenden Information ist die Voraussetzung für die Lust am Entscheiden. Bei vollständiger Information könnte keine Entscheidung sich als Entscheidung kenntlich machen.«[228] »Was bereits voll determiniert ist, kann nicht mehr entschieden werden. Zur Entscheidung gehört daher auch ein Mindestmaß an Unvorhersehbarkeit, fast könnte man sagen: an Irrationalität.«[229] Eine Entscheidung stellt sich damit als Transformation von offener in fixierte Kontingenz dar.[230] Sie absorbiert und generiert so in einem Zug Unsicherheit, weil jede Entscheidung offene in fixierte Kontingenz überführt und zugleich ihre Kontingenz, d. h. dass sie auch anders möglich ist, durch ihre Form als Entscheidung kommuniziert.

Indem sich Organisationen als Netzwerk von Entscheidungen darstellen, können sie in erheblichem Maß eigene Komplexität aufbauen und so Umwelt-

---

221 Grundlegend hierzu *Luhmann*, Funktionen und Folgen; *ders.*, Zweckbegriff und Systemrationalität; *ders.*, Organisation; *ders.*, Organisation und Entscheidung; einführend *Martens/Ortmann*, Organisationen, passim.

222 *Luhmann*, Organisation und Entscheidung, S. 394 ff., 405.

223 *Luhmann*, Organisation, S. 166; vgl. *ders.*, Organisation und Entscheidung, S. 63; *ders.*, Die Politik der Gesellschaft, S. 236.

224 *Luhmann*, Organisation und Entscheidung, S. 63.

225 *Luhmann*, Organisation, S. 171; *ders.*, Organisation und Entscheidung, S. 65, 68.

226 *Luhmann*, Die Paradoxie des Entscheidens, S. 287; *ders.*, Organisation und Entscheidung, S. 393; *ders.*, Die Politik der Gesellschaft, S. 234.

227 *Luhmann*, Organisation und Entscheidung, S. 184 ff.

228 *Luhmann*, Organisation und Entscheidung, S. 188.

229 *Luhmann*, Die Paradoxie des Entscheidens, S. 287.

230 *Luhmann*, Soziale Systeme, S. 402; *ders.*, Die Politik der Gesellschaft, S. 235.

komplexität bewältigen. Entscheidungen leisten Reduktion von Komplexität, weil durch sie Selektionen festgehalten werden können.[231] Sie bieten Entlastung für Folgeentscheidungen, weil deren Entscheidungsspielraum und damit die Verantwortlichkeit durch vorgehende Entscheidungen eingeschränkt ist.[232] Durch Entscheidungen entsteht zudem relative Stabilität, weil sie, solange sie nicht durch Entscheidung geändert worden sind, wieder aufgerufen werden können. Durch ihre Entscheidungen legt sich die Organisation »auf eine Welt fest, die sie selber konstruiert hat und an die sie glaubt, weil sie das Resultat ihrer eigenen Entscheidungsgeschichte ist. […] [A]ndererseits geschieht dies durch Entscheidungen, und das garantiert eine ständige Regenerierung von Unsicherheit.«[233]

3. Person und Organisation

Es gehört zu den Eigenarten von *Luhmanns* Theoriedesign, dass Menschen in sozialen Systemen nicht vorkommen, sondern strikt zu ihrer Umgebung gezählt werden, und dass Menschen nicht als solche, sondern regelmäßig nur als psychische Systeme, d. h. Bewusstsein, und allenfalls als Person angesprochen werden.[234] Gleichwohl sind sie für soziale Systeme relevant. *Luhmann* beschreibt dies als strukturelle Kopplung.[235] Dies gilt zunächst für soziale Systeme allgemein (a)), entfaltet für Organisationen jedoch eine besondere Bedeutung (b)) und wirkt sich auf die Rolle aus, die Personen im Zusammenhang mit Organisationen spielen (c)).

a) Strukturelle Kopplung sozialer und psychischer Systeme

Ausgangspunkt ist die strikte Trennung der Systeme und ihrer jeweiligen Operationen.[236] So können nur soziale Systeme kommunizieren.

> »Aber Menschen können nicht kommunizieren, nicht einmal ihre Gehirne können kommunizieren, nicht einmal das Bewußtsein kann kommunizieren. Nur die Kommunikation kann kommunizieren.«[237]

Allerdings ist Kommunikation auf Bewusstsein angewiesen, denn ohne Bewusstsein käme Kommunikation schon allein deswegen zum Erliegen, weil soziale Systeme nicht wahrnehmen können.[238] »Sinnliche Wahrnehmung setzt eine enge strukturelle Kopplung von Gehirn und Bewusstsein voraus.«[239] Wahrnehmungen

---

[231] *Luhmann*, Organisation und Entscheidung, S. 198.
[232] *Luhmann*, Die Paradoxie des Entscheidens, S. 299; *ders.*, Organisation und Entscheidung, S. 207.
[233] *Luhmann*, Organisation und Entscheidung, S. 216.
[234] *Luhmann*, Die Soziologie und der Mensch, S. 256, 260.
[235] *Luhmann*, Die Gesellschaft der Gesellschaft, S. 100 ff.
[236] *Luhmann*, Die operative Geschlossenheit, S. 32.
[237] *Luhmann*, Wie ist Bewußtsein an Kommunikation beteiligt?, S. 38.
[238] *Luhmann*, Wie ist Bewußtsein an Kommunikation beteiligt?, S. 38; *ders.*, Die Gesellschaft der Gesellschaft, S. 103.
[239] *Luhmann*, Organisation und Entscheidung, S. 119.

sind sozialen Systemen nur indirekt und in ihren eigenen Operationen zugänglich, nämlich insoweit, als aufgrund von Wahrnehmungen kommuniziert wird.[240]

»Anders als Bewußtseinssysteme, die sinnlich wahrnehmen können, ist die Kommunikation nur durch Bewußtsein affizierbar. Alles, was von außen, ohne Kommunikation zu sein, auf die Gesellschaft einwirkt, muß daher den Doppelfilter des Bewußtseins und der Kommunikationsmöglichkeiten passiert haben.«[241]

Andererseits können sich psychische Systeme nur durch Beobachtung oder Kommunikation, nicht aber durch irgendwelche unmittelbaren Operationen zueinander verhalten.[242]

Die operative Geschlossenheit autopoietischer Systeme bewirkt, dass eine gegenseitige Beeinflussung nur mittelbar möglich ist. Systeme lassen sich durch andere Systeme nur irritieren, wodurch eine strukturelle Unsicherheit im System entsteht, für die innerhalb des Systems, d. h. durch seine Operationen, eine Lösung gefunden werden muss.[243]

Strukturelle Kopplungen »verdichten und steigern die Irritabilität autopoietischer Systeme, und dies dadurch, daß andere Irritationsquellen ausgeschlossen werden. Das Kommunikationssystem läßt sich nur durch Bewußtseinszustände der beteiligten Individuen irritieren und nicht direkt durch physikalische oder chemische Einwirkungen, die allenfalls destruktiv wirken können.«[244] »Bewußtsein, können wir dann formulieren, hat die privilegierte Position, Kommunikation stören, reizen, irritieren zu können.«[245]

Dass soziale Systeme auf strukturelle Kopplung mit psychischen Systemen angewiesen sind, ist in der für sie konstitutiven Operation *Kommunikation* begründet. Jede Kommunikation ist zusammengesetzt aus den Elementen Information, Mitteilung und Verstehen.[246] Sie setzt damit Wahrnehmung der Information, die dann mitgeteilt wird, und Wahrnehmung der Mitteilung und schließlich eine weitere sinnhafte Verarbeitung der Mitteilung voraus. Dies alles kann nur von psychischen Systemen geleistet werden.[247] Die Differenz von Information und Mitteilung entspricht derjenigen von Fremd- und Selbstreferenz. In der Kommunikation kann sowohl an die Information wie an die Mitteilung angeknüpft werden. Sie ermöglicht damit sowohl operative Geschlossenheit wie auch Offenheit für die Umwelt des Systems.[248] »Die Struktur der kommunikativen Operation hat mithin genau die Form, die nötig ist, um die Differenz von System

---

240 *Luhmann*, Organisation und Entscheidung, S. 119.

241 *Luhmann*, Die Gesellschaft der Gesellschaft, S. 113.

242 *Luhmann*, Die Autopoiesis des Bewußtseins, S. 58 f.; *ders.*, Wie ist Bewußtsein an Kommunikation beteiligt?, S. 39.

243 *Luhmann*, Die operative Geschlossenheit, S. 33; *ders.*, Die Autopoiesis des Bewußtseins, S. 70 f.

244 *Luhmann*, Die operative Geschlossenheit, S. 33; vgl. *ders.*, Probleme mit operativer Schließung, S. 17.

245 *Luhmann*, Wie ist Bewußtsein an Kommunikation beteiligt?, S. 45.

246 *Luhmann*, Soziale Systeme, S. 193 ff., 203; *ders.*, Was ist Kommunikation?, S. 111.

247 Möglicherweise geht diese Deutung schon über *Luhmann* hinaus, ist m. E. aber in seiner Theorie angelegt; vgl. *Martens*, Die Autopoiesis sozialer Systeme, S. 629 ff.

248 *Luhmann*, Die Gesellschaft der Gesellschaft, S. 97.

und Umwelt in das System hineinzuverlagern und hier als Unterscheidung von Selbstreferenz und Fremdreferenz zu handhaben.«[249]

Die strukturelle Kopplung von sozialen und psychischen Systemen wird dadurch ermöglicht, dass beide im Medium *Sinn* und mit Sprache operieren. Während das Medium Sinn Möglichkeitsüberschüsse erzeugt, durch die die Systeme in je verschiedener Weise die eigene Autopoiesis fortsetzen können, sichert die Sprache die gleichzeitige Verwertbarkeit eines Ereignisses (Kommunikation/Gedanke) in den gekoppelten Systemen.[250] »Es ist […] die besondere Eigenart von Sprache, daß sie der Kommunikation Irritationen vermitteln kann, ohne daran zu zerbrechen.«[251] Ein weiterer Kopplungsmechanismus besteht in Schemata, also Sinnkombinationen, die es kommunikativen und Bewusstseinssystemen ermöglichen, »ein Gedächtnis zu bilden, das fast alle eigenen Operationen vergessen, aber einiges in schematisierter Form doch behalten und wiederverwenden kann.«[252]

So können Menschen in der Kommunikation als *Person* wahrgenommen werden. Darunter versteht *Luhmann* eine Form zur »individuell attribuierten Einschränkung von Verhaltensmöglichkeiten«.[253] Mit diesem Begriff können ein Autor, eine Adresse und ein Thema im Kommunikationssystem bezeichnet werden.[254] Jemand wird als Person angesehen, wenn er mithilfe seines psychischen Systems und seines Körpers Erwartungen an sich zieht und bindet. Die Person ist umso komplexer, je vielfältiger und verschiedenartiger diese Erwartungen sind.[255]

»Personen entstehen also durch Teilnahme von Menschen an Kommunikation. Sie tragen den Bedürfnissen des Beobachtens Rechnung, indem ihnen Konsistenz der Meinungen und Einstellungen, Zielstrebigkeit des Verhaltens, Eigeninteresse mit Aussicht auf Berechenbarkeit unterstellt wird. Sie leben nicht, sie denken nicht, sie sind Konstruktionen der Kommunikation für Zwecke der Kommunikation.«[256]

Auf diese Weise tragen Personen zur Strukturierung des Kommunikationssystems bei.

Die strukturelle Kopplung dient der Komplexitätssteigerung und damit auch dem Fortbestand des betreffenden Systems. Wenn zwei Systeme sich in struktureller Kopplung koevolutiv entwickeln und keines der Systeme ohne das andere existieren kann, kann man auch von *Interpenetration* sprechen.[257]

»Hier wird nicht ›die‹ Komplexität ›der‹ Umwelt resorbiert, was weitestgehend durch Indifferenz geschehen könnte. Vielmehr wird sehr hohe Komplexität einzelner (individualisierter!) Umweltsysteme als solche ›internalisiert‹. Das kann aber nicht in Form eines

249 *Luhmann*, Die Gesellschaft der Gesellschaft, S. 97f.
250 *Luhmann*, Die Gesellschaft der Gesellschaft, S. 101.
251 *Luhmann*, Die Gesellschaft der Gesellschaft, S. 106.
252 *Luhmann*, Die Gesellschaft der Gesellschaft, S. 110f.
253 *Luhmann*, Die Form »Person«, S. 142.
254 *Luhmann*, Organisation und Entscheidung, S. 89.
255 *Luhmann*, Soziale Systeme, S. 429.
256 *Luhmann*, Organisation und Entscheidung, S. 90f.
257 *Luhmann*, Die Gesellschaft der Gesellschaft, S. 108, 296ff.; *ders.*, Interpenetration, S. 178f.

genauen Abtastens und eines Punkt-für-Punkt Transfers geschehen. Dazu reichen die Kontrolleinrichtungen keines Systems aus. Das Bezugssystem muß deshalb die Komplexität hochkomplexer Umweltsysteme in der Form *unanalysierter Abstraktionen* verwenden.«[258]

So ist die Gesellschaft als umfassendes Kommunikationssystem auf psychische Systeme, diese wiederum sind auf die Gesellschaft angewiesen. Bei zunehmender Komplexität der Systeme, wie dies für die Gesellschaft insbesondere durch die Etablierung funktionaler Differenzierung der Fall ist, steigen auch die Anforderungen an die interpenetrierenden Systeme und zwar in Richtung auf zunehmende Individualität und selbstselegierende Feinregulierung.[259] Damit nimmt die unanalysierte Abstraktion zu, und Vertrauen wird nötig.

b) Zurechnung von Entscheidungen: Stelle

Die Bedeutung, die Personen für ein soziales System haben können, nimmt in Organisationen noch einmal in besonderer Weise zu. Das hängt mit der für Organisationen konstitutiven Operationsweise durch Entscheidungen zusammen. Denn die Kommunikation von Entscheidungen ist paradox. *Luhmann* versteht die *Paradoxie* als Einheit einer Differenz und bietet für die Paradoxie der Entscheidung zwei Beschreibungen: Zum einen stellt die in einer bestimmten Gegenwart getroffene Entscheidung eine Einheit dar zwischen der Vergangenheit, die festliegt, aber für die Entscheidung offene Kontingenz anbietet, und der Zukunft, die offen ist, für die die Entscheidung Kontingenz fixiert.[260] Zum anderen enthält jede Entscheidung zugleich die Botschaft, dass diese (und nicht eine andere) Entscheidung für die Zukunft gilt und Grundlage weiterer Entscheidungen zu sein hat *und* dass diese Entscheidung kontingent und damit auch anders möglich ist, denn sonst gäbe es nichts zu entscheiden.[261] Damit wird zugleich Unsicherheit absorbiert, indem eine Entscheidung getroffen wird, und Unsicherheit produziert, indem die Entscheidung als Entscheidung zugleich ausgeschlossene Möglichkeiten mitkommuniziert.[262]

»Je nach Anschnitt, ob über Alternativität oder über Zeitdifferenz, zeigt dieselbe Paradoxie der Entscheidung verschiedene Gesichter. Aber es ist dieselbe Paradoxie: die Paradoxie der Einheit von etwas Unterschiedenem, die Paradoxie der Einheit einer Form mit zwei Seiten.«[263]

Angesichts ihrer Paradoxie fragt sich, wie es überhaupt dazu kommt, dass eine Entscheidung als solche, d. h. als Überführung von offener in fixierte Kontingenz, angesehen und zur Grundlage weiterer Entscheidungen wird. Die Paradoxie der Entscheidung kann als solche nicht kommuniziert werden, denn damit

---

[258] *Luhmann*, Interpenetration, S. 179.
[259] *Luhmann*, Interpenetration, S. 180.
[260] *Luhmann*, Die Paradoxie des Entscheidens, S. 290.
[261] *Luhmann*, Die Paradoxie des Entscheidens, S. 291.
[262] *Luhmann*, Organisation und Entscheidung, S. 183 ff.
[263] *Luhmann*, Die Paradoxie des Entscheidens, S. 291 f.

würde zugleich der Verzicht auf Anschlussfähigkeit kommuniziert, d. h. die Autopoiesis des Systems käme zum Erliegen. Sie kann aber auch nicht als Willkür kommuniziert werden, denn dann wäre auch Annahme oder Ablehnung der Entscheidung der Willkür überlassen.[264] Die Paradoxie der Entscheidung muss mystifiziert, entfaltet, in leichter erträgliche Form gebracht werden (Dissimulation).

Dies kann zum einen dadurch geschehen, dass das Problem auf den Entscheider umgelegt und so personalisiert wird. Die Paradoxie wird in eine Tautologie überführt, wonach der entscheidet, der entscheidet.[265] Allerdings wirft das die Frage danach auf, auf welcher Grundlage der Entscheider dies eigentlich tut.[266] Eine andere Möglichkeit besteht darin, Konsens über die Entscheidung herzustellen. Werden Entscheidungen von Zustimmung abhängig gemacht, sind hierüber wiederum Entscheidungen zu treffen. Diese können von Klauseln und Konditionen abhängig gemacht werden. Die Komplexität der Entscheidung nimmt zu und ihre Paradoxie wird dadurch überdeckt.[267] Bemerkenswert ist, dass die Kopplung mit psychischen Systemen dazu dient, Paradoxien zu verschleiern, nicht weiter erklärbares auszulagern und so ein Moment der Unbestimmtheit einzubinden.

In einer Organisation kann die Akzeptanz von Entscheidungen durch Entscheidungen abgesichert werden, indem Strukturen gebildet werden, die diese Akzeptanz wahrscheinlich machen.[268]

> »Die Entscheidung muss, könnte man auch sagen, eine Meta-Information mitkommunizieren, die besagt, dass der Entscheider das Recht oder die Autorität oder gute Gründe hatte, so zu entscheiden, wie er entschieden hatte.«[269]

Diese Meta-Information kann als Bündelung von *Entscheidungsprämissen* verstanden werden: Die Entscheidung wurde (1) aufgrund eines vorgegebenen Entscheidungsprogramms, (2) von einer bestimmten Person und (3) an einer bestimmten Stelle innerhalb der Organisation, d. h. im Knotenpunkt bestimmter Kommunikationswege getroffen.[270] Über diese Prämissen trifft eine Organisation Entscheidungen, bevor es zu weiteren Entscheidungen kommt. Durch die Entscheidung über Entscheidungsprämissen gewinnt die Organisation Autonomie gegenüber ihrer Umwelt.[271] Sie trifft für eine unbestimmte Vielzahl von Entscheidungen Festlegungen, absorbiert so Unsicherheit und eröffnet zugleich Entscheidungsmöglichkeiten.[272] Entscheidungsprämissen werden im Begriff der

---

[264] *Luhmann*, Organisation und Entscheidung, S. 142.

[265] Dem entspricht, dass die Erinnerung an Entscheidungen zumeist über die Stellen bzw. Personen läuft, die entschieden haben (*Luhmann*, Organisation und Entscheidung, S. 194).

[266] *Luhmann*, Organisation und Entscheidung, S. 136 ff.; *ders.*, Die Politik der Gesellschaft, S. 377.

[267] *Luhmann*, Organisation und Entscheidung, S. 139.

[268] *Luhmann*, Organisation und Entscheidung, S. 145; *ders.*, Paradoxie, S. 300.

[269] *Luhmann*, Organisation und Entscheidung, S. 142.

[270] *Luhmann*, Organisation und Entscheidung, S. 225.

[271] *Luhmann*, Organisation und Entscheidung, S. 229.

[272] *Luhmann*, Organisation und Entscheidung, S. 223 f.

Stelle zusammengefasst.[273] Die Stelle als Bündelung von Entscheidungsprämissen einer Organisation ermöglicht eine doppelte Zurechnung von Entscheidungen: einerseits (intern) zu der Person, die die Entscheidung getroffen hat, andererseits (intern und extern) zur Organisation, deren Entscheidungsprämissen hier wirksam geworden sind. Damit können Organisationen – im Unterschied zu anderen sozialen Systemen – selbständig als Person an Kommunikation teilnehmen.[274] Mit der Stelle ist systemtheoretisch das bezeichnet, was näherhin als Amt beschrieben werden kann.[275]

Während die Stelle von der Organisation aus beschreibt, wie Personen in das System eingebunden werden, bedarf es eines weiteren Elements, aus dem sich ergibt, warum sich Personen überhaupt so verhalten, wie es ihrer Stelle entspricht.[276] *Luhmann* beschreibt dies als *Mitgliedschaft*. Diese zeichnet sich in Organisationen dadurch aus, (1) dass sie durch Entscheidungen der Organisation und des Mitglieds begründet wird und darum auch durch Entscheidung wieder aufgehoben werden kann, (2) dass die Bedingungen der Mitgliedschaft formalisiert sind und so zur expliziten Voraussetzung für den Fortbestand der Mitgliedschaft werden und (3) dass im Rahmen der Mitgliedschaft alle weiteren Entscheidungen der Organisation anzuerkennen sind, ohne dass es einer Zustimmung im Einzelfall bedarf. Dadurch werden verschiedene Zeithorizonte miteinander gekoppelt. Um der langfristigen Vorteile aus der Mitgliedschaft willen ist das Mitglied bereit, in jeweils konkreten Situationen sich den Anforderungen der Organisation zu stellen.[277] Für Begründung und Fortbestand einer Mitgliedschaft kommen mehrere Elemente zusammen, seien es ökonomische Nutzenkalkulation, Normbindung durch Vertrag oder Karriereinteresse.[278] Durch die Begründung von Mitgliedschaft werden Personen generell und durch die Übertragung einer Stelle spezifiziert in die Autopoiesis der Organisation eingebunden und so eine strukturelle Kopplung zwischen sozialem und psychischem System hergestellt.

c) Verantwortlichkeit

Welche Bedeutung Personen in Organisationen haben, wird schließlich deutlich, wenn man bedenkt, inwieweit Entscheidungen programmierbar sind – unabhängig davon, dass Programme ihrerseits auf Entscheidungen zurückgehen. Es können Konditional- und Zweckprogramme unterschieden werden.[279]

Konditionalprogramme unterscheiden zwischen Bedingungen und Konsequenzen. Ihre Auslösebedingung liegt in der Vergangenheit und kann darum

---

[273] Siehe schon *Luhmann*, Funktionen und Folgen, S. 141 ff.

[274] *Luhmann*, Organisation und Entscheidung, S. 388 f.

[275] Vgl. *Luhmann*, Begriff und Funktion des Amtes, S. 19 ff.; *Luhmann*, Funktionen und Folgen, S. 143.

[276] Vgl. *Luhmann*, Zweckbegriff und Systemrationalität, S. 130 ff.

[277] *Luhmann*, Funktionen und Folgen, S. 39 ff., 89 ff.; *ders.*, Organisation und Entscheidung, S. 390.

[278] *Luhmann*, Organisation und Entscheidung, S. 110.

[279] *Luhmann*, Organisation und Entscheidung, S. 261.

präzise festgelegt werden. Vollständige Programmierung würde bedeuten, dass jeder Input zu einem exakt bestimmten Output führt, dass Irritationen aus der Umwelt sich unmittelbar auswirken und dass schließlich die Grenze zwischen System und Umwelt (und damit das System) verschwindet.[280] Doch auch bei Konditionalprogrammen können sich Unbestimmtheiten ergeben. Diese können sich auf die Interpretation der Voraussetzungen oder auf Gestaltungsspielräume im Hinblick auf die Entscheidung beziehen. Solche Unbestimmtheiten ermöglichen situationsangemessene Entscheidungen. Unbestimmtheiten können durch zusätzliche Normen ausgefüllt oder durch Regel-Ausnahme-Verhältnisse gebändigt werden. Damit werden Konditionalprogramme verdichtet und ihre Anwendung (zeit-)aufwändiger.[281]

Zweckprogramme sind auf die Zukunft gerichtet. Sie setzen ein Ziel, das zu erreichen ist und für das geeignete Mittel gefunden werden müssen. »Ihr Problem liegt eben darin: dass eine stets unsichere, stets unbekannte Zukunft in der Gegenwart so behandelt werden muss, als ob sie schon feststünde.«[282] Ihre Anwendung erfordert darum größere Elastizität. Zudem müssen Zweck und Mittel bewertet und Alternativen geprüft werden. In der Durchführung werden die Mittel ihrerseits zum Zweck, der durch andere Mittel erreicht werden muss. Zweckprogramme ermöglichen so einerseits erhebliche Komplexitätssteigerung, erfordern damit aber in besonderer Weise weitere Entscheidungen.[283]

Entscheidungsprogramme bleiben immer in einem gewissen Maße unbestimmt. Erst dann erfordern sie noch eine Entscheidung und die Organisation ist in der Lage, sich auf eine veränderbare Umwelt einzustellen.[284] »Den Beitrag einer Entscheidung zur Unsicherheitsabsorption kann man als ihre Verantwortung bezeichnen. [... Und] Verantwortlichkeit muss immer auf Personen zugeschnitten werden, die Entscheidungen selbst haben ja keine Dauer.«[285] »Das Unbekanntsein der Zukunft ist die wichtigste und die bleibende, ständig erneuerte Ressource der Entscheidungsprozesse. Personen dienen deshalb als greifbare Symbole für das Unbekanntsein der Zukunft.«[286] Darum bieten sie die Möglichkeit, die Paradoxie der Entscheidung dadurch zu bewältigen, dass sie personalisiert wird.[287]

Indem eine Organisation Entscheidungen dadurch generiert, dass Programme von Personen umgesetzt werden, werden die Modi der Informationsverarbeitung des sozialen und der psychischen Systeme miteinander gekoppelt. Verwertbar ist nur, was kommuniziert worden ist. Kommunikation aber erfordert *Zeit*. Psychische Systeme verarbeiten Information auf spezifische und derart kom-

---

280 Vgl. *Luhmann*, Organisation und Entscheidung, S. 370 f.
281 *Luhmann*, Organisation und Entscheidung, S. 263 ff.
282 *Luhmann*, Organisation und Entscheidung, S. 266.
283 *Luhmann*, Organisation und Entscheidung, S. 265 ff.
284 *Luhmann*, Zweckbegriff und Systemrationalität, S. 120 f.
285 *Luhmann*, Organisation und Entscheidung, S. 197.
286 *Luhmann*, Organisation und Entscheidung, S. 284 (Hervorhebung getilgt).
287 Vgl. 3. Person und Organisation b) Zurechnung von Entscheidungen: Stelle, S. 63 bei Fn. 265.

plexe und diffuse Weise, dass dies allenfalls in Ansätzen und nur unter hohem Zeitaufwand kommunikativ nachvollzogen werden kann.[288] Sie leisten damit eine Komplexitätsbewältigung, die für Organisationen insbesondere relevant wird, wo kommunikative Prozesse an ihre Grenzen stoßen. Dies wird besonders dort bedeutsam, wo Probleme so komplex sind, dass sie nicht in Programmen ausgearbeitet werden können, oder wenn Programme fehlen und unter hohem Zeitdruck Entscheidungen zu treffen sind, wie dies besonders prägnant der Fall ist, wenn es darum geht, Krisen zu erkennen oder einen Alarm auszulösen oder falschen Alarm zu verhindern. Dann sind Organisationen auf die Umsicht und Einsicht der Individuen angewiesen.[289]

4. Organisation und Interaktion

a) Interaktion

Nicht alles, was im Zusammenhang von Organisationen geschieht, ist als Entscheidung zu begreifen, obwohl es sich auf die Entscheidungen auswirkt und darum zu den Entscheidungsprämissen in weiterem Sinne gezählt werden kann. Außer der die Organisation als solche konstituierenden Kommunikation von Entscheidungen findet vielfältige Interaktion statt.[290] Dabei kann unterschieden werden, ob diese der Vorbereitung oder Umsetzung von Entscheidungen dient, ob sie lediglich stattfindet und so die Kultur der Organisation prägt oder ob die Interaktion als solche ein Zweck der Organisation ist.

(1) Durch Entscheidungen soll Unsicherheit absorbiert und offene in fixierte Kontingenz überführt werden. Als Entscheidung begründet sie jedoch neue Unsicherheit, weil jede Entscheidung notwendigerweise als kontingent erkennbar ist.[291] Im Prozess sucht derjenige, der die Entscheidung zu treffen hat, herauszufinden, welche Entscheidung die »richtige« insofern ist, als sie bei anderen Akzeptanz finden kann. Darum findet in Organisationen umfängliche Interaktion statt, um Gedanken zu entwickeln, Vorschläge zu testen, die Urheberschaft von Gedanken zu verschleiern und auf mannigfache Weise vor einer Festlegung Unsicherheit zu absorbieren. Schriftlich festgehalten wird schließlich nur das Ergebnis dieses Prozesses, also die Entscheidung und die sie tragenden Gründe.[292] Wegen dieser Bedeutung von Interaktion für das Entscheiden werden Anlässe gezielt herbeigeführt (Besprechung) oder ermöglicht (Cafeteria).

(2) Ungeachtet dessen bleibt jede Entscheidung, da sie auf die Person zugerechnet wird, für den Entscheider ein Risiko. Dieses Risiko darf nicht »als ein solches der moralischen Achtung erscheinen«. Die interaktionsförmige Kommu-

---

288 *Luhmann*, Interpenetration, S. 183; vgl. *ders.*, Organisation und Entscheidung, S. 120 für das Problem der Wahrnehmung.

289 *Luhmann*, Organisation und Entscheidung, S. 271 f.; *ders.*, Zweckbegriff und Systemrationalität, S. 327.

290 Vgl. *Luhmann*, Funktionen und Folgen, S. 48 f.; *Mayntz*, Soziologie der öffentlichen Verwaltung, S. 113.

291 Siehe 2. Organisation als System c) Organisation, S. 59 bei Fn. 230.

292 *Luhmann*, Organisation und Entscheidung, S. 214 f.

nikation in Organisationen dient den Beteiligten auch dazu, »sich wechselseitig darüber zu vergewissern, daß sie einander unabhängig vom Ausgang des Entscheidungsprozesses und unabhängig von dessen Auswirkungen im System und seiner Umwelt achten können.«[293] Die Beteiligten können so auch kompensieren, dass nicht alles, was sie im Hinblick auf eine Entscheidung beschäftigt, auch in die Entscheidung und ihre offizielle Begründung einfließen kann. In informaler Kommunikation kann das »andere« der Entscheidung und damit auch ihre Problematik zur Sprache kommen, wirksam werden und unter Umständen auch eine Korrektur von Entscheidungen auslösen.

(3) Bestimmte Arbeitsvollzüge wie der Schulunterricht oder das Predigen in der Kirche finden von vornherein in Gestalt von Interaktion statt.[294] Sie lassen sich nicht technisieren oder hierarchisch überwachen. Ihre Vollzüge können nicht als Programm ausgearbeitet werden, sondern gestalten sich abhängig von der Interaktion. Ob solche Interaktionen stattfinden, soll jedoch nicht dem Zufall überlassen werden. Darum werden sie organisiert.[295] Durch Organisationshandeln (Entscheidungen) können die Rahmenbedingungen dieser Interaktion verändert, ihr eigentliches Geschehen jedoch nur mittelbar beeinflusst werden.[296] Dies sind die Tätigkeiten von Professionsberufen, bei denen nicht nur die Fähigkeit zu regelgeleitetem Handeln, sondern vor allem Urteilskraft gefordert ist.[297]

b) Handeln und Entscheiden

Der Beitrag, den psychische Systeme in Organisationen leisten, geht also über das hinaus, was als Entscheidung zu beobachten ist. Die Gesamtheit dessen, was als Beitrag bestimmter Personen beobachtet wird, kann unter dem Begriff des *Handelns* erfasst werden. Bei den beiden Begriffen Handlung und Entscheidung handelt es sich um Zuschreibungen des Beobachters, der etwas als etwas beobachtet. Das wesentliche Merkmal von Handlungen ist die Zurechnung eines Ereignisses auf ein bestimmtes System.

> »Handlungen sind einfacher zu erkennen und zu behandeln als Kommunikationen. Die Einheit der Handlung kommt nicht erst durch das Verstehen eines anderen zustande, und sie hängt auch nicht davon ab, daß der Beobachter eine Differenz von Information und Verhalten ablesen kann; er muß nur die Zurechnungsregel handhaben können, die in bestimmten sozialen Systemen üblich ist.«[298]

---

[293] *Luhmann*, Organisation und Entscheidung (Soziologische Aufklärung 3), S. 429.

[294] *Luhmann*, Die Politik der Gesellschaft, S. 396; *Wißmann*, Pädagogische Freiheit als Rechtsbegriff, S. 125 ff.

[295] *Luhmann*, Die Politik der Gesellschaft, S. 396.

[296] *Luhmann*, Organisation und Entscheidung, S. 373; exemplarisch für die Pädagogik *Luhmann/Schorr*, Technologiedefizit, passim.

[297] Siehe auch *Rosa*, Resonanz, S. 666: »Denn motivationale Energien und Kreativität bedürfen stets zumindest eines Restmoments von Resonanzbeziehungen; diese erst bringen Dynamik in erstarrte Weltverhältnisse, wenn auch oftmals gerade *gegen* die institutionelle Logik. Darüber hinaus lassen sich Heil-, Therapie- und Pflegeprozesse kaum, Erziehungsprozesse auf Dauer gar nicht resonanzfrei organisieren.«

[298] *Luhmann*, Soziale Systeme, S. 232.

Die Zurechnung von Handlungen zu einem System kann auf verschiedene Weise erfolgen.

»Handlungen werden durch Zurechnungsprozesse konstituiert. Sie kommen dadurch zustande, daß Selektionen, aus welchen Gründen, in welchen Kontexten und mit Hilfe welcher Semantiken (›Absicht‹, ›Motiv‹, ›Interesse‹) immer, auf Systeme zugerechnet werden.«[299]

Wird eine Handlung jedoch zum Problem, liegt die Frage nach Gründen, also nach Motiven nahe.[300]

»Solche Systeme sind genötigt und können im sozialen Verkehr genötigt werden, ihre eigene Selektivität als *Handlung* zu erfahren, und zwar als Handlung, die *für das System selbst Sinn hat* und deshalb – nur deshalb! – dem System *zugerechnet* werden kann. Sie müssen sich deshalb mit vertretbaren Gründen für ihr Handeln, mit *Motiven* ausstatten, wenn und soweit sie damit rechnen müssen, in ihrer Handlungsweise für sich selbst oder für andere zum Problem zu werden.«[301]

Der Begriff des Handelns ist damit offener und erfasst auch solches Verhalten, das nicht auf seinen Entscheidungscharakter hin problematisiert wird. Demgegenüber tritt bei einer Entscheidung der Aspekt in den Vordergrund, dass auch anders hätte entschieden werden können.

»Entscheidungen unterscheiden sich von Handlungen durch einen anderen Bezugspunkt ihrer Identifikation und eine andere Form der Erfassung von Kontingenz. Für das Erleben von Handlung genügt die Zurechnung auf einen Träger, der so nicht zu handeln brauchte, der sozusagen die Einschränkung seiner Varietät zur Verfügung stellt. Im Unterschied zu Handlungen, die als gegeben angenommen oder in ihrem typischen Ablauf erwartet werden, haben Entscheidungen ihre Identität nicht im Ablauf eines bestimmten Geschehens, sondern in der Wahl zwischen mehreren Möglichkeiten (Alternativen), die sich an der gewählten Alternative nur dokumentiert (aber nicht in der gewählten Alternative besteht).«[302]

Die gleichen Vorgänge können sowohl als Handlung, wie auch als Entscheidung beobachtet werden. Zum Begriff der Entscheidung (als soziales Ereignis) gehört, dass sie kommuniziert wird.[303] Kommunikation setzt sich wiederum aus den Elementen der Selektion von Information, Mitteilung und Verstehen zusammen.[304] Sie enthält mit der Mitteilung immer auch ein Element, das als Handlung beobachtet wird.[305] Andererseits führt Handlung immer ein Element der Entscheidung mit sich, das in den Vordergrund tritt, sobald eine Handlung auf ihre Alternativen hin betrachtet wird. Denn die Zurechnung als Handlung impliziert, dass das handelnde System die Freiheit hätte, auch anders zu handeln.[306] In Organisationen kann jedes Handeln als Entscheidung behandelt werden.[307]

---

[299] *Luhmann*, Soziale Systeme, S. 228, vgl. S. 160.
[300] Vgl. I. Allgemeine Handlungstheorie 1. Soziales Handeln a) Handeln, S. 29 ff.
[301] *Luhmann*, Handlungstheorie und Systemtheorie, S. 65.
[302] *Luhmann*, Organisation und Entscheidung (in: Soziologische Aufklärung 3), S. 391 f.
[303] *Luhmann*, Organisation, S. 166.
[304] *Luhmann*, Soziale Systeme, S. 196 ff.
[305] *Luhmann*, Soziale Systeme, S. 225, 240.
[306] *Luhmann*, Erleben und Handeln, S. 86.
[307] *Luhmann*, Organisation, S. 166.

5. Ertrag und Grenzen der Systemtheorie

a) Ertrag

Die systemtheoretische Betrachtung hilft, das Problem, das im Verhältnis von Amt und Person steckt, genauer zu verstehen. Folgendes ist zunächst als Ertrag festzuhalten:

- Die Einbindung von Personen ist Existenzbedingung jeglicher Organisation – und zwar als Prämisse der für die Autopoiesis des Systems Organisation nötigen Operation Entscheidung. Das Amt erweist sich auch unter systemtheoretischer Perspektive als notwendiges Element eines geordneten Gemeinwesens.
- Der Kern des Problems liegt in der strukturellen Kopplung eines sozialen (Organisation) mit einem psychischen System. An dieser Stelle wird unanalysierte und unanalysierbare Komplexität integriert. Es wäre ein Trugschluss zu glauben, die Person könne vollständig im Amt aufgehen. Das Amt setzt voraus, dass dies nicht der Fall ist, sonst wäre es überflüssig.
- Der Programmierbarkeit jeder Amtstätigkeit sind Grenzen gesetzt. Bei einigen, den interaktionsträchtigen, Ämtern gilt dies in besonderem Maß und ergibt sich aus der zu bewältigenden Aufgabe.
- Das Verhältnis von Amt und Person ist ein Paradox, denn nicht zuletzt verbirgt sich in ihm die Paradoxie des Entscheidens. Das Paradox kann nicht aufgelöst, sondern nur entfaltet und ggf. transformiert werden.

b) Anschlussfragen

Die für die Organisation unverzichtbare Einbindung von Personen geschieht jedoch nicht schlechthin, sondern nach Maßgabe der Stelle, d. h. im Zusammenhang zwischen Person, Programm und Kommunikationswegen, und damit wird eingegrenzt, in welcher Weise die Person am Geschehen Organisation beteiligt ist, nämlich nicht schlechthin, sondern im Hinblick auf ihren Beitrag zur Autopoiesis des Systems. Und die Wahrnehmung der Stelle ist an das Bestehen einer Mitgliedschaft in der Organisation gebunden. Für die weitere Untersuchung ergeben sich damit folgende Fragen:

- In welcher Weise kann ein Amt im Hinblick auf seine Funktion programmiert werden?
- Wie ist ein Amt in das Gefüge der Ämter eingebunden?
- Wie sind die Anforderungen für die Auswahl der Person zu bestimmen?
- Wie soll die Mitgliedschaftsrolle zusammengesetzt sein? Pflichten der Mitgliedschaft ergeben sich aus den Anforderungen der Stelle. Für die Rechte kommt es auf die handlungsbestimmenden Interessen des Stelleninhabers an.
- Wie kann bei Bedarf die Mitgliedschaft in der Organisation problematisiert werden?
- Wie ist mit dem »Überschuss« umzugehen, der sich aus der Einbindung von Personen ergibt und nicht durch die Mitgliedsrolle oder die Stelle erfasst werden kann?

c) Grenzen

Hier kommt die Theorie *Luhmanns* an ihre Grenzen.[308] Sie vermag den Beitrag, den Personen in Organisationen leisten, ab einem gewissen Punkt nicht mehr präziser zu erfassen. Psychische Systeme sind für diese Theorie »opak«. Gegenstand der Systemtheorie ist »das Soziale«. Die Einbindung psychischer Systeme kann mit der Figur der strukturellen Kopplung beschrieben werden. Aber was genau damit gekoppelt wird, entzieht sich dieser Theorie. *Luhmanns* Theorie folgt einer systemintegrativen Perspektive, die »soziale Wirklichkeit als sich selbst regulierende Systeme mit entsprechenden Regulationsmechanismen und -kräften« betrachtet; »in sozialintegrativer Perspektive wird soziale Wirklichkeit demgegenüber als Zusammenhang intentionaler Akteure betrachtet.«[309] *Luhmann* hat die handlungsprägenden Systeme im Blick und vernachlässigt die handlungsfähigen Akteure.[310] Die »opake Komplexität der interpenetrierenden Personensysteme«[311] wird nicht weiter aufgehellt, obwohl dies gelegentlich auch von *Luhmann* als Desiderat notiert wird.[312] Damit bleibt eine Leerstelle in der Beschreibung sozialer Realität.[313] »Luhmanns Ort innerhalb der Gesellschaft ist nicht auszumachen; er ist gewissermaßen ein Analytiker, der nicht wirklich zu identifizieren ist, er spricht quasi aus dem ›off‹.«[314] Seine Theorie bedarf darum der komplementären Ergänzung durch sozialwissenschaftliche Handlungstheorien, um das Problem von Amt und Person genauer zu erfassen.

III. Materiale Handlungstheorie

Lässt sich mit der Systemtheorie *Niklas Luhmanns* präzise beschreiben, wie Organisationen auf die Einbindung von Personen in Gestalt von Stellen (Ämtern) angewiesen sind, so kann sie kaum erklären, wie diese Personen sich in ihrer Stellung konkret verhalten. Die Frage, warum jemand handelt, wie er handelt, erweist sich als ausgesprochen komplex. Eine erste Typisierung von Handlungsorientierungen hat *Max Weber* vorgenommen:

> »§ 2. Wie jedes Handeln kann auch das soziale Handeln bestimmt sein 1. *zweckrational*: durch Erwartungen des Verhaltens von Gegenständen der Außenwelt und von andren Menschen und unter Benutzung dieser Erwartungen als ›Bedingungen‹ oder als ›Mittel‹ für rational, als Erfolg, erstrebte und abgewogene eigne *Zwecke*, – 2. *wertrational*: durch bewußten Glauben an den – ethischen, ästhetischen, religiösen oder wie immer sonst zu deutenden – unbedingten *Eigen*wert eines bestimmten Sichverhaltens rein als solchen und

---

308 Eingehende Kritik bei *von der Pfordten*, Rechtsethik, S. 133 ff.
309 *Schimank*, Der mangelnde Akteurbezug, S. 426.
310 *Schimank*, Der mangelnde Akteurbezug, S. 427; *Martens/Ortmann*, Organisationen, S. 438 f. m. w. N.
311 *Luhmann*, Interpenetration, S. 182.
312 *Luhmann*, Zweckbegriff und Systemrationalität, S. 69.
313 *Esser*, Allgemeine Grundlagen, S. 614 f.
314 *Joas/Knöbl*, Sozialtheorie, S. 367.

unabhängig vom Erfolg, – 3. *affektuell*, insbesondere *emotional*: durch aktuelle Affekte und Gefühlslagen, – 4. *traditional*: durch eingelebte Gewohnheit.«[315]

Bei dieser Einteilung handelt es sich allerdings um Idealtypen, denen sich das reale Handeln mehr oder weniger stark annähert.[316] Um Handlungen zu verstehen hat die Soziologie verschiedene Modelle ausgearbeitet, die jeweils eine bestimmte Handlungsorientierung in den Vordergrund stellen. Als wesentliche Akteursmodelle sind der *homo sociologicus*, der sich vor allem an gesellschaftlichen Rollenerwartungen[317] orientiert (1.), *der homo oeconomicus*, der auf Optimierung seines Nutzes aus ist (2.), und der *emotional man*, der sich von seinen Emotionen bestimmen lässt (3.), zu nennen. Bei allen Modellen handelt es sich um Vereinfachungen und Zuspitzungen. Im realen Handeln werden in der Regel Aspekte mehrerer Modelle wirksam.[318]

1. Homo sociologicus

a) Das Grundmodell des homo sociologicus

Auf den ersten Blick scheint das Modell des *homo sociologicus*[319] besonders geeignet, das Handeln in Wahrnehmung eines Amts zu beschreiben. Es nimmt Aspekte des wertrationalen und traditionalen Handelns nach *Weber* auf.

»Das Modell des homo sociologicus beruht auf der Annahme, daß die Selektion des Handelns vor allem den Vorgaben der gesellschaftlichen Institutionen – den Normen, sozialen Regeln und Rollen also – folgt: Die Menschen handeln so, wie es die Normen von ihnen verlangen. Dazu bringen sie innere und äußere Sanktionen: ein schlechtes Gewissen oder Bestrafung bei abweichendem, ein gutes Gewissen und Belohnung bei konformem Verhalten.«[320]

»Der Akteur befolgt mit seinem Handeln die in einer Situation bestehenden Normen und erfüllt damit die an ihn gerichteten Erwartungen.«[321] Genau dies wird vom Inhaber eines Amts erwartet.[322] Ausgangspunkt für das Modell ist die Beobachtung, dass sich Menschen – ungeachtet ihrer Individualität – in bestimmten Situationen im Wesentlichen auf die gleiche Weise verhalten. Sie richten ihr Handeln an den gängigen Erwartungen für diese Situation aus.[323] Es überwiegt das gesellschaftliche Interesse gegenüber dem individuellen. Das Modell knüpft an *Durkheims* Beobachtung an, dass soziales Handeln nicht beliebig stattfindet,

---

315 *M. Weber*, Soziologie, MWG I/23, S. 175 = WuG, S. 12.

316 *M. Weber*, Soziologie, MWG I/23, S. 177 = WuG, S. 13.

317 *Goffman*, Rollendistanz, S. 95: »In der Soziologie gibt es nur wenige Begriffe, die allgemeiner verwendet werden als ›Rolle‹, nur wenige, denen mehr Bedeutung zugemessen wird, und wenige, die so sehr schwanken, wenn man sie genau untersucht.«

318 *Schimank*, Handeln und Strukturen, S. 44 ff.

319 Zum Folgenden siehe einführend *Esser*, Institutionen, S. 141 ff.; *Schimank*, Handeln und Strukturen, S. 49 ff.; als »Klassiker« *Dahrendorf*, Homo Sociologicus.

320 *Esser*, Allgemeine Grundlagen, S. 231.

321 *Schimank*, Handeln und Strukturen, S. 49.

322 Siehe Kapitel 1: Exposition II. Fragestellung 1. Beobachtungen, S. 8.

323 *Schimank*, Handeln und Strukturen, S. 51.

sondern stets von »soziologischen Tatbeständen« geprägt ist,[324] und an das Konzept *Talcott Parsons*, wonach Handeln nicht allein aus Bedingungen, Zielen und Mitteln einer Handlungssituation begriffen werden kann, sondern stets ein normativer Aspekt wirksam wird, auf dessen Grundlage Ziele und Mittel überhaupt erst bewertet und ausgewählt werden können.[325]

»In diesem Modell stellt sich Handeln somit als das Zusammenwirken von zwei Arten von Determinationspolen dar. Auf der einen Seite bestimmt der Pol der bedingenden Faktoren den Möglichkeitsspielraum des Handelns. Auf der anderen Seite bestimmt der Pol der normativen Faktoren, welche der Möglichkeiten in Betracht gezogen werden und welche schließlich gewählt wird.«[326]

Daraus wird zuweilen ein »normatives Paradigma« gewonnen,[327] in dem die »Wirkungsrichtung von der Sozialität auf die Subjektivität« in Abkehr von der Leitidee des autonomen Subjekts in den Vordergrund gestellt wird.[328] Soziales Handeln erscheint dann als durchweg normgeleitet. Die Interaktion wird durch die Erwartungen, die mit einer bestimmten personellen Konstellation verbunden sind, bestimmt.[329]

Dem normativen Paradigma ist insofern zuzustimmen, als soziales Handeln nicht allein utilitaristisch erklärt werden kann, sondern stets (auch) normative Orientierungen wirksam werden.[330] Es wäre aber zu weitgehend, darum das Handeln allein auf den Normvollzug zu reduzieren.[331] Dies würde zum einen voraussetzen, dass die normativen Anforderungen stets präzise und eindeutig sind. Es ist aber damit zu rechnen, dass die normativen Erwartungen der für ein solches Modell notwendigen Eindeutigkeit entbehren. Zum anderen besagt das Bestehen einer Norm nicht, dass sie auch befolgt wird. »Die Norm kann

324 Siehe I. Allgemeine Handlungstheorie 1. Soziales Handeln c) Handeln und Struktur, S. 33 bei Fn. 30.

325 *Parsons*, The Structure of Social Action, S. 44 f.; dazu *W. L. Schneider*, Grundlagen der soziologischen Theorie, S. 83 ff.

326 *Schimank*, Handeln und Strukturen, S. 58.

327 Diese Formulierung habe ich gewählt, weil dieses Paradigma in der Literatur vor allem genannt wird, um es zu kritisieren. Ob es in dieser Form überhaupt vertreten wird, konnte ich nicht feststellen. Siehe dazu auch *Krappmann*, Soziologische Dimensionen der Identität, S. 102 Fn. 8: »Es soll nicht im einzelnen dargestellt werden, welche Autoren ein Modell des Rollenhandelns, das die hier aufgezeigten Implikationen enthält, mit allen Konsequenzen vortragen. Die hier vorgelegten Zitate sind Beispiele, die Denkrichtungen erläutern sollen; es interessiert weniger, ob sie den gesamten Vorstellungen eines Autors gerecht werden. Allerdings wird das Rollenmodell, dessen Revision hier vorgeschlagen wird, weithin [!] von T. Parsons sowie von P. L. Berger und Th. Luckmann vertreten.« Ob beispielsweise *Parsons* für ein solches Paradigma tatsächlich in Anspruch genommen werden kann, erscheint mir insofern fraglich, als er »normativ« vergleichsweise weit versteht und nicht nur soziale Normen, sondern verschiedene Momente einer Bewertung damit erfasst: »For the purposes of the present study the term normative will be used as applicable to an aspect, part or element of a system of action if, and only in so far as, it may be held to manifest or otherwise involve a sentiment attributable to one or more actors that something is an end in itself« (The Structure of Social Action, S. 75).

328 *Schimank*, Handeln und Strukturen, S. 54.

329 *Wilson*, Theorien der Interaktion, S. 55 f.

330 Siehe I. Allgemeine Handlungstheorie 2. Institutionen, S. 35 ff.

331 Zur Kritik auch *Esser*, Allgemeine Grundlagen, S. 235.

[...] dem Individuum nur als Duplikat angeboten werden, als Möglichkeit, sich *erwartungsgemäß* oder *anders* zu verhalten.«[332] Und es kann Gründe geben, Normen nicht zu befolgen. Außerdem kann ein solches Modell nicht das Wechselverhältnis von sozialer Struktur und individuellem Handeln differenziert genug einholen.[333] Das Modell bedarf darum der Präzisierung und Ergänzung, um ein vollständiges Bild davon zu bekommen, wie normative Erwartungen an das soziale Handeln wirksam werden. Es ist zum einen zu zeigen, dass viele Rollen nicht so konkret normativ bestimmt sind, dass sich daraus unmittelbare Handlungsanweisungen ergeben. Zum anderen sind die normativen Erwartungen, die sich an einen Akteur richten, vielfältig und nicht ohne weiteres kohärent.

b) Rollenvielfalt

Zunächst ist es notwendig, die soziale Konstellation, in der sich jeder Akteur befindet, umfassender in den Blick zu nehmen. Diese Konstellation ist auf verschiedenen Ebenen ausdifferenziert.[334] Zunächst hat jeder Akteur eine oder (in der Regel) mehrere gesellschaftliche *Positionen* inne. Darunter sind funktional definierte Leerstellen zu verstehen, die von konkreten Personen ausgefüllt werden müssen.[335] Die Gesamtheit der Positionen, die ein einzelner Akteur besetzt, kann als *Positionssatz* bezeichnet werden.[336] Jede Position weist wiederum einen Satz von *Rollen* auf, die mit dieser Position notwendiger- oder typischerweise verbunden sind.[337] Jede Rolle hat sodann eine Reihe von *Segmenten*, die durch die unterschiedlichen Bezugsgruppen des Rolleninhabers bestimmt werden.[338]

Beispiel: Ein Mensch kann die Positionen als Hochschullehrer, Familienvater, Vereinsmitglied etc. innehaben (Positionssatz). Die Position des Hochschullehrers kann mit den Rollen des Hochschullehrers im engeren Sinne, des Herausgebers einer Fachzeitschrift, des Dekans einer Fakultät, des Gutachters etc. verbunden sein (Rollensatz). Die Rolle des Hochschullehrers im engeren Sinne wird durch die Beziehungen zu Studenten, Kollegen, Universitätsleitung und Öffentlichkeit bestimmt (Rollensegmente).[339]

In der konkreten Situation steht zwar meist eine Rolle und ein Rollensegment im Vordergrund und ist vor allem handlungsleitend. Damit sind die übrigen Rollen und Positionen der Akteure aber nicht vollständig suspendiert. Sie können auf die eine oder andere Weise die Interaktion beeinflussen. Ihre Beachtung kann gerade in der Kommunikation in anderen Rollen und mit anderen Rollenseg-

---

332 *Luhmann*, Interpenetration, S. 184.

333 Siehe I. Allgemeine Handlungstheorie 1. Soziales Handeln c) Handeln und Struktur, S. 33.

334 Zum Folgenden *Dreitzel*, Die gesellschaftlichen Leiden, S. 43 ff.; *Esser*, Institutionen, S. 141 ff.; *Goffman*, Rollendistanz, S. 95 f., 101; grundlegend *Linton*, The Study of Man, S. 113 f. In der Literatur besteht hier keine einheitliche Terminologie (Vgl. *Esser*, Institutionen, S. 147 f.). Auch sind die Abgrenzungen zwischen den Begriffen nicht immer trennscharf. Das hier relevante Problem lässt sich gleichwohl veranschaulichen, ohne auf diese Differenzen im Einzelnen einzugehen.

335 *Esser*, Institutionen, S. 145.

336 *Esser*, Institutionen, S. 146.

337 *Esser*, Institutionen, S. 149.

338 *Esser*, Institutionen, S. 149 f.

339 Vgl. *Esser*, Institutionen, S. 150.

menten geboten sein. Es ist also damit zu rechnen, dass sich ein Akteur schon innerhalb einer Rolle einander widerstreitenden Erwartungen ausgesetzt sieht und dass die Gesamtheit seiner Rollen und Positionen die normativen Erwartungen in der einzelnen Rolle überlagert.

c) Ausfüllung einer Rolle

Sodann zeigt ein genauerer Blick auf die jeweils wahrzunehmende Rolle, dass die normativen Erwartungen in der Regel nicht so konkret und so lückenlos feststehen, als dass sich stets eindeutig ergibt, was zu tun ist. Um die Rolle auszufüllen, kann sich der Akteur nicht auf einen automatengleichen Vollzug beschränken, sondern muss eigene Beiträge zur Konkretisierung der Rolle, sog. *Ich-Leistungen*, erbringen. Diese Ich-Leistung »gehört bereits zu den Rollenerwartungen dazu, und zwar je nach dem Typus der sozialen Rolle in unterschiedlicher Weise.«[340] Zur Unterscheidung der Rollentypen und der Art ihrer Normierung kann zwischen Vollzugs-, Qualitäts- und Gestaltungsnormen unterschieden werden:

»Die *Vollzugsnormen* lassen den Ich-Leistungen nur einen sehr engen Spielraum; es geht statt dessen um die gehorsame Einordnung in ein relativ dichtes Netz von Regeln. Bei den *Qualitätsnormen* steht die Aufgabe und ihre Bewältigung im Vordergrund; Ich-Leistungen und Regeln der Ausführung halten sich etwa die Waage. [...] Bei den *Gestaltungsnormen* stehen dagegen die Ich-Leistungen im Vordergrund, weil der individuelle Stil und die persönliche, möglicherweise neuartige Problemlösung gerade das sind, was die Rolle vorschreibt.«[341]

Nach der Herkunft der Normen und ihrer sozialen Kontrolle lassen sich wiederum Herrschafts-, Interaktions- und kulturelle Normen unterscheiden:

»In den mehr oder weniger institutionell verfestigten Positionsstrukturen von Gruppen und Organisationen bilden sich stets *Herrschaftsverhältnisse* aus, in denen die Rollen einen ›formellen‹ Charakter haben. Das heißt, die Normen sind relativ präzise angegeben, und die zu erwartenden Sanktionen für abweichendes Verhalten sind bekannt und kalkulierbar. [...] In den *Interaktionsnormen* drücken sich Verhaltenserwartungen aus, die eher an ›informelle‹ Positionen gebunden sind, die in jeder Kleingruppe, aber auch in Massengruppierungen sich im Interaktionsprozeß auskristallisieren. Sie sind gebunden an bestimmte Situationen, verlangen vom Rollenspieler außerhalb der jeweiligen Situation nichts und sind somit nur innerhalb von Situationen überhaupt existent. Die *kulturellen Normen* schließlich sind weder unmittelbar herrschaftlich durchgesetzt, noch werden sie von den jeweiligen Interaktionspartnern innerhalb einer spezifischen, wenngleich wiederholbaren Situation am Leben erhalten und kontrolliert[,] sondern sind schon in wesentlichen Teilen während des Sozialisationsprozesses internalisiert worden. [...] Die kulturellen Normen sind, soweit sie sich überhaupt in Rollen spezifizieren, charakteristisch für die personbezogenen Rollen. Und auch im Hinblick auf die soziale Kontrolle, soweit diese bei den kulturellen Normen nicht ohnehin von inneren, also an die Person des Rollenspielers selbst gebundenen Instanzen ausgeübt wird[,] sind die wichtigsten Sanktionssubjekte Menschen der unmittelbaren persönlichen Umgebung [...].«[342]

---

340 *Dreitzel*, Die gesellschaftlichen Leiden, S. 63.
341 *Dreitzel*, Die gesellschaftlichen Leiden, S. 65 (Hervorhebungen von mir).
342 *Dreitzel*, Die gesellschaftlichen Leiden, S. 69 f. (Hervorhebungen von mir).

Fasst man beide Differenzierungen zusammen, ergibt sich folgendes Klassifikationsschema sozialer Rollen:[343]

	Kulturelle Normen personbezogen	*Herrschaftsnormen* organisations-bezogen	*Interaktionsnormen* situationsbezogen
Vollzugsnormen Gehorsam gegenüber Regeln	*Sozialisierungsrollen* Kind, Patient	*Ausführungsrollen* Soldat, Strafgefangener	*Spiel-Rollen* Verkehrsteilnehmer, Fußballspieler
Qualitätsnormen Bewältigung von Aufgaben	*Helfer-Rollen* Eltern, Doktorvater, Seelsorger	*Arbeitsrollen* Postbeamter, Arbeiter, Vereinsvorsitzender	*Bewältigungsrollen* Prüfling, Diskussionsleiter
Gestaltungsnormen Stil der Wertrealisierung	*Beziehungsrollen* Ehemann, Liebhaber, charismatischer Führer	*Leistungsrollen* Politiker, Schauspieler, Wissenschaftler	*Kontaktrollen* Nachbar, Gastgeber

Schon bei oberflächlicher Betrachtung ist deutlich, dass unter dem Begriff »Amt« sehr verschiedenartige Rollen erfasst werden können. Ein Schwerpunkt liegt bei den organisationsbezogenen Typen, also den Ausführungs-, Arbeits- und Leistungsrollen. Es lassen sich bei manchen Ämtern aber auch Elemente von Helfer-, Beziehungs- und Bewältigungsrollen erkennen. Die normativen Erwartungen dieser Typen sind von sehr unterschiedlicher Art und bedürfen zu erheblichen Teilen der Normausfüllung durch den Akteur.

d) Rollenkonflikte

Schon in einer einzelnen Rolle sieht sich der Akteur vielfältigen, nicht notwendigerweise harmonierenden Erwartungen ausgesetzt. Dieses Problem wird durch die Vielfalt der Rollen und Positionen in praktisch unübersehbarer Weise gesteigert und kann als »Rollen-Stress«[344] bezeichnet werden. Es kann zu Konflikten zwischen den verschiedenen Positionen und Rollen kommen, die jemand inne hat (Inter-Rollenkonflikt); es kann aber auch innerhalb einer Rolle im Hinblick auf die Erwartungen in den verschiedenen Rollensegmenten zu Konflikten kommen (Intra-Rollenkonflikt).[345] In einer konkreten Handlungssituation kann sich der Akteur darum höchst divergierenden normativen Erwartungen ausgesetzt

---

[343] *Dreitzel*, Die gesellschaftlichen Leiden, S. 86 (von mir vereinfacht) – Die exemplarische Zuordnung von Rollen dient nur der Anschaulichkeit. Im Einzelfall mag man zu anderen Klassifikationen kommen.

[344] *Goode*, Eine Theorie des Rollen-Stress, passim.

[345] *Dreitzel*, Die gesellschaftlichen Leiden, S. 44 f.; *Esser*, Institutionen, S. 167. Siehe dazu das instruktive Beispiel eines Vorgesetzten, der sich notwendigerweise widersprüchlichen Erwartungen stellen und diese absorbieren muss, bei *Luhmann*, Funktionen und Folgen, S. 206 ff.

sehen. Sein Handeln kann darum nicht als schlichter Normenvollzug verstanden werden. Dies würde voraussetzen, dass (1) die Rollenerwartungen verschiedener Bezugsgruppen miteinander vereinbar sind, (2) die Erwartungen mit denen anderer Rollen und Positionen vereinbar sind, (3) die Situationen und die an sie geknüpften Erwartungen hinreichend klar definiert sind,[346] (4) die Person über die erforderlichen Ressourcen verfügt, ihre Rolle angemessen wahrzunehmen und (5) die Rolle mit den persönlichen Bedürfnissen, Interessen und Zielen vereinbar ist.[347] Diese Voraussetzungen sind so anspruchsvoll und komplex, dass damit zu rechnen ist, dass Rollenkonflikte die Regel und nicht die Ausnahme darstellen.

Goode hat verschiedene Möglichkeiten herausgearbeitet, wie der Akteur seinen Rollen-Stress mindern kann, indem er die Rollenstruktur manipuliert.[348] (1) Konfligierende Erwartungen können gegeneinander abgeschottet werden, indem der Akteur auf psychischer Ebene auf Konsistenz seines Selbst verzichtet oder auf sozialer Ebene Distanz zwischen den Rollen und Bezugsgruppen schafft bzw. durch Herbeiführen einer Dringlichkeits- oder Krisenlage die Suspendierung widerstreitender Erwartungen ermöglicht. (2) Konflikte können durch Delegation entschärft werden, indem ein Teil der Funktionen auf eine andere Person übertragen wird. (3) Durch den Verzicht auf Positionen oder Rollen können Rollenkonflikte wirksam eingedämmt werden. (4) Dazu gegenläufig können durch Ausweitung der Rollen einerseits zusätzliche Pflichten generiert werden, die als Entschuldigung dienen mögen, andererseits durch die Erschließung neuer Bezugsgruppen weitere Möglichkeiten für die Erfüllung bestehender Pflichten erschlossen werden. Diese Ausweitung schafft aber nicht nur Erleichterung, sondern auch zusätzlichen Rollen-Stress und stößt damit schnell an ihre Grenzen. (5) In der Ausübung der Rollen können Schranken gegen Anforderungen errichtet werden, indem insbesondere die zur Verfügung stehende Zeit durch Terminbewirtschaftung und Auszeiten verknappt wird.

In ähnlicher Weise hat *Merton* verschiedene soziale Mechanismen, Rollenkonflikte auszugleichen, herausgearbeitet.[349] (1) Zunächst haben die unterschiedlichen Positionen und Bezugsgruppen unterschiedliche Bedeutung für den Akteur bzw. unterschiedliches Interesse an seiner Tätigkeit. »Der Aufprall verschiedenartiger Erwartungen seitens derer in einem Rollen-Set wird gemildert durch die grundlegende strukturelle Tatsache, daß diese Personen unterschiedlich stark in die Beziehung verwickelt sind.«[350] (2) Machtkonstellationen in der Bezugsumgebung des Akteurs können bewirken, dass bestimmte Erwartungen durch- und andere zurückgesetzt werden oder dass sich divergierende Erwartungen durch ein Machtgleichgewicht neutralisieren. Damit erlangt der Akteur entweder Eindeutigkeit im Hinblick auf die zu erfüllenden Erwartungen oder einen Freiraum

---

[346] *Wilson*, Theorien der Interaktion, S. 57.
[347] *Schimank*, Handeln und Strukturen, S. 67.
[348] *Goode*, Eine Theorie des Rollen-Stress, S. 340 ff.; dazu *Esser*, Institutionen, S. 172 f.
[349] *Merton*, Der Rollen-Set, S. 325 ff.; dazu *Esser*, Institutionen, S. 169 ff.
[350] *Merton*, Der Rollen-Set, S. 325.

für eigene Gestaltung. (3) Konflikte können außerdem durch Abschirmung entschärft werden, so dass die Bezugspersonen keinen umfassenden Einblick in das Handeln haben. Damit können wenigstens zeitweise bestimmte Erwartungen vorrangig bedient werden. Differenzierte Kommunikationsstrukturen, Konzepte exklusiver Information und klare Rollenunterscheidung werden hierbei relevant. (4) Ein anderes Mittel kann sein, die unterschiedlichen Erwartungen gegenüber den Bezugsgruppen transparent zu machen und diese zu einem Ausgleich der Differenz zu veranlassen bzw. ihre Erwartungen damit zu neutralisieren. (5) Die Stellung der Akteure kann auch dadurch gestärkt werden, dass zwischen den Inhabern gleichartiger Rollen Abstimmung, Koordination und Standardisierung des Handelns stattfindet. Der einzelne Akteur steht seinen Bezugspersonen dann nicht alleine, sondern als Teil einer größeren Gemeinschaft gegenüber und kann Zumutungen leichter zurückweisen. (6) Schließlich bleibt die Möglichkeit, die Zahl der Rollen und Positionen einzuschränken. Dies setzt allerdings voraus, dass die verbleibenden Rollen weiterhin wahrgenommen werden können.

Durch die genannten Mechanismen können Rollenkonflikte entschärft, aber nicht vollständig beseitigt werden.[351] Insgesamt zeigt sich, dass die Erwartungen an einen Akteur ausgesprochen komplex sind und ihre unbedingte Erfüllung höchst unwahrscheinlich ist. Die Vorstellung, jemand erfülle in seiner Rolle ohne weiteres die daran geknüpften normativen Erwartungen, erweist sich als schlechterdings naiv. Es sind vielmehr vielfältige Vorkehrungen und Mechanismen erforderlich, um zu individuell und sozial erträglichen Ergebnissen zu kommen. Man muss einerseits damit rechnen, dass die Individuen solche Methoden anwenden, um ihren Rollen-Stress zu mindern und manchen normativen Erwartungen zu entkommen. Andererseits kann man diese Methoden auch gezielt einsetzen, wenn es darum geht eine bestimmte Rolle (ein Amt) zu gestalten.[352] Auf jeden Fall kann man sich vor unrealistischen Erwartungen an einen Amtsinhaber bewahren.

e) Rolle und Identität

Dass der *homo sociologicus* sich stets in verschiedenen Rollen zeigt, mag die Frage aufwerfen, wo bei dieser Betrachtung der Mensch mit seiner Identität bleibt oder ob die Identität ganz hinter den Rollen verschwindet. Eindrucksvoll hat dies *Dahrendorf* in seinem Klassiker »Homo Sociologicus« beklagt:

> »Alle Annahmen und Theorien der Soziologie sind stets ausschließlich Annahmen und Theorien über *homo sociologicus*, also über den Menschen in der entfremdeten Gestalt eines Trägers von Positionen und Spielers von Rollen. […] Und der Mensch Schmidt? Was tut er? Was kann er tun, ohne als Träger einer Position und Spieler einer Rolle seiner Individualität beraubt und zum Exemplar entfremdet zu werden? Beginnt der Mensch Schmidt, wo seine Rollen enden? Lebt er in seinen Rollen? […] Wie immer wir *homo sociologicus* drehen und wenden mögen, es wird uns nicht gelingen, ihn in den bestimmten Einzelnen zu verwandeln, der unser Freund, Kollege, Vater oder Bruder ist.«[353]

---

[351] *Merton*, Der Rollen Set, S. 331 f.
[352] Siehe Kapitel 4: Rekonstruktion, S. 113.
[353] *Dahrendorf*, Homo Sociologicus, S. 77, 79.

Zu dieser Einschätzung kann man allerdings nur kommen, wenn die Rolle »als etwas für den einzelnen Substantielles isoliert anstatt als ein lebendiges Wechselverhältnis« verstanden wird.[354]

»Indem man nicht das tatsächliche Verhältnis zwischen *aneinander* orientierten Rollenträgern, sondern das in einem abstrakten Stellenplan an seiner Rolle orientierte Individuum zum Ausgangspunkt wählt, geraten Individuum und Rolle unmerklich auseinander, bis sie sich endlich wie fremd gegenüberstehen.«[355]

Recht betrachtet ist die Rolle also nicht Ausdruck einer Entfremdung, sondern der auf den einzelnen Akteur in einer bestimmten Situation zugeschnittene Ausdruck der sozialen Konstellation, in der er sich befindet. Diese Konstellation wird durch den Akteur ebenso konstituiert wie durch die Menschen, mit denen er in dieser Situation in Beziehung steht. Die Rolle ist dem Akteur darum nicht etwas Fremdes, das von außen an ihn herangetragen wird, sondern Ausdruck seiner Sozialität.[356] Die Identität eines Menschen besteht nicht vor oder neben den Rollen, die er wahrnimmt, sondern in und mit ihnen. Denn sie kann sich nur in der Begegnung mit anderen, d. h. in der Wahrnehmung von Rollen, bilden.[357] Je mehr Ich-Leistung eine Rolle fordert, desto eher kann und muss sie geeignet sein, die Identität des Rollenträgers zum Ausdruck zu bringen und zu befördern. Die Identität eines Menschen erschöpft sich außerdem nicht in einer einzelnen Rolle, sondern stellt sich im jeweils individuellen Zusammenspiel verschiedener Positionen und ihrer Rollen dar.[358] Dass ein Akteur neben der gerade akuten Rolle noch weitere Rollen wahrnimmt und mehr als diese Rolle ist, bleibt bei Wahrnehmung einer Rolle präsent.

Rollen müssen folglich auch nur als solche ausgefüllt werden, d. h. dem Individuum muss es neben der Identifikation mit seiner Rolle möglich sein, sich von ihr in gewisser Weise zu distanzieren. Zur Wahrnehmung einer Rolle *als* Rolle gehört der Ausdruck von *Rollendistanz*.[359] »Zwei Arten von Entlastungen sind besonders verbreitet: die Pflicht oder die Befugnis zu ›unpersönlichem‹ Handeln und eine Art von expressiver Rollendistanz.«[360] »Rollendistanz heißt nicht Verweigerung oder Unfähigkeit, sondern im Gegenteil die hohe Kompetenz, souverän mit einer Rolle umzugehen.«[361] Solche Distanzierung ist auf verschiedene Weise möglich: Äußerlich nicht wahrnehmbar sind das Ausweichen auf eine andere Realitätsebene wie Phantasie oder Traum oder die Distanzierung durch »Mentalreservation, in der das Engagement zurückgenommen und dadurch die

354 *Tenbruck*, Zur deutschen Rezeption der Rollentheorie, S. 3.
355 *Tenbruck*, Zur deutschen Rezeption der Rollentheorie, S. 3.
356 *Tenbruck*, Zu deutschen Rezeption der Rollentheorie, S. 14 f., 21; vgl. *Elias*, Prozess der Zivilisation I, S. 70 f.
357 *Krappmann*, Soziologische Dimensionen der Identität, S. 133; *Schimank*, Handeln und Strukturen, S. 148.
358 *Abels*, Identität, S. 146; *Schimank*, Theorien gesellschaftlicher Differenzierung, S. 44.
359 *Goffmann*, Rollendistanz, passim.
360 *Luhmann*, Legitimation durch Verfahren, S. 95.
361 *Abels*, Identität, S. 276.

Identifikation gelockert wird.«[362] Äußerlich können Ironie, Scherz und Humor zur Anwendung kommen, gleichzeitig verschiedene Bezugsgruppen durch Wort, Mimik und Gestik angesprochen werden, die Rollenhaftigkeit des Verhaltens überbetont werden oder gelegentlich in eine andere Rolle gewechselt werden.[363]

Besondere Anforderungen treten bei Rollen im Zusammenhang mit einer Arbeitsorganisation auf. Hier sind die Rollen besonders anspruchsvoll und die zeitliche Beanspruchung der Akteure besonders ausgedehnt. Bei der Bestimmung der Rollen steht nicht etwaige Identitätsentfaltung, sondern der Zweck der Organisation im Vordergrund, so dass stets die Gefahr der Entindividualisierung besteht.[364] Darum müssen immer mit solchen Rollen zugleich Einschränkungen der Anforderungen institutionalisiert werden. Zu denken ist vor allem an die Begrenzung der Arbeitszeit, Pausen, Urlaub und auch Sonderurlaub, wenn in anderen Rollen krisenhafte Situationen auftreten.[365] Die Erwartung an einen Amtsträger, dass er »immer im Dienst« ist, kann darum nur so verstanden werden, dass er bei gegebenem Anlass jederzeit bereit ist, seine Dienst-Rolle zu übernehmen, nicht aber, dass bei der Wahrnehmung anderer Rollen gleichwohl die Dienst-Rolle stets im Vordergrund steht.

2. Homo oeconomicus

a) Das Grundmodell

Dem Modell des *homo oeconomicus* wird in der modernen Gesellschaft ein besonders hoher Erklärungswert und ein theoretischer Primat zugemessen.[366] Dieses Modell verknüpft individuelle Interessen mit realistischem Kalkül sozialer Situationen.

> »Der Homo Oeconomicus orientiert sich in der Weise in Situationen, dass er – um den jeweils höchsten Nutzen mit geringstmöglichem Aufwand in der Situation zu erreichen – rational kalkulierend vorgeht, d. h. die in der Situation gegebenen Handlungsalternativen abwägt.«[367]

Handlungsmotiv sind dabei seine eigenen Interessen. Man kann ihn gewissermaßen als das wollensgeleitete Gegenstück zum sollensgeleiteten *homo sociologicus* begreifen.[368]

> »Für den homo oeconomicus wird – im Unterschied zum homo sociologicus – angenommen, daß er seinen individuellen Nutzen auf der Grundlage vollkommener Information und stabiler und geordneter Präferenzen im Rahmen gegebener Restriktionen maximiere.

---

362 *Dreitzel*, Die gesellschaftlichen Leiden, S. 137.

363 *Dreitzel*, Die gesellschaftlichen Leiden, S. 137 f.; *Schimank*, Handeln und Strukturen, S. 160 f.

364 *Schimank*, Handeln und Strukturen, S. 156; eingehend *Schimank*, Identitätsbehauptung in Arbeitsorganisationen, passim.

365 *Goffmann*, Rollendistanz, S. 159.

366 *Schimank*, Handeln und Strukturen, S. 176 ff.

367 *Schimank*, Handeln und Strukturen, S. 83.

368 *Schimank*, Handeln und Strukturen, S. 87.

Normen spielen dabei nur insoweit eine ›Rolle‹ als sie für die Nutzenmaximierung bedeutsam sind.«[369]

Der *homo oeconomicus* kann als Idealtyp eines zweckrational handelnden Akteurs nach *Max Weber* angesehen werden.

»Zweckrational handelt, wer sein Handeln nach Zweck, Mitteln und Nebenfolgen orientiert und dabei sowohl die Mittel gegen die Zwecke, wie die Zwecke gegen die Nebenfolgen, wie endlich auch die verschiedenen möglichen Zwecke gegeneinander *rational* abwägt.«[370]

In das Kalkül des *homo oeconomicus* fließen also ausgehend von seiner Nutzenorientierung verschiedene Faktoren ein:[371] die Ressourcen, die ihm zur Verfügung stehen; die Handlungsmöglichkeiten, die sich angesichts beschränkter Ressourcen eröffnen; die Ziele, die er verfolgt, ihre Wertigkeit und Dringlichkeit; die Veränderung dieser Bewertung durch den abnehmenden Grenznutzen[372]; der Aufwand, der nötig ist, um ein Ziel zu erreichen; die Opportunitätskosten, d.h. der Nachteil, der dadurch entsteht, dass andere Ziele nicht verfolgt werden[373]. Außerdem muss der Akteur die komplexen Zweck-Mittel-Zusammenhänge überblicken, denn nicht jeder Zweck wird um seiner selbst willen verfolgt, sondern oft als Mittel für einen weiteren Zweck.[374] Es stellt sich damit eine Rationalität höherer Ordnung ein, bei der in die Optimierung nicht nur das Ziel und die Mittel, es zu erreichen, sondern auch die Bildung der Erwartungen und das Ausmaß der Informationsbeschaffung optimiert werden.[375] Diese anspruchsvollen Voraussetzungen weisen schon darauf hin, dass das Modell des *homo oeconomicus* besonders gut von Organisationen erfüllt werden kann.[376]

In das Kalkül des Akteurs gehen diese Faktoren nicht in reiner Objektivität ein, sondern nach Maßgabe seiner subjektiven Wahrnehmung und Einschätzung. Darum ist von vornherein mit gewissen Verzeichnungen zu rechnen.[377] Die Subjektivität wirkt sich von vornherein bei der Bewertung der Kosten-Nutzen-Relation aus, weil nur der Akteur die Wertigkeit seiner Ziele beurteilen kann. Hinzu kommt, dass Menschen dazu neigen, Wahrscheinlichkeiten zu ihren Gunsten zu überschätzen[378] und Handlungswirkungen geringer einzustufen, je weiter diese in der Zukunft liegen (Diskontierung der Zukunft)[379]. Aus verschiedenen

[369] *Esser*, Allgemeine Grundlagen, S. 236.

[370] *M. Weber*, Soziologie, MWG I/23, S. 176 = WuG, S. 13.

[371] *Schimank*, Handeln und Strukturen, S. 88ff.; ausführlich *R. Frank*, Microeconomics and Behavior, passim.

[372] D.h. »[d]er Zusatznutzen einer immer weiter getriebenen Zielverfolgung wird immer geringer« (*Schimank*, Handeln und Strukturen, S. 90).

[373] *R. Frank*, Microeconomics and Behavior, S. 4ff.; *Schimank*, Handeln und Strukturen, S. 91.

[374] *Schimank*, Handeln und Strukturen, S. 95; vgl. I. Allgemeine Handlungstheorie 1. Soziales Handeln a) Handeln, S. 29ff.

[375] *N. Braun*, Rational Choice Theory, S. 402, 413f.

[376] *Geser*, Organisationen als soziale Akteure, S. 406ff.

[377] *Schimank*, Handeln und Strukturen, S. 92ff.

[378] *Frey*, Ein ipsatives Modell menschlichen Verhaltens, S. 188.

[379] *Elster*, Nuts and Bolts, S. 42ff.

Gründen weicht der ipsative Möglichkeitsraum, d. h. der Möglichkeitsraum, von dem Handelnde in ihrem Kalkül ausgehen, von dem objektiv gegebenen oder subjektiv erkennbaren Möglichkeitsraum ab: »Der Alternativenraum ist nicht vorgegeben, sondern das Ergebnis eines interpretativen Prozesses des beteiligten Handlungsträgers.«[380] Während der ökonomische Ansatz davon ausgeht, dass Akteure jederzeit lernbereit sind und neue Informationen verarbeiten, lehrt die Psychologie, »daß Lernen weder eine triviale noch eine automatische Aktivität ist«.[381] Wenn das Modell des *homo oeconomicus* zu realistischen Annahmen über das Verhalten von Akteuren führen soll, muss darum diese subjektive und ipsative Perspektive in Rechnung gestellt werden.

b) Relativierung des Modells

Dem Modell des *homo oeconomicus* liegt ein Leitbild perfekter Rationalität zugrunde. Der Akteur entscheidet sich »auf der Grundlage vollkommener Information und stabiler und geordneter Präferenzen im Rahmen gegebener Restriktionen«.[382] Daraus ergeben sich erhebliche Anforderungen insbesondere an die Informationsverarbeitung des Akteurs:

»Ein Akteur müsste seine Situation ständig auf Entscheidungsanlässe, etwa Probleme, hin sondieren, [!] und dabei auch vorausschauend noch gar nicht aktuelle Anlässe reflektieren, so dass Probleme sich gar nicht erst zuspitzen können; er müsste über eine vollständige und transitiv geordnete Liste von Entscheidungskriterien für den jeweiligen Anlass verfügen; er müsste sich bei jedem Anlass umfassend auf die Suche nach möglichen Handlungsalternativen begeben; er müsste sodann anhand der Kriterienliste alle Alternativen bewerten, um die beste zu finden, die er dann in die Tat umsetzte; und dies wiederum müsste er zielstrebig tun, d. h. ohne sich bei der Umsetzung seiner Handlungswahl durch auftretende Hindernisse oder andere Handlungsalternativen beirren zu lassen, selbst wenn Letztere bei seiner Alternativenbewertung nur knapp hinter der gewählten Alternative lagen. Schließlich wird der Akteur noch mit den Wirkungen seiner Handlung konfrontiert. Eine perfekt rationale Handlungswahl zeichnet sich im Hinblick auf ihre Wirkungen dadurch aus, dass der Homo Oeconomicus bei negativen Ergebnissen seine Handlungswahl unverzüglich zu einem neuen Entscheidungsproblem machen müsste.«[383]

Diese Leistungen werden in der Regel nicht vollständig, sondern meist nur in Ansätzen erbracht.[384] Die wesentliche Ursache dafür liegt in der Komplexität der Entscheidungssituationen. Dabei können eine sachliche, eine soziale und eine zeitliche Dimension unterschieden werden.[385] In der *Sachdimension* tritt zutage, dass perfekte Rationalität hochgradig informationsaufwendig ist, wenn alle Aspekte der Situation, alle Handlungsmöglichkeiten und alle zu erwarten-

380 *Frey*, Ein ipsatives Modell menschlichen Verhaltens, S. 188.

381 *Frey*, Ein ipsatives Modell menschlichen Verhaltens, S. 194 f.

382 *Esser*, Allgemeine Grundlagen, S. 236.

383 *Schimank*, Handeln und Strukturen, S. 103.

384 *Zintl*, Der Homo Oeconomicus, S. 63 f. sieht gerade darin die Leistungsfähigkeit des Modells begründet, weil die Akteure selbst eine dem Modell entsprechende Komplexitätsreduktion vornehmen.

385 *Schimank*, Handeln und Strukturen, S. 104 ff.

den Folgen in Betracht gezogen werden sollen. In der *Sozialdimension* sieht sich der Akteur mit dem Handeln anderer konfrontiert,[386] für das keine Erwartungssicherheit besteht und aus dem Konflikte resultieren können, die aufwendig durch vorhergehende Kommunikation und Konsensfindung vermieden oder nachträglich bearbeitet werden müssen. Die *Zeitdimension* macht sich dadurch bemerkbar, dass der hohe Informationsaufwand perfekter Rationalität mit der letztlich durch die Sterblichkeit aller Menschen begründeten Zeitknappheit kollidiert. Doch auch, wenn jemand »alle Zeit der Welt« hätte, müsste er damit zurechtkommen, dass sich die Welt und damit seine Handlungssituation beständig ändert.[387]

Angesichts dieser Komplexität wäre perfekte Rationalität nicht rational, weil Aufwand und Ertrag in keinem angemessenen Verhältnis stehen. Aus der Sicht des Akteurs erweist es sich oft als erheblich rationaler, weniger rational vorzugehen.[388] In der Praxis wird darum meist ein erheblich geringerer Aufwand betrieben und man sucht nicht die optimale, sondern beschränkt sich auf eine zufriedenstellende Lösung.[389] Dies kann man als ein Konzept des *Inkrementalismus* im Sinne einer »Politik der kleinen Schritte« begreifen. Die Komplexität der Entscheidungen wird möglichst gering gehalten, um gleichwohl rechtzeitig zu zufriedenstellenden Ergebnissen zu kommen.[390]

Ein wichtiges Instrument, um die übermäßige Komplexität von Situationen zu bewältigen, ist das Ausbilden von *Routinen.* Dies bewirkt, dass Beobachtungs- und Reflexionsaufwand stark reduziert werden, »weil man von je situativen Besonderheiten, die immer wieder ein andersartiges Handeln nahelegen würden, absieht. Man könnte auch von Situationsdesensibilisierung sprechen.«[391] Dies mag zwar im Einzelfall kein rationales, d. h. gut informiertes und gründlich kalkulierendes Handeln sein. Doch auf lange Sicht kann es Aufwand und Kosten erheblich reduzieren. Routinen können dann als rational gelten, wenn sie anfänglich rational ausgeprägt worden sind und prinzipiell revidierbar sind, sobald sich zeigt, dass ihr Nutzen durch Veränderungen der Situation abnimmt. In Organisationen ergibt sich ein wesentlicher Teil der Routinen aus vorgegebenen Normen und entzieht sich damit ohnehin der Entscheidung der unmittelbar Handelnden.[392]

Dem Modell des *homo oeconomicus* ist somit eine Begrenzung seines Erklärungswertes eingeschrieben. Der Aufwand, den eine rationale Handlungswahl

---

[386] Siehe II. Organisation und Person – systemtheoretisch 2. Organisation als System b) Soziale Systeme, S. 56 ff. (doppelte Kontingenz); *Coleman*, Grundlagen I, S. 35.

[387] Dies ist auch mein Einwand gegen *Schimank*, Handeln und Strukturen, S. 89: »Würde man unendlich lange leben, könnte man auf lange Sicht alle prinzipiell erreichbaren Ziele auch tatsächlich erreichen – eins nach dem anderen.«

[388] *Schimank*, Handeln und Strukturen, S. 107 f.

[389] *March/Simon*, Organizations, S. 140 f.

[390] *Lindblom*, The Science of »Muddling Through«; dazu *Schimank*, Handeln und Strukturen, S. 108 f.

[391] *Schimank*, Handeln und Strukturen, S. 112.

[392] *Schimank*, Handeln und Strukturen, S. 111 ff.; ausführlich *Luhmann*, Lob der Routine, passim.

hervorruft, lohnt sich nur, wenn es für den Akteur dabei um etwas geht, wenn also eine Hochkostensituation gegeben ist und schlechte Entscheidungen mit spürbaren Nachteilen verbunden sind. Sonst besteht kein Rationalitätsdruck, und andere Handlungsantriebe können wirksam werden.[393]

»Je mehr eine Situation somit für den Akteur unter Nutzengesichtspunkten eine Hochkostensituation darstellt, desto stärker ist er geneigt, sich als Homo Oeconomicus zu verhalten, also die einer rationalen Nutzenverfolgung entgegenstehenden Handlungsantriebe hintanzustellen – sofern nicht einer von ihnen sich stärker aufdrängt.«[394]

c) Operationalisierung

Ein Vorteil des *homo oeconomicus* besteht darin, dass mit seiner Hilfe menschliches Handeln für Forschungszwecke operationalisiert und berechenbar gemacht werden kann.[395] Grundlage hierfür ist die *Wert-Erwartungs-Theorie*. Diese vergleicht Handlungsalternativen danach, welchen Wert der Akteur ihren Folgen zumisst und mit welcher Wahrscheinlichkeit er ihren Eintritt erwartet. Es sind also alle in Betracht kommenden Handlungsalternativen und alle Folgewirkungen dieser Handlungen (also Kosten und Nutzen) zu ermitteln, diese zu bewerten und die Wahrscheinlichkeit ihres Eintritts einzuschätzen. Bewertungen und Wahrscheinlichkeiten können in Zahlen ausgedrückt werden und zu einer Kennzahl für die entsprechende Handlungsalternative multipliziert werden. Nach dem Prinzip der Nutzenmaximierung ist diejenige Handlungsalternative zu wählen, bei der diese Zahl am höchsten ist.[396]

Bei der Anwendung dieses Konzepts können keineswegs nur ökonomische Faktoren in Rechnung gestellt werden, sondern prinzipiell alle Aspekte, denen der Akteur einen Wert zumisst.

»So wird durch die Konzeption keineswegs festgelegt, dass Akteure rein egoistisch entscheiden oder nur relativ leicht beobachtbare Dinge wie etwa Geld bei der Handlungswahl berücksichtigen. In einer soziologisch beeinflussten Erweiterung des traditionellen Menschenbildes der Ökonomik (Homo Oeconomicus) sind uneigennützige Präferenzen (wie z. B. bei Altruismus und Fairness) oder auch Interessen an schwer greifbaren Dingen (wie z. B. soziale Anerkennung) prinzipiell zulässig. Treibt man diese flexible Interpretation allerdings zum Extrem, so lässt sich praktisch jede Handlung als Konsequenz einer Maximierung geeigneter Präferenzen unter bestimmten Nebenbedingungen deuten.«[397]

Es erscheint so letztlich möglich, die anderen Handlungsmodelle theoretisch in das Modell des *homo oeconomicus* zu integrieren, indem diese anderen Handlungsorientierungen als Wert in das Kalkül eingestellt werden.[398] Allerdings stellt

[393] *Zintl*, Der Homo Oeconomicus, S. 61 f.; dazu *Schimank*, Handeln und Strukturen, S. 114 ff.

[394] *Schimank*, Handeln und Strukturen, S. 116.

[395] *Vanberg*, Markt und Organisation, S. 69 f.

[396] *Esser*, Situationslogik und Handeln, S. 251 ff.; *Schnabel*, Sind Emotionen rational?, S. 177 f.

[397] *N. Braun*, Rational Choice Theory, S. 403.

[398] Kritisch dazu *Schimank*, Handeln und Strukturen, S. 100 ff.

sich die Frage, wie die verschiedenen Aspekte konkret (im wörtlichen Sinne) in Rechnung zu stellen sind.[399]

»Das zentrale Problem einer am ›Erwartung x Wert-Konzept‹ orientierten Handlungserklärung liegt natürlich [...] darin, intersubjektiv überprüfbare und vom zu erklärenden Verhalten *unabhängige* Referenzen für die zentralen Variablen der Theorie zu finden: Für die *Werte*, die die Akteure bestimmten Handlungskonsequenzen beimessen, und für die *Erwartungen*, die sie bezüglich des tatsächlichen Eintritts dieser Handlungskonsequenzen hegen.«[400]

Bei den für die Anwendung der Wert-Erwartungs-Theorie vorgestellten Beispielen handelt es sich entweder um Experimente, bei denen die Randbedingungen stark restringiert und so kontrollierbar werden, oder es werden für Wert und Erwartung recht freihändig Zahlen gegriffen.[401] Das Modell vermag theoretisch umfassend erklärend zu wirken. Es lässt aber die Frage, wie eigentlich die Randbedingungen seiner Anwendung zustande kommen, wie Kosten und Nutzen jeweils vom Akteur eingeschätzt und bewertet werden, weitgehend offen. Hierzu werden oftmals alltagsweltliche Plausibilitäten oder konkrete empirische Feststellungen über gegebene Motivationen angeführt. Beides vermag aber nicht zu erklären, wie die Akteure zu dieser Nutzenvorstellung kommen.[402] Es erweist sich also,

»dass der ›homo oeconomicus‹ ein soziales Konstrukt ist, das im Kontext wirtschaftlicher Transaktionen gerade deshalb erforderlich ist, weil man nicht wissen kann, wie individuelle Bewusstseinsoperationen von Moment zu Moment tatsächlich ablaufen.«[403]

Die eigentlich interessierende Frage, warum Menschen handeln, wie sie handeln, bleibt so einigermaßen opak. Für die Ausbildung einer substantiellen Nutzenorientierung bedürfen die Akteure situationsübergreifender, generalisierter Nutzenleitlinien, nach denen sie ihre Bewertung vornehmen.[404] Es kommt also wieder ein normatives Moment ins Spiel. Ist dies zunächst jeweils beim individuellen Akteur zu verorten, muss zugleich ein gesellschaftlicher Einfluss auf die Ausbildung der je individuellen Wertorientierung angenommen werden. Schon *Max Weber* hat darauf hingewiesen, dass die Nutzenvorstellungen der Akteure von übergreifenden kulturellen Ideen ebenso beeinflusst werden wie von ihrer sozialen Situation.[405] So machen sich im Konzept des *homo oeconomicus* schließlich auch wieder Momente des *homo sociologicus* bemerkbar.[406]

---

[399] *Schimank*, Handeln und Strukturen, S. 122ff.
[400] *Vanberg*, Markt und Organisation, S. 70.
[401] Vgl. z. B. *Esser*, Situationslogik und Handeln, S. 259ff.
[402] *Schimank*, Handeln und Strukturen, S. 123.
[403] *Luhmann*, Organisation und Entscheidung, S. 83.
[404] *Bolle*, Gefühle und ökonomische Theorie, S. 54; *Schimank*, Handeln und Strukturen, S. 123f. unter Hinweis auf *R. Münch*, From Pure Methodological Individualism to Poor Sociological Utilitarism, S. 51f.
[405] *M. Weber*, Soziologie, MWG, S. 592ff. = WuG 177ff.
[406] Vgl. *Esser*, Affektuelles Handeln, S. 171.

d) Konsequenzen

Auch das Modell des *homo oeconomicus* vermag das Verhalten von Akteuren nicht vollständig zu erklären. Es gibt aber Hinweise, wie auf dieses Verhalten Einfluss genommen werden kann. Wer ausgehend vom Modell des *homo oeconomicus* das Handeln von Menschen beeinflussen will, muss die Randbedingungen ihres Handelns verändern, um ihre Einschätzung von Wert und Erwartung zu beeinflussen und unwahrscheinliches Handeln wahrscheinlich zu machen. Wer einen Amtsträger, also den Agenten in einer *Principal-Agent*-Konstellation[407] zu rationalem Handeln im Sinne des Prinzipals anhalten will, muss eine künstliche Folgenverknüpfung vornehmen und eine entsprechende Hochkostensituation für ihn herstellen, durch die das Verfolgen der Ziele des Prinzipals mit positiven Erwartungen des Agenten verknüpft wird. Dazu kann das unmittelbare Handeln mit weitergehenden Folgen verknüpft werden, die die Interessen des Agenten betreffen. Dies ist vor allem durch die Ausprägung der Mitgliedschaftsrolle in Organisationen[408] möglich, in der normgemäßes Verhalten mit langfristigen Vorteilen wie einer dauerhaft gesicherten Besoldung und Versorgung verknüpft und empfindliche Sanktionen vorgesehen werden können.

3. Emotional man

Welche Rolle Emotionen im sozialen Handeln spielen, ist erst relativ spät in den Blick gekommen,[409] wenn sich auch bei den Klassikern der Soziologie Ansätze dafür finden lassen wie insbesondere das affektuelle Handeln bei *Max Weber*.[410] Dabei spielen Emotionen beim Handeln stets eine Rolle (a)). Daraus die Konsequenz ziehend ist das Modell des »emotional man« im Gegensatz zum *homo sociologicus* und *homo oeconomicus* entwickelt worden (b)). Werden die verschiedenen Modelle in Ausgleich gebracht, lässt sich genauer bestimmen, welche produktive oder destruktive Funktion Emotionen bei der Wahrnehmung bestimmter Rollen haben (c)).

a) Emotionen

Emotionen werden durch die Befindlichkeit eines Subjekts oder die äußere Situation ausgelöst. Sie stellen eine unwillkürliche und nicht kontrollierbare innere Reaktion dar. Sie können mit physiologischer Erregung einhergehen und sich in bestimmter Weise Ausdruck verschaffen (Emotionsexpression). Emotionen stellen sich ein, wenn es in der Situation um biologische oder soziale Grundbedürfnisse für den Betroffenen geht. Und Emotionen stellen stets ein Moment der

---

407 Siehe I. Allgemeine Handlungstheorie 3. Handeln für überindividuelle Akteure b) Das Principal-Agent-Problem, S. 51 ff.

408 Siehe Kapitel 4: Rekonstruktion II. Person 3. Amt und Person b) Amt als Rechtsverhältnis, S. 170.

409 »Die Soziologie der Emotionen ist unter den vielen unaufgeräumten Feldern der Soziologie gewiß eines der besonders wenig bearbeiteten und systematisierten.« *Esser*, Affektuelles Handeln, S. 168.

410 *Gerhards*, Soziologie der Emotionen, S. 24 ff.

Bewertung als angenehm oder unangenehm dar.[411] Emotionen werden vor allem dann ausgelöst, wenn Erwartungen massiv und plötzlich enttäuscht werden. Sie können sich aber auch daraus ergeben, dass sie routinisiert, d. h. ausgehend von einem Anfangsimpuls durch langfristige Praxis stabilisiert worden sind; Beispiele sind die langjährige Liebe oder die Familienfehde, deren Auslöser schon lange zurückliegt. Schließlich können Emotionen auch durch bewusste Inszenierung ausgelöst werden.[412]

Emotionen stellen einen Modus der Weltaneignung dar, der von Instinkten und Kognitionen zu unterscheiden ist.[413] *Instinkte* zeichnen sich dadurch aus, dass auf gegebene Umweltreize bestimmte genetisch festgelegte Reaktionen erfolgen, die gleichsam automatisch ablaufen. Es findet keine Bewertung und keine Erwägung von Alternativen statt. Bei *Emotionen* und Kognitionen wird diese starre Reiz-Reaktions-Sequenz unterbrochen, indem eine auf Wahrnehmung gegründete Informationsverarbeitung stattfindet. Emotionen bilden dabei eine simultane Form der Weltkonstruktion, d. h. es wird unmittelbar ein gestalthafter Gesamteindruck einschließlich einer von den eigenen Bedürfnissen bestimmten Bewertung vermittelt. *Kognitionen* stellen einen sequentiellen Modus dar, indem Schritt für Schritt Informationen aufgenommen und verarbeitet werden. Dieser Vorgang beansprucht Zeit. Da die Kapazität für die Verarbeitung von Informationen begrenzt ist, ist stets davon auszugehen, dass Emotionen auch bei weitgehend rationalem Weltumgang immer im Spiel sind.

Emotionen haben dabei verschiedene Funktionen. Zum einen dienen sie der ganzheitlichen Erfassung von Situationen, sie haben damit Informationswert. Zum anderen stellen sie eine für den Betroffenen und seine Bedürfnisse relevante Bewertung der Situation dar.[414] Als solche wirken sie kurz- und langfristig handlungsorientierend, zumal keine Entscheidung für ein bestimmtes Handeln ohne Bewertung möglich ist.[415] Emotionale Erregung hat zudem zur Folge, dass sie stärker wirkt als lediglich kognitive Überraschung, sie von längerer Dauer ist und stärker auf das Problem fokussiert.[416] »Emotionen bilden damit einen Mechanismus der Problemlösung, der eine *konzentrierte* und gleichzeitig *flexible* Sicherung *vitaler* Interessen ermöglicht und antreibt.«[417] Sie haben bei allem Handeln das erste und das letzte Wort, insofern sie Interessen und Wünsche prägen und letztlich darüber entscheiden, welche von rational erwogenen Handlungsalternativen gewählt wird.[418] »Es ist nicht so, dass Verstand und Vernunft keinen Einfluss auf unser Handeln haben, aber sie haben ihn nur insoweit und nur dann, wenn sie sich mit Emotionen koppeln können.«[419] Der Einfluss der Emotionen

[411] *Esser*, Affektuelles Handeln, S. 145; *Gerhards*, Soziologie der Emotionen, S. 16.
[412] *Schimank*, Handeln und Strukturen, S. 133 f.
[413] *Gerhards*, Soziologie der Emotionen, S. 72 f.; *Schimank*, Handeln und Strukturen, S. 130 f.
[414] *Gerhards*, Soziologie der Emotionen, S. 75.
[415] *Bolle*, Gefühle in der ökonomischen Theorie, S. 54.
[416] *Esser*, Affektuelles Handeln, S. 158.
[417] *Esser*, Affektuelles Handeln, S. 146; siehe auch *Schnabel*, Sind Emotionen rational?, S. 185 ff.
[418] *Roth*, Aus Sicht des Gehirns, S. 162 f.; *Schützeichel*, Emotionen und Sozialtheorie, S. 10.
[419] *Schützeichel*, Emotionen und Sozialtheorie, S. 10.

auf das Handeln verarbeitet die Momente einer Situation, die nicht durch Rationalität aufgelöst und verarbeitet werden können, d. h. es wird die auch für das psychische System nicht kontrollierbare Komplexität der Situation bewältigt.

b) Emotional man

Um der Bedeutung von Emotionen für das soziale Handeln auch konzeptionell Geltung zu verschaffen, hat namentlich *Helena Flam* den *emotional man* als Alternativmodell zum *homo sociologicus* und *homo oeconomicus* entworfen.[420] Der *pure emotional man* erscheint dabei als »unfree, inconsistent, cost-indifferent« sowie durch »inconstancy and indeterminancy« bestimmt.[421] Er lässt sich von seinen Gefühlen bestimmen und macht sich keine Gedanken über die Konsequenzen seines gefühlsgesteuerten Handelns. Dabei müssen die Gefühle nicht ausgeglichen sein, sondern können in Spannung zueinander stehen. Außerdem ist der *pure emotional man* dem unkontrollierbaren Wechsel der Gefühle ausgesetzt und sein Verhalten nicht vorhersehbar. Nach *Flam* ist der *pure emotional man* außerdem »other-orientated«. Damit unterscheidet er sich allerdings nicht vom *homo sociologicus* oder *homo oeconomicus*, weil sich diese nicht allein von ihrer Situation und ihren Interessen leiten lassen, sondern soziale Interdependenz in ihre Handlungsorientierung aufnehmen.[422]

In dieser Beschreibung ist der *pure emotional man* ein rein theoretisches Konstrukt und tritt allenfalls in Grenzfällen wie einem spontanen und ungehemmten Wutausbruch auf. Darum hat *Flam* den *constrained emotional man* entwickelt, der sich in seinem Handeln stark emotional bestimmen lässt, doch dies durch normative und rationale Momente relativiert. Der *emotional man* erscheint so nicht als Substitut, sondern als Komplement zu den anderen Akteursmodellen.[423] Was den *constrained emotional man* auszeichnet, ist seine Fähigkeit zum *emotion management*.[424] Dadurch wird der Akteur sozial verträglicher und kann in seinem sozialen Handeln eigenen Gewinn daraus ziehen.[425] Durch *emotion management* werden nicht nur die tatsächlich vorhandenen Gefühle kanalisiert, sondern es können auch Gefühle, oder zumindest Gefühlsausdrücke, generiert werden, die bestimmten Rollen und bestehenden sozialen Erwartungen entsprechen wie z. B. Traurigkeit bei einer Beerdigung, Freude aber auch Rührung bei einer Hochzeit. Die erfolgreiche Inszenierung solcher Gefühle kann diese Gefühle selbst hervorrufen. Bei erfolgreichem *emotion management* »ist der ›Emotional man‹ das Handlungsmodell, mit dem man die Startphase der Handlungsdynamik erfasst, während die weitere Fortsetzung dann vom Homo Sociologicus bzw. Homo Oeconomicus abgedeckt wird.«[426]

---

420 *Flam*, Emotional Man I; *dies.*, Emotional Man II; *dies.*, »From Emotional ›Man‹, with Love«.

421 *Flam*, Emotional Man I, S. 43 f.; dazu *Schimank*, Handeln und Strukturen, S. 135 f.

422 *Flam*, Emotional Man I, S. 43; *Schimank*, Handeln und Strukturen, S. 135 Fn. 88.

423 *Flam*, Emotional Man I, S. 51.

424 *Flam*, Emotional Man I, S. 45; ausführlich *Hochschild*, Emotion Work, passim.

425 M. E. ist erst damit eine echte »other-orientation« geben. Vgl. oben bei Fn. 422.

426 *Schimank*, Handeln und Strukturen, S. 141.

c) Rolle und Emotionen

In vielen rationalisierten Handlungszusammenhängen spielen Emotionen nur eine geringe Rolle und werden vor allem als Störfaktor wahrgenommen.[427] Abhängig von den für verschiedene Rollen einschlägigen Normen, können bei bestimmten Rollen jedoch auch Emotionen bzw. ein bestimmter Umgang mit Emotionen gefordert sein.[428] Im Anschluss an *Parsons* lassen sich Rollen unterscheiden, die durch *affectivity* oder durch *affective neutrality* bestimmt sind.[429] Besonders für Rollen, die durch einen hohen Anteil an Interaktion und Ich-Leistung geprägt sind, kommt in Betracht, dass diese ohne Emotionen und ihren Ausdruck nicht ausgefüllt werden können. Zugleich setzt die Rolle dem Ausleben der Emotionen auch Grenzen. So darf die Liebe der Mutter zu ihrem Kind nicht so weit gehen, dass Sexualität ins Spiel kommt.[430]

Aber auch wenn eine Rolle nicht auf Emotionalität angelegt ist, bleiben Emotionen relevant. Die Leistung der Emotionen, Situationen wahrzunehmen und zu bewerten sowie die Motivation der Handelnden zu beeinflussen, lassen sich nur bedingt sistieren. Im Hinblick auf den *homo sociologicus* ist das bei erfolgreichem *emotion management* auch kein Problem, sondern mag der Ausfüllung der Rolle dienlich sein.[431] Im Übrigen kann die Einhaltung einer Rolle nicht allein durch äußere Sanktionen gewährleistet werden, sondern bedarf der Innensteuerung, die wesentlich über Emotionen geschieht.[432] Beim *homo oeconomicus* kommen Emotionen spätestens dann ins Spiel, wenn der subjektive Wert einer Handlungsalternative bestimmt werden soll. Sie können aber auch erheblich dazu beitragen, das Problem der Zeitknappheit beim Erfassen der Situation zu bewältigen. Es zeigt sich damit, dass auch wenn normgerechtes und rationales Handeln erwartet wird, der Anteil von Emotionen nicht zu unterschätzen und letztlich wohl unverzichtbar ist.

4. Ertrag

Die Betrachtung der Modelle des *homo sociologicus*, *homo oeconomicus* und *emotional man* hat gezeigt, dass keines der Konzepte allein in der Lage ist, alle für das Handeln wirksamen Faktoren zu erfassen. Jedes der Konzepte bietet Anlass und

---

427 *Luhmann*, Spontane Ordnungsbildung, S. 333: »Jede Organisation besteht aus Handlungen. Kein Mensch kann aber handeln, ohne selbst dabei zu sein. Er bringt sich selbst, seine Persönlichkeit, mit an die Arbeitsstelle. Die Organisation fordert ihm jedoch nur spezifische Leistungen ab. Seine Gefühle und seine Selbstdarstellungsinteressen werden dabei kaum beansprucht. Sie lungern während der Arbeit funktionslos herum und stiften Schaden, wenn sie nicht unter Kontrolle gehalten werden.«

428 Siehe das Klassifikationsschema sozialer Rollen nach *Dreitzel* oben unter 1. Homo sociologicus c) Ausfüllung einer Rolle, S. 75 bei Fn. 343; *Schützeichel*, Emotionen und Sozialtheorie, S. 7f.

429 *Parsons*, The Social System, S. 60.

430 *Schimank*, Handeln und Strukturen, S. 138.

431 *Schnabel*, Sind Emotionen rational?, S. 183.

432 *Flam*, Emotional Man I, S. 45; siehe I. Allgemeine Handlungstheorie 2. Institutionen d) Stabilisierung, S. 42ff.

Gelegenheit, auf Elemente der anderen Konzepte zu rekurrieren. Das Nebeneinander der Konzepte, ohne dass ein Rahmenkonzept besteht, weist darauf hin, dass das Handeln der Akteure prinzipiell nicht vollständig zu erschließen ist; es bleibt opak. Die Frage, warum jemand handelt, wie er handelt, bzw. welches Handeln in einer bestimmten Situation erwartet werden kann, bleibt auch für den Akteur selbst komplex.

Der Mensch ist in seinem Verhalten ebenso rational wie emotional bestimmt. Dies ist ihm selbst nicht unbedingt durchsichtig. Es gibt lediglich unterschiedliche Versuche, sich reflektierend auf Handeln zu beziehen. Die Artikulation bzw. (Selbst-)Zuschreibung von Motiven ist der Versuch, Handeln zu rationalisieren und kommunizierbar zu machen. *Rational-Choice*-Theorien wie insbesondere das Modell des *homo oeconomicus* versuchen, Handeln insgesamt rational zu erklären. Dazu müssen auch nicht-rationale Züge des Menschen in Rationalität transformiert werden. Es bleibt aber fraglich, ob die Modelle damit realistischer oder nur handhabbarer werden.

Dass Handeln nicht vollständig erfasst und erklärt werden kann, weist auf ein konstitutives Moment des Handelns hin, das durch die vorgestellten Modelle noch nicht hinreichend erfasst ist. *Hans Joas* hat gezeigt, »dass jedem Handeln eine kreative Dimension innewohnt.«[433] Insbesondere das meist unterstellte Schema, dass im Handeln bestimmte Zwecke durch die Anwendung geeigneter Mittel erreicht werden sollen, ist dahingehend zu präzisieren, dass die Festlegung der Zwecke sich oft erst im Handeln ergibt, dass erst angesichts vorhandener Mittel eine Reflexion auf anzustrebende Zwecke einsetzt, dass also eine reziproke Beziehung zwischen Mittel und Zweck besteht.[434] Das Schema, wonach Handeln als eine Abfolge von Entwurf, Entschluss, Vollzug und Ergebnis zu beschreiben ist,[435] ist darum nicht einsinnig-linear, sondern hochgradig rekursiv anzuwenden.[436] Die sich stets wandelnde physisch und sozial bestimmte Situation wirkt sich damit ebenso auf das Handeln aus, wie die ständig neu vorgenommenen Einschätzungen und Bewertungen der Situation durch die Akteure.[437] Handeln ist darum nur bedingt prognostizierbar und bringt stets Neues hervor.

Gerade die Kreativität des Handelns ist es, die durch die Einbindung von Personen in Organisationen fruchtbar gemacht werden soll. Im Rekurs auf *Niklas Luhmann* kann man sagen:[438] Nur die Kopplung zwischen sozialen und psychischen Systemen bewirkt, dass die psychischen Systeme die Kommunikation, die das soziale System konstituiert, anregen und damit ihre Fortsetzung und so den Bestand des sozialen Systems ermöglichen. Nur durch die Einbeziehung nicht kontrollierter und nicht kontrollierbarer Komplexität kann sich eine Organisation erhalten und entwickeln. Es wäre darum kontraproduktiv, wollte

---

[433] *Joas/Knöbl*, Sozialtheorie, S. 707; ausführlich *Joas*, Die Kreativität des Handelns, passim.
[434] *Joas*, Die Kreativität des Handelns, S. 227 f.
[435] Siehe I. Allgemeine Handlungstheorie 1. Soziales Handeln a) Handeln, S. 29 bei Fn. 8.
[436] Vgl. *Schimank*, Handeln und Strukturen, S. 103 Fn. 59.
[437] *Joas*, Die Kreativität des Handelns, S. 235 f.
[438] Vgl. II. Organisation und Person – systemtheoretisch 3. Person und Organisation a) Strukturelle Kopplung sozialer und psychischer Systeme, S. 60 ff.

man dasjenige, was in das soziale System eingetragen wird, einer vollständigen Kontrolle durch das System unterwerfen. Das System würde sich so von einer nicht-trivialen zu einer trivialen Maschine entwickeln, die auf einen bestimmten Input immer mit demselben Output reagiert. In einer sich ständig wandelnden Umgebung kann eine komplexe Organisation so keinen Bestand haben, weil sie zu erforderlichen Anpassungen nicht in der Lage ist.[439] Eine Organisation, die sich als triviale Maschine verstehen wollte, würde kein Amt, sondern Automaten benötigen und wäre damit letztlich keine Organisation mehr.

Damit erweisen sich Vorstellungen über das Verhalten von Amtswaltern, die allein auf die ›Objektivität‹ des Amtes und den korrekten Vollzug des vorgegebenen Programms abstellen, als unterkomplex.[440] Schon die Bestimmung dessen, was als amtsgemäßes Handeln zu gelten hat, ist keinesfalls trivial.[441] Auf jeden Fall aber ist es nicht *per se* wahrscheinlich, dass sich jemand als Amtswalter so verhält, wie es dem Amt entspricht, sondern ausgesprochen voraussetzungsvoll. Im Folgenden soll es darum gehen, wie ein Amt ausgestaltet werden kann, um ein amtsgemäßes Handeln wahrscheinlich zu machen. Da für das Handeln eine Fülle von Faktoren relevant sind, wird sich dies nur durch die Kombination verschiedener Instrumente erreichen lassen. Die dem Amt eingeschriebene Paradoxie, dass es auf das Subjekt des Amtsinhabers ankommt, damit sich das von ihm zu unterscheidende Amt realisieren kann, wird auf diese Weise zwar nicht beseitigt, aber zumindest erträglich gemacht.

---

[439] *Luhmann*, Zweckbegriff und Systemrationalität, S. 120 f.
[440] Vgl. Kapitel 1: Exposition II. Fragestellung 1. Beobachtungen, S. 8.
[441] Siehe 1. Homo sociologicus c) Ausfüllung einer Rolle, S. 75 ff.

Kapitel 3

Konkretion

Nachdem die sozialtheoretische Exploration gezeigt hat, dass ein amtsgemäßes Handeln höchst voraussetzungsreich und damit unwahrscheinlich ist, soll im Folgenden (Kapitel 4) untersucht werden, wie ein Amtswesen ausgestaltet werden kann, um amtsgemäßes Handeln wahrscheinlich zu machen und das Amtsparadox zu bewältigen. Doch zuvor ist dem Umstand Rechnung zu tragen, dass das Amt als formale Struktur in vielfältigen Zusammenhängen vorkommt und die Frage, was unter amtsgemäßem Handeln überhaupt zu verstehen ist, nicht abstrakt zu beantworten ist. Darum ist zunächst der Untersuchungsgegenstand einzugrenzen (I.) und sein Kontext zu bestimmen (II., III.).

I. Gegenstand

Das Kernproblem des Amtes, dass jemand für einen anderen handelt, stellt sich in jeder *Principal-Agent*-Konstellation, wie sie vielfältig zu finden ist. Entsprechend vielfältig ist auch die Verwendung des Amtsbegriffs.[1] Letztlich ist es eine Frage zweckmäßiger Terminologie.[2] Dabei scheint es wenig sinnvoll, den Begriff des Amts von vornherein auf bestimmte Konstellationen einzuschränken, wie dies oft in der Weise geschieht, dass nur das öffentliche oder staatliche Amt als solches anerkannt wird.[3] Eher noch könnte man daran anknüpfen, dass das Amt mit einem Gemeinwesen in Zusammenhang steht, wobei der Begriff an dieser Stelle nicht scharf abgegrenzt zu werden braucht. Unter einem Gemeinwesen sei hier recht allgemein ein sozialer Verband verstanden, dem Menschen – meist mit einer gewissen Zwangsläufigkeit – angehören und ausgesetzt sind.[4] Es handelt

---

[1] *Battis*, Amt, staatlich, Sp. 47 f.; *Heintzen*, Amtsprinzip, Rn. 14 ff.

[2] *R. Dreier*, Das kirchliche Amt, S. 137 f.

[3] So aber *Isensee*, Gemeinwohl und öffentliches Amt, S. 101; *Köttgen*, Das anvertraute öffentliche Amt, S. 143 ff.; *Leisner*, Öffentliches Amt und Berufsfreiheit, S. 188, 198 f. = 28, 39; *Loschelder*, Vom besonderen Gewaltverhältnis, S. 248 ff. (280); *Scheuner*, Amt und Demokratie, S. 32; *Vogt*, Verzicht, S. 25; letztlich auch *Heintzen*, Amtsprinzip, Rn. 21.

[4] Vgl. *Heyen*, Amt und Rationalität, S. 52: »›Gemeinwesen‹ soll hier daher […] eine zeit- und personenübergreifende Handlungsstruktur bezeichnen, allerdings […] eine Handlungsstruktur, die normativ und faktisch kollektive Identität stiftet. Unter einen solchen Begriff des Gemeinwesens fallen nicht nur Staaten im engeren Sinne.« Da der Begriff der »kollektiven Identität« jedoch mannigfache Implikationen birgt, will ich diese Formulierung vorerst nicht übernehmen. Vgl. *Isensee*, Gemeinwohl und öffentliches Amt, S. 19 ff., der unmittelbar auf den Staat als Einheit von Bürgerschaft und Herrschaft abstellt. Vgl. *M. Weber*, Soziologie, MWG I/23, S. 212 = WuG, S. 29: »Politischer Verband soll ein Herrschaftsverband dann und insoweit heißen, als

sich dabei um eine Manifestation der »ärgerlichen Tatsache der Gesellschaft«[5]. Diese Anknüpfung weist jedenfalls über den Staat hinaus, denn das Gemeinwesen ist nicht vollständig im Staat abgebildet und außer dem Staat gibt es noch weitere Gemeinwesen in diesem weiteren Sinne wie z. B. Religionsgemeinschaften.[6]

Gleichwohl ist es angebracht zu differenzieren. Eine Systematisierung kann sich an den Aspekten orientieren, die beim Prinzipal zu unterscheiden sind:[7] Wer überträgt das Amt? Wessen Interesse ist der Amtsträger vor allem verpflichtet? Wem ist er verantwortlich? Danach lassen sich private, öffentliche und staatlich begründete Ämter unterscheiden.

1. Privates Amt

Als private Ämter sollen diejenigen bezeichnet werden, die von Personen des Privatrechts übertragen, in ihrem Interesse wahrgenommen werden und ihnen gegenüber verantwortlich sind.[8] In Betracht kommen alle Verhältnisse der Stellvertretung sowie Schuldverhältnisse wie Auftrag, Dienstvertrag und Geschäftsführung ohne Auftrag sowie Funktionen der gesellschaftlichen Selbstorganisation nach dem Vereins- und Gesellschaftsrecht.[9] Die rechtlichen Regelungen dienen hier vor allem dem Schutz dieser Privatinteressen. Das schließt nicht aus, dass an ein privates Amt weitere Verbindlichkeiten in öffentlichem Interesse angelagert werden. Zu denken ist an die Gewährleistung der Sicherheit des Rechtsverkehrs, Verpflichtungen zum Schutz der öffentlichen Sicherheit und Ordnung oder Melde- und Abgabepflichten. Diese haben jedoch sekundäre Bedeutung. Das Amt wird nicht um dieser Pflichten willen eingerichtet und übertragen, sondern allenfalls, um den privatrechtlichen Rechtsträger bei ihrer Wahrnehmung zu entlasten und so seinen Interessen zu dienen.

2. Öffentliches Amt

Die zwischen den privaten und den staatlichen Ämtern liegenden öffentlichen Ämter zeichnen sich dadurch aus, dass Übertragung, Interesse und Verantwortlichkeit in unterschiedlicher Weise der privaten und der öffentlichen Sphäre

---

sein Bestand und die Geltung seiner Ordnungen innerhalb eines angebbaren geographischen Gebiets kontinuierlich durch Anwendung und Androhung physischen Zwangs seitens des Verwaltungsstabes garantiert werden. Staat soll ein politischer Anstaltsbetrieb heißen, wenn und insoweit sein Verwaltungsstab erfolgreich das Monopol legitimen physischen Zwanges für die Durchführung der Ordnungen in Anspruch nimmt.«

[5] *Dahrendorf*, Homo sociologicus, S. 21.

[6] *Heyen*, Zum Amtsbegriff, S. 278; zur Unterscheidung von Staat und Gesellschaft siehe II. Hintergrundannahmen 2. Staat und Gesellschaft, S. 100.

[7] Siehe Kapitel 1: Exposition III. Zugang 3. Elementarstruktur a) Unterscheidung von A und P, S. 25.

[8] Ausführlich zum privaten Amt *Jacoby*, Das private Amt, S. 161 ff. und passim; die Abgrenzung von privatem und öffentlichem Amt S. 171 ff. wird hier zugunsten der im Folgenden dargestellten dreistufigen Unterteilung jedoch nicht übernommen; vgl. *Loschelder*, Vom besonderen Gewaltverhältnis, S. 291 ff.

[9] Vgl. *R. Dreier*, Das kirchliche Amt, S. 125 f.

zugeordnet werden können. Die privatrechtliche Organisationsform schließt die Annahme eines öffentlichen Amtes dabei nicht aus.[10]

Dabei bildet die Stellung der Eltern nach Art. 6 Abs. 2 GG einen interessanten Sonderfall.[11] Dieses »Amt« ist zum Wohl des Kindes, also privatnützig auszuüben. Es wird – in dieser Form singulär – durch eine Verfassungsnorm als naturgegeben vorausgesetzt, bedarf also keiner Übertragung. Art. 6 Abs. 2 GG positiviert nach seinem Wortlaut lediglich ein ohnehin bestehendes Rechtsverhältnis. Und es wird im Interesse des Kindes ein besonderes Wächteramt des Staates institutionalisiert, d. h. die Verantwortlichkeit für das privatnützige Amt ist öffentlich strukturiert. Die wesentliche Aussage von Art. 6 Abs. 2 GG bleibt jedoch, dass es vor allem die Eltern sind, denen das Wohl des Kindes anvertraut ist. Sie sind es, die dies zu beurteilen, zu artikulieren und durchzusetzen haben. Das Elternrecht nach Art. 6 Abs. 2 GG stellt keine Einschränkung der Rechte des Kindes, sondern als »fiduziarisches Recht« den Modus ihrer Wahrnehmung dar.[12]

Als öffentlich, aber nicht staatlich sind vor allem diejenigen Ämter zu klassifizieren, die von gesellschaftlichen Organisationen verliehen werden und nicht nur den Interessen dieser Organisationen, sondern auch dem Gemeinwohl dienen.[13] Dies kann letztlich bei jeder gemeinnützigen Organisation angenommen werden, ohne dass stets die Bezeichnung als öffentliches Amt angemessen erscheint. So stehen bei vielen Organisationen bestimmte Privat- und Partikularinteressen im Vordergrund, die zwar gemeinnützig sind, aber nicht notwendigerweise darum verfolgt werden. Auch liegt eine wie auch immer verstandene öffentliche Indienstnahme oft nicht im Interesse der Organisation. Die Übergänge von privater zu öffentlicher Sphäre sind darum fließend. Dem Grundgesetz lassen sich vor allem drei Formationen entnehmen, bei denen die besondere öffentliche Funktion gesellschaftlicher Organisationen anerkannt wird, die darum auch einem besonderen Regime unterworfen werden:

(1) Nach Art. 9 Abs. 3 GG werden Vereinigungen zur Wahrung und Förderung der Arbeits- und Wirtschaftsbedingungen *(Koalitionen)* geschützt. Damit reagiert das Verfassungsrecht auf das Problem, dass bei der für das Privatrecht typischen individualistischen Betrachtung von besonderen Marktkonstellationen abgesehen stets ein Machtgefälle zwischen dem Arbeitgeber und dem einzelnen Arbeitnehmer besteht. Die gerechte Ausgestaltung der Arbeits- und Wirtschaftsbedingungen dient dem Gemeinwohl und ist ein Gebot des Sozialstaatsprinzips.

---

[10] Vgl. *Köttgen*, Das anvertraute öffentliche Amt, S. 134 f.; *Loschelder*, Vom besonderen Gewaltverhältnis, S. 293 ff.; zur Einbeziehung »intermediärer Gewalten« in ein breiter angelegtes Konzept von Gewaltenteilung *Cornils*, Gewaltenteilung, Rn. 16.

[11] Vgl. *Jacoby*, Das private Amt, S. 169 m. w. N., der die elterliche Sorge auf der Grundlage von §§ 1626 ff. BGB jedoch nicht als Amt, sondern als Recht qualifiziert. Art. 6 Abs. 2 GG, der neben dem Recht auch die Pflicht herausstellt, legt m. E. zumindest eine amtsähnliche Deutung nahe.

[12] *Uhle* in: Epping/Hillgruber, GG, Art. 6 Rn. 48; exemplarisch die Debatte über die religiös motivierte Beschneidung von Jungen, dazu *Unruh*, Religionsverfassungsrecht, Rn. 71 m. w. N.

[13] Vgl. zur korrespondierenden Figur der öffentlichen, nicht-staatlichen Aufgaben *Brenner*, Staatsaufgaben, Rn. 23 f.

Doch statt diesen Bereich selbst zu regeln, überlässt der Staat dies den Gewerkschaften und Arbeitgeberverbänden, denen generell zugetraut wird, durch die Bündelung von Interessen als Koalitionen zu ausgewogenen Regelungen durch Tarifvertrag zu kommen.[14]

(2) Durch Art. 140 GG sind besondere Bestimmungen über *Religionsgesellschaften* dem Grundgesetz inkorporiert. Die Kernvorschrift ist Art. 137 Abs. 3 WRV, wonach jede Religionsgesellschaft ihre Angelegenheiten selbständig innerhalb der Schranken des für alle geltenden Gesetzes regelt. Nach Satz 2 verleiht sie »ihre Ämter« ohne Mitwirkung des Staates oder der bürgerlichen Gemeinde.[15] Verschiedene weitere Bestimmungen knüpfen an den Tatbestand der Religionsgesellschaft oder -gemeinschaft[16] an, so Art. 7 Abs. 3 GG für den Religionsunterricht als ordentliches Lehrfach und Art. 140 GG i. V. m. Art. 141 WRV für die Anstaltsseelsorge. Darin wird bereits eine besondere öffentliche Bedeutung der Religionsgesellschaften erkennbar.[17]

Diese schlägt sich auch im Status als Körperschaft des öffentlichen Rechts *(sui generis)* nieder, den Religionsgesellschaften nach Art. 140 GG i. V. m. Art. 137 Abs. 5 WRV innehaben können.[18] Dieser ist einerseits ein Mittel zur effektiven Verwirklichung der korporativen Religionsfreiheit. Andererseits kann in ihm eine verfassungsunmittelbare Gemeinwohlvermutung erkannt werden.[19] Jedenfalls knüpft das einfache Recht verschiedentlich an den Körperschaftsstatus in diesem Sinne an. Zu nennen sind beispielsweise die Anerkennung als Träger der freien Jugendhilfe nach § 75 Abs. 3 SGB VIII und das Berücksichtigungsgebot nach § 1 Abs. 6 Nr. 6 BauGB.[20] Die öffentliche Bedeutung der Religionsgesellschaften findet zudem ihren Ausdruck im Abschluss religionsrechtlicher Verträge.[21]

(3) An der Schwelle zwischen gesellschaftlicher und staatlicher Sphäre stehen die Parteien nach Art. 21 GG. Sie »wirken bei der politischen Willensbildung des Volkes mit« und sind die Agenten der Verklammerung von Staat und Gesellschaft.[22] Sie wurzeln in der Gesellschaft, nehmen aber als deren Repräsentanten eine staatswesentliche Funktion wahr, indem sie politische Willensbildung in staatliche Entscheidungspraxis transformieren.[23] Bei den handelnden Personen ist dabei zu unterscheiden, ob sie als Funktionär ihrer Partei oder in Wahrnehmung

---

[14] *Kemper* in: von Mangoldt/Klein/Starck, GG, Art. 9 Rn. 82 f.

[15] Diese Bestimmung gibt zu erkennen, dass in der Verfassung der Begriff des Amtes nicht allein für staatliche Ämter verwendet wird. Sie dürfte zudem ein Reflex des Umstandes sein, dass das kirchliche für das staatliche Ämterrecht Vorreiterfunktion gehabt hat; siehe II. Hintergrundannahmen 1. Relevanz, S. 98, Fn. 32.

[16] Die Begriffe können im Wesentlichen äquivok verwendet werden.

[17] *Heinig*, Öffentlich-rechtliche Religionsgesellschaften, S. 203 ff.

[18] Dazu BVerfGE 102, 370 (»Zeugen Jehovas«).

[19] *Germann* in: Epping/Hillgruber, GG, Art. 140 Rn. 69; *Magen*, Kirchen als Körperschaften des öffentlichen Rechts, Rn. 12.

[20] Weitere Hinweise bei *A. von Campenhausen/de Wall*, Religionsverfassungsrecht, § 30 Rn. 37; *Germann* in: Epping/Hillgruber, GG, Art. 140 Rn. 98.1.

[21] *Mückl*, Verträge zwischen Staat und Kirchen, passim.

[22] Siehe II. Hintergrundannahmen 2. Staat und Gesellschaft, S. 100.

[23] *Möllers*, Staat als Argument, S. 334 ff.; *Streinz* in: von Mangoldt/Klein/Starck, GG, Art. 21 Rn. 8 ff. (17).

eines staatlichen Amtes oder Mandats agieren. Die Funktionäre der Parteien nehmen als solche bereits eine wesentliche Funktion für das Gemeinwesen wahr, so dass ihre Position auch als öffentliches Amt klassifiziert werden kann. Durch die Wahl in ein Parlament oder Eintritt in eine Regierung wird die Grenze zwischen Gesellschaft und Staat überschritten und ein staatliches Amt übernommen.

3. Staatliches Amt

Das staatliche Amt zeichnet sich dadurch aus, dass es durch den Staat verliehen wird und staatlichen bzw. öffentlichen Interessen dient. Dabei können vier Bereiche unterschieden werden.

(1) Staatliche Ämter finden sich vor allem im Zusammenhang der unmittelbaren Staatstätigkeit in Legislative, Exekutive und Judikative (Art. 20 Abs. 2 S. 2 GG) durch Organe der Staatsleitung[24], Behörden[25] und Gerichte.

(2) Staatliche Ämter finden sich auch im Bereich der mittelbaren Staatsverwaltung durch öffentlich-rechtliche Körperschaften, Anstalten und Stiftungen, die in rechtlich selbständiger Form staatliche Aufgaben wahrnehmen.[26] Einige Einrichtungen wie Rundfunkanstalten und Universitäten werden geschaffen, um die Verwirklichung von Grundrechten zu ermöglichen und staatliche wie gesellschaftliche Einflussnahme zu bändigen.[27] Dann ist jeweils besonders zu prüfen, inwieweit Amtsträger nicht nur grundrechtsverpflichtet, sondern auch selbst -berechtigt sind.[28]

(3) Zu den staatlichen Ämtern in einem weiteren Sinne können diejenigen suprastaatlicher Organisationen gezählt werden, die aufgrund staatlichen Übertragungsaktes Hoheitsrechte wahrnehmen. Hierzu zählen vor allem die Ämter der Europäischen Union (Art. 23 Abs. 1 S. 2 GG).[29]

(4) Durch Beleihung können auch Private mit der Wahrnehmung hoheitlicher Aufgaben und insofern mit der Wahrnehmung eines staatlichen Amts betraut werden. Im Zusammenhang der Verwaltungsmodernisierung werden darüber hinaus unterschiedliche Formen der Einbindung externen Personals (Organisations- und funktionale Privatisierung, externe Beratung) erprobt. Dabei ist jedoch die Privatisierungsschranke des Art. 33 Abs. 4 GG zu beachten.[30]

Im Folgenden geht es um das staatliche Amt, wobei prinzipiell alle Funktionsbereiche einbezogen sind. Der Blick fällt jedoch meist zuerst auf das exekutive Amt der unmittelbaren Staatsverwaltung. Das hat insofern seine Berech-

---

[24] Die Frage, ob auch Abgeordnete ein Amt wahrnehmen, mag an dieser Stelle noch dahinstehen.

[25] Vgl. § 1 Abs. 4 VwVfG: »Behörde [...] ist jede Stelle, die Aufgaben der öffentlichen Verwaltung wahrnimmt.«

[26] *H. Dreier*, Hierarchische Verwaltung, S. 228 ff.

[27] *H. Dreier*, Hierarchische Verwaltung, S. 236 f., 240 f.

[28] Vgl. *Muckel*, Wandel des Verhältnisses von Staat und Gesellschaft, S. 253 ff.

[29] *Voßkuhle/Kaiser*, Personal, Rn. 50 ff.

[30] *Voßkuhle/Kaiser*, Personal, Rn. 44 ff.; auch *Hense* in: Epping/Hillgruber, GG, Art. 33 Rn. 31.

tigung, als die einschlägigen Probleme dort in geradezu prototypischer Weise in Erscheinung treten. Für das legislative und das judikative Amt können sich ebenso Besonderheiten ergeben wie für das mittelbare Staatsamt oder das suprastaatliche Amt. Auf diese ist vor allem dann einzugehen, wenn die Spezialität der Anschaulichkeit dient. Eine vollständige Darstellung kann und braucht hier nicht geleistet zu werden.

II. Hintergrundannahmen

1. Relevanz

In dieser verfassungstheoretischen Studie geht es sinnfälligerweise um das Amt im Verfassungsstaat, also um das durch die Verfassung formatierte Staatsamt. Da es sich beim Amt um eine vielseitig verwendbare Institution handelt, kommt es für das rechte Verständnis auf den jeweiligen Kontext an. Das Amt ist eine Institution, die es bereits vor der Herausbildung des modernen Staates gegeben hat.[31] Es hat Wurzeln in der Antike, erfuhr eine wesentliche Ausprägung durch das mittelalterliche kanonische Recht und wurde allmählich auf staatliche Herrschaft übertragen.[32] Inwieweit es auch lehnsrechtliche Wurzeln hat, mag hier dahinstehen.[33]

Das Amt kann mit unterschiedlichen Staatsformen verbunden sein und erhält durch diese jeweils ein spezifisches Gepräge.[34] Beim Wechsel der Staatsformen und Verfassungsordnungen tritt darum die Frage von Kontinuität und Diskontinuität eines Ämterwesens zutage.[35] Die Vorstellungen über das Verhältnis von Staat und Gesellschaft (2.) und dasjenige von Staat und Verfassung (3.) prägen als Hintergrundannahmen das Verständnis des Amtes.[36] Dies zeigt sich schon an der Frage, worauf sich das Amt als Dienst- und Treueverhältnis bezieht: auf einen Monarchen, die Regierung, den Staat als Organisationszusammenhang, die Verfassung oder den Staat als Gemeinwesen. Gerade hierin hat es im Wechsel der Staats- und Verfassungsordnungen charakteristische Wandlungen gegeben.[37]

Die Relevanz der Hintergrundannahmen zeigt sich in der Literatur an verschiedenen Stellen. Zum einen ist da eine eigentümliche Ambivalenz: Auf der

---

[31] Pathetisch *Isensee*, Gemeinwohl und öffentliches Amt, S. 2: »die tiefste Schicht in den Tiefenschichten des Verfassungstaates«.

[32] *Isensee*, Das Amt als Medium des Gemeinwohls, S. 243 ff.; *ders.*, Das antiquierte Amt, S. 44 ff.; *Roßbach*, Das Personal der Republik, S. 34 ff.; *Scheuner*, Amt und Demokratie, S. 14 ff.; *Schuppert*, Über Herrschaft, S. 76 ff.

[33] Dazu *Wilde*, Amt, Sp. 208 ff.

[34] Vgl. *Hennis*, Amtsgedanke und Demokratiebegriff, S. 54, 61 ff.; *Kielmannsegg*, Das Experiment der Freiheit, S. 61; *Köttgen*, Das anvertraute öffentliche Amt, S. 120; begriffsgeschichtlich *Fusco/Koselleck/Schindling/Wolter/Wunder*, Verwaltung, Amt, Beamter, passim.

[35] *Roßbach*, Das Personal der Republik, S. 11 ff.; historisch *Gerber*, Entwicklung und Reform des Beamtenrechts, S. 4.

[36] Siehe auch Kapitel 1: Exposition III. Zugang 2. Umsetzung a) Politizität, S. 19.

[37] *Böckenförde*, Rechtsstaatliche politische Selbstverteidigung, S. 18 ff.; *Schulz*, Gemeinwohlinteresse und Amtswürde, S. 111; *Studienkommission*, Bericht, Rn. 27 ff., 46; *Summer*, Die hergebrachten Grundsätze des Berufsbeamtentums, S. 3 f. = 183 ff.

einen Seite wird die Vereinbarkeit von Amtsprinzip und Demokratie von vielen Autoren stillschweigend vorausgesetzt. Das ›Amt‹ wird zwar als vor-, aber nicht als undemokratisch wahrgenommen. Es hat eher mit einer bestimmten Form von Rationalität zu tun. Auf der anderen Seite wird die Vereinbarkeit von den »Klassikern« explizit problematisiert, wenn auch letztlich bejaht.[38] Zum anderen erscheint das »Amt« bei manchen Autoren als ein Dignitätsbegriff und dient dazu, dem Staat gewissermaßen ontische Qualität zu vermitteln. Das Amt dient der Sicherung des staatlichen Selbststandes gegenüber der Gesellschaft.[39] Besonders ausgeprägt ist dies bei *Krüger*, der das Amt neben dem Gesetz als gleichursprünglich durch den Souverän gegründet sieht. Die Amtsgewalt ist damit nicht auf das Gesetz gegründet, einem Vorrang des Gesetzes nicht unterworfen, sondern selbständig und zu eigener Normsetzung befugt.[40] Es zeigt sich aber auch in der Abgrenzung des staatlichen Amtes gegenüber dem in der Gesellschaft radizierten Mandat des Abgeordneten[41] und der Bestreitung oder Infragestellung außerstaatlicher Ämter[42].

Die Relevanz der Hintergrundannahmen tritt auch bei einem Vergleich der Senatsentscheidung des Bundesverfassungsgerichts zum Kopftuch der Lehrerin und der abweichenden Meinung vom 24. September 2003 zutage.[43] Während die Senatsmehrheit vom Recht auf gleichen Zugang zu jedem öffentlichen Amt (Art. 33 Abs. 2 GG) und der Religionsfreiheit (Art. 4 Abs. 1 und 2 GG) der Lehrerin ausgeht[44] und diese mit den widerstreitenden Verfassungsgütern des staatlichen Erziehungsauftrags (Art. 7 Abs. 1 GG), »der unter Wahrung der Pflicht zu weltanschaulich-religiöser Neutralität zu erfüllen ist«, des Erziehungsrechts der Eltern (Art. 6 Abs. 2 GG) und der negativen Religionsfreiheit der Schüler (Art. 4 Abs. 1 und 2 GG) in Ausgleich zu bringen sucht,[45] setzt die Senatsminderheit mit einer »funktionelle[n] Begrenzung des Grundrechtsschutzes für Beamte« an; wenn Beamten Dienstpflichten auferlegt werden, gehe es nicht »um Eingriffe in die staatsfreie Gesellschaft«.[46] Die Grundrechte von Beamten seien »von vornherein nur insoweit gewährleistet, als sie mit diesen Sachgesetzlichkeiten [die sich aus der Nähebeziehung zum Staat ergeben] vereinbar sind.«[47] Entscheidungsgründe und abweichende Meinung sind durch unterschiedliche Vorannahmen über das Verhältnis von Staat und Gesellschaft bestimmt, die sich unmittelbar auf den Problemzugriff auswirken und letztlich auch das Ergebnis bestimmen.

---

38 *Hennis*, Amtsgedanke und Demokratiebegriff, passim; *Pirson*, Das öffentliche Amt, passim; *Scheuner*, Amt und Demokratie, passim.

39 Vgl. *Isensee*, Staat und Verfassung, Rn. 131; *ders.*, Die Staatlichkeit der Verfassung, Rn. 51.

40 *H. Krüger*, Allgemeine Staatslehre, S. 260 ff.

41 *Battis*, Amt, staatlich, Sp. 47.

42 *Köttgen*, Das anvertraute Amt, S. 143 ff.; *Leisner*, Öffentliches Amt und Berufsfreiheit, S. 198 f. = 39 und passim.

43 BVerfGE 108, 282 mit abweichender Meinung der Richter Jentsch, Di Fabio und Mellinghoff, 314.

44 BVerfGE 108, 282 (295 ff.).

45 BVerfGE 108, 282 (299 ff.).

46 BVerfGE 108, 282 (315).

47 BVerfGE 108, 282 (317).

2. Staat und Gesellschaft

Die Debatte um das Verhältnis von Staat und Gesellschaft ist vor allem in den ersten Jahrzehnten der Bundesrepublik lebhaft geführt worden.[48] Inzwischen gilt sie als »abgeebbt bzw. abgeflacht« – allerdings nicht »erledigt oder geklärt«; dabei kann unter ›Staat‹ und ›Gesellschaft‹ unterschiedliches verstanden werden, so dass die Auseinandersetzung »gelegentlich einem Schattenfechten [gleicht]«.[49] In der ursprünglichen Entgegensetzung bezeichnete ›Staat‹ den um die Person des Monarchen konzentrierten Machtapparat und ›Gesellschaft‹ eine Sphäre bürgerlicher Entfaltung in Geselligkeit, Bildung, Religion und Ökonomie, die von staatlichen Einflüssen möglichst freizuhalten sei. Das vor allem als Trennung gedachte Verhältnis beider ist dann durch das Instrument der Verfassung reguliert worden. Der Machtapparat wurde im Konstitutionalismus des 19. Jahrhunderts rechtsstaatlichen Bindungen unterworfen, der Gesellschaft durch die Einrichtung von Parlamenten ein definierter Einfluss auf staatliche Entscheidungen ermöglicht, soweit diese auf Eingriffe in die gesellschaftliche Sphäre, also Freiheit und Eigentum, gerichtet waren. Parlamente wurden seinerzeit der Gesellschaft und nicht dem Staat zugerechnet.[50]

Mit dem Übergang zur demokratischen Republik entstand eine Symbiose von Staat und Gesellschaft, indem die Legitimität staatlichen Handelns gesellschaftlich radiziert wurde.[51] Durch das nunmehr als staatliches Organ verstandene Parlament erhielt die Gesellschaft umfassenden Einfluss auf den Staat, der seinerseits nicht bloß als Machtapparat oder Organisationszusammenhang, sondern als Inbegriff des Gemeinwesens verstanden werden konnte.[52] Die Unterscheidung von Staat und Gesellschaft findet ihren Ausdruck darin, dass der Bürger als ›Citoyen‹ Teilhaber der staatlichen Gewalt ist und ihr als ›Bourgeois‹ als freiheitsberechtigtes Subjekt gegenübertritt.[53] Dem entspricht die Unterscheidung der »civitas als Souverän staatlicher Gewalt und als societas selbstverantwortlicher freier Menschen«.[54]

Eine zunehmende Verflechtung von Staat und Gesellschaft hat sich durch eine erhebliche Ausdehnung des staatlichen Handelns und die Diversivizierung der

---

[48] *F. Günther*, Denken von Staat her, S. 54ff., 235ff., 249ff., 315ff.; siehe die Beiträge bei *Böckenförde*, Staat und Gesellschaft, passim; zur Kontroverse auch *Stolleis*, Geschichte des öffentlichen Rechts, Bd. 4, S. 356ff.; eine Außensicht bei *Benz*, Der moderne Staat, S. 77ff.; zusammenfassend *Kahl*, Die rechtliche Bedeutung, S. 722f. m. w. N.

[49] *Rupp*, Die Unterscheidung von Staat und Gesellschaft, Rn. 1; vgl. *Grimm*, Staat und Gesellschaft, S. 17f., 20f.

[50] *Böckenförde*, Die Bedeutung der Unterscheidung von Staat und Gesellschaft, S. 211ff. = 396ff.; *Rupp*, Die Unterscheidung von Staat und Gesellschaft, Rn. 3ff.

[51] *Isensee*, Subsidiaritätsprinzip und Verfassungsrecht, S. 150.

[52] Namentlich bei Schmitt und Smend erscheint der Staat als ein die Gesellschaft konsumierender Totalitätsbegriff, wobei Schmitt vor allem an den Krisenphänomenen, Smend an der Normallage staatlicher und gesellschaftlicher Realität interessiert ist, während Kelsen andererseits um der Reinheit der Rechtslehre willen Staat mit Recht identifiziert und alle sozialen Phänomene ausklammert. Vgl. zu den Ansätzen von Schmitt und Smend *F. Günther*, Denken vom Staat her, S. 34ff.

[53] Klassisch *Smend*, Bürger und Borgeois im deutschen Staatsrecht, passim.

[54] *Rupp*, Die Unterscheidung von Staat und Gesellschaft, Rn. 17ff. (25).

Handlungsformen ergeben. So wurden Eingriffe in die Privatautonomie, Interventionen in das Wirtschaftsleben und der Ausbau zum Sozial- und Wohlfahrtsstaat nötig, um freiheitsgefährdenden Fehlentwicklungen zu steuern. An die Seite des einseitigen hoheitlichen Handelns sind zunehmend kooperative und partizipative Handlungsformen getreten, die eine zunehmende Vernetzung von Staat und Gesellschaft bewirken. Hinzu kommt die Privatisierung von Staatsaufgaben.[55] Diese Ausweitung staatlicher Tätigkeit, die Diversivizierung der Handlungsformen und die damit einhergehend zunehmende Interdependenz von Staat und Gesellschaft erfordern eine differenziertere Verhältnisbestimmung, die sich weder in Trennung noch Identifikation beider Größen erschöpft.[56]

Dabei können typologisch zwei Ansätze gegenübergestellt werden. Der *eine* Ansatz sieht trotz der Differenzierung den Staat als die der Gesellschaft übergeordnete Größe.

»Staat und Gesellschaft stellen sich heute nicht mehr als autarke Organisationen dar, sondern als eine dialektische Einheit. In dieser dialektischen Zuordnung, die Diversität und Identität umschließt, bildet der Staat die Antithese zur Gesellschaft und die umgreifende einheitsstiftende Synthese.«[57]

Diese Bestimmung erscheint paradox, wenn ihr ein einheitlicher Begriff von »Staat« unterstellt wird. Es dürfte jedoch unter »Staat« wohl im einen Fall (»Antithese«) der Organisationszusammenhang, im anderen Fall (»Synthese«) das Gemeinwesen zu verstehen sein. Löst man diese Äquivokation auf, gelangt man zu dem *anderen* Ansatz. Dieser knüpft an die Systemtheorie an[58] und begreift die Gesellschaft als das umfassende System und den Staat als das Organisationssystem, in dem die Funktionssysteme Politik und Recht für ein bestimmtes Gebiet miteinander gekoppelt werden.[59] Dieser Ansatz ermöglicht es, Staat und Gesellschaft zu unterscheiden und zugleich ihre Wirkungsbeziehungen zu erfassen.[60] Außerdem können sie mit anderen Funktionssystemen wie Wirtschaft und Wissenschaft ins Verhältnis gesetzt werden.[61] Die differenzierte Zuordnung ist Aufgabe von Verfassung und Gesetz.[62]

---

[55] *Grimm*, Staat und Gesellschaft, S. 21 ff.; *Rupp*, Die Unterscheidung von Staat und Gesellschaft, Rn. 55 f.; siehe auch *Böckenförde*, Die Bedeutung der Unterscheidung von Staat und Gesellschaft, S. 233 ff. = 420 ff.

[56] Siehe auch *Böckenförde*, Die Bedeutung der Unterscheidung von Staat und Gesellschaft, S. 219 ff. = 405 ff.

[57] *Isensee*, Subsidiaritätsprinzip und Verfassungsrecht, S. 154.

[58] *Möllers*, Der vermisste Leviathan, S. 79.

[59] *Hesse*, Unterscheidung von Staat und Gesellschaft, S. 439 = 490; *Möllers*, Staat, S. 1270, wenn auch mit Zurückhaltung im Hinblick auf durch das Common Law geprägte Rechtskulturen; siehe Kapitel 4: Rekonstruktion I. Programm 3. Interpreten b) Politik, S. 131.

[60] Siehe auch zur Hervorbringung sozialer Tatsachen, wie z. B. den Staat, durch gesellschaftliches Handeln Kapitel 2: Exploration I. Allgemeine Handlungstheorie 1. Soziales Handeln c) Handeln und Struktur, S. 33.

[61] Siehe Kapitel 2: Exploration II. Organisation und Person – systemtheoretisch 2. Organisation als System b) Soziale Systeme, S. 56.

[62] *Grimm*, Staat und Gesellschaft, S. 14; *Hesse*, Unterscheidung von Staat und Gesellschaft, S. 439 f. = 491 ff.; vgl. *Rupp*, Die Unterscheidung von Staat und Gesellschaft, Rn. 42 f.

»Der Unterschied zwischen Staat und Gesellschaft in einer freiheitlichen Demokratie ist [...] mehr ein funktionaler: Der auf Hervorbringung von Staatsgewalt gerichtete Wirkungsbereich organisierter und institutionalisierter Staatlichkeit ist auf Herrschaft, auf politische Gemeinwohlbestimmung und Regierungsfähigkeit, letzlich auf Bindung und Rechtsgehorsam angelegt [...]. Der ›gesellschaftliche‹ Bereich dagegen ist – entsprechend dem Status libertatis der Einzelperson – das Feld pluralistischer Vielfalt, individuellen Beliebens, persönlicher Meinung, Wertvorstellung und Weltanschauung, der Bereich der freien Entfaltung und Selbstbestimmung der Persönlichkeit.«[63]

Während der demokratische Verfassungsstaat umfassende kollektive Selbstbestimmung ermöglicht, ist die Gesellschaft die Sphäre individueller Selbstbestimmung, die kollektives Wirken nicht ausschließt, aber stets auf Freiwilligkeit gründet. In der Polarität von Staat und Gesellschaft spiegelt sich diejenige von kollektiver und individueller Selbstbestimmung, von individueller und republikanischer Freiheit,[64] mithin von Sozialität und Individualität des Menschen, ohne dass diese in jener aufgeht. Die Unterscheidung von Staat und Gesellschaft – oder eine andere funktional äquivalente Unterscheidung[65] – ist nötig, um individuelle Freiheit sowohl gegen eine Übermächtigung durch den Staat, wie auch durch andere gesellschaftliche Mächte zu sichern. Denn Staat und Gesellschaft kommen beide zugleich als Hort der Freiheit und ihre Bedrohung in Betracht.[66]

Im Amt, durch das allein der Staat handlungsfähig wird, tritt dieser der Gesellschaft gegenüber. Im Hinblick auf den Amtsinhaber ist jedoch die Unterscheidung wesentlich, ob er als Amtswalter des Staates auf die staatliche Agenda verpflichtet und an Grundrechte gebunden oder als Bürger und Teil der Gesellschaft grundrechts- und partizipationsberechtigt ist. Beide Rollen sind in der Person vereinigt, in ihren Rechtsbeziehungen aber zu unterscheiden und zugleich wechselseitig zu berücksichtigen. So kann die Inpflichtnahme für das Amt durch den bürgerlichen Status ebenso begrenzt sein wie die bürgerliche Freiheit mit Rücksicht auf das Amt.[67]

3. Staat und Verfassung

Das Verhältnis von Staat und Verfassung wird virulent, weil das Amt als überzeitliches Strukturmoment des Staates verstanden wird. Es erscheint dann möglich, ihm ebenso wie diesem einen verfassungsunabhängigen Selbstand zuzuweisen.[68]

---

[63] *Rupp*, Die Unterscheidung von Staat und Gesellschaft, Rn. 26 f., ausführend Rn. 29 ff.

[64] *Gröschner*, Weil Wir frei sein wollen, S. 144.

[65] z. B. *Ehmke*, »Staat« und »Gesellschaft«, S. 25 f., 45 ff. = 244, 269 ff.: »civil society« – »government«; kritisch dazu *Böckenförde*, Die verfassungstheoretische Unterscheidung von Staat und Gesellschaft, S. 33.

[66] *Böckenförde*, Die Bedeutung der Unterscheidung von Staat und Gesellschaft, S. 225 ff. = 411 ff.; *Hesse*, Unterscheidung von Staat und Gesellschaft, S. 440 ff. = 494 ff.; *Möllers*, Freiheitsgrade, Tz. 34; *Möstl*, Staat, Rn. 21; *Muckel*, Wandel des Verhältnisses von Staat und Gesellschaft, S. 248; – *Esser*, Institutionen, S. 62: »Und nirgendwo ist der Zwang zur Konformität wohl größer als unter der Lebensweise der Non-Konformität.«

[67] Siehe Kapitel 4: Rekonstruktion II. Person, S. 154.

[68] Vgl. *Isensee*, Staat und Verfassung, Rn. 131; *ders.*, Die Staatlichkeit der Verfassung, Rn. 51.

Beim Begriff »Verfassung« können drei Bedeutungsebenen unterschieden werden: »Eine theoretische, die den Begriff ideengeschichtlich und legitimatorisch reflektiert, eine juristisch-normative, die ihn als Kategorie des positiven Rechts verwendet, und eine deskriptive, die ihn als Mittel zur Beschreibung von Institutionen benutzt.«[69] Es ist vor allem zwischen einem *empirischen* Begriff der Verfassung, der den Zustand eines Gemeinwesens beschreibt, und einem *normativen* zu unterscheiden, der die Konstitutions- und Legitimationsgrundlage hoheitlicher Gewalt bezeichnet. Historisch lässt sich eine Verschiebung vom empirischen zum normativen Verfassungsbegriff beobachten. Bezeichnete er zunächst den »Zustand eines Gemeinwesens, wie es sich als Produkt historischer Entwicklungen, tatsächlicher Verhältnisse und rechtlicher Festlegungen darstellte«, so wurde er ab der Mitte des 18. Jahrhunderts auf die rechtlichen Aspekte konzentriert und bezeichnete »den Zustand eines Gemeinwesens, soweit dieser rechtlich [...] geprägt war.« Mit den Revolutionen in Nordamerika und Frankreich »vollzog sich der Übergang vom eimpirischen zum normativen Verfassungsbegriff. Die Verfassung war nun das Gesetz, das die Einrichtung und Ausübung der Staatsgewalt regelte.«[70]

Für das Verhältnis von Staat und Verfassung können heute ausgehend vom normativen Verfassungsbegriff zwei Lesarten unterschieden werden.[71] Nach der einen (›*konservativen*‹) Lesart geht der Staat der Verfassung voraus und stellt »Grundlage und Bezugspunkt des Verfassungsrechts« dar.[72] »Wenn eine Verfassung einen Staat verfassen soll, dann muß sie die Staatlichkeit der von ihr zu verfassenden Gruppe voraussetzen.«[73] Nach der anderen (›*liberalen*‹) Lesart ist die Verfassung das »Fundament des Staates« und bringt diesen allererst hervor. »Der Staat ist vollständig von der Verfassung abgeleitet, gerade auch in seiner Existenz.«[74] Im Hintergrund stehen unterschiedliche Traditionen und Verfassungstypen. Der *herrschaftsbegründende* Verfassungstyp ist durch die Revolutionen in Nordamerika und Frankreich entstanden. Für diese ist der fundamentale Bruch mit der bisherigen Herrschaft prägend. Wegen dieser Diskontinuität wurde die individuelle Freiheit zum systematischen Bezugspunkt und die verfassungsgebende Gewalt des Volkes zur Grundlage. Die Rechtserzeugung wird umfassend demokratisch politisiert. »In der Ordnung der revolutionären Verfassungen bedarf jegliche Form von Herrschaftsausübung einer systemimmanenten Form

---

[69] *Möllers*, Verfassunggebende Gewalt, S. 228.

[70] *Grimm*, Entwicklung und Funktion des Verfassungsbegriffs, S. 204 f.; wohl äquivok verwendet bei *Depenheuer*, Funktionen der Verfassung, Rn. 16.

[71] *Möstl*, Staat, Rn. 14.

[72] *Heun*, Verfassungsordnung, S. 3; *Hofmann*, Vom Wesen der Verfassung, S. 8; so *Böckenförde*, Begriff und Probleme des Verfassungsstaates, S. 144 f. = 136 ff.; *Isensee*, Staat und Verfassung, Rn. 6 ff.; *Kirchhof*, Die Identität der Verfassung, Rn. 25 f.; bemerkenswert *Depenheuer*, Funktionen der Verfassung, Rn. 15: »Eine Verfassung bedarf eines existent gedachten Gegenstandes, den sie verfassen, d. h. konstituieren [!] kann.«

[73] *H. Krüger*, Verfassungsvoraussetzungen und Verfassungserwartungen, S. 293.

[74] *Heun*, Verfassungsordnung, S. 3 (Zitat); *Grimm*, Ursprung und Wandel der Verfassung, Rn. 68 = S. 45; *Hofmann*, Vom Wesen der Verfassung, S. 7.

der Rechtfertigung, die von der Verfassung definiert wird.«[75] Der *herrschaftsformende* Verfassungstyp, wie er historisch in England und Deutschland auszumachen ist, modifiziert bereits bestehende Herrschaft, indem der Monarchie eine Repräsentativkörperschaft zugeordnet wird, deren Kompetenzen allmählich zunehmen. Politik wird durch die Verfassung zunehmend verrechtlicht.[76]

Einen Wechsel vom herrschaftsformenden zum herrschaftsbegründenden Verfassungstyp hat es in Deutschland erst mit der Weimarer Reichsverfassung von 1919 gegeben, deren Art. 1 das Deutsche Reich zur Republik erklärt und alle Staatsgewalt vom Volke ausgehen lässt.[77] Dafür, dass auch das Grundgesetz dem herrschaftsbegründenden Typ zuzurechnen ist, sprechen neben der Bezeichnung als Republik (Art. 20 Abs. 1 GG) die Bindung aller Staatsgewalt an die Grundrechte (Art. 1 Abs. 3 GG) und der Ausgang aller Staasgewalt vom Volk (Art. 20 Abs. 2 GG). Diese Grundlagen staatlicher Herrschaft werden durch die Verfassungsgerichtsbarkeit (Art. 93 GG) und die »Ewigkeitsgarantie« (Art. 79 Abs. 3 GG) zusätzlich gesichert. Art. 20 Abs. 4 GG begründet ein Widerstandsrecht gegen jeden, der es unternimmt, nicht diesen Staat, sondern »diese Ordnung« zu beseitigen. Und Art. 146 GG sieht für das Außerkrafttreten des Grundgesetzes allein das Inkrafttreten einer neuen Verfassung vor, die auf die verfassungsgebende Gewalt des Volkes gegründet ist.

In *historischer* Betrachtung genießt die ›konservative‹ Lesart, wonach der Staat der Verfassung vorausgeht, eine gewisse Plausibilität. Auch Verfassungsstaaten entstehen nicht *ex nihilo*, sondern transformieren ein bestehendes Staatswesen, dessen Institutionen sie teilweise übernehmen. Man mag den Staat im Sinne einer bestehenden sozialen Konfiguration zu den Verfassungsvoraussetzungen zählen.[78] Damit ist allerdings eine normative Relevanz dieses Umstands noch nicht dargetan. *Normativ* ist vielmehr unter dem Geltungsanspruch einer Verfassung die ›liberale‹ Lesart zugrundezulegen. Ist erstmal eine Verfassung in Kraft, wird alle Staatsgewalt durch diese konstituiert und die Frage nach der Souveränität sistiert.[79] Die Staatsorgane haben keinen Selbstand, wie das noch in der Monarchie angenommen werden konnte, sondern gründen auf der Verfassung.[80] Der Staat des Grundgesetzes geht der Verfassung allenfalls historisch, nicht aber normativ voraus, sondern wird durch sie konstituiert.[81] »In einer Demokratie gibt es an

---

[75] *Möllers*, Verfassunggebende Gewalt, S. 230 ff. (Zitat 230); *Waldhoff*, Verfassungsgeschichte und Theorie der Verfassung, Rn. 8.

[76] *Möllers*, Verfassunggebende Gewalt, S. 234 ff.; *Möstl*, Verfassung, Rn. 5; *Waldhoff*, Verfassungsgeschichte und Theorie der Verfassung, Rn. 9.

[77] *Scheuner*, Verfassung, S. 175.

[78] *Möstl*, Staat, Rn. 16.

[79] *Möstl*, Staat, Rn. 17 ff.; *Thiele*, Der gefräßige Leviathan, S. 249, 250 f.

[80] *Hofmann*, Von der Staatssoziologie zu einer Soziologie der Verfassung, S. 1066 (petit: »Daß das Riesenwerk dennoch den Titel ›Handbuch des Staatsrechts‹ trägt, ist Trotz.«); *Volkmann*, Verfassungslehre, S. 18, 64 f.

[81] *Heun*, Verfassungsordnung, S. 3 f.; *Unruh*, Der Verfassungsbegriff des Grundgesetzes, S. 12; eingehend *Möllers*, Staat als Argument, S. 256 ff. m. w. N.; dagegen *Isensee*, Die Staatlichkeit der Verfassung, passim (bezeichnend die »lakonische Fußnote« in Rn. 51).

Staat nicht mehr, als seine Verfassung zum Entstehen bringt.«[82] Solange eine Verfassung mit umfassendem Regelungsanspruch gilt, kann es keine aus einer davon unabhängig gedachten Existenz des Staates abgeleitete Normativität geben.[83] Der Rückgriff auf den Staat hinter der Verfassung ist durch den Geltungsanspruch der Verfassung gesperrt. Auf den Staat ohne Verfassung kann es dann allenfalls ankommen, wenn durch einen in der Verfassung nicht mehr bedachten Ausnahmezustand eine Verfassung nicht mehr wirksam ist.[84] Vom Boden des Grundgesetzes aber führt auch in der Ausnahmelage »kein Weg aus der Verfassung heraus«.[85]

Der Umstand, dass auch die Verfassung selbst geändert werden kann, steht ihrer fundamentalen Bedeutung nicht entgegen. Zum einen regelt die Verfassung selbst, wie sie zu ändern ist, und insbesondere durch Art. 79 Abs. 3 GG werden hierfür auch materielle Maßstäbe festgeschrieben, die nicht »berührt« werden dürfen, so dass auch der Vorgang der Verfassungsänderung als ein solcher der Verfassungsinterpretation und -konkretisierung im weiteren Sinne aufgefasst werden kann.[86] Zum anderen ändert Verfassungswandel oder -wechsel nichts an der für das Amt konstitutiven Notwendigkeit einer bestehenden Rechtsordnung. Es ist für seine Konkretisierung darum notwendig, aber auch ausreichend, stets auf die jeweils geltende Verfassungsordnung zu rekurrieren. Solange ein Amt besteht, beruht es auf dem jeweils geltenden Recht. Kommt es zu einem Wechsel der Verfassung, bewirkt dies eine Umstellung des Programms, der Struktur und der Anforderungen an die Amtsträger. Kann diese Umstellung nicht geleistet werden, muss ein Amt einer anderen Person übertragen oder aufgehoben werden.[87] Anderenfalls kann ein Amt über den Verfassungswechsel hinaus Bestand haben, beruht dann aber ausschließlich auf der neuen Verfassung.

III. Verfassungsrechtliche Direktiven

Das Amt kann unabhängig von der jeweils geltenden Verfassung als ein notwendiges Funktionselement jedes Staates begriffen werden. Seine Normativitiät und damit seine inhaltliche Bestimmtheit ist jedoch im Verfassungsstaat allein in der

---

82 *Arndt*, Umwelt und Recht, S. 25, zitiert nach *Möllers*, Staat als Argument, S. 422; vgl. *Kriele*, Staatslehre, S. 101 ff.

83 *H. Dreier*, Hierarchische Verwaltung, S. 26; *Rupp*, Die Unterscheidung von Staat und Gesellschaft, Rn. 30; *Waldhoff*, Entstehung des Verfassungsgesetzes, Rn. 8; vgl. *Scheuner*, Verfassung, S. 173.

84 Hieran anknüpfend *Böckenförde*, Begriff und Probleme des Verfassungsstaates, S. 146 = 139; *Depenheuer*, Funktionen der Verfassung, Rn. 30; zum Ausnahmezustand *Böckenförde*, Der verdrängte Ausnahmezustand, passim; deutliche Zurückhaltung bei *E. Klein*, Staatliches Gewaltmonopol, Rn. 24 f. – Die vom Grundgesetz vorausgesetzte und notfalls unter Durchbrechung der verfassungsrechtlichen Kompetenzordnung zu schützende Staatlichkeit ist wesentliches Argument bei *Di Fabio*, Migrationskrise als föderales Verfassungsprobelm, S. 45 ff. bzw. ZSE 2015, S. 525; dazu *Möllers*, Dem Freistaat zum Gefallen, passim.

85 *Möstl*, Staat, Rn. 19.

86 *H. Dreier*, Grenzen demokratischer Freiheit, passim; *Munsonius*, Fundament politischer Freiheit, S. 130 ff.

Verfassung begründet. Für das Amt im Verfassungsstaat sind die wesentlichen Direktiven der Verfassung zu entnehmen. Dem Gedanken der Einheit der Verfassung folgend ist dabei das Grundgesetz insgesamt zu berücksichtigen. So vermag eine oft begegnende Fokussierung auf das Republikprinzip und Art. 33 GG nicht zu genügen. Allerdings enthält das Grundgesetz – wie eingangs bereits festgestellt[88] – keine systematische Normierung des Amtes. Es finden sich lediglich mehr oder weniger detaillierte Regelungen zu einzelnen Ämtern (1.) und einige grundlegende Aussagen über den Zugang zu öffentlichen Ämtern und über den öffentlichen Dienst in Art. 33 GG (2.). Im Übrigen muss auf Fundamentalprinzipien des Grundgesetzes rekurriert werden (3.).

1. Regelungen zu einzelnen Ämtern

Damit ein Amt bestehen und wirksam sein kann, bedarf es mannigfacher Regelungen. Im Hinblick auf das *Programm* muss festgestellt werden, welche Aufgaben mit einem Amt verbunden sind, welche Kompetenzen dafür verliehen werden und an welchen Maßstäben das Amtshandeln zu orientieren ist. Im Hinblick auf die *Person* geht es um die Anforderungen, die mit dem Amt verbunden sind, also um die persönliche und fachliche Eignung, und um die Rechte und Pflichten, die für den Amtsträger aus dem Amt resultieren. Bei der Einbindung in die *Struktur* geht es darum, wer das Amt verleiht und wer es kontrolliert und außerdem, wie dieses auf andere Ämter einwirken kann oder von diesen beeinflusst wird.

Das Grundgesetz enthält nicht zu allen Ämtern in gleichem Maß Regelungen. Im Vordergrund stehen die wesentlichen Funktionen der Legislative, Exekutive und Judikative sowie das Amt des Bundespräsidenten (Art. 54–61 GG). Zu nennen sind für die Legislative das Amt der Abgeordneten (Art. 38, 46–48 GG), die Ämter des Präsidiums des Deutschen Bundestages (Art. 40 GG) und des Wehrbeauftragten (Art. 45b GG) sowie der Mitglieder und des Präsidenten des Bundesrates (Art. 51, 52 GG); für die Exekutive das Amt des Bundeskanzlers und der Bundesminister (Art. 62–69 GG); für die Judikative das Amt der Richter allgemein (Art. 97–98 GG) und insbesondere der Richter am Bundesverfassungsgericht (Art. 94 GG) und der obersten Gerichtshöfe (Art. 95 Abs. 2 GG).

Durch diese Regelungen wird zunächst die Handlungsfähigkeit des Staatswesens hergestellt. Sie stellen zugleich eine Konkretisierung der Staatsstrukturbestimmungen, namentlich des Demokratie-, Rechtsstaats- und Gewaltenteilungsprinzips dar. Was für die Umsetzung dieser Prinzipien wesentlich erscheint, wird bereits durch die Verfassung geregelt, um diese Fragen dem einfachen Gesetzgeber, der seinerseits Teil des verfassten Machtgefüges ist, vorzuenthalten. Neben Regelungen im Detail finden sich grundlegende Bestimmungen, die verfassungs-

---

[87] Dieses Problem ist insbesondere in der Weimarer Republik virulent geworden.

[88] Siehe Kapitel 1: Exposition I. Erhebung 1. Vorkommen des Amtes c) Element staatlicher Ordnung, S. 2.

konformer einfachgesetzlicher Konkretisierung bedürfen.[89] Ein abgeschlossenes Regelungsgefüge enthält das Grundgesetz nicht.

2. Artikel 33 GG

Allgemeine und grundsätzliche Regelungen zum öffentlichen Amt sind in Art. 33 Abs. 2–5 GG getroffen worden, wobei der Kreis der jeweils betroffenen Ämter unterschiedlich bestimmt werden kann. Nach Abs. 2 hat jeder Deutsche nach seiner Eignung, Befähigung und fachlichen Leistung gleichen Zugang zu jedem öffentlichen Amt, d. h. es gelten für die Ämterbesetzung generell das *Funktions-* und das *Leistungsprinzip*;[90] Abs. 3 stellt zusätzlich heraus, dass die Vergabe von Ämtern unabhängig vom religiösen oder weltanschaulichen Bekenntnis ist. Dies ergibt sich allerdings auch schon aus Art. 3 Abs. 3 S. 1 GG und Art. 140 GG i. V. m. Art. 136 Abs. 2 WRV und schließt sachlich begründete Ausnahmen nicht aus.[91]

Nach Abs. 4 ist die ständige Ausübung hoheitsrechtlicher Befugnisse Angehörigen des öffentlichen Dienstes zu übertragen, die in einem öffentlich-rechtlichen *Dienst- und Treueverhältnis* stehen.[92] Die Regelung schließt aber nicht aus, dass es daneben andere Amtsverhältnisse gibt, die dem Beamtenverhältnis mehr oder weniger ähnlich gestaltet sind. Dafür spricht schon der Wortlaut »in der Regel«. Art. 33 Abs. 4 GG betrifft vor allem die Exekutive. Die Ämter der Legislative, Gubernative und Judikative finden ihre Grundlage – wie gezeigt – bereits in anderen Verfassungsnormen, können aber im Übrigen ähnliche Gestaltung finden. Das Beamtenverhältnis bildet gewissermaßen den Prototyp eines Amtsverhältnisses.[93]

Nach Art. 33 Abs. 5 GG ist das Recht des öffentlichen Dienstes unter Berücksichtigung der hergebrachten *Grundsätze des Berufsbeamtentums* zu regeln und fortzuentwickeln.[94] Damit knüpft das Grundgesetz an den Typus des Beamtenverhältnisses an, wie er während des 19. Jahrhunderts und bis in die Zeit der Weimarer Republik hinein ausgebildet worden ist.

»Mit den hergebrachten Grundsätzen des Berufsbeamtentums im Sinne des Art. 33 Abs. 5 GG ist der Kernbestand von Strukturprinzipien gemeint, die allgemein oder doch ganz überwiegend während eines längeren, traditionsbildenden Zeitraums, mindestens unter der Reichsverfassung von Weimar als verbindlich anerkannt und gewahrt worden sind.«[95]

---

[89] Siehe nur: Gesetz über die Rechtsverhältnisse der Mitglieder des Deutschen Bundestages (Abgeordnetengesetz – AbgG); Gesetz über die Rechtsverhälntisse der Mitglieder der Bundesregierung (Bundesministergesetz – BMinG); Deutsches Richtergesetz (DRiG); §§ 3–12 Gesetz über das Bundesverfassungsgericht (Bundesverfassungsgerichtsgesetz – BVerfGG).

[90] *Hense* in: Epping/Hillgruber, GG, Art. 33 Rn. 8.

[91] Siehe Kapitel 4: Rekonstruktion II. Person 1. Anforderungen des Amtes b) Individuelle Eignung, S. 156.

[92] Siehe Kapitel 4: Rekonstruktion II. Person 3. Amt und Person b) Amt als Rechtsverhältnis, S. 170.

[93] *Isensee*, Das antiquierte Amt, S. 52 ff.

[94] Siehe dazu insbesondere: Bundesbeamtengesetz (BBG); Gesetz zur Regelung des Statusrechts der Beamtinnen und Beamten in den Ländern (Beamtenstatusgesetz – BeamtStG); außerdem die Beamtengesetze der Länder.

[95] BVerfGE 106, 225 (232).

Als hergebrachte Grundsätze gelten diejenigen Prinzipien, die das Berufsbeamtentum in seiner institutionellen Gestalt prägen.[96] Substantialität und Traditionalität sind damit die entscheidenden Merkmale der Grundsätze des Berufsbeamtentums.[97] Diese Voraussetzung wird jedoch dadurch modifiziert, dass die Grundsätze nunmehr im Zusammenhang der Verfassungsordnung des Grundgesetzes zu interpretieren sind.[98] Mittlerweile ist – nicht zuletzt durch die Rechtsprechung des Bundesverfassungs- und des Bundesverwaltungsgerichts – ein reichhaltiger Katolog von Grundsätzen aufgestellt worden. Dazu zählen unter anderem die Ausgestaltung als öffentlich-rechtliches Dienstverhältnis, Hauptberuflichkeit und Lebenszeitprinzip, Leistungs- und Laufbahnprinzip, Fürsorgepflicht und Alimentationsprinzip, Rechtsgehorsam und Treuepflicht, das Streikverbot sowie das Gebot politischer Zurückhaltung.[99] Dabei lässt sich unschwer eine weitgehende Kongruenz mit dem durch *Max Weber* dargestellten Idealtyp feststellen.[100]

Welche Bindung des Gesetzgebers an die hergebrachten Grundsätze des Berufsbeamtentums aus Art. 33 Abs. 5 GG resultiert, war schon unter dem alten Wortlaut, der noch nicht von einer Fortentwicklung des Rechtsgebiets sprach, umstritten. Das liegt nicht zuletzt daran, dass zwischen dem institutsprägenden Charakter der Grundsätze und der bloßen Pflicht zur »Berücksichtigung« eine unausgeglichene Spannung besteht, die man folgendermaßen auf die Spitze treiben kann:

»Wenn die Veränderung einer Regelung im Rahmen der ›Berücksichtigung‹ möglich ist, so kann es sich nicht um einen Grundsatz i. S. v. Art. 33 Abs. 5 GG handeln. Denn ein solcher liegt gerade nur vor, wenn die Regelung derart essentiell ist, dass deren Veränderung auch das Wesen des Beamtentums antasten würde.«[101]

Das Bundesverfassungsgericht hat darum zwischen der Beachtung besonders wichtiger und der bloßen Berücksichtung weniger bedeutender Grundsätze unterschieden,[102] was in der Literatur vor allem Kritik erfahren hat.[103] Die neuere Rechtsprechung sieht von dieser Binnendifferenzierung ab und stellt schon für

---

[96] *Lecheler*, Die »hergebrachten Grundsätze des Berufsbeamtentums«, S. 351.

[97] BVerfGE 145, 1, Tz. 17; *Hense* in: Epping/Hillgruber, GG, Art. 33 Rn. 37; *Jachmann-Michel/Kaiser* in: von Mangoldt/Klein/Starck, GG, Art. 33 Rn. 43; *Voßkuhle/Kaiser*, Personal, Rn. 72; nunmehr eingehend *Pützer*, Konkurrentenklagen und Ämterstabilität, S. 93 ff.

[98] *Jachmann-Michel/Kaiser* in: von Mangoldt/Klein/Starck, GG, Art. 33 Rn. 43; *Lecheler*, Der öffentliche Dienst, Rn. 52 f.; *ders.*, Die »hergebrachten Grundsätze des Berufsbeamtentums«, S. 364; *Summer*, Die hergebrachten Grundsätze des Berufsbeamtentums, S. 5 = 187.

[99] *Battis*, Hergebrachte Grundsätze versus Ökonomismus, S. 310 f.; *H. J. Becker*, Die hergebrachten Grundsätze des Berufsbeamtentums, S. 262 ff.; *Hense* in: Epping/Hillgruber, GG, Art. 33 Rn. 39 ff.; *Isensee*, Öffentlicher Dienst, Rn. 65 ff.; *Jachmann-Michel/Kaiser* in: von Mangoldt/Klein/Starck, GG, Art. 33 Rn. 44 ff.; *Lecheler*, Der öffentliche Dienst, Rn. 39 ff.; *ders.*, Die »hergebrachten Grundsätze des Berufsbeamtentums«, S. 354 ff.; *T. I. Schmidt*, Recht des öffentlichen Dienstes, Rn. 28 ff.; *Voßkuhle/Kaiser*, Personal, Rn. 72a m. w. N.

[100] Siehe Kapitel 1: Exposition I. Erhebung 3. Paradigma, S. 6.

[101] *Budjarek*, Die Neukategorisierung der hergebrachten Grundsätze, S. 230.

[102] BVerfGE 8, 1 (16); 117, 330 (349); 139, 64, Tz. 92.

[103] *Budjarek*, Die Neukategorisierung der hergebrachten Grundsätze, S. 231 f.; *Lecheler*, Die »hergebrachten Grundsätze des Berufsbeamtentums«, S. 363 f.; *Leppek*, Beamtenrecht, Rn. 29.

die Qualifikation als hergebrachter Grundsatz über die Traditionalität hinaus auf Substantialität ab.[104] Letztlich kann die Bedeutung der Grundsätze ohnehin nur im Hinblick auf eine konkrete Regelung und im Verhältnis zu anderen verfassungsrechtlichen Belangen bestimmt werden.[105] Unter dem Eindruck einer gewissen Erstarrung des Beamtenrechts hat der verfassungsändernde Gesetzgeber mit der Föderalismusreform 2006 den Wortlaut von Art. 33 Abs. 5 GG um die Worte »und fortzuentwickeln« ergänzt.[106] Dieser Änderung wird allerdings lediglich deklaratorische Bedeutung zugemessen. Denn auch in der vorigen Fassung gab Art. 33 Abs. 5 GG dem Gesetzgeber die Möglichkeit, das Recht fortzuentwickeln und an veränderte Lagen anzupassen.[107]

Die nach Art. 33 Abs. 5 GG für die Rechtsgestalt des öffentlichen Dienstes maßgeblichen Grundsätze des Berufsbeamtentums können für das Amtsrecht insgesamt orientierend wirken. Dabei sind jedoch zwei Einschränkungen zu beachten: Zum einen können diese Grundsätze nur auf das Berufsbeamtentum unmittelbar angewendet werden. Bei der Übertragung auf andere Amtskonstellationen ist jeweils zu prüfen, inwiefern diese mit dem Berufsbeamtentum vergleichbar sind.[108] Zum anderen spricht Art. 33 Abs. 5 GG ausdrücklich von Grundsätzen, d. h. Prinzipien, die der Konkretisierung bedürfen und Abweichungen zulassen.[109] Und diese Grundsätze sind zu berücksichtigen, d. h. sie können und brauchen nicht regelhaft befolgt zu werden. Ungeachtet dessen erscheinen Rechtsprechung und Literatur zuweilen recht zurückhaltend, sich von überkommenen Gestaltungen des Beamtenrechts zu lösen, obwohl Art. 33 Abs. 5 GG hierfür durchaus einen Spielraum eröffnet.[110]

3. Fundamentalprinzipien

Das Amt im Verfassungsstaat wird nicht allein durch die unmittelbar amtsbezogenen Verfassungsnormen bestimmt. Über den Umstand hinaus, dass das Grundgesetz keine umfassenden Regelungen zum Amt getroffen hat und bereits darum Ergänzungen nötig sind, ergibt sich dies auch aus dem Prinzip der Einheit

---

[104] *Voßkuhle/Kaiser*, Personal, Rn. 72 m. w. N.

[105] *Jachmann-Michel/Kaiser* in: von Mangoldt/Klein/Starck, GG, Art. 33 Rn. 53.

[106] 52. Gesetz zur Änderung des Grungesetzes vom 28.8.2006 (BGBl. I S. 2034); *Wolff*, Öffentlicher Dienst, Rn. 56; bei *Lecheler*, Der öffentliche Dienst, Rn. 55, 58 und passim wohl noch nicht berücksichtigt.

[107] *Hense* in: Epping/Hillgruber, GG, Art. 33 Rn. 38; *Jachmann-Michel/Kaiser* in: von Mangoldt/Klein/Starck, GG, Art. 33 Rn. 54; *Leppek*, Beamtenrecht, Rn. 29; *Voßkuhle/Kaiser*, Personal, Rn. 74; a. A. *Budjarek*, Die Neukategorisierung der hergebrachten Grundsätze, S. 229.

[108] *Lecheler*, Die »hergebrachten Grundsätze des Berufsbeamtentums«, S. 364 f.

[109] Wahrscheinlich ließe sich ein Teil der Debatte durch die sorgfältigere Unterscheidung von Regel und Prinzip erledigen.

[110] *Panzer*, Die aktuelle Rechsprechung des Bundesverfassungsgerichts zum öffentlichen Dienstrecht, passim; *T. I. Schmidt*, Recht des öffentlichen Dienstes, Rn. 26; eingehend *Beilke*, … und fortzuentwickeln, passim; pointiert kritisch *Thieme*, Gutachten 48. Deutscher Juristentag, S. 12: »[E]s ist aber geradezu eine gesetzgeberische Scharlatanerie anzunehmen, bei Anwendung von Grundsätzen, die unter ganz anderen Bedingungen von Staat und Gesellschaft entstanden sind, könnte das Berufsbeamtentum auch in Zukunft gedeihen.«

der Verfassung. Alle Verfassungsbestimmungen sind aus dem Gesamtzusammenhang der Verfassung heraus zu interpretieren. Alle abgeleiteten Normen müssen mit der Verfassung insgesamt in Einklang stehen (Art. 20 Abs. 3 GG).[111] Die wesentlichen und durch Art. 79 Abs. 3 GG besonders geschützten Grundsätze finden sich in Art. 1 und 20 GG. Sie können einerseits für das Außenverhältnis, d. h. für die Beziehung des Amtswalters zum Bürger, andererseits für das Innenverhältnis, d. h. für die Rechtsstellung des Amtsinhabers gegenüber dem Staat, relevant werden. Es geht in dieser Studie nicht darum, alle Konsequenzen dieser Fundamentalprinzipien für die Ausgestaltung des Amts auszuleuchten, sondern stets darum, welche Maßgaben sich aus ihnen für die Bewältigung des Amtsparadoxes ergeben.

Art. 1 GG statuiert die Unantastbarkeit der *Menschenwürde*, das Bekenntnis zu den Menschenrechten und die Bindung aller Staatsgewalt an die *Grundrechte* als unmittelbar geltendes Recht. Alle staatlichen Ämter sind in ihrer Amtsführung auf die Grundrechte verpflichtet. Diese bilden ein Widerlager zu einer prinzipiell umfassend gedachten staatlichen Souveränität. Durch die Grundrechte und ihre prozedurale Sicherung wird letztlich alle Staatsgewalt als rechtsgebundene und zu verantwortende Amtsautorität verfasst.[112] Das Programm staatlichen Handelns ist ausgehend vom Menschenwürdeprinzip und den Grundrechten zu bestimmen.[113] In denjenigen Einrichtungen, die als solche der Verwirklichung von Grundrechten dienen, wird die Amtsstellung durch die Grundrechte nicht nur begrenzt, sondern selbst positiv bestimmt. Außerdem sind die Grundrechte bei der Rechtsstellung der Amtsträger zu berücksichtigen, die ihrerseits als Person grundrechtsberechtigt sind.[114]

Art. 20 GG sind das Republik-, Demokratie-, Rechtsstaats-, Gewaltenteilungs-, Bundesstaats- und Sozialstaatsprinzip zu entnehmen. Als prominenter Anknüpfungspunkt für das Amt erscheint das *Republikprinzip* insofern, als hier die dem Amt konstitutiv zugewiesene Verpflichtung auf das Gemeinwohl radiziert werden kann.[115] Bei der Ausfüllung dieses Begriffs kommt außerdem das *Sozialstaatsprinzip* zur Geltung, das andererseits auch für die Ausgestaltung des Amtsverhältnisses und die soziale Absicherung der Amtsinhaber relevant wird.[116] Das Gemeinwohl wird konkretisiert durch rechtsförmige Entscheidungen unterschiedlichen Konkretionsgrades. Alle Umsetzungsakte unterliegen damit auch dem *Rechtsstaatsprinzip*.[117] Dieses ist außerdem bei der Ausgestaltung der Rechtsstellung der Amtsinhaber zu beachten.[118] Die Legitimation allen

---

111 *Sommermann* in: von Mangoldt/Klein/Starck, GG, Art. 20 Rn. 249 f., 261 ff.

112 *Kielmannsegg*, Das Experiment der Freiheit, S. 25, 178.

113 Siehe Kapitel 4: Rekonstruktion I. Programm 2. Gehalt, S. 121.

114 Siehe Kapitel 4: Rekonstruktion II. Person 2. Interessen der Person b) Normative Gründe, S. 161.

115 Siehe Kapitel 4: Rekonstruktion I. Programm 1. »Gemeinwohl« a) Begriff, S. 114.

116 Siehe Kapitel 4: Rekonstruktion II. Person 2. Interessen der Person b) Normative Gründe, S. 161.

117 Siehe Kapitel 4: Rekonstruktion I. Programm 4. Medium, S. 136.

118 Siehe Kapitel 4: Rekonstruktion II. Person 3. Amt und Person b) Amt als Rechtsverhältnis, S. 170.

staatlichen Handelns folgt vor allem aus dem *Demokratieprinzip*, das sowohl für die inhaltliche Konkretisierung des Programms[119] wie auch für die personell-organisatorische Legitimation der Amtswalter relevant wird.[120] Der Gedanke der *Gewaltenteilung* steht in engem Zusammenhang mit dem Amt. Denn dieses setzt eine definierte Aufgaben- und Kompetenzzuweisung voraus. Es impliziert die Unterscheidung programmierenden, programmierten und kontrollierenden Handelns sowie verschiedener Stellen für die Innehabung selbst, die Verleihung und die Verantwortlichkeit eines Amtes. Gewaltenteilung kann ihrerseits nur durch die Institution verschiedener Ämter verwirklicht werden.[121] Sie ist auch Voraussetzung für die aus dem Demokratie- und dem Rechtsstaatsprinzip folgende Verantwortlichkeit aller Amtsträger.[122] Das *Bundesstaatsprinzip* wirkt sich dahingehend aus, dass Amtsträger des Bundes und der Länder unterschieden werden können und die Regelungskompetenz für das Amtsrecht auf verschiedene Hoheitsträger verteilt ist.[123]

Die verschiedenen Prinzipien stehen nicht isoliert, sondern komplementär – teils verstärkend, teils ausgleichend – zueinander.[124] So stellen beispielsweise die Grundrechte ein Widerlager zum Demokratieprinzip dar, indem sie Minderheiten vor einer ›Tyrannei der Mehrheit‹ schützen. Andererseits gelten Grundrechte wie die Meinungs-, Versammlungs- und Vereinigungsfreiheit auch als Voraussetzung einer funktionierenden Demokratie.[125] Soweit sich zwischen den Fundamentalprinzipien ein Ergänzungsverhältnis aufdrängt, liegt es nahe, sie in der Interpretation schon jeweils um Gehalte der anderen Prinzipien anzureichern. So können beispielsweise Grundrechte und Demokratie als Implikation eines weit verstandenen Rechtsstaatsprinzips oder des Republikprinzips verstanden werden – *et vice versa*. Je gehaltvoller sie jeweils interpretiert werden, desto mehr verlieren sie damit an Distinktion.[126] Doch letztlich mag dies wohl dahinstehen. Denn das Grundgesetz enthält alle diese Prinzipien, so dass diese schon darum in ihrem Gesamtzusammenhang zu begreifen sind.[127]

---

119 Siehe Kapitel 4: Rekonstruktion I. Programm 3. Interpreten, S. 128.

120 Siehe Kapitel 4: Rekonstruktion III. Struktur 3. Aufbau-Organisation c) Hierarchie, S. 215.

121 Siehe Kapitel 4: Rekonstruktion I. Programm 3. Interpreten c) Amtsträger, S. 133 und III. Struktur, S. 198.

122 Siehe Kapitel 4: Rekonstruktion III. Struktur 5. Sanktionierung, S. 230.

123 Für das Beamtenrecht sind beispielsweise das Beamtenstatusgesetz, das Bundesbeamtengesetz und die Beamtengesetze der Länder zu unterscheiden (vgl. Art. 74 Abs. 1 Nr. 27 GG).

124 *Hesse*, Grundzüge des Verfassungsrechts, Rn. 271 ff.; *Huber*, Rechtsstaat, Rn. 54 ff.; *Saensawatt*, Die verfassungsrechtlichen Grundentscheidungen, S. 344 ff.; *Wolff*, Das rechtsstaatliche Prinzip, Rn. 54 ff.

125 Siehe Kapitel 4: Rekonstruktion I. Programm 2. Gehalt b) Grundrechte, S. 124.

126 Vgl. *Cornils*, Gewaltenteilung, Rn. 6; *Huber*, Rechtsstaat, Rn. 55.

127 *Hesse*, Grundzüge des Verfassungsrechts, Rn. 20; gänzlich anders *Kersten*, Die Notwendigkeit der Zuspitzung, S. 45.

Kapitel 4

Rekonstruktion

Das Amt bildet den besonderen Fall einer Stelle im Sinne der Organisationstheorie *Niklas Luhmanns.*[1] Es wird demnach durch die Elemente Programm (I.), Person (II.) und Struktur (III.) konstituiert. Dabei wird sich zeigen, dass diese drei Elemente durch mannigfache Wechselwirkung miteinander verbunden sind.

I. Programm

Um zu klären, unter welchen Umständen ein amtsgemäßes Handeln wahrscheinlich ist, ist zunächst die Frage zu behandeln, nach welchem Maßstab sich bemisst, was als amtsgemäß zu gelten hat. Es gibt kein Amt ohne einen ihm eigenen Handlungsmaßstab.[2] Welchen Erwartungen soll der Akteur in seiner Rolle als Amtsinhaber entsprechen? Welches Programm ist für seine Stelle vorgegeben?

1. »Gemeinwohl«

Formal kann das Amt als Komplex von Aufgaben und Kompetenzen beschrieben werden, der auf die Wahrnehmung durch die Person des Amtsinhabers zugeschnitten, von dem Wechsel dieser Person aber unabhängig ist.[3] Die zu erfüllende Aufgabe bestimmt über das Amt.[4] Die Agenda des Amtes ist dem Amtsinhaber vorgegeben und richtet sich danach, für wen das Amt wahrgenommen wird.[5] Die Aufgaben des Amtes können jeweils nur im Hinblick auf ein konkretes Amt und in Bezug auf denjenigen, für den das Amt wahrgenommen wird, festgestellt werden. Nach der dem Amt zugrundeliegenden *Principal-Agent*-Konstellation hat der Agent (A) die Agenda seines Prinzipals (P) auszuführen. Das öffentliche Amt ist dem entsprechenden Gemeinwesen verpflichtet.

Herkömmlich wird für das Amt eine besondere Dignität angesetzt, die es von bloßer Zweckerfüllung unterscheidet: »Soll indessen nicht jeder Unterschied zwischen Amt und Funktion grundsätzlich geleugnet werden, so bedeutet dies

---

[1] Siehe Kapitel 2: Exploration II. Organisation und Person – systemtheoretisch 3. Person und Organisation b) Zurechnung von Entscheidungen: Stelle, S. 63.

[2] *Heyen*, Amt und Rationalität, S. 53.

[3] *Depenheuer*, Das öffentliche Amt, Rn. 15; *R. Dreier*, Das kirchliche Amt, S. 121 f.; *Heyen*, Amt und Rationalität, S. 51; vgl. *Scheuner*, Amt und Demokratie, S. 30.

[4] *Leisner*, Öffentliches Amt und Berufsfreiheit, S. 181 ff. = 21 ff.

[5] Siehe Kapitel 2: Exploration I. Allgemeine Handlungstheorie 3. Handeln für überindividuelle Akteure b) Das Principal-Agent-Problem, S. 51.

für den Amtsinhaber den Dienst an aufgegebenen Werten.«[6] Darum wird üblicherweise das öffentliche Amt materiell dadurch charakterisiert, dass es dem *Gemeinwohl* verpflichtet ist.[7]

»Daß das öffentliche Amt eine Einrichtung zur Beförderung des gemeinen Nutzens ist und die sog. Amtswalter als Richtschnur ihres Handelns allein das Gemeinwohl im Auge haben sollen, ist allgemeine Auffassung und gehört zum unbestrittenen Hausgut lexikalisch festgehaltener Grundüberzeugungen.«[8]

a) Begriff

Die Verpflichtung allen staatlichen Handelns auf das Gemeinwohl wird aus dem *Republikprinzip* hergeleitet, wie es in Art. 20 Abs. 1 GG verankert ist und durch Art. 79 Abs. 3 GG dauerhaft garantiert wird.[9] Dieses Prinzip wird zwar von etlichen Autoren darauf beschränkt, eine Absage an die Monarchie zu sein.[10] Im Rückgriff auf die Geschichte des Begriffs kann ihm jedoch auch ein weiter gefasster Gehalt zugeschrieben werden: »Republik aber steht als Name für das Ganze, das sonst nur in umständlichen Umschreibungen (›freiheitliche demokratische Grundordnung‹) angesprochen wird.«[11] Die Republik kann verstanden werden als »eine politische Ordnung, die durch Freiheit legitimiert, am Gemeinwohl orientiert und in Ämtern organisiert ist.«[12] Allerdings wird sich zeigen, dass – auch wenn man das Gemeinwohl im Republikprinzip nach Art. 20 Abs. 1 GG verankern will – damit noch nicht allzu viel gewonnen ist.

Das Gemeinwohl bezeichnet den allgemeinsten Staatszweck und kann als sachlicher Legitimationsgrund des Staates bzw. politischer Herrschaft schlechthin angesehen werden.[13] »Res publica ist der Gegenbegriff zu res privata, zur

---

[6] *Köttgen*, Das anvertraute öffentliche Amt, S. 137.

[7] *Depenheuer*, Das öffentliche Amt, Rn. 47, 67; *ders.*, Amt, Sp. 146; *Gärditz*, Das Amtsprinzip, S. 7; *Hennis*, Amtsgedanke und Demokratiebegriff, S. 54 f.; *Heyen*, Amtsbegriff, S. 272; *Isensee*, Gemeinwohl und öffentliches Amt, S. 139 und passim; *Kielmannsegg*, Das Experiment der Freiheit, S. 59; *Koslowski*, Gemeinwohl und Selbstinteresse, S. 45 f.; *ders.*, Gemeinwohl des Staates, S. 1; *Pirson*, Das öffentliche Amt, S. 56; *Scheuner*, Amt und Demokratie, S. 13, 20; *Schulz*, Gemeinwohlinteresse und Amtswürde, S. 122; ähnlich *Janssen*, Verfassungsrechtliche Anmerkungen, S. 506 (»gerechtes Staatshandeln«); etwas anders *M. Weber*, Soziologie, MWG I/23, S. 213 f. = WuG, S. 30, der den Staat nicht über einen Zweck wie das Gemeinwohl, sondern allein über das Gewaltmonopol definieren will.

[8] *Schuppert*, Staatswissenschaft, S. 115.

[9] *Depenheuer*, Das öffentliche Amt, Rn. 47; *Isensee*, Gemeinwohl und öffentliches Amt, S. 66 f.; *Müller-Franken*, Das republikanische Prinzip, Rn. 31; *Nowrot*, Das Republikprinzip, S. 361 ff.; *Rux* in: Epping/Hillgruber, GG, Art. 20 Rn. 203; *Sommermann* in von Mangoldt/Klein/Starck, GG, Art. 20 Rn. 14; kritisch: *Böckenförde*, Demokratie als Verfassungsprinzip, Rn. 96.

[10] So z. B. *H. Dreier* in: Dreier, GG, Art. 20 (Republik), Rn. 20 ff.; *Heun*, Verfassungsordnung, S. 55 f.; *Sydow/Wittreck*, Deutsches und Europäisches Verfassungsrecht, S. 149 f.

[11] *Isensee*, Republik – Sinnpotential eines Begriffs, S. 8.

[12] *Gröschner*, Republik (EvStL), Sp. 2041 (Zitat); *Müller-Franken*, Das republikanische Prinzip, Rn. 29 ff.

[13] *Link*, Staatszwecke im Verfassungsstaat, S. 19; *Schuppert*, Staatswissenschaft, S. 215 ff.; *Seubert*, Gemeinwohl, S. 94; *Sommermann*, Staatsziele und Staatszielbestimmungen, S. 199 f.; vgl. *Brenner*, Staatsaufgaben, Rn. 12, 28.

Angelegenheit des Einzelnen. Sie bezeichnet die öffentlichen Belange, das Interesse oder den Besitz der Gemeinschaft, die Sache des Volkes, das Gemeinwesen.«[14] Das Gemeinwohl kann außer auf den Staat auch auf Gemeinschaften anderen Zuschnitts bezogen werden, wobei die Übergänge fließend sein können. In Betracht kommen alle überindividuellen Akteure,[15] aber auch Sozialzusammenhänge, die nicht selbst handlungsfähig verfasst sind wie z. B. ein Berufsstand, die in einer Region lebenden Menschen oder (zumal in einer von Globalisierung bestimmten Welt) die Menschheit schlechthin.[16] Das Gemeinwohl bildet also bezogen auf Gemeinschaften unterschiedlichen Zuschnitts den Gegenpol zum Privat- oder Partikularinteresse.[17]

Diese Bestimmung des Gemeinwohls ist allerdings noch sehr allgemein. Es gibt darum verschiedene Ansätze, zu materialen Anreicherungen zu kommen. So kann z. B. mit *Christoph Link* im Rückgriff auf die Tradition das Gemeinwohl durch die Aspekte der Friedenssicherung nach innen und außen, der Wohlfahrt im weitesten Sinn und der Gewährleistung individueller wie korporativer Freiheit zu einer »klassischen Quadriga« grundlegender Staatszwecke ergänzt werden.[18] *Smend* verweist auf die immer wieder auftretende Trias von Rechts-, Macht- und Wohlfahrtszwecken.[19] Solche und ähnliche Aufstellungen haben den Charme einer *prima facie* einleuchtenden Plausibilität. Doch es ergeben sich wenigstens zwei Probleme: Zum einen ist der normative Status dieser Aufstellungen unklar. Historisch mochte ihnen eine natur- oder vernunftrechtliche Begründung unterlegt werden können. Heute gründen sie vor allem auf ihrer langen Tradition. Doch Tradition bedeutet auch: historisch kontingent.[20] Und es ist ein Grundgedanke des demokratischen Staates, dass er nicht vorgegebenen Zwecken dient, sondern diese selbst im demokratischen Verfahren setzt.[21] Zum anderen bleiben diese Bestimmungen dermaßen allgemein, dass sich eine Agenda aus ihnen noch nicht ableiten lässt. Sie bedürfen der Konkretisierung. Diese kann nicht rein deduktiv geleistet werden. Es ist allein möglich, zwar nicht das Gemeinwohl schlechthin, aber immerhin bestimmte Gemeinwohlbelange zu benennen und argumentativ zu unterfüttern. Solche Gemeinwohlbelange gibt es in großer Zahl und unterschiedlichem Gewicht.[22] Ob sie auch so miteinander harmonieren, dass sie gleichmäßig verwirklicht werden können, ist allerdings eine offene Frage.

---

[14] *Isensee*, Republik – Sinnpotential eines Begriffs, S. 3.

[15] Siehe Kapitel 2: Exploration I. Allgemeine Handlungstheorie 3. Handeln für überindividuelle Akteure a) Überindividuelle Akteure, S. 48 ff.

[16] *Koslowski*, Gemeinwohl des Staates, S. 5 f.

[17] *Schulz*, Gemeinwohlinteresse und Amtswürde, S. 120.

[18] *Link*, Staatszwecke im Verfassungsstaat, S. 18 m. w. N. auf vergleichbare Aufstellungen; ebenso bei *Thiele*, Allgemeine Staatslehre, S. 177 ff.

[19] *Smend*, Verfassung und Verfassungsrecht, S. 193.

[20] Vgl. zu etwaigen Absolutheitsansprüchen von Wertungen *Krawietz*, Das positive Recht, S. 105 ff.

[21] *Möllers*, Staat als Argument, S. 192 ff., 198.

[22] *Schuppert*, Staatswissenschaft, S. 227 f.; *Hofmann*, Verfassungsrechtliche Annäherungen, S. 26; vgl. *Brenner*, Staatsaufgaben, Rn. 29 zur Konkretisierung des Gemeinwohls in Staatsaufgaben.

Schmitt-Egner setzt statt bei der Tradition mit einer zukunftsgerichteten Perspektive an und schlägt ein »dynamisches Gemeinwohlkonzept« vor mit dem Ziel,

»die materielle und immaterielle Reproduktionsfähigkeit eines Gemeinwesens, seiner Glieder und Mitglieder durch gemeinwohlfähige Mittel und Maßnahmen aktuell und nachhaltig zu erhalten, zu steuern und zu entwickeln, ohne dabei die Reproduktionsfähigkeit anderer Gemeinwesen (und deren Mitglieder) zu gefährden.«[23]

Es geht bei dieser Bestimmung letztlich nur um den Erhalt des betreffenden Gemeinwesens, ohne andere Gemeinwesen zu beeinträchtigen. Ein darüber hinausgehender Gehalt des Gemeinwohls tritt damit noch nicht in Erscheinung. Im Übrigen lässt auch diese Bestimmung weitgehend offen, was unter dem Gemeinwohl konkret zu verstehen und wie es zu verwirklichen ist.[24]

Alle Bemühungen um eine inhaltliche Festlegung des Gemeinwohls führen damit früher oder später dahin, dass dieser Begriff als notwendig unbestimmt und offen zu verstehen ist:[25]

»Was finis societatis, was die aufgegebene Bestimmung des Menschen ist, ist nie einer Zeit so unklar gewesen wie der unsrigen. Damit bleibt der zentrale Begriff aller politischen Theorie: das Gemeinwohl, offen.«[26]

»Beim Begriff des Gemeinwohls handelt es sich [...] um einen relativ abstrakten Begriff, der wenig feststehend und relativ offen für Bestimmungen und Veränderungen ist [...]. Der Begriff ist im Übrigen nicht deskriptiv, sondern normativ, nämlich durchweg positiv bewertet. Das erhöht seine Kontingenz weiter.«[27]

In dieser Offenheit des Begriffs kann ein eigener Wert erkannt werden. Zum einen ist so Entwicklung und Anpassung an neue Lagen möglich. Zum anderen können divergierende Interessen und Überzeugungen besser in einen Ausgleich gebracht und Frieden und Freiheit gesichert werden.[28] »Geschlossene Gemeinwohldefinitionen lassen sich nur mit Gewalt durchsetzen und aufrechterhalten.«[29] Man kann sie eigentlich nur vertreten, wenn man einer (simplifizierenden) Interpretation der katholischen Soziallehre oder der fundamentalistischen Identifikation der eigenen Position mit dem Gemeinwohl aufsitzt.[30] Dem steht

---

[23] *Schmitt-Egner*, Gemeinwohl, S. 83.

[24] Auf die Rekursivität der Bestimmung des Gemeinwohls durch »gemeinwohlfähige Mittel und Maßnahmen« sei hier nicht weiter eingegangen.

[25] Vgl. *Köttgen*, Das anvertraute öffentliche Amt, S. 137: »Während sich wertfreie Zwecke vergleichsweise leicht objektivieren lassen, bedarf jeder Wert einer Interpretation.«

[26] *Hennis*, Amtsgedanke und Demokratiebegriff, S. 70.

[27] *von der Pfordten*, Zum Begriff des Gemeinwohls, S. 26.

[28] *Engel*, Offene Gemeinwohldefinitionen, S. 32; *Schuppert*, Staatswissenschaft, S. 221 f.; vgl. *MacCormick*, Der Rechtsstaat und die rule of law, S. 69: »Wir sollten unsere Vorstellungen als unterschiedlich begreifen, um den praktischen Diskurs über Wertinhalte so effektiv wie möglich zu gestalten. [...] Sobald einer dieser Werte als vorrangig verstanden wird, wird die Möglichkeit notwendiger und vernünftiger Kompromisse zwischen den zwangsläufig konkurrierenden Idealen verstellt.«

[29] *Engel*, Offene Gemeinwohldefinitionen, S. 32.

[30] Vgl. *Engel*, Offene Gemeinwohldefinitionen, S. 33 f.; *Herzog*, Gemeinwohl, Sp. 257; zur Verwendung des Topos im NS-Regime *Hofmann*, Verfassungsrechtliche Annäherungen, S. 27 f.

nicht zuletzt auch die religiös-weltanschauliche Neutralität des Staates entgegen.[31] Andererseits bleibt eine Aporie bestehen: »[W]ir können auf materielle Definitionen des Gemeinwohls nicht verzichten, wir können sie aber auch nicht bekommen.«[32] So führt die Offenheit des Begriffs in die paradoxe Situation, dass mit dem Gemeinwohl eine universelle Vorgabe für alles Amtshandeln besteht, diese jedoch als Maßstab praktisch gänzlich unbrauchbar ist.[33] Damit wird auch alle Rede von der ›Objektivität‹ des Amtes relativiert.

b) Funktion

Angesichts der Schwierigkeiten, dem Begriff des Gemeinwohls einen konkreten Gehalt zuzuweisen, ist zu fragen, welche Funktion dieser Begriff überhaupt haben kann. Einige Autoren betrachten ihn seiner Inhaltsleere wegen als verzichtbar[34] und beschränken das Republikprinzip auf eine Absage an die Staatsform der Monarchie.[35] Im demokratischen Verfassungsstaat könne es kein objektiv feststehendes Gemeinwohl geben. Der Begriff sei praktisch für beliebige Interpretationen offen. Und die substantiellen Gehalte des Republikbegriffs seien in anderen Verfassungsnormen konkreter (und damit auch subsumierbar) zu greifen. Der Begriff des Gemeinwohls ist so verstanden eine *Leerformel*.

Dem steht jedoch die ungebrochene Verwendung des Begriffs »Gemeinwohl« in Normtexten, Rechtsprechung und juristischer Dogmatik gegenüber, die ihn als unentbehrlich erscheinen lässt.[36] Zu nennen sind beispielsweise aus dem Grundgesetz Art. 14 (Eigentum), Art. 56, 64 (Amtseid) und Art. 87e Abs. 4 (Bahn) sowie § 32 BVerfGG (einstweilige Anordnung)[37]. Einfachgesetzlich ist das Abwägungsgebot aus § 1 Abs. 6 BauGB paradigmatisch, doch es lässt sich noch eine Fülle weiterer Bestimmungen anführen.[38] Dogmatisch ist das Gemeinwohl vor allem als Argument relevant, wenn es um die Rechtfertigung von Grundrechtseinschränkungen und ihre Verhältnismäßigkeit geht. Außerdem wird der Begriff regelmäßig in der politischen Auseinandersetzung ins Feld geführt. Dabei sind unterschiedliche Verwendungsweisen möglich:[39]

(1) Unter Umständen geht jemand gutgläubig davon aus, dass die Frage nach dem Gemeinwohl (und sei es nur in einem bestimmten Fall) eindeutig beantwortet werden kann. Eine Neigung zu dieser Haltung kann wohl im Zusammenhang

---

[31] *Link*, Staatszwecke im Verfassungsstaat, S. 21.
[32] *Engel*, Offene Gemeinwohldefinitionen, S. 40.
[33] *Schuppert*, Staatswissenschaft, S. 226; vgl. *Möllers*, Freiheitsgrade, Tz. 57.
[34] *von Zezschwitz*, Das Gemeinwohl als Rechtsbegriff, S. 174 ff.
[35] *H. Dreier* in: Dreier, GG Art. 20 (Republik), Rn. 20 ff.; *Heun*, Verfassungsordnung, S. 55 f.; *Sydow/Wittreck*, Deutsches und Europäisches Verfassungsrecht, S. 149 f.; kritisch dazu *Anderheiden*, Gemeinwohl, S. 233 ff.
[36] *Isensee*, Gemeinwohl und öffentliches Amt, S. 58 ff.; ausführlich und detailliert *Häberle*, Öffentliches Interessse als juristisches Problem, passim; knapper *ders.*, Gemeinwohlproblematik, passim; außerdem *Nowrot*, Das Republikprinzip, S. 373 ff.; *Uerpmann*, Das öffentliche Interesse, passim.
[37] *Grimm*, Gemeinwohl, S. 132 ff.; *Nowrot*, Das Republikprinzip, S. 375.
[38] *Nowrot*, Das Republikprinzip, S. 374.
[39] *Herzog*, Gemeinwohl, Sp. 257; siehe auch *Nowrot*, Das Republikprinzip, S. 393 ff.

der (überkommenen) katholischen Soziallehre beobachtet werden.[40] (2) Oder die Argumentation mit dem Gemeinwohl geht davon aus, dass eine bestimmte Gruppierung in der Lage ist, seinen Gehalt verbindlich festzusetzen, wie dies vor allem in Totalitarismen zu beobachten ist.[41] Historisch lässt sich beobachten, dass die emphatische Berufung auf das Gemeinwohl oft mit Unterdrückung und Entrechtung einhergeht.[42] – Beiden Verwendungsweisen liegt letztlich eine geschlossene Gemeinwohlkonzeption zugrunde, die die Offenheit und Strittigkeit des Gemeinwohlbegriffs verdeckt.[43] Hier mag die pointierte Äußerung: »Wer bonum commune sagt, will betrügen«, wie sie *Carl Schmitt* zugeschrieben wird, angebracht sein.[44]

(3) Der Begriff »Gemeinwohl« kann aber auch in einer offenen Weise verwendet werden, die eine dezidierte Festlegung auf spezifische Gehalte vermeidet. Der Begriff wird dann als *Formelkompromiss*, um zu einer vorläufigen Beruhigung der Diskussion zu kommen, oder als *regulative Idee* verwendet, die für den weiteren Diskurs orientierend wirken kann.[45] »G[emeinwohl] gilt nicht als etwas absolut Erkennbares und zu Verwirklichendes, sondern als etwas Aufgegebenes, stets nur in Bruchstücken Erreichbares.«[46] Das Gemeinwohl »ist nicht ein raumzeitlich (historisch) Vorgegebenes, das (nur) erkannt werden müsste; vielmehr ist es ein *Aufgegebenes*, das ohne erkennbares Ende, der Dynamik des politischen Prozesses überantwortet, man könnte auch sagen: ausgeliefert ist.«[47] Es wird darum auch als *Generalklausel*[48] oder *offener normativer Begriff*[49] bezeichnet. So verstanden hat die Berufung auf das Gemeinwohl diskursformende Wirkung. Der Begriff des Gemeinwohls stellt den Sinnhorizont für politische Auseinandersetzungen dar. Er ist ausfüllungsbedürftig, aber nicht beliebig.[50] *Niklas Luhmann* bezeichnet ihn darum als *Kontingenzformel*, die angibt, welche Themen in welcher Weise in die politische Kommunikation eingeführt werden können, und den Verweis auf weitere mögliche Themen präsent hält.[51] »Die Staatszwecke

---

[40] Differenziert dazu *Nothelle-Wildfeuer*, Die Sozialprinzipien der Katholischen Soziallehre, S. 143 ff.

[41] Zur Verwendung des Begriffs im Nationalsozialismus siehe *Stolleis*, Gemeinwohlformeln im nationalsozialistischen Recht, passim.

[42] *Stolleis*, Gemeinwohl, Sp. 1061 f.; vgl. *Kriele*, Staatslehre, S. 142 ff.

[43] Vgl. *Gröschner*, Die Republik, Rn. 39; *Stolleis*, Gemeinwohlformeln im nationalsozialistischen Recht, S. 299 ff.

[44] *J. Pieper*, Noch wußte es niemand, S. 197; ein Originalbeleg bei Carl Schmitt konnte nicht ermittelt werden; vgl. *Schmitt*, Der Begriff des Politischen (1932), S. 51: »Wer Menschheit sagt, will betrügen.«; Bezugnahmen auf diese Wendung zum Gemeinwohl bei *Depenheuer*, Das öffentliche Amt, Rn. 52 mit falschem Nachweis; *Isensee*, Gemeinwohl und öffentliches Amt, S. 39 ff.

[45] *Gröschner*, Die Republik, Rn. 52; *ders.*, Weil Wir frei sein wollen, S. 155 f.; *Isensee*, Gemeinwohl und öffentliches Amt, S. 68 f.

[46] *Herzog*, Gemeinwohl, Sp. 257.

[47] *Denninger*, Gemeinwohl, S. 371; siehe auch *Grimm*, Ursprung und Wandel der Verfassung, Rn. 24; *Gröschner*, Weil Wir frei sein wollen, S. 160.

[48] *Koslowski*, Gemeinwohl des Staates, S. 1.

[49] *Böckenförde*, Gemeinwohlvorstellungen, S. 63.

[50] *Böckenförde*, Gemeinwohlvorstellungen, S. 62; *Isensee*, Gemeinwohl und öffentliches Amt, S. 53 ff.; *Mayntz*, Soziologie der öffentlichen Verwaltung, S. 45.

[51] *Luhmann*, Die Politik der Gesellschaft, S. 120.

sind, mit anderen Worten, für eine ideologische Funktion reserviert; sie dienen in ihrer globalen Fassung nicht als Entscheidungsprogramm.«[52] Durchsetzungsfähig sind diejenigen Interessen, die als solche des Gemeinwohls dargestellt werden können. »Dabei dient der Staatszweck Gemeinwohl lediglich als Darstellungsregel und Begründungserleichterung; die eigentlichen Kriterien liegen im Macht- und Konsenswert der jeweiligen Programme.«[53]

Für vergleichbare Formeln im Kirchenrecht verwende ich den Begriff *Pathosformel.* Darunter möchte ich Regelungen verstehen, die in verdichteter Form fundamentale Aussagen treffen, für vielfältige Lesarten anschlussfähig sind und so zugleich integrierend und polarisierend wirken können. Sie bilden für die Selbstverständigung von Gemeinschaften wesentliche Kristallisationspunkte, stehen aber in der Gefahr, zugrundeliegende Spannungen zu verdecken, und bedürfen der Entfaltung, um produktiv wirken zu können. Pathosformeln leisten im Unterschied zum übrigen Recht keine Erwartungsstabilisierung, indem sie durchsetzbare Positionen definieren, sondern bringen Verunsicherung in das System und lösen Verständigungsprozesse aus.[54] Auch die Verpflichtung auf das Gemeinwohl kann in diesem Sinne als Pathosformel begriffen werden.

»Gemeinwohl« erweist sich damit letztlich als ein Begriff, mit dem die *Legitimität* von Handlungen, Entscheidungen und Institutionen erwiesen werden soll. Wie gezeigt, lässt sich Legitimität jedoch am besten multifaktoriell begründen.[55] Dabei sind drei Aspekte zu unterscheiden:[56] (1) *Empirisch* geht es um die Frage nach einer zutreffenden Problembeschreibung und der Zweckmäßigkeit von Lösungen. (2) *Normativ* ist nach einer Bewertung der Optionen nach Kriterien des Guten und Gerechten zu fragen; hierbei geht es um die Legitimität im engeren Sinne einer materiellen Rechtfertigung. (3) Und schließlich ist *prozedural* zu fragen, wie es zu verbindlichen Festlegungen dessen kommen kann, was als Gemeinwohl zu gelten hat. – Damit tritt der Frage nach einer materiellen Bestimmung des Gemeinwohls zwischen Empirie (1) und Normativität (2) die Frage an die Seite, wer diese Fragen zu beurteilen und zu entscheiden hat, wer also »Hüter des Gemeinwohls« ist (3). Der Begriff des Gemeinwohls weist sowohl eine inhaltlich-normative, wie auch eine institutionell-organisatorische Dimension auf.[57] Es hat pluralistischen und prozeduralen Charakter.[58] Für beide Fragen bietet die Verfassung eine normative Grundlage.[59]

---

[52] *Luhmann*, Zweckbegriff und Systemrationalität, S. 217.

[53] *Luhmann*, Zweckbegriff und Systemrationalität, S. 218; vgl. *Gröschner*, Die Republik, Rn. 43.

[54] *Munsonius*, Kirche und Recht, S. 73; durchgeführt am Beispiel des »Leitungsdogmas« in *Munsonius*, »… geistlich und rechtlich in unaufgebbarer Einheit«, passim.

[55] Siehe Kapitel 2: Exploration I. Allgemeine Handlungstheorie 2. Institutionen e) Legitimation, S. 44; vgl. im Umkehrschluss *Engel*, Offene Gemeinwohldefinitionen, S. 33 ff.

[56] Vgl. *Brugger*, Gemeinwohl, S. 50 ff.

[57] *Böckenförde*, Gemeinwohlvorstellungen, S. 62 f.; *von der Pfordten*, Zum Begriff des Gemeinwohls, S. 32 ff.

[58] *Denninger*, Gemeinwohl, S. 367; *Schuppert*, Staatswissenschaft, S. 224 ff.

[59] *Schulze-Fielitz*, Staatsaufgabenentwicklung und Verfassung, S. 15 f.

c) Verfassungskontext

Im Verfassungsstaat kann als Gemeinwohl nur gelten, was im Einklang mit der Verfassung steht.[60] Allein das Gemeinwohl als Maßstab des Amtshandelns anzuführen erweist sich, wie zu zeigen war, als unterkomplex.[61] Maßstab des Amtshandelns ist die verfassungsmäßige Ordnung insgesamt. Es ist »die Funktion der Verfassung, zwischen der Unverzichtbarkeit und der Unbestimmtheit des Gemeinwohlbegriffs zu vermitteln.«[62] Sie ist das »Ordnungsinstrument für die gemeinschaftliche Erarbeitung der allgemeinen Wohlfahrt«.[63]

»Die Verfassung hat, bezogen auf das Gemeinwohl, also eine doppelte Funktion: Zum einen konkretisiert sie die inhaltsarm gewordene Gemeinwohlformel, indem sie einige Optionen ausschließt und andere verbindlich macht und auf diese Weise die Pluralisierung des Gemeinwohls wieder reduziert. Zum anderen reguliert sie die Prozeduralisierung, indem sie den Meinungs- und Willensbildungsprozeß nach Akteuren, Kompetenzen und Verfahren strukturiert und Bedingungen für die Geltung von politischen Entscheidungen formuliert, die die Gemeinwohl-Verträglichkeit verbessern sollen.«[64]

Die Bestimmung des Gemeinwohls erweist sich damit als ein Vorgang der Verfassungsinterpretation und der Verfassungskonkretisierung.[65] »[H]ierin liegt eine der Paradoxien des Verfassungsstaates begründet, nämlich der Verfassungsbindung als einer Bindung an etwas Aufgegebenes, erst noch zu Schaffendes.«[66]

Bei der Konkretisierung des Gemeinwohls ist stets vom Gesamtzusammenhang der Verfassung auszugehen. Insofern greift der alleinige Rekurs auf das Republikprinzip, wie er in der Literatur oft zu finden ist, zu kurz.[67] Die verschiedenen Verfassungsgehalte greifen ineinander und wirken komplementär. Dies gilt insbesondere für das Republik- und das Demokratieprinzip.

»Demokratie heißt Herrschaft durch das Volk, R[epublik] dagegen Herrschaft für das Volk. Der Rechtsstaat bindet alle staatliche Gewalt an das Gesetz, die R[epublik] verlangt Gemeinwohlorientierung des Gesetzes und Konkretisierung des gesetzlich nur generell bestimmbaren Gemeinwohls in den Amtsrechtsverhältnissen des öffentlichen Dienstes.«[68]

Für Demokratie wie Republik ist gleichermaßen der Gedanke der gleichen Partizipation selbstbestimmter Individuen grundlegend. Dabei kann der Demokratie

---

[60] *Isensee*, Gemeinwohl und öffentliches Amt, S. 71; *Schulze-Fielitz*, Staatsaufgabenentwicklung und Verfassung, S. 12.

[61] Vgl. *von der Pfordten*, Zum Begriff des Gemeinwohls, S. 22: »Abstrakte politische Begriffe wie der des Gemeinwohls müssen unverständlich bleiben, bezieht man sich einfach und damit naiv auf sie.«

[62] *H. Münkler/Fischer*, Einleitung, S. 13.

[63] *Hofmann*, Vom Wesen der Verfassung, S. 14 im Anschluss an *Emmerich von Vattel*.

[64] *Grimm*, Gemeinwohl, S. 127f.

[65] *Gärditz*, Das Amtsprinzip, S. 8; *Häberle*, Öffentliches Interesse als juristisches Problem, 208f.

[66] *Schuppert*, Staatswissenschaft, S. 827.

[67] Siehe oben bei Fn. 9.

[68] *Gröschner*, Republik (EvStL), Sp. 2044; ebenso *Isensee*, Gemeinwohl und öffentliches Amt, S. 28; siehe auch *Gröschner*, Die Republik, Rn. 74.

mit ihren Prinzipien von Mehrheitsentscheidung, Minderheitenschutz und Herrschaft auf Zeit der Gegensatz individueller Interessen zugrunde gelegt werden, während die Republik eine wenigstens im Hinblick auf fundamentale Voraussetzungen des Zusammenlebens bestehende Interessenübereinstimmung voraussetzt.[69] Es führt darum in die Irre, wollte man einzelne Prinzipien, wie das der Republik, gegen andere, wie das der Demokratie, ausspielen.[70] Das Gemeinwohl steht der demokratischen Willensbildung nicht entgegen, sondern findet in ihr überhaupt erst seinen Ausdruck. »Damit geht der Gemeinwohlgedanke im Wesentlichen in der Rechtsbindung auf.«[71] Es gibt im Verfassungsstaat kein losgelöstes Gemeinwohl.[72]

> »Vor allem aber ist das Grundgesetz die Verfassung eines pluralistischen Demokratieverständnisses. Mit diesem ist ein ›demokratietranszendenter‹ oder [...] ein ›transpersonaler‹, ›metaphysischer‹ Gemeinwohlbegriff unvereinbar.«[73]

Für die inhaltliche Bestimmung des Gemeinwohls erweisen sich vor allem die durch Art. 79 Abs. 3 GG auch gegen Verfassungsänderung geschützten fundamentalen Verfassungsprinzipien als besonders relevant.[74] Zwar bildet das Republikprinzip einen Anknüpfungspunkt, doch können hier vor allem das Menschenwürdeprinzip, die Grundrechte, das Sozialstaatsprinzip und weitere Staatszielbestimmungen, die dem Grundgesetz entnommen werden können, fruchtbar gemacht werden (2.). Zur Frage nach der Kompetenz und den Verfahren der Gemeinwohlkonkretisierung ist vor allem auf das Demokratieprinzip und die Kommunikationsgrundrechte abzustellen (3.). Die Form, in der das Gemeinwohl letztlich verbindlich wird, ist das Recht (4.), das seine Funktion durch den Aufbau eigener Komplexität erfüllt (5.).

2. Gehalt

a) Menschenwürde

Das Grundgesetz beschränkt sich nicht darauf, das Gemeinwohl als allgemeinen Staatszweck dadurch einzuführen, dass es den so verfassten Staat als Bundes-

---

[69] *Anderheiden*, Gemeinwohl, S. 293 f.; vgl. *Rux* in: Epping/Hillgruber, GG, Art. 20 Rn. 118 ff.

[70] *Rux* in: Epping/Hillgruber, GG, Art. 20 Rn. 204; so aber *Isensee*, Gemeinwohl und öffentliches Amt, S. 44 ff., der allerdings eher das Problem sieht, dass Demokratie gegen Republik ausgespielt wird. – Es ist zumindest unklar, kann aber letztlich als anti-demokratisches Ressentiment verstanden werden, wenn *Depenheuer*, Das öffentliche Amt, Rn. 66 formuliert: »Kanzler und Minister haben einen Amtseid geschworen, das Gemeinwohl zu fördern, das unter Umständen auch gegen den Volkswillen durchgesetzt werden muss.« Welches Gemeinwohl gegen welchen Volkswillen durchzusetzen sei, bleibt dabei reichlich nebulös. Vorsichtiger *Morstein Marx*, Beamtenethos und Verwaltungsethik, S. 326, der aus solcher Bindung das Recht ableitet, »Fragen aufzuwerfen, Zweifel anzukündigen und Bedenken zu äußern«.

[71] *S. Augsberg*, Maßstäbe des Verwaltungshandelns, Rn. 39.

[72] *Anderheiden*, Gemeinwohl, S. 301 f.; *Leisner*, Grundlagen des Berufsbeamtentums, S. 119.

[73] *Denninger*, Gemeinwohl, S. 368 unter Verweis auf *Stolleis*, Gemeinwohlformeln, S. 303 f.

[74] *Stolleis*, Gemeinwohl, Sp. 1064.

republik Deutschland bezeichnet (Art. 20 Abs. 1 GG). Als ungleich prominentere Staatszweckbestimmung ist vielmehr Art. 1 Abs. 1 GG anzusehen:[75]

»Die Würde des Menschen ist unantastbar. Sie zu achten und zu schützen ist Verpflichtung aller staatlichen Gewalt.«

Über die Bedeutung dieser Norm gibt es mannigfache Auseinandersetzungen,[76] was nicht zuletzt an ihrer »anmutige[n] Unbestimmtheit«[77] liegt. Unstreitig lässt sich jedoch festhalten, dass damit der Staat um der Menschen willen, nicht aber diese um des Staates willen da sind.[78] Das Gemeinwohlprinzip kann darum nach dem Grundgesetz nicht der Freiheit und Würde der Menschen entgegengesetzt werden, sondern muss diese stets in sich aufnehmen,[79] wie schon bei *Immanuel Kant* zu lesen ist:

»Der Satz: Salus publica suprema civitatis lex est, bleibt in seinem unverminderten Wert und Ansehen; aber das öffentliche Heil, welches zuerst in Betrachtung zu ziehen steht, ist gerade diejenige gesetzliche Verfassung, die jedem seine Freiheit durch Gesetze sichert.«[80]

Problematisch wäre es, Art. 1 Abs. 1 GG mit einem spezifischen Menschenbild zu verbinden, aus dem dann Erwartungen an die Lebensführung der Menschen abgeleitet werden.[81] Anknüpfungspunkt für solche Ansätze ist eine Formulierung des Bundesverfassungsgerichts:

»Das Menschenbild des Grundgesetzes ist nicht das eines isolierten souveränen Individuums; das Grundgesetz hat vielmehr die Spannung Individuum – Gemeinschaft im Sinne der Gemeinschaftsbezogenheit und Gemeinschaftsgebundenheit entschieden, ohne dabei deren Eigenwert anzutasten.«[82]

In diesem Sinne wird den Grundrechten ein »Zusammenhang wechselseitiger Anerkennung und Verantwortung« entnommen, durch den wiederum Grundrechtseinschränkungen gerechtfertigt werden können.[83] Dabei ist jedoch zu bedenken, dass die Gemeinschaftsgebundenheit der Individuen im Grundgesetz

---

[75] Die Norm darf zwar als bekannt vorausgesetzt werden, ist aber so wichtig, dass sie hier noch einmal zitiert wird – zumal sie bemerkenswerterweise im hier erörterten Zusammenhang des Amtes bislang kaum beachtet wird.

[76] *Baldus*, Kämpfe um die Menschenwürde, passim; *Goos*, Innere Freiheit, S. 21 ff.; Orientierung zu verschiedenen Konzepten verschafft *Gröschner/Kapust/Lembcke* (Hrsg.), Wörterbuch der Würde, passim.

[77] *Heinig*, Menschenwürde, Sp. 1518.

[78] So explizit im Entwurf des Verfassungskonventes von Herrenchiemsee, JöR 1 (1951), S. 48.

[79] *Stolleis*, Gemeinwohl, Sp. 1063; *von der Pfordten*, Zum Begriff des Gemeinwohls, S. 33; zu Menschenwürde und individueller Freiheit als Staatsziel siehe *Sommermann*, Staatsziele und Staatszielbestimmungen, S. 211 ff.

[80] *Kant*, Über den Gemeinspruch, S. A 252.

[81] *Becker*, Das Menschenbild des Grundgesetzes, S. 33 ff., zur Kritik S. 74 ff.; *Goos*, Das »Menschenbild des Grundgesetzes«, S. 57 ff.; *Stolleis*, Das Menschenbild der Verfassung, passim.

[82] BVerfGE 4, 7 (15 f.).

[83] *H. Krüger*, Verfassungsvoraussetzungen und Verfassungserwartungen, S. 300 f.; dargestellt bei *Volkmann*, Verfassungslehre, S. 225 ff.; auf einen auch freiheitsorientierten Aspekt dieses Menschenbilds verweist *Häberle*, Das Menschenbild im Verfassungsstaat, S. 47 ff.

schon darin ihre Ausprägung findet, dass hier eine Rechtsordnung statuiert wird, aus der zwangsläufig Rechte und Pflichten resultieren, und dass das Individuum Einschränkungen seiner Freiheit durch den Gesetzgeber hinnehmen muss.[84] Dass darin zuvörderst die Unantastbarkeit der Menschenwürde festgehalten wird, hat demgegenüber die Funktion, der Individualität der Menschen in dieser Rechtsordnung einen festen Halt und Schutz zu vermitteln. Dem würde es widersprechen, wenn den Individuen durch die Rede von »dem Menschenbild des Grundgesetzes« über konkrete Rechtsnormen hinaus ein bestimmter Lebensentwurf, ein bestimmtes Selbstverständnis und ein bestimmtes Weltbild zugemutet würde. »Das einzige, was sich dem Grundgesetz entnehmen läßt, ist, daß es das Individuum gerade nicht in ein bestimmtes Bild pressen will.«[85] Die Aussage von der Gemeinschaftsbezogenheit ist darum zu relativieren. Deskriptiv-emprisch weist sie auf den fraglos bestehenden Sachverhalt der Sozialität des Menschen hin. Normativ-rechtlich lässt sich dem Grundgesetz der Schutz bestimmter Gemeinschaftsformen entnehmen. Darüber hinaus ist aber rechtsethisch-legitimatorisch daran festzuhalten, dass durch Art. 1 Abs. 1 GG der individuelle Mensch als letzte Legitimationsquelle staatlicher Ordnung proklamiert wird.[86]

Die Menschenwürde wird konkretisiert in den Grund- und Menschenrechten, durch die alle staatliche Gewalt um der Würde des Menschen willen gebunden wird (Art. 1 Abs. 2 und 3 GG). Damit wird der Staat auf die Wahrung der Freiheitsrechte verpflichtet.[87] Da diese ihrerseits vor allem dazu dienen, den Menschen einen Freiheitsraum selbstbestimmter Lebensführung zu gewährleisten, ergibt sich für den Staatszweck Gemeinwohl eine paradoxe Situation. Das Gemeinwohl wird – wie gezeigt – im ersten Zugriff als Gegenbegriff zum Partikularinteresse verstanden.[88] Zugleich wird durch Art. 1 GG und die Grundrechte die Verfolgung von Privatinteressen besonders geschützt. Die Freiheit der Individuen zu schützen ist fundamentaler Staatszweck. »Das Wohl einer Gemeinschaft kann nicht gegen die elementaren Rechte der Mitglieder gerichtet sein.«[89] Privat- und Gemeinwohl sind miteinander verschränkt und gehen zuweilen ineinander über und können darum nicht einfach gegeneinander ausgespielt werden.[90] Dem entspricht es, dass privates und öffentliches Interesse schon methodisch nicht klar voneinander unterschieden werden können.[91]

---

84 Von *H. Krüger*, Verfassungsvoraussetzungen und Verfassungserwartungen, S. 301 bedauernd konstatiert.

85 *H. Dreier*, Menschenwürde, S. 105 f.; so letztlich auch *Böckenförde*, Vom Wandel des Menschenbildes im Recht, S. 24 ff. = 37 ff.

86 *von der Pfordten*, Zum Menschenbild des deutschen Rechts, S. 35.

87 *Hofmann*, Verfassungsrechtliche Annäherungen, S. 28 f.

88 Siehe 1. »Gemeinwohl« a) Begriff, S. 114.

89 *M. Kaufmann*, Gemeinwohl und Recht, S. 111.

90 *M. Kaufmann*, Gemeinwohl und Recht, S. 111 f.; vgl. *Koslowski*, Gemeinwohl und Selbstinteresse, S. 41 f. mit Hinweis u. a. auf Thomas von Aquin.

91 *Luhmann*, Die Politik der Gesellschaft, S. 120 ff.; ähnlich *Depenheuer*, Das öffentliche Amt, Rn. 88.

Gleichwohl kann differenziert werden. Das Privatwohl ist – auch dies ein Ausdruck von Freiheit – die Sache der Individuen und von diesen zu verfolgen. Es dient ihrem eigenen Nutzen und unterliegt ihrer Beurteilung. Der Staat hat sich dabei zurückzuhalten und diesen Freiheitsgebrauch lediglich zu achten und zu schützen. Demgegenüber gibt es keine generelle Verpflichtung der Bürger, ihre Freiheit stets im Sinne des Gemeinwohls auszuüben.[92] Die Frage ist, ob der Umstand, dass ein freiheitliches Gemeinwesen auch von der Praxis seiner Mitglieder bestimmt wird, als (zutreffende) empirische Beschreibung erkannt, oder darüber hinaus normativ gestellt wird, was u. U. auch freiheitswidrige Effekte haben kann.[93] Einen verfassungsrechtlichen Sonderfall bildet Art. 14 Abs. 2 GG, wonach der Gebrauch des Eigentums zugleich der Allgemeinheit dienen soll. Doch dass dies explizit für das Eigentumsrecht statuiert wird, zeigt schon, dass diese Gemeinwohlbindung bei anderen Freiheitsrechten nicht in gleicher Weise vorauszusetzen ist.

> »Der Gemeinsinn [...] als moralische Ressource, die über den Rechtsgehorsam hinausgeht und Bürgerengagement im Gemeininteresse hervorbringt, liegt [...] außerhalb des Zugriffs der Verfassung. [D]enn dieser entzieht sich als ein Fall von innerer Einstellung der rechtlichen Anordnung. Die Verfassung setzt daher nicht auf Gemeinsinn, sondern versucht den gesellschaftlichen Zusammenhalt gerade unter der Voraussetzung von Eigeninteresse zu sichern.«[94]

Das Gemeinwohl zu vertreten ist Sache des Staates, wenn auch vom Gebrauch der Freiheitsrechte unter anderem förderliche Effekte für das Gemeinwesen erwartet werden können. Individuelle und kollektive Selbstbestimmung stehen so einander gegenüber und sind aufeinander bezogen. Hierin manifestiert sich wieder einmal die Gleichursprünglichkeit von Individualität und Sozialität des Menschen.[95]

b) Grundrechte

Den Grundrechten wird allerdings keine ausschließlich abwehrrechtliche Funktion zugeschrieben. Unterschiedliche Konzeptionen erkennen in den Grundrechten weitere Dimensionen, in denen die Polarität von Individualität und Sozialität auf unterschiedliche Weise zur Geltung kommt.[96] Ihnen können damit auch weitere Gesichtspunkte für die Formulierung von Gemeinwohlbelangen

---

[92] *von der Pfordten*, Zum Begriff des Gemeinwohls, S. 36 f.; vgl. *Rupp*, »Dienende« Grundrechte, passim; Anklänge einer Gemeinwohlverpflichtung aber z. B. bei *Depenheuer*, Funktionen der Verfassung, Rn. 21.

[93] Vgl. *Gröschner*, Die Republik, Rn. 48; (etwas schillernd) *Isensee*, Gemeinwohl und öffentliches Amt, S. 79 ff.; vgl. *Böckenförde*, Die Entstehung des Staates als Vorgang der Säkularisation, S. 93 = 112: »*Der freiheitliche, säkulare Staat lebt von Voraussetzungen, die er selbst nicht garantieren kann.* Das ist das große Wagnis, das er, um der Freiheit willen, eingegangen ist.« (Einmal musste es ja kommen ...).

[94] *Grimm*, Gemeinwohl, S. 128.

[95] Siehe Kapitel 2: Exploration I. Allgemeine Handlungstheorie 1. Soziales Handeln c) Handeln und Struktur, S. 33.

[96] Zur Entwicklung *Bumke*, Die Entwicklung der Grundrechtsdogmatik, passim m. w. N.

entnommen werden.[97] Schon *Ernst-Wolfgang Böckenförde* hat folgende Konzeptionen unterschieden:[98]

– Die *liberale (bürgerlich-rechtsstaatliche)* Grundrechtstheorie sieht die Grundrechte als Schutz der dem Staat vorausliegenden Freiheit vor ungerechtfertigten Beeinträchtigungen an. Die Verwirklichung der Freiheit ist die Sache der Individuen und gesellschaftlicher Akteure. Die ökonomischen und sozialen Voraussetzungen der Freiheitsverwirklichung finden dabei kaum Beachtung.

– Die *institutionelle* Grundrechtstheorie sieht Grundrechte als objektive Ordnungsprinzipien für die von ihnen geschützten Lebensbereiche an. Freiheit gilt demnach als normativ und institutionell gestaltet und geordnet. Dies wird vor allem durch den Gesetzgeber geleistet. Er hat damit die Möglichkeit, eine bestimmte Vorstellung von »richtiger« Freiheit wirksam werden zu lassen. Individuell divergierende Freiheitsvorstellungen können dadurch eingeschränkt werden.

– Die *Werttheorie* der Grundrechte erkennt in den Grundrechten wesentliche Faktoren, den Staat im Wege der Integration als Erlebnis-, Kultur- und Wertgemeinschaft hervorzubringen. Freiheitsgebrauch dient der Verwirklichung der in den Grundrechten ausgedrückten Werte. Damit wird er vom Wandel der Wertvorstellungen abhängig gemacht und nicht Freiheit schlechthin, sondern nur staatlich approbierte werthafte Freiheit geschützt.

– Die *demokratisch-funktionale* Grundrechtstheorie interpretiert Grundrechte von ihrer öffentlichen und politischen Funktion aus. Der demokratische Willensbildungsprozess ist davon abhängig, dass sich die Individuen unter Ausnutzung ihrer Freiheitsrechte daran beteiligen. Sie entfalten so für das Gemeinwesen förderliche Wirkung. Dahinter erscheint ein rein privatnütziger Freiheitsgebrauch nachrangig. Freiheitsgebrauch wird so gewissermaßen selbst zur Wahrnehmung eines Amtes und muss sich als gemeinwohlfördernd ausweisen.

– Die *sozialstaatliche* Grundrechtstheorie greift das Problem der ökonomischen und sozialen Voraussetzungen der Freiheitsverwirklichung auf und sieht den Staat in der Pflicht, für diese Voraussetzungen Vorsorge zu treffen. Sie erkennt in den Grundrechten nicht bloß Abwehrrechte, sondern auch staatliche Schutzpflichten. Wegen der begrenzten Ressourcen können aber nicht unbeschränkte Leistungsrechte begründet werden. Die Schutzpflichten erweisen sich darum vor allem als Verfassungsaufträge, für deren Umsetzung dem Gesetzgeber ein weiter Einschätzungs- und Gestaltungsspielraum zukommt.[99]

---

[97] *Schuppert*, Staatswissenschaft, S. 240 f.; *Volkmann*, Verfassungslehre, S. 21, 231 ff.; vgl. *Steinberg*, Politik und Verwaltungsorganisation, S. 224 ff.

[98] *Böckenförde*, Grundrechtstheorie und Grundrechtsinterpretation, passim m. w. N.; dazu *Bumke*, Die Entwicklung der Grundrechtsdogmatik, S. 41 f.; instruktiv auch die Zusammenstellung von *I. Augsberg/Unger* (Hrsg.), Basistexte: Grundrechtstheorie, passim; vgl. *Hesse*, Grundzüge des Verfassungsrechts, S. 127 ff.; *ders.*, Bestand und Bedeutung, S. 430 ff.; *Heun*, Verfassungsordnung, S. 232 ff.

[99] Zur Problematik des Schutzpflichtenkonzepts *Heun*, Verfassungsordnung, S. 233 f., der darauf abhebt, dass dieses Konzept auch die Einschränkung von Freiheitsrechten zu begründen vermag und dass das Verfassungsgericht auf dieser Grundlage dem Gesetzgeber vorschreiben kann, »ob und welche Regeln erlassen werden müssen.«

Die genannten Konzeptionen sind nicht ohne weiteres miteinander vereinbar und stehen in gewisser Spannung zueinander. Hier wirken sich nicht zuletzt auch die unterschiedlichen Hintergrundannahmen über das Verhältnis von Individuum und Gemeinschaft sowie von Staat und Gesellschaft und verschiedene Freiheitskonzeptionen aus.[100] Während die liberale Grundrechtstheorie den subjektiv-rechtlichen Aspekt in den Vordergrund stellt, bringen die anderen Theorien objektiv-rechtliche Gehalte zur Geltung. Grundrechte werden demnach als »mehrdimensionale Gewährleistungen« verstanden.[101] Insofern nehmen die Grundrechte auch den Charakter von Staatszielen an.[102]

In der neueren Entwicklung lässt sich beobachten, dass die die Abwehrfunktion ergänzenden Aspekte, insbesondere die Schutzpflichtendimension, an Bedeutung gewinnen, zumal Freiheitsgefährdungen nicht allein vom Staat, sondern zunehmend auch von anderen Akteuren ausgehen. Von daher wird auch die Frage einer möglichen Drittwirkung relevant, die jedoch legislativer Konkretion bedarf.[103] Der Grundrechtsgebrauch wird so in hohem Maß von gesetzgeberischer Gestaltung abhängig. Damit sind die Grundrechte aber nicht lediglich Deduktionsbasis für rechtliche Entscheidungen, sondern weitgehend interpretations- und konkretisierungsbedürftig. Darin zeigt sich der in den Grundrechten generell angelegte Doppelcharakter als Regeln, die einer Subsumtion zugänglich sind, und Prinzipien, die sich als Abwägungs- und Optimierungsgebot darstellen.[104] Sie sind bei der Formulierung des Gemeinwohls gleichermaßen als Gehalt wie als Grenze zu berücksichtigen, lassen dabei aber viele Fragen offen. Darum kann letztlich »Grundrechtsnormativität als dynamisches Konzept« begriffen werden, in dem die Grundrechte als Werte, Prinzipien, Grundsatznormen oder Programme beschrieben werden.[105]

c) Staatsziele

Eine ähnliche Offenheit ist auch im Hinblick auf weitere Staatszielbestimmungen festzustellen.[106] Durch internationalen Verfassungsvergleich können fünf wesentliche Staatsziele des modernen Verfassungsstaats identifiziert werden, für die auch das Grundgesetz Anknüpfungspunkte bietet. Sie erweisen sich als Konkretisierung des allgemeinen Staatszwecks Gemeinwohl und des mit diesem in engem Zusammenhang stehenden Staatszwecks der Sicherheit.[107] Außer der bereits genannten Förderung von Menschenwürde und individueller Freiheit geht es um die Gewährung von sozialer Sicherheit und sozialem Ausgleich, die

---

100 Siehe Kapitel 3: Konkretion II. Hintergrundannahmen, S. 98.

101 *Bumke*, Die Entwicklung der Grundrechtsdogmatik, S. 66.

102 *Sommermann*, Staatsziele und Staatszielbestimmungen, S. 419 f.

103 *Muckel*, Wandel des Verhältnisses von Staat und Gesellschaft, S. 249 f., 273 ff.; *Volkmann*, Allgemeine Grundrechtslehren, Rn. 43 ff.

104 *Alexy*, Theorie der Grundrechte, S. 117 ff.

105 *Volkmann*, Allgemeine Grundrechtslehren, Rn. 34 ff.

106 *Reimer*, Verfassungsprinzipien, S. 193 ff.

107 *Sommermann*, Staatsziele und Staatszielbestimmungen, S. 203 ff.

Förderung von Bildung, Wissenschaft und Kultur, Friedenswahrung und Friedensgestaltung und den Schutz der natürlichen Lebensgrundlagen.[108]

– Indem durch Art. 20 Abs. 1 GG die Bundesrepublik Deutschland als *Sozialstaat* qualifiziert wird, wird dem Umstand Rechnung getragen, dass die Verwirklichung individueller Freiheit von materiellen Voraussetzungen abhängig ist.[109] Allerdings ist das Sozialstaatsprinzip im Grundgesetz kaum konturiert und in hohem Maß von gesetzgeberischer Gestaltung abhängig, wobei stets auch die (gegenläufigen) rechtsstaatlichen Garantien von Rechtsgleichheit, Erwerbsfreiheit und Eigentum zu beachten sind.[110]

– Das Konzept des *Kulturstaats*[111] trägt dem Umstand Rechnung, dass die Verwirklichung individueller wie kollektiver Freiheit Bildung und geistige Auseinandersetzung voraussetzt. Es findet seinen Niederschlag vor allem im (staatlichen) Schulwesen nach Art. 7 GG und der Freiheit von Kunst und Wissenschaft nach Art. 5 Abs. 3 GG. Kulturstaatlichkeit umfasst aber auch Maßnahmen der Kulturförderung, den Schutz des kulturellen Erbes und von kulturellen Minderheiten.[112] Das Kulturstaatsprinzip zeichnet sich – seinem Gegenstand gemäß[113] – dadurch aus, dass zwar Minimalanforderungen eines Bildungswesens noch recht gut zu bestimmen sind, im Übrigen jedoch größte Offenheit besteht, welche Aktivitäten ergriffen werden.

– Dass ein Staat *Friedensstaat* sein soll, steht in engem Zusammenhang mit dem fundamentalen Staatszweck der inneren und äußeren Sicherheit.[114] Konnte äußere Sicherheit zuweilen im Sinne der Selbstbehauptung eines (National-)Staats gegenüber anderen Staaten begriffen werden, ist zunehmend die Einsicht gewachsen, dass Friedenssicherung einer gemeinsamen Anstrengung bedarf.[115] Im Grundgesetz schlägt sich dies in mannigfachen Bestimmungen nieder. Nach der Präambel ist das Deutsche Volk »von dem Willen beseelt, als gleichberechtigtes Glied in einem vereinten Europa dem Frieden der Welt zu dienen«. Darin ist eine Absage an frühere nationalistische Tendenzen zu erkennen. Nach Art. 1 Abs. 2 GG wird die Garantie der Menschenrechte als Grundlage des Friedens angesehen. Art. 23 GG eröffnet die Möglichkeit der europäischen Integration und Art. 24 GG die Übertragung von Hoheitsrechten auf zwischenstaatliche

---

108 *Schwarz*, Grundfragen, Rn. 16 ff.; *Sommermann*, Staatszwecke, Staatsziele, Sp. 2352; eingehend zu Staatsaufgaben *Bull*, Die Staatsaufgaben nach dem Grundgesetz, S. 211 ff.; etwas spöttisch *Luhmann*, Die Politik der Gesellschaft, S. 215: »Alles in allem gleicht der Wohlfahrtsstaat dem Versuch, die Kühe aufzublasen, um mehr Milch zu bekommen.«

109 *Sommermann*, Staatsziele und Staatszielbestimmungen, S. 171 ff., 223 ff.; zur Entwicklung *Grimm*, Entwicklung zum Sozialstaat, passim.

110 *Böckenförde*, Entstehung und Wandel des Rechtsstaatsbegriffs, S. 158 ff.; *Brenner*, Staatsaufgaben, Rn. 58 f.; *Heun*, Verfassungsordnung, S. 53 ff.; *Scheuner*, Die neuere Entwicklung des Rechtsstaats, S. 220; zur Unter- und Übercodierung des Sozialstaats *Heinig*, Zur Normativität des Sozialstaats, passim; ausführlich *Heinig*, Der Sozialstaat im Dienst der Freiheit, passim.

111 Eingehend *Grimm*, Kulturauftrag im staatlichen Gemeinwesen, passim.

112 *Sommermann*, Staatsziele und Staatszielbestimmungen, S. 230 ff.

113 Zum Begriff der »Kultur« *Reckwitz*, Kultur, passim.

114 *Sommermann*, Staatsziele und Staatszielbestimmungen, S. 237 ff.; siehe auch *Brenner*, Staatsaufgaben, Rn. 52 ff.

115 Zum Problem des Nationalstaats *Thiele*, Der gefräßige Leviathan, S. 212 ff.

Einrichtung und die Einordnung in ein System kollektiver Sicherheit. Damit wird die Grundlage dafür geschaffen, ›Gemeinwohl‹ in größeren als nationalstaatlichen Zusammenhängen zu begreifen. Dazu gehört auch »die Einführung von Gemeinschaftszielen, welche die nationalen Staatsziele überlagern«, in der Europäischen Union.[116]

– Als *Umweltstaat* trägt der Staat des Grundgesetzes Sorge für den Schutz der natürlichen Lebensgrundlagen. Dies wird seit 1994 durch Art. 20a GG festgeschrieben.[117] In diesem Staatsziel schlägt sich wie auch im Friedensziel besonders deutlich das Anliegen der auf Erhaltung des Gemeinwesens gerichteten Bestimmung des Gemeinwohls nach *Schmitt-Egner* nieder.[118]

Insgesamt ist festzustellen, dass Staatsziele historisch wandelbar und jeweils in Reaktion auf akute Probleme formuliert worden sind. So kann es bei veränderter Lage auch zu Um- und Neuformulierungen kommen. Als Verfassungsnormen eignet ihnen eine gewisse Abstraktheit, die ihre Offenheit und Anpassungsfähigkeit für die Zukunft garantiert. In ihrer Mehrzahl können sich Staatsziele gegenseitig verstärken, es können sich aber auch Zielkonflikte einstellen, die nur durch Abwägung und Entscheidung zu bewältigen sind.[119] Staatsziele erweisen sich damit als konkretisierungsbedürftige Finalprogramme bzw. als Prinzipien im Sinne von Optimierungsgeboten.[120] Die Aufnahme von Staatszielen in eine Verfassung bewirkt, jedenfalls wenn die Bestimmungen nicht zu eng gefasst werden, eine Dynamisierung der Rechtsordnung, weil offene Zielnormen bei einer Veränderung der Verhältnisse stets als neue Anforderung, die Ziele zu verwirklichen, zu verstehen sind.[121]

»Ein Verfassunggeber, der sich auf die Positivierung einiger weniger Grundstaatsziele beschränkt, bringt damit zum Ausdruck, daß er die Konkretisierung weitgehend den zuständigen Staatsorganen, im demokratischen Rechtsstaat also insbesondere dem Gesetzgeber, überlassen will.«[122]

3. Interpreten

Die Ausführungen zum Gehalt dessen, was mit »Gemeinwohl« bezeichnet wird, zeigen, dass es entscheidend darauf ankommt, wer autoritativ formulieren kann, was als Verfolgung des Gemeinwohls zu gelten hat.

---

116 *Sommermann*, Staatsziele und Staatszielbestimmungen, S. 280 f.; vgl. *Isensee*, Gemeinwohl und öffentliches Amt, S. 75 ff. mit etwas unklarer kritischer Wendung.

117 *Sommermann*, Staatsziele und Staatszielbestimmungen, S. 247 ff.; siehe auch *Brenner*, Staatsaufgaben, Rn. 60 f.

118 Siehe 1. »Gemeinwohl« a) Begriff, S. 114 bei Fn. 23.

119 *Sommermann*, Staatsziele und Staatszielbestimmungen, S. 411 ff.

120 *Scheuner*, Das Gesetz als Auftrag der Verwaltung, S. 557; *Schulze-Fielitz*, Staatsaufgabenentwicklung und Verfassung, S. 29; *Sommermann*, Staatsziele und Staatszielbestimmungen, S. 356 ff.

121 *Sommermann*, Staatsziele und Staatszielbestimmungen, S. 374.

122 *Sommermann*, Staatsziele und Staatszielbestimmungen, S. 397; in diesem Sinne auch *Wahl*, Staatsaufgaben im Verfassungsrecht, passim.

a) Historisch

Hierfür lassen sich historisch markante Verschiebungen beobachten.[123] Im absolutistischen Fürstenstaat galt die Person des Monarchen als »Inbegriff der gesamten, ungeteilten staatlichen Gewalt«, der sich an »das Gemeinwohl, die Idee der Staatsräson und gewisse unverrückbare Prinzipien des Naturrechts« band, aber nicht extern kontrolliert, sondern nur seinem Gewissen unterworfen war. Der Wille des Fürsten war Ausdruck des Gemeinwohls, die ihm verpflichteten Amtsträger hatten dies maschinengleich auszuführen.[124]

Mit der Aufklärung ergab sich eine Umstellung im Staatsdenken. Der Staat bezog seine Legitimation nicht mehr aus der Verwirklichung eines vorgegebenen Gemeinwohls, dem sich alle zu fügen hatten. Vielmehr wurde Freiheit zum zentralen Topos und zur Voraussetzung des Gemeinwohls.[125] In der Reformzeit zu Beginn des 19. Jahrhunderts galt es darum, »die Kräfte der bürgerlichen Gesellschaft zur Entfaltung zu bringen«.[126] Dabei trat vor allem in Preußen die Beamtenschaft als Schrittmacher der Entwicklung hervor. Damit einher ging eine erheblich größere Selbständigkeit der Beamten, ihre Orientierung an einem übergeordneten Staatszweck und die Ausbildung eines spezifischen Corpsgeistes und Berufsethos – zumindest im Hinblick auf die höhere Beamtenschaft.[127] Diese konnte sich als dem Gemeinwohl verpflichtete Elite begreifen. Allerdings brachte es die Restaurationsphase mit sich, dass diese hervorgehobene Bedeutung wieder zurückgeschnitten wurde.

Für den Konstitutionalismus des 19. Jahrhunderts ist der Dualismus von Parlament und Monarch, von Volks- und Fürstensouveränität bezeichnend. Das Handeln der Verwaltung war in einen zweifachen Legitimationsstrang eingespannt.[128] Zudem war durchaus umstritten, inwieweit der Staat die Aufgabe habe, das Gemeinwohl zu befördern.[129] Im staatsrechtlichen Positivismus zum Ende des 19. Jahrhunderts wurde der Staat als Willensverband begriffen, der im Wesentlichen aus Herrschaftsverhältnissen bestand. Dies führte zu einer starken Formalisierung des Exekutivhandelns. Die Amtsträger wurden dem Staatswillen unterworfen und nicht mehr an übergeordnete Staatszwecke gebunden. Statt Treue wurde nurmehr Gehorsam gefordert.[130]

---

[123] *Schulze-Fielitz*, Staatsaufgabenentwicklung und Verfassung, S. 12 f. m. w. N.; siehe auch *H. Dreier/Kuch*, Demokratische Legitimation der Verwaltung, Rn. 3 ff.; *H. Kluth*, Amtsgedanke und Pflichtethos, S. 14 f.; *Scheuner*, Staatszielbestimmungen, S. 240 ff.

[124] *H. Dreier*, Hierarchische Verwaltung, S. 37 f.; *Rassem*, Wohlfahrt, S. 613 ff.

[125] *Böckenförde*, Entstehung und Wandel des Rechtsstaatsbegriffs, S. 145; *Grimm*, Ursprung und Wandel der Verfassung, Rn. 15 f.

[126] *H. Dreier*, Hierarchische Verwaltung, S. 57.

[127] *H. Dreier*, Hierarchische Verwaltung, S. 56 f., 67.

[128] *H. Dreier*, Hierarchische Verwaltung, S. 76, 83 ff.; *ders./Kuch*, Demokratische Legitimation der Verwaltung, Rn. 8 f.

[129] *Rassem*, Wohlfahrt, S. 619 ff.

[130] *H. Dreier*, Hierarchische Verwaltung, S. 93 ff.; vgl. *Sommermann*, Staatsziele und Staatszielbestimmungen, S. 82 f.

Mit der Weimarer Reichsverfassung vom 11. August 1919 fand eine prinzipielle Umstellung der staatlichen Legitimation von der (konstitutionellen) Monarchie zu Republik und Demokratie statt.[131]

Art. 1 WRV. Das Deutsche Reich ist eine Republik.

Die Staatsgewalt geht vom Volke aus.

Allerdings bot das Gegenüber von Reichstag und Reichspräsident, die beide unmittelbar durch Volkswahl legitimiert wurden, einen Ansatzpunkt, überkommene Vorstellungen aufrechtzuerhalten. Der Reichspräsident konnte als republikanischer ›Ersatzkaiser‹ angesehen werden. Demgegenüber galt der Reichstag oft weniger als Repräsentation des ganzen Volkes, denn als Interessenvertretung der Parteien.[132] Als Hüter des Gemeinwohls fungierten dann der Reichspräsident und die von ihm ernannten Reichsbeamten,[133] wie dies *Carl Schmitt* am Ende seines Buches »Hüter der Verfassung« prominent formuliert hat:

»[Die Weimarer Reichsverfassung] setzt das ganze deutsche Volk als eine Einheit voraus, die unmittelbar, nicht erst durch soziale Gruppenorganisationen vermittelt, handlungsfähig ist, die ihren Willen zum Ausdruck bringen kann und sich im entscheidenden Augenblick auch über die pluralistische Zerteilung hinweg zusammenfinden und Geltung verschaffen soll. Die Verfassung sucht insbesondere der Autorität des Reichspräsidenten die Möglichkeit zu geben, sich unmittelbar mit diesem politischen Gesamtwillen des deutschen Volkes zu verbinden und eben dadurch als Hüter und Wahrer der verfassungsmäßigen Einheit und Ganzheit des deutschen Volkes zu handeln. Darauf, daß dieser Versuch gelingt, gründen sich Bestand und Dauer des heutigen deutschen Staates.«[134]

Die hier aufgezeigte, auf Vorstellungen der Monarchie zurückgehende Interpretationslinie, wonach eine bestimmte Gruppe von Amtsträgern allein die authentische Interpretation des Gemeinwohls leistet, findet sich als »monarchische Schlacke«[135] in der Literatur bis hin zu Autoren des beginnenden 21. Jahrhunderts, wo sie sich als emphatische Betonung der Gemeinwohlbindung des Amtes niederschlägt.[136] Dabei handelt es sich um das Erbe einer geschlossenen Gesellschaft, das sich mit der pluralistischen, offenen Konzeption der geltenden Verfassungsordnung nicht recht verträgt. Die »Vorstellung eines aus politischen Momenten begründeten Reservates der Verwaltung [ist] nicht mehr gültig.«[137]

---

[131] *Anderheiden*, Gemeinwohl, S. 239 ff.; *H. Dreier/Kuch*, Demokratische Legitimation der Verwaltung, Rn. 19; vgl. *Böckenförde*, Entstehung und Wandel des Rechtsstaatsbegriffs, S. 155 f.

[132] *Kielmansegg*, Der Reichspräsident, passim; *Gusy*, 100 Jahre Weimarer Verfassung, S. 163 f., 190 f.

[133] *H. Dreier*, Hierarchische Verwaltung, S. 104 f.; *Hennis*, Amtsgedanke und Demokratiebegriff, S. 64 f.; *Studienkommission*, Bericht, Rn. 50.

[134] *Schmitt*, Hüter der Verfassung, S. 159; siehe auch *ders.*, Legalität und Legitimität, S. 17.

[135] *Waldhoff*, Verfassungsgeschichte und Theorie der Verfassung, Rn. 9.

[136] *Depenheuer*, Das öffentliche Amt, Rn. 66.

[137] *Scheuner*, Das Gesetz als Auftrag der Verwaltung, S. 546, siehe auch S. 555; ähnlich *Battis*, Hergebrachte Grundsätze versus Ökonomismus, S. 311, 313; siehe auch *Leisner*, Grundlagen des Berufsbeamtentums, S. 121: »Und *neutral* ist die Beamtenschaft nicht in dem Sinn, daß sie sich gegen die demokratische Mehrheit stellt im Namen einer Staatsräson, die sie selbst interpretiert und verwaltet.«

b) Politik

Die Konkretisierung des Gemeinwohls ist – zumal, wenn man es als Kontingenzformel begreift – Gegenstand von Politik. In einer offenen Gesellschaft sind daran viele Akteure in unterschiedlicher Weise beteiligt.[138] *Karsten Nowrot* benennt als Subprinzipien des Republikprinzips, die der Gemeinwohlverwirklichung dienen, »die Idee des öffentlichen Amtes, die Möglichkeit bürgerschaftlicher Partizipation, die grundsätzliche Publizität der Ausübung von Hoheitsgewalt sowie das Verantwortungsbewusstsein der Bürger als Gegenstand staatlicher Impulsgebungspflichten«.[139] *Niklas Luhmann* unterscheidet in einem allgemeinen Modell für das politische System einer differenzierten Gesellschaft zwischen den Teilsystemen Politik (im engeren Sinne), Verwaltung und Publikum, bei dem noch einmal unterschieden werden kann, mit welchem der beiden anderen Teilsysteme es verkehrt. Die vertikale Achse verläuft zwischen Politik und Verwaltung, die auch die Publikumsrollen betrifft.[140] Schon auf der Seite der Exekutive, der Verwaltung jedoch steuernd vorgeordnet steht die Gubernative. Die horizontale Achse trennt zwischen fremdnützig orientierten Arbeits- und Leistungsrollen in Politik und Verwaltung und den vorwiegend an eigenen Interessen orientierten Publikumsrollen.[141]

<table>
<tr><td>Politik</td><td>Verwaltung</td></tr>
<tr><td colspan="2">Publikum</td></tr>
</table>

Zwischen diesen Teilsystemen verläuft ein Einflusskreislauf: Wähler und Interessenten (Publikum) beeinflussen die Generalisierung der Politik; die Politik programmiert und informiert die Verwaltung; die Verwaltung bindet durch ihre Entscheidungen das Publikum. Diesem Einflusskreislauf gegenläufig findet zwangsläufig weitere Kommunikation statt, indem z. B. Wähler auf Wahlprogramme und Kandidaten reagieren, die Politik auf Informationen aus der Verwaltung angewiesen ist und diese wiederum nur in Kenntnis des Publikums zu Entscheidungen kommen kann und auf dieses reagiert.[142] Zudem ist in großen Organisationen Information an verschiedenen Stellen entweder umfassend, aber

---

[138] *Baecker*, Ämter, Themen und Kontakte, S. 26 ff.; *Hofmann*, Vom Wesen der Verfassung, S. 17; *Mayntz*, Soziologie der öffentlichen Verwaltung, S. 55; *Schulze-Fielitz*, Staatsaufgabenentwicklung und Verfassung, S. 39; siehe auch *Häberle*, Die offene Gesellschaft der Verfassungsinterpreten, passim; *Hillgruber*, Verfassungsinterpretation, Rn. 51 ff.; *Volkmann*, Verfassungslehre, S. 167 ff.

[139] *Nowrot*, Das Republikprinzip, S. 661, ausführlich 403 ff.

[140] Hier findet sich die Unterscheidung von ›Citoyen‹, der an Politik teilnimmt, und ›Bourgeois‹, der in Wahrnehmung seiner Privatinteressen dem Handeln der Verwaltung ausgesetzt ist, wieder. Siehe Kapitel 3: Konkretion II. Hintergrundannahmen 2. Staat und Gesellschaft, S. 100.

[141] *Luhmann*, Politische Soziologie, S. 134; *ders.*, Machtkreislauf und Recht in Demokratien, S. 153 f.; *ders.*, Die Politik der Gesellschaft, S. 256 ff.

[142] *Luhmann*, Politische Soziologie, S. 139; *Mayntz*, Soziologie der öffentlichen Verwaltung, S. 74 f.

hochaggregiert, oder detailliert, aber nur sektorial, niemals jedoch vollständig verfügbar. Überblick und Detailkenntnis lassen sich nicht an einer Stelle gleichermaßen verwirklichen. Desungeachtet können allgemeine Entscheidungen nicht ohne Rekurs auf konkrete Verhältnisse getroffen werden. Anderenfalls wäre es auch nicht möglich, zu empirisch fundierten Problembeschreibungen und Lösungsansätzen zu kommen, wie sie zur Legitimierung von Entscheidungen erforderlich sind.[143] Die Interdependenz derer, die daran beteiligt sind, politische Entscheidungen vorzubereiten, zu treffen und umzusetzen, nimmt damit ein Ausmaß an, das schwer zu durchschauen, jedenfalls aber nicht aufzulösen ist.[144]

Diese Differenzierung und Relationierung der politischen Akteure findet sich im Grundgesetz wieder.[145] Der Unterscheidung von Politik und Verwaltung dienen die besonderen Organe der Gesetzgebung und der vollziehenden Gewalt (Art. 20 Abs. 2 S. 2 GG). Diese sind vom Publikum dadurch unterschieden, dass sie als Staatsgewalt grundrechtsverpflichtet sind (Art. 1 Abs. 3 GG), während das Publikum grundrechtsberechtigt ist (Art. 1–19 GG). Der Einfluss des Publikums auf die Politik wird durch den Grundsatz der Volkssouveränität (Art. 20 Abs. 2 GG), durch Kommunikationsgrundrechte und das Petitionsrecht (Art. 5, 8, 17 GG) gesichert, der Einfluss der Politik auf die Verwaltung durch den Vorrang und Vorbehalt des Gesetzes, wie er aus dem Rechtsstaatsprinzip (Art. 20 Abs. 3 GG) und den Grundrechten hergeleitet wird. Der Einfluss der Verwaltung auf das Publikum manifestiert sich in bindenden Entscheidungen, wie sie prototypisch in Form von Verwaltungsakten (§ 35 VwVfG) ergehen. Im Gegenzug nimmt das Publikum auf die Verwaltung Einfluss, indem es Information bereitstellt, Anträge stellt oder eine gerichtliche Kontrolle des Verwaltungshandelns initiiert (Art. 19 Abs. 4 GG). Die Verwaltung beeinflusst die Politik durch Problemanzeigen, Information und Lösungsvorschläge.[146] Sie ist durch die Personen ihrer leitend Verantwortlichen (Minister) mit der Politik gekoppelt.[147] Der Einfluss der Politik auf das Publikum ist vielfältig, da sie in großen Teilen öffentlich stattfindet. Eine wesentliche Scharnierfunktion nehmen hier die Parteien wahr, die im Publikum verwurzelt an der Politik teilnehmen (Art. 21 GG).

Dem Wesen der Politik entsprechend lassen sich folglich eine Vielzahl staatlicher und gesellschaftlicher Akteure identifizieren, die in Politik, Verwaltung und Publikum an der Formulierung dessen, was als Verfolgung des Gemeinwohls zu gelten hat, beteiligt sind. Zu nennen sind das Staatsvolk, das Parlament,

---

143 Siehe 1. »Gemeinwohl« b) Funktion, S. 117.

144 Vgl. *Luhmann*, Funktionen und Folgen, S. 172 ff.

145 Da es um die Wechselwirkung zwischen den Beteiligten geht, kann dahinstehen, wo genau die Grenze zwischen Politik und Verwaltung zu ziehen ist, zumal von fließenden Übergängen auszugehen sein dürfte; *Luhmann*, Die Politik der Gesellschaft, S. 256.

146 *Eichenberger*, Gesetzgebung im Rechtsstaat, S. 30 f.; *Janssen*, Verfassungsrechtliche Anmerkungen, S. 504; *Mayntz*, Soziologie der öffentlichen Verwaltung, S. 193; *Schober*, Der Zweck im Verwaltungsrecht, S. 18 f.

147 *Meinel*, Vertrauensfrage, S. 22: »Die Kumulation von Minsteramt und Abgeordnetenmandat ist im parlamentarischen System keine zweifelhafte Durchbrechung der Gewaltenteilung, sondern eine seiner wichtigsten Bedingungen.«

die staatsleitenden Organe der Exekutive, die Bürokratie und die Rechtsprechung sowie Parteien, Interessenverbände, Kirchen und Religionsgemeinschaften, Unternehmen und Vermögende, Finanzmarktakteure und als Akteure der öffentlichen Meinung Medien, Meinungsforscher und Individuen, die sich zur Meinungskundgabe zusammenfinden.[148]

c) *Amtsträger*

Die Wechselbezüglichkeit von Politik, Verwaltung und Publikum bewirkt, dass auch alle Amtsträger an der Festlegung mitwirken, welches Programm für ihr Handeln und Entscheiden gilt. Das Programm ist den Amtsträgern nicht einfach von außen (›objektiv‹) vorgegeben, sondern wird von ihnen – unter Umständen erheblich – beeinflusst. Es ist genuiner Bestandteil ihres Amtes, an der Festlegung des Programms, an dem ihr Handeln zu messen ist, mitzuwirken. Dies ist jedoch zu präzisieren.[149] Zwar wirken alle Amtsträger an der Festlegung des Programms mit, doch handelt dabei niemand isoliert und entscheidet selbst über die Agenda seines Amtes, wenn auch zuweilen bei der Ausführung ein großer Gestaltungsspielraum bestehen kann.[150] Es kann unterschieden werden, ob ein Amt mit der Kompetenz verbunden ist, über das Programm anderer Ämter verbindlich zu entscheiden oder vor allem die Funktion hat, ein gegebenes Programm umzusetzen.[151] Dem entsprechen unterschiedliche Weisen der Verantwortlichkeit. Diese Verantwortlichkeit wiederum realisiert sich darin, dass es Stellen gibt, die die Einhaltung des Programms kontrollieren. »In der Idee gibt es kein Amt ohne Gericht, vor dem sich der Träger des Amtes gegebenenfalls zu verantworten hat.«[152] Es ist also zwischen programmierendem, programmiertem und kontrollierendem Amtshandeln zu unterscheiden.[153] Diese Unterscheidung findet ihre verfassungsrechtliche Grundlage im Prinzip der Gewaltenteilung nach Art. 20 Abs. 2 S. 2 GG. Die Ausdifferenzierung der Gewalten hat zur Folge, dass alle Amtsträger jeweils unter Beobachtung anderer Amtsträger stehen. Darin scheint ein Wesenszug gerade des demokratischen Staatswesens zu liegen.[154] Wechselseitige Einwirkungsmöglichkeiten stehen darum dem Gedanken der Gewaltenteilung nicht entgegen.[155]

---

[148] Dazu jeweils ausführlich *Thiele*, Allgemeine Staatslehre, S. 205 ff.; siehe auch *Eichenberger*, Gesetzgebung im Rechtsstaat, S. 28 f.; *Schmitt Glaeser*, Der freiheitliche Staat des Grundgesetzes, S. 230 ff.; *Volkmann*, Verfassungslehre, S. 189 ff.

[149] Denn sonst könnte man auf die Idee kommen, Gesetzgebung sei die »technokratische Selbstprogrammierung der Verwaltung« (*Helmut Widder* zitiert nach *Novak*, Gesetzgebung im Rechtsstaat, S. 50).

[150] Siehe 5. Modus, S. 147.

[151] Vgl. *Gärditz*, Das Amtsprinzip, S. 12.

[152] *Köttgen*, Das anvertraute öffentliche Amt, S. 139; ebenso *Depenheuer*, Das öffentliche Amt, Rn. 76; siehe III. Struktur 5. Sanktionierung, S. 230.

[153] Vgl. *Reimer*, Das Parlamentsgesetz als Steuerungsmittel und Kontrollmaßstab, Rn. 87 ff.

[154] *Baecker*, Ämter, Themen und Kontakte, S. 35.

[155] *Heun*, Verfassungsordnung, S. 101 ff.; *Sydow/Wittreck*, Deutsches und Europäisches Verfassungsrecht, S. 128 f.

– In einem freiheitlichen Verfassungsstaat, dem ein plurales und prozedurales Konzept des Gemeinwohls entspricht, ist die Verwirklichung des Gemeinwohls darauf angewiesen, dass verbindlich formuliert wird, was als Gemeinwohl zu gelten hat. Dies ist Gegenstand der Politik und wird im Wege der Gesetzgebung verbindlich.[156] Die Funktion der *Legislative* ist damit konstitutiv für jede Verwirklichung des Gemeinwohls.[157] Ein Ämterwesen, das einem plural und prozedural verstandenen Gemeinwohl verpflichtet ist, kann der Legislative nicht entraten. Sie formuliert das Programm für alle weitere Amtstätigkeit. Als *pouvoir constitué* ist die Legislative in ihrem Handeln ihrerseits durch die Verfassung programmiert und dem Gemeinwohl verpflichtet.[158] Indem Abgeordnete als Teil der Legislative eine konstitutive Funktion des Ämterwesens wahrnehmen und dabei alle elementaren Merkmale des Amts[159] erfüllen, nehmen sie selbst ein Amt wahr.[160] Die überkommene, pejorativ anmutende Entgegensetzung von Amt und Mandat[161] darf zu den bereits genannten »monarchischen Schlacken«[162] gerechnet werden.[163]

– Das Handeln der *Exekutive* zeichnet sich dadurch aus, dass sich programmierendes und programmiertes Handeln überlagern und durchdringen.[164] Sie hat die Funktion, die abstrakt-generellen Regelungen der Legislative in konkret-individuelle Entscheidungen zu transformieren.[165] Dies geschieht durch zunehmende Konkretisierung des Programms in Gestalt von Rechtsverordnungen, Verwaltungsvorschriften und internen Weisungen bis hin zur Einzelentschei-

---

[156] *Gärditz*, Das Amtsprinzip, S. 15 f.; *Scheuner*, Das Gesetz als Auftrag der Verwaltung, S. 552; *Sommermann*, Staatsziele und Staatszielbestimmungen, S. 427 ff.

[157] *Volkmann*, Verfassungslehre, S. 269 f.; ebenso *Leisner*, Grundlagen des Berufsbeamtentums, S. 119.

[158] Vgl. *Gröschner*, Weil Wir frei sein wollen, S. 161; *Schober*, Der Zweck im Verwaltungsrecht, S. 17 f.

[159] Siehe Kapitel 1: Exposition III. Zugang 3. Elementarstruktur, S. 24.

[160] BVerfGE 56, 396 (405); 76, 256 (341); *Gärditz*, Das Amtsprinzip, S. 13 f.; *Gröschner*, Die Republik, Rn. 67; *Heintzen*, Amtsprinzip, Rn. 17; *Hennis*, Amtsgedanke und Demokratiebegriff, S. 65; differenzierter *Isensee*, Gemeinwohl und öffentliches Amt, S. 143 ff.; *ders.*, Das Amt als Medium des Gemeinwohls, S. 254 f.; *Janssen*, Die zunehmende Privatisierung, S. 126 = 414; *Kielmannsegg*, Das Experiment der Freiheit, S. 57 ff.; *H. H. Klein*, Status des Abgeordneten, Rn. 1; *Kluckert*, Mandat und Status des Abgeordneten, Rn. 3; *Köttgen*, Das anvertraute öffentliche Amt, S. 125, 139; *ders.*, Abgeordnete und Minister als Statusinhaber, S. 220; *Müller* in: von Mangoldt/Klein/Starck, GG, Art. 38 Rn. 45; *Wiese*, Das Amt des Abgeordneten, S. 552 und passim; in Art. 48 Abs. 2 Satz 1 GG auch als solches bezeichnet; die Abgrenzung zum Beamten betonend *Waldhoff*, Parteien-, Wahl- und Parlamentsrecht, Rn. 124 f.; unklar *Leisner*, Öffentliches Amt und Berufsfreiheit, S. 167 = 8.

[161] *Battis*, Amt, staatlich, Sp. 47; unklar *Vogt*, Verzicht, S. S. 26, 27; vorsichtiger *Leisner*, Öffentliches Amt und Berufsfreiheit, S. 167 = 8; *Scheuner*, Amt und Demokratie, S. 31.

[162] Siehe a) Historisch, S. 129 bei Fn. 135 (»unvergleichbare Sonderkonstruktion«).

[163] Eine andere Begründung gibt *Ingold*, Das »Amt« der Abgeordneten, passim, wonach die mangelnde Unterscheidbarkeit von Amt und Person gegen die Verwendung des Amtsbegriffs spreche. Doch das scheint mir kein durchgreifender Einwand zu sein. Auch beim Abgeordneten lassen sich das Handeln im Amt von privatnützigem Handeln unterscheiden, spezifische Pflichten bestimmen und Verantwortlichkeiten feststellen.

[164] *Mayntz*, Soziologie der öffentlichen Verwaltung, S. 68; *Ruffert*, Rechtsquellen und Rechtsschichten des Verwaltungsrechts, Rn. 25 f.; *W. Schmidt*, Die Programmierung von Verwaltungsentscheidungen, S. 336 ff.; vgl. *Simon*, Das Verwaltungshandeln, S. 38 ff.

[165] *Scheuner*, Amt und Demokratie, S. 31.

dung.[166] Den Konkretisierungsstufen entspricht der prinzipiell hierarchische Aufbau der Exekutive. Die Mitglieder der Regierung (Gubernative) bilden dabei die Gelenkstelle zwischen Legislative und Exekutive.[167] »Es ist [...] der Sinn und die Aufgabe einer von der Verwaltung unterschiedenen Regierung, der neutralen Bürokratie durch die parlamentarische Regierungsmehrheit eine Richtung zu geben.«[168] Letztlich gibt erst die Exekutive durch ihre Umsetzung dem Programm seine reale Gestalt.[169] Hierin tritt die Wechselwirkung von Handeln und Struktur zutage. Der Handelnde prägt schon durch sein Handeln die Struktur, die seinem Handeln ›vorgegeben‹ ist.[170] Zugleich wirkt die Exekutive wie gezeigt auf die Programmierung durch die übergeordneten Instanzen durch Problemanzeige, Information und Lösungsvorschläge ein.[171] Jeder programmiert handelnde Amtsträger der Exekutive ist damit letztlich selbst auch (mittelbar) programmierend wirksam.

– Die *Judikative* kontrolliert, ob das Handeln der Amtsträger, soweit es rechtlich programmiert ist, dem Programm entspricht. Sie stellt fest, ob das Programm in richtiger Weise konkretisiert worden ist. Damit nimmt sie notwendigerweise selbst eine Konkretisierung vor.[172] Durch ihre Entscheidung bestätigt sie das Handeln der Exekutive oder greift darin ein. In jedem Fall wirkt die Judikative durch ihre Konkretisierung des Programms auf die Exekutive ein, indem diese erfährt, bei welchem eigenen Handeln sie mit eingreifenden Akten der Judikative zu rechnen hat. Der Einfluss der Judikative auf die Programmierung ist umso größer, je allgemeiner das Programm gefasst ist, an dem sie Maß zu nehmen hat. So hat insbesondere die Verfassungsgerichtsbarkeit einen erheblichen Einfluss auf die Gemeinwohlkonkretisierung durch Legislative und Exekutive, der durch das Zusammenspiel von Normativität und Offenheit der Verfassung begründet ist. Verfassungsgerichtsbarkeit wirkt nicht schlicht kontrollierend, sondern hat notwendigerweise eine politische, d. h. gestaltende Funktion.[173]

---

[166] *Hoffmann-Riem/Pilniok*, Eigenständigkeit der Vewaltung, Rn. 85; *Möllers*, Gewaltengliederung, S. 112f.; *Schober*, Der Zweck im Verwaltungsrecht, S. 18f.

[167] *P. Badura*, Das politische Amt des Ministers, S. 298; *Gärditz*, Das Amtsprinzip, S. 20; *Mayntz*, Soziologie der öffentlichen Verwaltung, S. 181ff.; vgl. *Hoffmann-Riem/Pilniok*, Eigenständigkeit der Vewaltung, Rn. 90ff.

[168] *Meinel*, Das Bundesverfassungsgericht in der Ära der Großen Koalition, S. 79 unter Verweis auf *Böckenförde*, Die Organisationsgewalt im Bereich der Regierung, S. 145f.; vgl. *M. Weber*, Parlament und Regierung im neugeordneten Deutschland, S. 334.

[169] *M. Weber*, Parlament und Regierung im neugeordneten Deutschland, S. 320: »In einem modernen Staat liegt die wirkliche *Herrschaft*, welche sich ja weder in parlamentarischen Reden noch in Enunziationen von Monarchen, sondern in der *Handhabung der Verwaltung* im Alltagsleben auswirkt, notwendig und unvermeidlich in den Händen des *Beamtentums*.«

[170] Siehe Kapitel 2: Exploration I. Allgemeine Handlungstheorie 1. Soziales Handeln c) Handeln und Struktur, S. 33.

[171] *Ossenbühl*, Gesetz und Recht, Rn. 82; *Pirson*, Das öffentliche Amt, S. 55, 59ff.; *Steinberg*, Faktoren bürokratischer Macht, S. 326ff.; siehe auch *Isensee*, Beamtentum, S. 9.

[172] *Schober*, Der Zweck im Verwaltungsrecht, S. 19f.; *Kelsen*, Reine Rechtslehre, 2. Auflage, S. 240: »Rechtsanwendung ist zugleich Rechtserzeugung.«

[173] *Heun*, Verfassungsordnung, S. 7; *Scheuner*, Die neuere Entwicklung des Rechtsstaats, S. 217; *Sommermann*, Staatsziele und Staatszielbestimmungen, S. 435ff.; *Jestaedt*, Phänomen Bundesverfassungsgericht, S. 103f.; dies problematisch problematisierend *Rüthers*, Die heimliche Revolution, passim.

– Eine besondere Rolle spielt das Staatsoberhaupt, dessen Wirkung nicht allein durch seine (verfassungs-)rechtlichen Kompetenzen, sondern vor allem durch seine Vertretungs-, Repräsentations- und Integrationsfunktion erfasst werden kann. Hier findet das Gemeinwesen seine Symbolisierung in einer Person, die in gewisser Weise dem Gefüge der übrigen Ämter enthoben ist.[174]

»Während ansonsten die Klarheit der Kompetenzordnung als Ausdruck ›rechtsstaatlich gewollte[r] Rationalität‹ [*Krebs*] Inbegriff moderner Verfassungsstaatlichkeit ist, führen Staatsoberhäupter ein ›*veiled sceptre*‹ [*Twomey*] und nehmen ihre Befugnisse gerade dann effizient wahr, wenn sie von ihren Kompetenzen möglichst schonenden oder im Falle der Reservekompetenzen am besten gar keinen Gebrauch machen.«[175]

Letztlich sind also alle Amtswalter an der Artikulation dessen, was Maßstab ihres Handelns zu sein hat, selbst beteiligt. Darin kann man eine weitere Ausprägung der dem Amt eingeschriebenen Paradoxie erkennen, dass es auf die Amtsinhaber als Subjekte ankommt, um die ›Objektivität‹ des Amtes, d. h. in diesem Fall sein Programm, wirklich werden zu lassen.

4. Medium

a) *Funktion*

Im Hinblick auf die Verwirklichung des Gemeinwohls ist, wie zu zeigen war, zwischen programmierendem, programmiertem und kontrollierendem Handeln und den jeweils zuständigen Stellen zu unterscheiden und zugleich ein verlässlicher Zusammenhang herzustellen. Das Handeln der jeweils zuständigen Stellen beruht auf Prämissen, über die an anderer zuständiger Stelle entschieden wird.[176] Jegliches Handeln und Entscheiden[177] rekurriert auf andere Entscheidungen. Das Medium, in dem diese Entscheidungen kommuniziert werden, ist das Recht.[178]

Recht ist ein sozialer Mechanismus, durch den Verhaltenserwartungen stabilisiert werden; zugleich kann es als positives Recht variabel gehalten werden. Denn als solches gilt Recht, weil es in der vorgesehenen Weise erlassen (positiviert) und seither nicht geändert worden ist.[179] So zeichnet es sich aus durch die Momente der Dezision (es gilt aufgrund einer Entscheidung des Gesetzgebers), der Normativität (es beansprucht Geltung, auch wenn es nicht befolgt wird), der

174 *Grefrath*, Theorie des Staatsoberhaupts, S. 7 ff.

175 *Grefrath*, Theorie des Staatsoberhaupts, S. 11.

176 Siehe Kapitel 2: Exploration II. Organisation und Person – systemtheoretisch 3. Person und Organisation b) Zurechnung von Entscheidungen: Stelle, S. 63.

177 Zum Zusammenhang von Handeln und Entscheiden siehe Kapitel 2: Exploration II. Organisation und Person – systemtheoretisch 4. Organisation und Interaktion b) Handeln und Entscheiden, S. 68.

178 *Gärditz*, Das Amtsprinzip, S. 9; *Heller*, Staatslehre, S. 274: »Es ist die technisch (nicht immer politisch) vollkommenste Form der politischen Herrschaft, wie es durchschnittlich und auf die Dauer die präziseste und praktikabelste Orientierung und Ordnung des politischen Handelns, d. h. die sicherste Berechnung und Zurechnung des die Staatsgewalt konstituierenden und aktivierenden Verhaltens ermöglicht.«

179 *Luhmann*, Positivität des Rechts, S. 124 f.; *Ott*, Rechtspositivismus, passim.

Hierarchie (denjenigen, die zur Entscheidung befugt, sind andere unterworfen), der Plastizität (es kann umgestaltet werden) und der Formstrenge (es muss als Recht erkennbar sein und in der vorgesehenen Form erlassen werden).[180] Das Recht wirkt so zugleich konservativ und evolutiv.[181]

Damit erfüllt das Recht eine Reihe von notwendigen Funktionen, um in dieser Form Amtshandeln zu programmieren:[182]

– Recht schafft *Distanz*. Es abstrahiert von Lebenssachverhalten und legt fest, welche Aspekte rechtlich relevant sind. Es unterscheidet zwischen dem Menschen als leiblich-geistig-seelischem und sozialem Gesamtkomplex einerseits und als (Rechts-)Person andererseits, als die er im Recht durch Rechte und Pflichten adressiert wird. Es ermöglicht die Unterscheidung zwischen Betroffenen und Entscheidern, zwischen Interesse und Norm. Namentlich das Gesetz im weiteren Sinne ermöglicht die Unterscheidung von Normsetzung und Normanwendung, von abstrakt-genereller und konkret-individueller Regelung. Und es unterscheidet zwischen Ermächtigung und Ermächtigungsgebrauch. Das Recht definiert (Amts-)Stellen und legt ihre Kompetenzen fest.[183]

– Zugleich stiftet das Recht den *Zusammenhang* zwischen programmierendem und programmiertem Entscheiden durch die »Transmission von identisch gehaltenen Entscheidungsprämissen aus der Ebene der Rechtsetzung in die Ebene der Rechtsanwendung«.[184] Das Gesetz erweist sich so »als das zentrale Steuerungsinstrument des demokratischen Rechtsstaats«.[185] Dabei vermag es nicht allein rechtliche, sondern auch »jede andere Art von Rationalität mit sich zu transportieren und seinem Schutzmechanismus zu unterstellen.«[186] Zu denken ist etwa an technische Standards oder die Regeln der ärztlichen Kunst, die zum Inhalt von Rechtsnormen gemacht werden. Durch die Hervorbringung des Rechts verschafft der Staat den Ergebnissen des politischen Prozesses Normativität und ermöglicht so ihre Umsetzung.[187] Damit stiftet das Recht auch Kontinuität. Denn Recht gilt, solange es nicht geändert worden ist, und jede Änderung benötigt zumindest einmal Zeit. Diese Kontinuität ist außerdem unabhängig vom Wechsel der handelnden Personen.[188]

---

180 *Munsonius*, »... geistlich und rechtlich in uaufgebbarer Einheit«, S. 49ff.

181 *Luhmann*, Positivität des Rechts, S. 117; *Schmidt-Aßmann*, Der Rechtsstaat, Rn. 24; vgl. *Callies*, Prozedurales Recht, S. 160; *Krawietz*, Das positive Recht, S. 33 zum Unterschied statischer und dynamischer Betrachtung des Rechts; *Scheuner*, Gesetzgebung und Politik, S. 529.

182 Vgl. zur Bereitstellungsfunktion des Rechts *Schuppert*, Das Gesetz als zentrales Steuerungsinstrument, S. 128f.

183 *Gärditz*, Das Amtsprinzip, S. 16ff.; *Kloepfer*, Gesetzgebung im Rechtsstaat, S. 65f.; etwas vorsichtiger *Schuppert*, Staatswissenschaft, S. 138f.; siehe auch *Grimm*, Politik und Recht, S. 25; *Hesse*, Grundzüge des Verfassungsrechts, Rn. 188; *Schmidt-Aßmann*, Der Rechtsstaat, Rn. 25f.

184 *Luhmann*, Positivität des Rechts, S. 134; vgl. *Schmidt-Aßmann*, Der Rechtsstaat, Rn. 58, 81.

185 *Schuppert*, Das Gesetz als zentrales Steuerungsinstrument, S. 108.

186 *Heyen*, Amtsbegriff als Kernelement, S. 275.

187 Vgl. *Krawietz*, Das positive Recht, S. 64f.; *Schuppert*, Staatswissenschaft, S. 145.

188 *Hesse*, Grundzüge des Verfassungsrechts, Rn. 189.

– Durch die Identifikation von Stellen und die Normativität der Entscheidungsprämissen ermöglicht das Recht die *Kontrolle* des Amtshandelns, indem es vorgibt, wer an welchem Maßstab zu messen ist; außerdem schafft es die notwendigen Instanzen und Verfahren, um diese Kontrolle durchzuführen.[189] Die Kontrolle durch unabhängige Organe, die nicht in eigener Sache entscheiden, ist für das Bestehen einer Rechtsordnung essentiell.[190] Denn dass eine Norm gilt, besagt noch nicht, dass sie auch befolgt wird. Sie kann »dem Individuum nur als Duplikat angeboten werden, als Möglichkeit, sich *erwartungsgemäß* oder *anders* zu verhalten.«[191] Darum bedarf es einer institutionalisierten Reaktion auf den Normverstoß, um die Geltungsbehauptung aufrecht zu erhalten.

Der ausführende Amtswalter wird durch das Recht zu seinem Handeln ermächtigt und darin gebunden.[192] Dabei schafft es ihm in mehrfacher Hinsicht die Entlastung, derer er bedarf, um seine Amtspflicht überhaupt erfüllen zu können.[193] An dieser Stelle zeigt sich, dass das Amt in eminenter Weise als Institution in dem Sinne zu begreifen ist, dass es voraussetzungsreiches soziales Handeln ermöglicht, formt und kanalisiert.[194]

– Der Amtswalter wird ermächtigt, indem ihm mit seiner Stelle eine bestimmte Zuständigkeit zugewiesen und er mit den notwendigen Kompetenzen ausgestattet wird. Kompetenzen erweitern seine Handlungsmöglichkeiten und sind zugleich als solche von vornherein begrenzt.[195] Damit ist zum einen verbunden, dass der Amtsinhaber ermächtigt und verpflichtet ist, sein Amt wahrzunehmen, und zum anderen, dass andere Personen sich seinem amtsgemäßen Handeln zu fügen haben. In beidem zeigt sich der Hierarchisierungseffekt des Rechts.

– In der Ausübung des Amtes bewirkt das Recht eine erhebliche Komplexitätsreduktion. Der Amtswalter braucht sich nur um die Aufgaben und Aspekte zu kümmern, die ihm durch die rechtliche Programmierung vorgegeben sind.[196] Alles andere mag er getrost dahinstehen lassen. Es hat ihn nicht zu interessieren. Die Bindung an das Recht entzieht die Akteure anderen Einflüssen.[197]

---

[189] *Schmidt-Aßmann*, Der Rechtsstaat, Rn. 59, 66.

[190] *Arnauld*, Rechtsstaat, Rn. 26; *Grimm*, Ursprung und Wandel der Verfassung, Rn. 69; *Hesse*, Grundzüge des Verfassungsrechts, Rn. 202; *Heun*, Verfassungsordnung, S. 47; *Krawietz*, Das positive Recht, S. 46; *Schmidt-Aßmann*, Der Rechtsstaat, Rn. 90.

[191] *Luhmann*, Interpenetration, S. 184 (Zitat); *ders.*, Das Recht der Gesellschaft, S. 134; *Krawietz*, Das positive Recht, S. 70 f.; *Möllers*, Die Möglichkeit der Normen, S. 18.

[192] *Hofmann*, Vom Wesen der Verfassung, S. 15; *H. Krüger*, Allgemeine Staatslehre, S. 259; *Scheuner*, Das Gesetz als Auftrag der Verwaltung, S. 562; *Schmidt-Aßmann*, Der Rechtsstaat, Rn. 61; *Schuppert*, Das Gesetz als zentrales Steuerungsinstrument, S. 108 f.; vgl. *Thiele*, Allgemeine Staatslehre, S. 253.

[193] *H. Krüger*, Allgemeine Staatslehre, S. 260; *Röhl/Röhl*, Allgemeine Rechtslehre, S. 244 f.

[194] Siehe Kapitel 2: Exploration I. Allgemeine Handlungstheorie 2. Institutionen a) Funktion und Effekte, S. 36.

[195] *Hesse*, Grundzüge des Verfassungsrechts, Rn. 193; *Schmidt-Aßmann*, Der Rechtsstaat, Rn. 61.

[196] *H. Krüger*, Allgemeine Staatslehre, S. 260; *Luhmann*, Positivität des Rechts, S. 141; *ders.*, Funktionale Methode und juristische Entscheidung, S. 3 f.

[197] *Hesse*, Grundzüge des Verfassungsrechts, Rn. 196; *Luhmann*, Positivität des Rechts, S. 135 f.; *ders.*, Lob der Routine, S. 313; vgl. *Callies*, Prozedurales Recht, S. 133.

– Die Normativität des Rechts bewirkt zudem, dass seine Normen unbefragt anzuwenden sind. Der Amtswalter muss nicht für die Richtigkeit des Programms, sondern nur für die seiner Umsetzung einstehen. Etwaiger Protest kann durch den Verweis auf die Geltung des Rechts absorbiert werden. Ebenso entlastet das Recht den ausführenden Amtswalter von der Verantwortung für die Folgen seines programmgemäßen Handelns.[198]

– Das Recht ermöglicht auch, das Amtshandeln von der Person des Amtsinhabers abzulösen und seine Geltung von dessen Qualitäten unabhängig zu machen.[199]

Durch den Zusammenhang von formaler Zuständigkeit und materialer Programmierung legitimiert das geltende Recht den Inhaber eines Amtes in seinem Handeln. Diese Fundierung allen Amtshandelns durch das Recht ist Ausdruck der formalen Seite des *Rechtsstaatsprinzips*. Danach bedarf alles staatliche Handeln einer rechtlichen Grundlage, wenn auch die Anforderungen an diese Grundlage unterschiedlich hoch sein können.[200]

b) Rechtsetzungsverfahren

Die Umsetzung eines offenen Gemeinwohlkonzepts in verpflichtende Programme setzt die Positivität des Rechts und damit Verfahren der Rechtsetzung voraus.[201] Im Hinblick auf ein pluralistisch und prozedural verstandenes Gemeinwohl ist ein positivistisch verstandenes Recht mit den Merkmalen der Plastizität, Normativität und Formstrenge das Mittel der Wahl, um das Amt an ein Programm zu binden, an dessen Gestaltung es zwar beteiligt, dem es aber letztlich unterworfen ist.[202] Im Rechtsetzungsverfahren wird die unbestimmte, übermäßige Komplexität, die sich aus der Offenheit des Gemeinwohlbegriffs ergibt, in stark reduzierte und damit leichter handhabbare Komplexität überführt.[203] Interessen und Ansichten werden als Behauptungen zum Gegenstand des Verfahrens, auf diese Weise mediatisiert und in Gemeinwohldefinitionen transformiert.[204] Das Rechtsetzungsverfahren schafft die notwendige Distanz zwischen Gesetzesimpuls, -initiative und -beschluss, zwischen Betroffenen und Entscheidungsträgern.[205]

---

198 *H. Dreier*, Hierarchische Verwaltung, S. 82 f.; *Grimm*, Verfassungsfunktion und Grundgesetzreform, S. 498 = 325 f.; *Koslowski*, Gemeinwohl und Selbstinteresse, S. 48 f.; *Krawietz*, Das positive Recht, S. 67; *Luhmann*, Positivität des Rechts, S. 141 f.; *Mayntz*, Soziologie der öffentlichen Verwaltung, S. 57; *Schmidt-Aßmann*, Der Rechtsstaat, Rn. 61.

199 *Isensee*, Gemeinwohl und öffentliches Amt, S. 123.

200 *Schulze-Fielitz*, Staatsaufgabenentwicklung und Verfassung, S. 22; *Volkmann*, Verfassungslehre, S. 257 f.

201 Vgl. *Krawietz*, Das positive Recht, S. 72 f.; *Luhmann*, Funktionale Methode und juristische Entscheidung, S. 5.

202 Vgl. *Schuppert*, Das Gesetz als zentrales Steuerungsinstrument, S. 108.

203 *Luhmann*, Positivität des Rechts, S. 134 f.; *Scheuner*, Das Gesetz als Auftrag der Verwaltung, S. 558.

204 *Degenhart*, Gesetzgebung im Rechtsstaat, S. 479; *Luhmann*, Evolution des Rechts, S. 19.

205 *Degenhart*, Gesetzgebung im Rechtsstaat, S. 479; *Kloepfer*, Gesetzgebung im Rechtsstaat, S. 66.

Dies geschieht, indem im rechtlich geordneten Verfahren der Rechtsentscheidung diskursive Öffnung und dezisionale Fixierung miteinander verbunden werden, ohne diese Differenz aufzuheben.[206] Im *Verfahren* wird der Entscheidungsvorgang zeitlich gestreckt, indem eine bestimmte Folge von Verfahrensschritten einzuhalten ist; es wird personell geweitet, indem verschiedene Akteure zu beteiligen sind oder zumindest beteiligt werden können; und es geschieht in sachlicher Offenheit, indem zu Beginn des Verfahrens nicht feststeht, wie das Ergebnis sein wird. In der *Entscheidung* am Ende des Verfahrens findet zeitlich, sachlich und personell eine Fixierung statt. Fortan gilt das, was zu einem bestimmten Zeitpunkt von der zuständigen Stelle entschieden worden ist. Damit werden Aufgaben und Kompetenzen für das weitere Handeln bestimmt, das aufgrund der Entscheidung(en) in bestimmter Weise durch bestimmte Akteure durchzuführen ist. Die Dezision ermöglicht den Diskurs, d. h. die Fortentwicklung des Programms, indem ein Rahmen bereitgestellt wird, in dem der Diskurs stattfinden und zu Entscheidungen geführt werden kann, indem im Hinblick auf die Dezision das Thema eine greifbare Gestalt gewinnt und der Diskurs so strukturiert wird und indem Themen durch Dezision dem Diskurs vorläufig entzogen werden und so Raum für andere Themen frei wird.[207]

Der Diskurs beschränkt sich allerdings nicht auf das Entscheidungsverfahren.[208] Nur dieses ist rechtlich geordnet: Entscheidungen müssen im vorgesehenen Verfahren, von den zuständigen Personen und in der gebotenen Form getroffen werden. Der Diskurs kann und soll auch darüber hinaus stattfinden. Es wurde bereits gezeigt, dass die Bestimmung des Gemeinwohls Gegenstand der Politik ist, an der eine Vielzahl von Akteuren in unterschiedlicher, nicht von vornherein festgelegter Weise beteiligt ist.[209] Der demokratische Prozess geht über das förmlich geregelte Verfahren der Rechtsetzung hinaus. Durch die Entscheidung wird zwar der Diskurs an einer bestimmten Stelle fixiert, er kann und wird aber auch nach einer Entscheidung weitergehen, solange noch Dissens besteht oder erneut aufbricht. Dazu trägt auch bei, dass Rechtsetzungsakte förmlich veröffentlicht werden und so für jedermann einsehbar und kritisierbar sind. Handlungsbestimmend kann der Diskurs jedoch erst werden, wenn er wiederum im geordneten Verfahren in eine die alte Entscheidung aufhebende, modifizierende oder relativierende Entscheidung einmündet.

Durch die Unterscheidung und Verbindung von Diskurs und Dezision verschafft das Verfahren dem Recht seine Legitimation.[210] Denn es ermöglicht einen Diskurs, durch den allein die materielle Legitimität der Dezision erwiesen wer-

---

[206] *Munsonius*, »... geistlich und rechtlich in unaufgebbarer Einheit«, S. 63 f.; vgl. *Luhmann*, Legitimation durch Verfahren, S. 38 ff.

[207] *Grimm*, Verfassungsfunktion und Grundgesetzreform, S. 498 = 325 f.; vgl. *Luhmann*, Evolution des Rechts, S. 21.

[208] *Callies*, Prozedurales Recht, S. 177.

[209] Siehe 3. Interpreten b) Politik, S. 131.

[210] Siehe Kapitel 2: Exploration I. Allgemeine Handlungstheorie 2. Institutionen e) Legitimation, S. 44; vgl. *Eichenberger*, Gesetzgebung im Rechtsstaat, S. 12; *Hesse*, Grundzüge des Verfassungsrecht, Rn. 197.

den kann.[211] Es ermöglicht geordnete Partizipation. Und es lässt offen, wie die Entscheidung ausfallen wird, stellt aber sicher, dass es zu Ergebnissen kommen wird.[212] Auf diese Weise werden materiale und prozedurale Aspekte der Legitimation miteinander verknüpft.

c) Rechtsschichten

Die Rechtsetzung im Verfahren setzt voraus, dass sie ihrerseits nach Zuständigkeit, Verfahren und Form geregelt ist. Es ist also zwischen prozeduralem Recht und dem Recht als Gegenstand des Verfahrens zu unterscheiden,[213] wobei auch das prozedurale Recht seinerseits Gegenstand eines Rechtsetzungsverfahrens sein kann. Das Recht wird damit reflexiv und vermag so hohe Komplexität schrittweise zu reduzieren und eigene Komplexität aufzubauen.[214] Auf diese Weise kann letztlich alles Recht geändert, alles in beliebiger Weise geregelt werden. Treibt man dieses positivistische Rechtskonzept auf die Spitze, droht Recht in Willkür umzuschlagen und damit seine Legitimität einzubüßen. Das Ermächtigungsgesetz vom 24. März 1933[215] ist ein Menetekel dafür, wie in mehr oder weniger legalistischer Weise Recht pervertiert werden kann, wenn auch das wirkungsvollere Mittel der Rechtsperversion nicht formale Änderung, sondern die Uminterpretation geltenden Rechts unter Berufung auf überpositive Normativität gewesen sein dürfte.[216]

Reiner Rechtspositivismus ist nichts anderes als die »Institutionalisierung der Beliebigkeit von Rechtsänderungen« und erweist sich damit als riskantes Konzept.[217] Um diesem Risiko zu wehren, sind Sicherungen nötig und möglich, durch die das Risiko zwar letztlich nicht beseitigt, aber auf verschiedene Horizonte verteilt und so jeweils minimiert werden kann. Diese Sicherungen werden zuweilen als materielle Seite des Rechtsstaats bezeichnet.[218] Folgt man einem Rechtsstaatsverständnis, das diesen auf die formellen Aspekte konzentriert, sind sie jedenfalls als Aspekte der Verfassungsstaatlichkeit zu begreifen[219] und treten dem formell verstandenen Rechtsstaatsprinzip an die Seite. »Rechtsstaat und

---

211 *Habermas*, Faktizität und Geltung, S. 50f.; *Simon*, Das Verwaltungshandeln, S. 41: »Der Sinn demokratischer Einrichtungen besteht in der Hauptsache darin, daß sie Verfahren zur Legitimierung von Werturteilen sind.«

212 *Luhmann*, Legitimation durch Verfahren, S. 51.

213 Vgl. die Unterscheidung primärer und sekundärer Regeln bei *Hart*, Der Begriff des Rechts, S. 101.

214 *Luhmann*, Funktionale Methode und juristische Entscheidung, S. 21 f.

215 Gesetz zur Behebung der Not von Volk und Reich vom 24. März 1933 (RGBl. 1933 Teil I, S. 141).

216 *Böckenförde*, Entstehung und Wandel des Rechtsstaatsbegriffs, S. 166; *Rüthers*, Die unbegrenzte Auslegung, passim; *Schuppert*, Verwaltungswissenschaft, S. 627f.

217 *Luhmann*, Positivität des Rechts, S. 143f.

218 *Hesse*, Grundzüge des Verfassungsrechts, Rn. 203ff.; *Huber*, Rechtsstaat, Rn. 28ff.; *Wolff*, Das rechtsstaatliche Prinzip, Rn. 25; vgl. *Böckenförde*, Entstehung und Wandel des Rechtsstaatsbegriffs, passim.

219 *Scheuner*, Die neuere Entwicklung des Rechtsstaats, S. 193; *Vesting*, Staatstheorie, Rn. 96; *Wahl*, Der Vorrang der Verfassung, S. 490f.

Gerechtigkeit sind voneinander nicht trennbar.«[220] Zu diesen Sicherungen gehören bestimmte materielle Bindungen des Gesetzgebers, eine erhöhte Normativität und besondere prozedurale Sicherungen.[221]

Die materiellen Bindungen des Gesetzgebers bestehen in der Gewährleistung von Grundrechten[222] und in der Festlegung von Staatszielen.[223] Dabei hat der Gesetzgeber bei der Ausgestaltung der Staatsziele einen erheblichen Einschätzungs- und Gestaltungsspielraum, während ihm die Grundrechte deutliche Grenzen ziehen. Diese materiellen Bindungen bedürfen der prozeduralen Absicherung. Dabei ist vor allem an eine gerichtliche Kontrolle des Gesetzgebers zu denken. Insbesondere in der Ausgestaltung der Grundrechte als subjektive, einklagbare Rechte (und nicht lediglich Programmsätze) ist ein wirksames Instrument zur Beschränkung gesetzgeberischer Willkür gegeben. Außerdem werden Freiheitlichkeit und Gemeinwohlbindung, soweit gesetzgeberische Freiheit besteht, prozedural durch die Gewährleistung demokratischer Verfahren gesichert.

Die materielle und prozedurale Sicherung setzt jedoch voraus, dass die entsprechenden Rechtssätze mit erhöhter, auch den Gesetzgeber bindender Normativität ausgestattet sind.[224] »Die laufende Legitimation am ›Volkswillen‹ funktioniert nur, wenn nicht jederzeit alles in Frage gestellt werden kann, obwohl prinzipiell alles für Neuentscheidungen offen gehalten wird.«[225] Mithin bedarf es der Differenzierung zwischen einfachem und Verfassungsrecht. Mit einer Verfassung werden Entscheidungen über die Rechtsetzung (Maßstab, Zuständigkeit, Verfahren, Form) getroffen und dem einfachen Rechtsetzungsverfahren entzogen.[226] Die Unterscheidung von (einfachem) Recht und Verfassungsrecht ermöglicht ein hohes Maß an Variabilität des Rechts, ohne seine Bindungswirkung infrage zu stellen.[227]

Die Unterscheidung von einfachem Recht und Verfassungsrecht schlägt sich darin nieder, dass zwar beide geändert werden können, hierfür aber unterschiedliche Voraussetzungen und Verfahren zu beachten sind. Den Vorrang des Verfassungsrechts wird dadurch bewirkt, dass seine Änderung erschwert wird. Dazu können besondere Organe, Volksbeteiligung durch ein Referendum, besondere (umständliche) Verfahren und besondere Mehrheitserfordernisse vorgesehen werden.[228] Art. 79 Abs. 2 GG beschränkt sich im Wesentlichen auf das Erfordernis einer qualifizierten Mehrheit von jeweils zwei Dritteln in Bundestag und Bundesrat.

---

[220] *I. von Münch*, Rechtsstaat versus Gerechtigkeit?, S. 170f., 174f. (Zitat S. 174).

[221] *Luhmann*, Positivität des Rechts, S. 144.

[222] *Degenhart*, Gesetzgebung im Rechtsstaat, S. 478; *Luhmann*, Evolution des Rechts, S. 27.

[223] Siehe 2. Gehalt, S. 121.

[224] *Arnauld*, Rechtsstaat, Rn. 11; *Wahl*, Der Vorrang der Verfassung, S. 485.

[225] *Luhmann*, Machtkreislauf und Recht in Demokratien, S. 155.

[226] Kritisch zur Frage, inwieweit einfaches Recht durch die Verfassung determiniert ist: *Wahl*, Der Vorrang der Verfassung (1981 und 1984), passim.

[227] *Luhmann*, Das Recht der Gesellschaft, S. 474f.; vgl. *Grimm*, Politik und Recht, passim.

[228] *H. Dreier*, Grenzen demokratischer Freiheit, S. 261f.

Die Verfassung, die den Gesetzgeber bindet, kann demnach selbst geändert werden, dies jedoch nur nach Maßgabe der Verfassung. Dies betrifft zunächst das Verfahren. Doch enthält Art. 79 Abs. 3 GG mit der ›Ewigkeitsklausel‹ zusätzlich eine besondere materielle Sicherung der in Art. 1 und 20 GG niedergelegten Grundsätze und der föderalen Struktur. Auf der Grundlage des Grundgesetzes sind Verfassungsänderungen nur in dem so gesteckten Rahmen möglich. Der verfassungsändernde Gesetzgeber ist darum seinerseits an ein bestimmtes Programm gebunden, an dem seine Entscheidungen zu messen sind. Doch auch die ›Ewigkeitsklausel‹ schließt nicht aus, dass das Grundgesetz durch einen Akt der Verfassungsgebung abgelöst wird. Diese Möglichkeit ist in Art. 146 GG vorgesehen.[229] Doch selbst für diesen Fall wird wenigstens die Anforderung formuliert, dass diese neue Verfassung »von dem deutschen Volke in freier Entscheidung beschlossen« wird.[230] Es wird also im Einklang mit der verfassungsstaatlichen Tradition allein das ›Volk‹ als *pouvoir constituant* anerkannt.[231]

Im Verfassungsstaat unterliegt also programmierendes Entscheiden stets selbst einer mehr oder weniger abstrakten Programmierung.[232] Im Grundgesetz wird diese Bindung durch die Staffelung der Änderungsmöglichkeiten nach Art. 79 Abs. 2, 79 Abs. 3, 146 GG möglichst lange aufrechterhalten. Durch die Etablierung unterschiedlicher Rechtsschichten von der einfachen Gesetzgebung über die Verfassungsänderung bis zur Verfassungsablösung mit unterschiedlichen prozeduralen und materiellen Bindungen bildet das Grundgesetz ein differenziertes System aus, um die konservative und die evolutive Wirkung des positiven Rechts in ein ausgewogenes Verhältnis zu bringen. Damit trägt es dem Freiheitsparadox Rechnung, wonach Freiheit nur verwirklicht werden kann, indem man Entscheidungen für bestimmte Optionen trifft und sich so bindet, und nur durch die Begrenzung von Freiheit geschützt werden kann.[233]

Die Bindung an die Verfassung wird erst durch eine Revolution gänzlich überwunden. Der Revolutionär ist der Prototyp des an kein rechtliches Programm gebundenen Entscheiders.[234] Allerdings bedarf gerade eine Revolution eines eindrucksvollen politischen Programms, um Kräfte zu mobilisieren und Akzeptanz zu finden. Dabei mag ein besonders ausgeprägtes Gemeinwohl-Pathos hilfreich sein. Die erste Ordnungsleistung einer Revolution besteht dann darin, Personen zu ermächtigen, die ihr Programm umzusetzen haben. Selbst die Revolution kann die Institution des Amtes nicht entbehren.

---

229 *Unruh* in: von Mangoldt/Klein/Starck, GG, Art. 146 Rn. 15, zu kritischen Positionen dort Rn. 18 ff. m. w. N.

230 *Möllers*, Staat als Argument, S. 200.

231 *Unruh* in: von Mangoldt/Klein/Starck, GG, Art. 146 Rn. 7, 226.

232 Vgl. *Heun*, Verfassungsordnung, S. 47.

233 *Munsonius*, Fundament politischer Freiheit, S. 139 ff.; ebenso *Möllers*, Freiheitsgrade, Tz. 46.

234 Zur Revolution *Baumann*, Revolution, passim; *Thiele*, Allgemeine Staatslehre, S. 78 ff.

d) Rechtspositivismus und transpositive Normativität

Der Rechtspositivismus ist, wie zu zeigen war, dasjenige Rechtskonzept, das einem plural und prozedural verstandenen Gemeinwohl entspricht; die Positivität des Rechts kann als »Voraussetzung einer modernen Gesellschaft« begriffen werden.[235] Im Hinblick auf Verfassungen, namentlich das Grundgesetz ergibt sich jedoch eine eigentümliche Ambivalenz. Auf der einen Seite schafft eine Verfassung die Voraussetzungen für die Hervorbringung und Entwicklung positiven Rechts, indem sie Maßstäbe und Verfahren der Rechtsetzung regelt. Anknüpfungspunkte sind das Demokratie- und das Rechtsstaatsprinzip. Auch entspricht es dem Anspruch einer Verfassung selbst, dass diese als in einer Urkunde positiviertes Recht allein und umfassend bestimmt, was als Recht zu gelten hat.[236] Andererseits finden sich in Verfassungen verschiedentlich Bezüge auf verfassungstranszendente Normativität.[237] Der Begriff des Gemeinwohls selbst weist als Kontingenzformel immer auch über alles geltende (Verfassungs-)Recht hinaus.[238] Im Grundgesetz sind vor allem drei Bezüge auf transpositive Normativität auszumachen:[239]

– Zunächst ist die Präambel zu nennen, wonach sich »das Deutsche Volk« das Grundgesetz »im Bewußtsein seiner Verantwortung vor Gott und den Menschen« gegeben hat. Schon der Begriff »Bewußtsein« verweist auf etwas vorgegebenes. Der Begriff »Verantwortung« adressiert Instanzen, vor denen man sich zu rechtfertigen hat. Dabei lässt sich die Verantwortung vor den Menschen noch als Ausdruck sozialer Reziprozität verstehen. Mit der Verantwortung vor Gott wird jedoch eine transzendente Instanz angeführt. Damit scheint sowohl die Säkularität des Staates, wie auch die Positivität des Rechts infrage gestellt zu sein. Doch genau besehen geht es bei einer solchen *nominatio dei* – im Unterschied zu einer *invocatio dei* – nicht darum, Gott anzurufen und ihn als Ursprung des Rechts zu begreifen, sondern letztlich um eine Demutsformel, durch die die Endlichkeit und Relativität der Verfassung und des Rechts zum Ausdruck gebracht werden.[240] So verstanden steht der Gottesbezug des Grundgesetzes einem positivistischen Rechtsverständnis nicht entgegen, sondern markiert geradezu den Freiraum dafür, indem der Unterschied zwischen dem Recht und dem Anderen des Rechts im Recht selbst verankert wird.[241]

– Art. 1 Abs. 2 GG enthält das Bekenntnis des »Deutschen Volks« als *pouvoir constituant* zu »unverletzlichen und unveräußerlichen Menschenrechten«. Durch

---

[235] So schon im Titel bei *Luhmann*, Positivität des Rechts, passim; vgl. *Krawietz*, Das positive Recht, S. 13; *Scheuner*, Gesetzgebung und Politik, S. 540–544.

[236] Siehe Kapitel 3: Konkretion II. Hintergrundannahmen 3. Staat und Verfassung, S. 102.

[237] Vgl. *Heller*, Staatslehre, S. 289 f.; *Höffe*, Wofür braucht das positive Recht Naturrecht?, passim; *Smend*, Verfassung und Verfassungsrecht, S. 216.

[238] Siehe 1. »Gemeinwohl« b) Funktion, S. 117.

[239] *Munsonius*, Religiöses im Grundgesetz, S. 4 f.; außerdem wäre Art. 6 Abs. 2 Satz 1 GG zu nennen, der auf »das natürliche Recht der Eltern« verweist. Dieser Naturrechtsbezug bleibt jedoch singulär und trägt systematisch für das Verhältnis von Grundgesetz und Rechtspositivismus wohl kaum etwas aus.

[240] *H. Dreier*, Staat ohne Gott, S. 183.

[241] *Waldhoff/Grefrath*, Gehört Gott in die Verfassung?, S. 62.

den Akt des Bekennens und die Bestimmung der Menschenrechte als »Grundlage jeder menschlichen Gemeinschaft« werden diese als dem Akt der Verfassungsgebung vorgängig begriffen. Während das Bekenntnis in Art. 1 Abs. 2 GG seinem Grunde nach *solenn*, seinem Gehalt nach jedoch unbestimmt bleibt, statuiert Art. 1 Abs. 3 GG die Bindung aller Gewalten an die »nachfolgenden«, d. h. in der Verfassung positivierten, Grundrechte. Die als unverfügbar verstandenen Menschenrechte werden durch die Ausformulierung als Grundrechte operationalisiert und können so in rechtlich geordneter Weise geltend gemacht und durchgesetzt werden. Das Bekenntnis zu den Menschenrechten erhält durch das positive Recht Gestalt und Wirkung.[242]

– Art. 20 Abs. 3 GG statuiert die Bindung der Legislative an die »verfassungsmäßige Ordnung« und der Exekutive und der Judikative an »Gesetz und Recht«. Während unter der verfassungsmäßigen Ordnung unschwer das Grundgesetz selbst und etwa auf ihm beruhende Normen, soweit sie die Legislative binden, verstanden werden können, gibt die Formel »Gesetz und Recht« Anlass zur Interpretation.[243] Der Begriff »Gesetz« erfasst vor allem Parlamentsgesetze,[244] kann aber auch auf weitere Normen erstreckt werden, die eine formalisierte Rechtsbindung begründen.[245] Was darüber hinaus mit »Recht« bezeichnet sein soll, wird unterschiedlich beantwortet.[246] Zunächst kann es auf die verfassungsgemäße Rechtsordnung insgesamt verweisen, die bei jeder Einzelentscheidung zu beachten ist.[247] Darüber hinaus kann es ungeschriebene Rechtsquellen wie Gewohnheitsrecht, Richterrecht und allgemeine Rechtsgrundsätze betreffen.[248] Außerdem kann die explizite Erwähnung des Rechts neben dem Gesetz auch als Verweis auf eine ethische Anreicherung des positiven Rechts, wenn auch nicht direkt auf ein Natur- oder Vernunftrecht, verstanden werden.[249] Die Formel kann schließlich als Verweis auf die nicht aufzulösende Grundspannung zwischen dem positiven Recht und der Gerechtigkeit als Idee des Rechts, zwischen Legalität und Legitimität verstanden werden.[250]

---

242 Vgl. *Grimm*, Verfassungsfunktion und Grundgesetzreform, S. 491 = 317.

243 Eingehend *Hoffmann*, Das Verhältnis von Gesetz und Recht, S. 114 ff. m. w. N.

244 *Schmidt-Aßmann*, Der Rechtsstaat, Rn. 34; *Sommermann* in: von Mangoldt/Klein/Starck, GG, Art. 20 Rn. 264.

245 *Grzeszick* in: Dürig/Herzog/Scholz, GG, Art. 20 Rn. 62; *Sachs* in: Sachs, GG, Art. 20 Rn. 107; a. A. *Schmidt-Aßmann*, Der Rechtsstaat, Rn. 37.

246 *von der Pfordten*, Rechtsethik, S. 213 f.

247 *Sommermann* in: von Mangoldt/Klein/Starck, GG, Art. 20 Rn. 265; *Roellecke*, Die Bindung des Richters an Gesetz und Verfassung, S. 9 f.; *Starck*, Die Bindung des Richters an Gesetz und Verfassung, S. 48 f.

248 *Hofmann* in: Schmidt-Bleibtreu/Klein, GG, Art. 20 Rn. 95; *Zippelius/Würtenberger*, Deutsches Staatsrecht, § 12 Rn. 56; *Reimer*, Das Parlamentsgesetz als Steuerungsmittel und Kontrollmaßstab, Rn. 74; *Sachs* in: Sachs, GG, Art. 20 Rn. 106.

249 Vgl. *Buchwald*, Der Begriff der rationalen juristischen Begründung, 1990, S. 37 ff.; *R. Dreier*, Der Rechtsstaat im Spannungsverhältnis zwischen Gesetz und Recht, S. 355; vgl. *Alexy*, Begriff und Geltung des Rechts, S. 117 ff.

250 *Ossenbühl*, Gesetz und Recht, Rn. 18; *von der Pfordten*, Rechtsethik, S. 197 f.; *Schmidt-Aßmann*, Der Rechtsstaat, Rn. 41.; *Wolff*, Das rechtsstaatliche Prinzip, Rn. 104 ff.

Damit wird innerhalb des positiven Verfassungsrechts verschiedentlich auf überpositive Normativität verwiesen. Dies kann jedoch nicht so verstanden werden, dass sich einzelne durch den Verweis auf diese Normativität von der Geltung des positiven Rechts dispensieren dürfen.[251] Denn die Verfassungsordnung erhebt ihrerseits den Anspruch, Konkretion der Idee des Rechts und der Gerechtigkeit und die geeignete Grundlage für die Gestaltung einer positiven Rechtsordnung zu sein, die diesen Ideen entspricht.[252] Das Problem wird dadurch entschärft, dass die Verfassung selbst die Geltung verfassungstranszendenter Normativität statuiert, diese damit in sich aufnimmt und so – unbeachtet der Frage einer verfassungsunabhängigen Geltung – positiviert, ohne sie jedoch vollständig abbilden zu können. Die Verfassung wirkt so als Naturrechtssurrogat.[253] Durch die Normierung von Verfassungsprinzipien können elementare Gerechtigkeitsvorstellungen in positives Recht transformiert werden, ohne sie in einzelgesetzlicher Kasuistik aufzulösen.[254] Die Verfassung integriert so unanalysierte und unanalysierbare Komplexität und nimmt ein dynamisches Element in sich auf. Letztlich zeigt sich darin ein Bewusstsein für das Andere des Rechts im Recht, d.h. dafür, dass die Idee des Rechts nicht vollständig in Programmierung übersetzt werden kann.[255]

Aus den Bezügen auf transpositive Normativität ergeben sich zwei Konsequenzen: Zum einen leitet diese Normativität die Anwendung des positiven Rechts an, soweit dieses der Konkretisierung bedarf.[256] Zum anderen bietet die überschießende Normativität Anlass, das positive Recht auf seine Legitimität hin zu befragen.[257] Positives Recht bleibt stets hinter den Erwartungen zurück, die durch Bezüge auf die Idee des Rechts, auf Gerechtigkeit und auf Menschenrechte geweckt werden. Es besteht darum ständig Anlass und Bedarf für seine Evolution.[258] Zu dieser Entwicklung können diejenigen, denen bei der Anwendung des geltenden Rechts Unstimmigkeiten auffallen, den Anstoß geben. Sie geschieht dann im politischen Prozess, dessen Ergebnisse in geordneten Verfahren wieder zu geltendem Recht positiviert und so für das Amt handlungsleitend werden können.

---

[251] *Hesse*, Grundzüge des Verfassungsrechts, Rn. 195; *Rux* in: Epping/Hillgruber, GG, Art. 20 Rn. 169.1; *Schmidt-Aßmann*, Der Rechtsstaat, Rn. 45.

[252] *Grzeszick* in: Dürig/Herzog/Scholz, GG, Art. 20 Rn. 66 ff.

[253] *Hofmann*, Vom Wesen der Verfassung, S. 7.

[254] Vgl. *Morlok*, Verfassungstheorie, S. 91 ff.

[255] *MacCormick*, Der Rechtsstaat und die rule of law, S. 69; vgl. *von der Pfordten*, Rechtsethik, S. 146; zur Problematik der Berufung auf überpositives Recht *Herdegen*, Das Überpositive im positiven Recht, passim.

[256] *Schmidt-Aßmann*, Der Rechtsstaat, Rn. 43; vgl. *Reimer*, Gerechtigkeit als Methodenfrage, S. 22 ff.

[257] Vgl. *Reimer*, Gerechtigkeit als Methodenfrage, S. 42.

[258] *Luhmann*, Evolution des Rechts, S. 16 f.

5. Modus

a) Problem

Die gesetzgeberische Programmierung bringt abstrakt-generelle Normen hervor, die auf eine Vielzahl von Fällen angewendet werden können und bei Vorliegen der gesetzlichen Voraussetzungen auch angewendet werden müssen. Durch das Recht wird eine Vielzahl und Vielfalt von komplexen Situationen entscheidbar.[259] Diese Leistung erbringt das Recht durch den Aufbau eigener Komplexität. D. h. das Recht bewältigt die Komplexität der Lebenswirklichkeit dadurch, dass es eigene Kriterien aufstellt, nach denen zu entscheiden ist. Die Normativität des Rechts beruht darauf, dass es in Distanz zum Einzelfall Maßstäbe für dessen Behandlung setzt.[260] Diese Leistung des Rechts ist jedoch mit Problemen verbunden, die sowohl seinen empirischen, seinen funktionalen wie seinen teleologischen Aspekt betreffen.[261]

Das eine Problem betrifft das Verhältnis von Norm und *Empirie*. Die Lebenswirklichkeit kann bei der Rechtsanwendung nicht umfassend und punktgenau, sondern nur nach Maßgabe der gesetzlichen Programmierung wahrgenommen und abgebildet werden. Eine Rechtsnorm wählt durch ihren Tatbestand aus der Fülle der vorhandenen Merkmale einige wenige aus und markiert sie als relevant. Alle anderen Aspekte bleiben nach dieser Norm unberücksichtigt.[262] Die größte Leistung des Rechts, nämlich komplexe Situationen entscheidungsfähig zu machen, ist zugleich seine größte Schwäche, weil die überkomplexe Lebenswirklichkeit damit nur unvollkommen erfasst wird. Es bedarf also auch innerhalb des Rechts eines Bewusstseins für das Andere des Rechts. Sonst besteht die Gefahr, dass Recht totalitär oder impotent wird. Im Recht kann man zwar alles regeln, man kann aber nicht *alles* regeln.[263]

Funktional stellt sich zudem das Problem, dass durch stärkere Ausdifferenzierung von Normen zwar ihre Orientierungswirkung erhöht und willkürliche Rechtsanwendung eingeschränkt werden kann, zugleich aber zu große Detaillierung die Orientierung auch wieder erschwert und die Allgemeinheit der Norm zurücknimmt.[264]

Unter seinem *teleologischen* Aspekt steht das Recht immer in der Antinomie von Gleichbehandlung und Einzelfallgerechtigkeit.[265] Der Grundgedanke des Rechts ist, dass die gleichen Maßstäbe für alle gelten, dass also Gleiches auch

[259] *Esser*, Institutionen, S. 107.

[260] Vgl. *Luhmann*, Positivität des Rechts, S. 117; *Schmidt-Aßmann*, Der Rechtsstaat, Rn. 35.

[261] Vgl. Kapitel 1: Exposition III. Zugang 1. Verfassungstheorie a) Recht, S. 14.

[262] *J. Braun*, Offener und eingehegter Diskurs, S. 12 ff., passim.

[263] *Munsonius*, Fundament politischer Freiheit, S. 141; vgl. *Callies*, Prozedurales Recht, S. 180; zum Problem schon *Platon*, Politikos, 294a/b.

[264] *von Arnauld*, Rechtsstaat, Rn. 54; *MacCormick*, Der Rechtsstaat und die rule of law, S. 68; *Reimer*, Ohne Ansehen der Person?, S. 222 f.

[265] *von Arnauld*, Rechtsstaat, Rn. 55; vgl. *Huber*, Rechtsstaat, Rn. 66 ff.; *Möllers*, Freiheitsgrade, Tz. 12.

gleich behandelt werden soll.[266] Doch Gleichheit gibt es nicht schlechthin. Die Übereinstimmung in allen Merkmalen würde Identität und damit Singularität bedeuten. Gleichheit kann immer nur im Hinblick auf bestimmte Aspekte festgestellt werden, die durch das Normprogramm definiert werden. Da die Wirklichkeit stets nun sehr beschränkt nach Maßgabe des normativen Tatbestandes wahrgenommen wird, ist es eine stets offene Frage, ob die Rechtsanwendung auch dem Einzelfall gerecht wird, ob das, was allgemein gilt, billigerweise auch in diesem Fall zu gelten hat oder ob es triftige Gründe gibt, von der allgemeinen Norm abzuweichen. »Der Konflikt zwischen Gleichheit und Allgemeinheit des Gesetzes (als Kerngedanke der Gerechtigkeit) und Billigkeit (als Einzelfallgerechtigkeit) ist unausweichlich.«[267]

Gleichgültig, ob das Telos des Rechts als Gerechtigkeit oder Gemeinwohl bezeichnet wird, ergibt dies keinen eindeutigen und absoluten Bezugspunkt. Denn beide Begriffe können nur kontextabhängig gefüllt werden. Und Gerechtigkeitsurteile sind Werturteile, die als solche nicht beweisbar sind.[268] Das Bemühen um Gemeinwohl und materielle Gerechtigkeit schlägt sich darin nieder, dass dem Rechtsstaat durch Grundrechte und Staatsziele Aufgaben gestellt werden, die – wie zu zeigen war – kein in sich ausgeglichenes, spannungsfreies System darstellen, sondern oft gegenläufige Tendenz aufweisen.[269]

Es sind also in formaler wie auch materieller Hinsicht eine Reihe von »Antinomien des Rechtsstaats«[270] zu konstatieren, die in der Ausgestaltung einer positiven Rechtsordnung nicht behoben werden können, aber irgendwie bewältigt werden müssen.

b) Eigenkomplexität des Rechts

Im Recht wird diesen Anforderungen Rechnung getragen, indem zum einen zwischen verschiedenen Programmtypen, zum anderen zwischen Regeln und Prinzipien unterschieden wird. Außerdem kann – wie schon erwähnt – das Recht auf transpositive Normativität und außerrechtliche Rationalität verweisen.[271] Dementsprechend kann man mit zunehmendem Entscheidungsspielraum zwischen strikt gebundenen Entscheidungen, solchen unter Konkretisierung unbestimmter Rechtsbegriffe oder mit Beurteilungsspielraum, Ermessens-, Prognose- und Planungsentscheidungen differenzieren.[272]

Den Prototypen einer aus Tatbestand und Rechtsfolge gebildeten Norm stellt das *Konditionalprogramm* dar. Es funktioniert wie ein Algorithmus und definiert, bei welchen Anlässen bestimmte Folgen ausgelöst werden. Es lässt

---

[266] *Callies*, Prozedurales Recht, S. 24.
[267] *Brugger*, Gemeinwohl, S. 70; vgl. *Schmidt-Aßmann*, Der Rechtsstaat, Rn. 92.
[268] *I. von Münch*, Rechtsstaat versus Gerechtigkeit?, S. 172.
[269] Siehe 1. »Gemeinwohl«, S. 113 und 2. Gehalt, S. 121.
[270] *von Arnauld*, Rechtsstaat, Rn. 54.
[271] *Callies*, Prozedurales Recht, S. 19.
[272] *Franzius*, Steuerung durch Recht, Rn. 12; *Schuppert*, Verwaltungsrechtswissenschaft als Steuerungswissenschaft, S. 102.

aber offen, wann und wie oft diese Anlässe eintreten. Damit ist das Programm umweltabhängig und doch invariant. Die Unregelmäßigkeit der Umwelt wird in Regelmäßigkeit übersetzt.[273] Allerdings kann auch ein Konditionalprogramm in der Regel nicht automatengleich vollzogen werden. Denn die Definition des auslösenden Tatbestandes muss ein Mindestmaß an Abstraktheit und damit Unbestimmtheit enthalten, damit das Programm das Potential hat, auf eine Mehrzahl von Fällen angewendet zu werden. Es bedarf also stets einer wertenden Entscheidung, ob ein gegebener Fall den Tatbestand erfüllt. Je nach der Formulierung des Tatbestandes ist der Anwendungsbereich einer Norm mehr oder weniger klar umrissen. Durch die Verwendung unbestimmter Rechtsbegriffe kann der Normsetzer die weitere Konturierung des Tatbestandes an Exekutive und Judikative delegieren.

Einen anderen Programmtyp stellt das *Zweckprogramm* dar. Es definiert nicht bestimmte Auslösebedingungen, sondern Ziele und lässt weitgehend offen, wie diese zu erreichen sind. Zweckprogramme bieten sich an, wenn eine Verständigung über Ziele möglich, eine genaue Kenntnis der geeigneten Mittel jedoch gehemmt ist. Dann kann sich der Normgeber darauf beschränken, Zweck, Zuständigkeit und Grenzen zu bestimmen. Den ausführenden Stellen wird so ein Ermessensspielraum, damit aber auch größere Verantwortung übertragen. Die Norm wird mehr und mehr auf eine Kompetenznorm reduziert, die Steuerungsleistung des Rechts zurückgenommen.[274]

Konditional- und Zweckprogramm stehen nicht isoliert nebeneinander, sondern werden regelmäßig miteinander kombiniert. »[D]ie Verwaltung [wird], trotz ihrer zunehmenden Beanspruchung durch Zweckprogramme, aus ihrer ›konditionalen‹ Bindung an legale Prämissen nicht entlassen [...].«[275] So ist ein Zweckprogramm oft nur anwendbar, wenn bestimmte Ausgangsbedingungen erfüllt sind. Und Konditionalprogramme sind ihrerseits in bestimmte Zielbestimmungen eingeordnet.[276] Recht ist ohnehin ungeachtet seiner konditionalen Grundstruktur stets final gedacht und auf die Verwirklichung von Zwecken gerichtet, die oft ihren Ausdruck in höherrangigen Normen finden.[277] Jede Norm kann darum im Lichte dieser Zwecke ausgelegt werden. Je höherrangiger eine Norm jedoch ist, desto abstrakter ist sie auch.

---

[273] *Luhmann*, Lob der Routine, S. 302; *ders.*, Das Recht der Gesellschaft, S. 195 ff.; *Mayntz*, Soziologie der öffentlichen Verwaltung, S. 57; *Röhl/Röhl*, Allgemeine Rechtslehre, S. 243 f.

[274] *Franzius*, Steuerung durch Recht, Rn. 9 ff.; *Grimm*, Politik und Recht, S. 31 f.; *Luhmann*, Zweckbegriff und Systemrationalität, S. 102; *ders.*, Das Recht der Gesellschaft, S. 202 ff.; *Röhl/Röhl*, Allgemeine Rechtslehre, S. 246.

[275] *Offe*, Rationalitätskriterien und Funktionsprobleme, S. 337.

[276] *Luhmann*, Lob der Routine, S. 311; *W. Schmidt*, Die Programmierung von Verwaltungsentscheidungen, S. 332 ff., der allerdings sogleich die Unterscheidung von Konditional- und Zweckprogramm aufgeben will.

[277] *Krawietz*, Das positive Recht, S. 76 ff.; *Schober*, Der Zweck im Verwaltungsrecht, S. 2; klassisch *von Ihering*, Zweck im Recht I, 1877, S. VI: »Der Grundgedanke des gegenwärtigen Werkes besteht darin, dass der Zweck der Schöpfer des gesammten Rechts ist, dass es keinen Rechtssatz gibt, der nicht einem Zweck seinen Ursprung verdankt.«

Soweit Konditional- und Zweckprogramm Entscheidungs- und Gestaltungsspielräume lassen, wird deren Ausfüllung durch *Prinzipien* angeleitet.[278] Diese stellen im Unterschied zu Regeln, die einer Subsumtion zugänglich sind, Abwägungs- und Optimierungsgebote dar.[279] Klassisch ist das Gebot der Billigkeit, wie es auch heute noch im *Codex Iuris Canonici* zu finden ist[280] und in vielen Normen des positiven Rechts seinen Niederschlag gefunden hat.[281] Danach können als eklatant ungerecht wahrgenommene Rechtsfolgen im Einzelfall ausgeglichen und gemildert werden. Dabei ist allerdings problematisch, worauf das Urteil der (Un-)Billigkeit überhaupt gestützt werden kann.[282] Das beherrschende Prinzip des öffentlichen Rechts ist die Verhältnismäßigkeit, wonach alle Grundrechtseingriffe geeignet, erforderlich und angemessen sein müssen.[283] Auch hier stellt sich, trotz der gegenüber dem Billigkeitsprinzip klareren Strukturierung, die Frage, wie die für das Urteil der Angemessenheit erforderliche Abwägung rationalisiert werden kann.[284]

Das geforderte Bewusstsein für das Andere des Rechts im Recht manifestiert sich zum einen durch die geschilderten Bezüge auf transpositive Normativität, wie sie bereits durch das Gebot der Billigkeit angelegt sind, zum anderen durch die Integration außerrechtlicher Rationalität. Es wurde bereits gezeigt, dass der Verweis auf *transpositive Normativität* als Unruhemoment gegenüber einer lediglich algorithmischen Rechtsanwendung zu betrachten ist. Die Frage nach der Gerechtigkeit des Rechts wird dadurch präsent, zugleich aber auch offen gehalten.[285] Die Integration *außerrechtlicher Rationalität*[286] transformiert außerrechtliche in rechtliche Maßstäbe zur Beurteilung eines Handelns.[287] Es hängt von der Art dieser Maßstäbe ab, inwieweit eine solche Transformation möglich ist. Vergleichsweise unproblematisch dürfte dies bei technischen und ökonomischen Standards sein, die in einer dem Recht entsprechenden Weise überprüfbar sind. Schwierigkeiten ergeben sich vor allem in denjenigen Handlungsfeldern, die vor allem von Interaktion geprägt sind und deren Vollzüge nicht als Programm ausgearbeitet werden können.[288] Prägnante Beispiele sind das Bildungswesen,

---

278 *MacCormick*, Der Rechtsstaat und die rule of law, S. 68.

279 *Alexy*, Theorie der Grundrechte, S. 75 f.; *Dworkin*, Bürgerrechte ernstgenommen, S. 58 ff.; *Franzius*, Steuerung durch Recht, Rn. 5 ff.; kritisch zu Prinzipien als Optimierungsgebot *Sieckmann*, Recht als normatives System, S. 22 f.; siehe schon 2. Gehalt b) Grundrechte, S. 124.

280 *Schüller*, Aequitas im Kanonischen Recht, passim.

281 *Hochhuth*, Positiverungsquelle, Korrektiv und gefährliche Aufweichung, S. 574 ff.

282 *H. Becker*, Billigkeit, passim.

283 *Heun*, Verfassungsordnung, S. 50 ff.; *Hoffmann-Riem/Pilniok*, Eigenständigkeit der Vewaltung, Rn. 14; *Wolff*, Das rechtsstaatliche Prinzip, Rn. 155 ff.

284 *Hochhuth*, Positiverungsquelle, Korrektiv und gefährliche Aufweichung, S. 578 ff.

285 Siehe 4. Medium d) Rechtspositivismus und transpositive Normativität, S. 144.

286 Rationalität verstanden als »Einhegung emotionaler, dezisionistischer, ›irrationaler‹ Entscheidungselemente« (*Reimer*, Das Parlamentsgesetz als Steuerungsmittel und Kontrollmaßstab, Rn. 6).

287 *Jestaedt*, Das mag in der Theorie richtig sein …, S. 57; *Ruffert*, Rechtsquellen und Rechtsschichten des Verwaltungsrechts, Rn. 95 ff.; vgl. *S. Augsberg*, Maßstäbe des Verwaltungshandelns, Rn. 4; *Hoffmann-Riem/Pilniok*, Eigenständigkeit der Vewaltung, Rn. 15.

288 Siehe Kapitel 2: Exploration II. Organisation und Person – systemtheoretisch 4. Organisation und Interaktion a) Interaktion, S. 67 unter (3).

die Wissenschaft oder das Predigtamt. Die Aufgabe des Rechts ist dann nicht weitere Programmierung, sondern die Amtsausübung vor solcher Programmierung und entsprechender Kontrolle zu schützen, wie dies beispielsweise durch das Grundrecht der Wissenschaftsfreiheit (Art. 5 Abs. 3 GG) und entsprechende Hochschulorganisation geschieht.[289] Wird diese Grenze der Programmierbarkeit nicht beachtet, wird das Recht dysfunktional und hindert, was es befördern soll.

Einen paradigmatischen Grenzfall rechtlicher Programmierung stellt das *Gnadenrecht* dar, das vom Bundespräsidenten und den Ministerpräsidenten der Länder ausgeübt wird.[290] Das Gnadenrecht ist »die Befugnis, im Einzelfall eine rechtskräftig erkannte Strafe ganz oder teilweise zu erlassen, sie umzuwandeln oder ihre Vollstreckung auszusetzen.«[291] Es war einmal angebracht, um unbillige Härten des Strafrechts ausgleichen zu können. Seitdem jedoch das Strafrecht selbst ein differenziertes System von Rechtfertigungs- und Entschuldigungsgründen sowie Strafzumessungsregeln ausgebildet hat, um besondere Umstände der Tat, die Situation des Täters sowie die Folgen der Tat und einer Verurteilung für ihn zu berücksichtigen, besteht kaum noch ein Bedarf für die Ausübung des Gnadenrechts.[292] Im demokratischen Verfassungsstaat bildet es ohnehin einen Fremdkörper. Denn ein Gnadenerweis beruht nicht auf einer rechtlich gebundenen und damit auch kontrollierbaren, sondern auf einer höchstpersönlichen Entscheidung, die letztlich als Willkür beobachtet wird.[293] Gnadenentscheidungen sind allenfalls im Hinblick auf formale Verfahrensfragen, nicht aber in der Sache einer gerichtlichen Kontrolle zugänglich.[294] Prinzipien der Gewaltenteilung und des Rechtsstaats werden damit unterlaufen. Gleichwohl ist es – da in Art. 60 Abs. 2 GG verfassungsrechtlich verankert – geltendes Recht und markiert innerhalb des geltenden Rechts ein Bewusstsein für das Andere des Rechts.[295]

c) Personale Anwendung des Rechts

Soll das Recht umgesetzt und damit wirksam werden, muss zwischen abstrakt-genereller Norm und konkret-individuellem Einzelfall vermittelt werden. Diese Vermittlung von Norm und Fall erweist sich als ein Vorgang der Generalisierung und Respezifikation und birgt stets Momente der Erkenntnis, der Wertung und der Dezision, die abhängig von der Art der Programmierung unterschiedlich stark ausgeprägt sein können.[296] Während ein Konditionalprogramm im Wege der Subsumtion umzusetzen ist, erfordern Zweckprogramm und Prinzipien eine Abwägung.

Schon die *Subsumtion* stellt sich nicht rein als Vorgang der Erkenntnis dar, sondern ist stets mit Momenten der Wertung und Entscheidung verbunden.

---

[289] Vgl. *Köttgen*, Das anvertraute öffentliche Amt, S. 139.
[290] *Munsonius*, Umgang mit Schuld, S. 64 f.
[291] BVerfGE 25, 352 (358).
[292] *Waldhoff*, Hat Gnade eine Daseinsberechtigung?, S. 146.
[293] *Waldhoff*, Hat Gnade eine Daseinsberechtigung?, S. 132.
[294] *Waldhoff*, Hat Gnade eine Daseinsberechtigung?, S. 141.
[295] *von Mayenburg*, Begnadigung, S. 73 f.
[296] Zum Problem auch *Bung*, Begriffsbestimmtheit, passim; *Möllers*, Methoden, Rn. 24 ff.

Denn die Formulierung eines Tatbestandes setzt die Verwendung von Begriffen und die Bildung von Kategorien voraus. Damit ist – von wenigen Beispielen abgesehen – stets die Frage aufgeworfen, wie Grenz- und Sonderfälle zu bestimmen sind. Die sprachliche Verfasstheit der Norm bringt es mit sich, dass ein gewisses Maß an Mehrdeutigkeit, Vagheit und Porosität nicht zu vermeiden ist.[297]

Sobald sich die Norm nicht in konditionaler Regelhaftigkeit erschöpft und zwischen Zielen und Mitteln, zwischen Prinzipien und einander widerstreitenden Rechten eine Entscheidung zu treffen ist, ist eine *Abwägung* unausweichlich. Diese kann durch die Gewichtung und Relationierung der Belange in einem gewissen Grade rationalisiert werden. Doch führt dies in der Regel nicht zu eindeutigen, sondern zu einer Mehrzahl möglicher und zulässiger Ergebnisse, zwischen denen eine Wahl zu treffen ist, die ab einem gewissen Punkt nicht weiter begründet werden kann.[298]

Die Komplexität wird um ein weiteres gesteigert, wenn transpositive Normativität oder außerrechtliche Rationalität mit dem Vollzug des rechtlichen Programms gekoppelt wird. Diese Kopplung kann zwar durch eine Norm hergestellt, aber mit Mitteln des Rechts allenfalls unvollkommen bewältigt werden. Es entsteht eine Konstellation, in der nicht entschieden werden kann, wie zu entscheiden ist, und darum entschieden werden muss. Diese Entscheidung kann aber nicht mehr dem Programm, sondern muss der Person zugerechnet werden.[299]

Doch schon die Anwendung des Rechts selbst, d. h. die Vermittlung zwischen Norm und Empirie, setzt Wahrnehmung und Bewusstsein voraus, wie sie nur durch psychische Systeme (Menschen) geleistet werden können.[300] Die Bewältigung der opaken Komplexität, die dadurch entsteht, dass die komplexe Empirie auf die ganz andersartige Eigenkomplexität des Rechts bezogen wird, dass also Sein und Sollen verknüpft werden, wird dadurch ermöglicht, dass seine Anwendung durch Amtsträger, d. h. durch die Kopplung mit psychischen Systemen geschieht, die solche Komplexität auf unterschiedliche Weise (kognitiv und emotiv) verarbeiten können.[301] Darum wird im Prozessrecht auch die Beweiswürdigung auf die persönliche Überzeugung der Richter gestützt (§ 261 StPO, § 286 ZPO, § 108 Abs. 1 VwGO).[302]

---

297 *Haft*, Recht und Sprache, S. 276 ff.; *Röhl/Röhl*, Allgemeine Rechtslehre, S. 33 ff.; *Vesting*, Sprache, S. 73, 83.

298 *Alexy*, Theorie der Grundrechte, S. 143 ff.; *Sieckmann*, Rechtsphilosophie, S. 152 ff.; *ders.*, Recht als normatives System, S. 65 ff.; siehe auch *Klatt/J. Schmidt*, Abwägung unter Unsicherheit, passim.

299 Siehe Kapitel 2: Exploration II. Organisation und Person – systemtheoretisch 3. Person und Organisation b) Zurechnung von Entscheidungen: Stelle, S. 63.

300 Vgl. *Luhmann*, Die Paradoxie des Entscheidens, S. 305.

301 Siehe Kapitel 2: Exploration II. Organisation und Person – systemtheoretisch 3. Person und Organisation a) Strukturelle Kopplung sozialer und psychischer Systeme, S. 60 und III. Materiale Handlungstheorie, S. 71.

302 *Morlok*, Soziologie der Verfassung, S. 33.

Die Komplexität, die dadurch entsteht, dass das Andere des Rechts, sei es als Empirie, sei es als außerrechtliche Normativität oder Rationalität, in die Anwendung des Rechts einbezogen wird, kann folglich durch Programmierung allein nicht bewältigt werden.[303] Durch den Einbezug des Anderen des Rechts in das Recht, werden die Grenzen des Rechts überschritten, was nur von einer ekstatischen Position aus bewältigt werden kann.[304] Dass Amtsträger mit ihrem Verhalten nicht vollständig einer rechtlichen Programmierung und Kontrolle unterworfen werden können, macht es überhaupt erst möglich, dass das rechtlich formulierte Programm umgesetzt wird.

Abhängig davon, welches Programm einem bestimmten Amt vorgegeben ist, ist ein unterschiedliches Maß an *Ich-Leistung* erforderlich.[305] Der Gesetzgeber kann Aufgaben bestimmen, durch materielle Regelungen Maßstäbe vorgeben und durch Organisations- und Verfahrensrecht bestimmen, durch wen und in welcher Weise dies auszuführen ist. Er bestimmt, an welcher Stelle welcher Entscheidungs- und Gestaltungsspielraum besteht. Allerdings ist er nicht davor gefeit, Dysfunktionalitäten zu schaffen, indem er Voraussetzungen wirksamen sozialen Handelns ignoriert und beispielsweise für erforderliche Ich-Leistungen keinen ausreichenden Spielraum lässt. Gemeinwohlverwirklichung erschöpft sich nicht im Rechtsvollzug, sondern bedarf auch der schöpferischen Umsetzung.[306] Erst dadurch erhält das Programm seine reale Gestalt.

Es bedarf der Person des Amtsträgers also nicht nur, damit ein Programm formuliert werden kann.[307] Es bedarf der Person vor allem, damit ein Programm auch realisiert werden kann.[308] *Smend* rechnet demgemäß auch die Tätigkeit von Richtern und Verwaltungsbeamten zu den für das Staatsganze integrierend wirkenden Faktoren.[309] »Je steuerungsschwächer das Gesetz ist [...,] desto bedeutsamer wird das gesetzesanwendende Personal«.[310] Damit erfährt die ›Objektivität‹ des Amtes eine weitere Einbuße und es ist die Frage nach der Person im Amt aufgeworfen (II.) und, wie Person und Programm relationiert werden (III.).

---

303 Vgl. *Hoffmann-Riem/Pilniok*, Eigenständigkeit der Vewaltung, Rn. 31.

304 Dies ist wohl gemeint, wenn *Depenheuer*, Das öffentliche Amt, Rn. 43 f. auf die Grenzen der Steuerungsfähigkeit des positiven Rechts verweist.

305 Siehe Kapitel 2: Exploration III. Materiale Handlungstheorie 1. Homo sociologicus c) Ausfüllung einer Rolle, S. 75.

306 Siehe Kapitel 2: Exploration III. Materiale Handlungstheorie 4. Ertrag, S. 89; vgl. *Möllers*, Freiheitsgrade, Tz. 242.

307 Siehe 3. Interpreten c) Amtsträger, S. 133.

308 *Hoffmann-Riem/Pilniok*, Eigenständigkeit der Vewaltung, Rn. 45; *Möllers*, Methoden, Rn. 36.

309 *Smend*, Verfassung und Verfassungsrecht, S. 146.

310 *Schuppert*, Verwaltungswissenschaft, S. 625 f.

II. Person

»Das Amt kann des Menschen nicht entraten, wenn es sich in Wirksamkeit setzen will.«[311] Dass Personen mit einem Amt betraut werden, dient der Umsetzung des dem Amt aufgegebenen Programms. Im Vordergrund stehen die Anforderungen des Amtes, die sich daraus ergeben (1.). Die Person erschöpft sich jedoch nicht darin, ein Amt innezuhaben. Es ist darum zu gewärtigen, dass sich weitere Umstände und namentlich die Interessen der Person darauf auswirken, wie sie das Amt wahrnimmt (2.). Es geht also im Kern darum, wie Amt und Person so miteinander ins Verhältnis gesetzt werden können, dass den Anforderungen des Amtes genüge getan wird und die Interessen der Person gewahrt werden, soweit dies mit dem Amt vereinbar ist (3.). Dies ist nicht zuletzt auch davon abhängig, wie eine Person in das Amt kommt und durch das Amt geprägt wird (4.), und wirkt sich auf die Ausgestaltung der Amtsstellung aus (5.).

1. Anforderungen des Amtes

Aus dem Programm, das einem bestimmten Amt aufgegeben ist, ergeben sich die Anforderungen an die Person. So, wie für die Person die Pole der Individualität und der Sozialität konstitutiv sind, können sich auch die Anforderungen des Amtes auf die individuelle Eignung (b)) und auf die soziale Konstellation (c)) der Person beziehen. Zunächst gilt es jedoch, einen Blick auf die Vielfalt der Ämter und ihrer möglichen Anforderungen zu werfen (a)).

a) Ämtervielfalt

Aus vielerlei Gründen ist im Hinblick auf die Anforderungen des Amtes von einer außerordentlich großen Bandbreite auszugehen.[312] Schon bei der Eingrenzung des Untersuchungsgegenstandes ist der Unterschied zwischen unmittelbarer und mittelbarer Staatsverwaltung zutage getreten.[313] Im Hinblick auf die Generierung und Umsetzung des Programms ist deutlich geworden, dass sich Ämter danach unterscheiden, in welcher Weise sie programmierend oder programmiert tätig sind,[314] inwieweit ein gegebenes Programm konditional oder final gefasst ist[315] und ob die Umsetzung durch Entscheidungen oder Interaktion geschieht[316]. Dies wird auch dadurch bestimmt, in welchem Organisationszusammenhang und Funktionssystem ein Amt verortet ist. Die Anforderungen in Politik, Wirtschaft, Recht und Bildung beispielsweise stellen sich abhängig

---

311 *H. Krüger*, Allgemeine Staatslehre, S. 265.

312 *Depenheuer*, Amt, Sp. 141 f.

313 Siehe Kapitel 3: Konkretion I. Gegenstand 3. Staatliches Amt, S. 97.

314 Siehe I. Programm 3. Interpreten c) Amtsträger, S. 133.

315 Siehe I. Programm 5. Modus, S. 147.

316 Siehe Kapitel 2: Exploration II. Organisation und Person – systemtheoretisch 4. Organisation und Interaktion, S. 67.

von der zu erbringenden Leistung und dem zugrundeliegenden Code recht verschieden dar.[317]

»Die Aspekte der Amtseignung im weiteren Sinne sind so vielfältig und verschiedenartig wie die Erfordernisse der zu besetzenden Positionen.«[318] Neben den fachlichen Anforderungen ergibt sich daraus, dass auch Art und Ausmaß der zu erbringenden Ich-Leistung abhängig vom Amt differieren.[319] Im Hinblick auf die normative Qualität des Programms lassen sich typologisch Vollzugs-, Qualitäts- und Gestaltungnormen und die ihnen zugeordneten Rollen unterscheiden, wobei mit fließenden Übergängen zu rechnen ist. Darum scheint es auch wenig sinnvoll, die Figur des Amtes auf den Bereich der Vollzugs- und allenfalls noch Qualitätsnormen zu beschränken, wie dies zuweilen in der Literatur zu finden ist.[320]

Den Prototyp eines Amtsverhältnisses stellt wohl der in Vollzeit tätige Berufsbeamte auf Lebenszeit dar.[321] Auf dieser Grundlage kann eine große Vielfalt von Ämtern in verlässlicher Weise wahrgenommen werden. Doch darf darüber nicht übersehen werden, dass es noch vielerlei andere Gestalten des Amtes gibt. Schon das Beamtenverhältnis selbst lässt Modifikationen wie Teildienst, Beurlaubung, Entlassung, Befristung oder Widerruf zu (z. B. §§ 6, 30, 90, 91, 95 BBG). Ämter können darüber hinaus im Angestelltenverhältnis oder einem besonderen öffentlich-rechtlichen Dienstverhältnis sowie im Neben- oder Ehrenamt wahrgenommen werden. Der Begriff des Amts umfasst allein im Staat so unterschiedliche Positionen wie die des Bundespräsidenten, der Regierungsmitglieder, der Mitarbeiter in der Verwaltung vom Behördenleiter bis zum Sachbearbeiter, der Berufsrichter und Schöffen, der Lehrer und Professoren, der Wahlhelfer und was der Aufgaben zur Verwirklichung des Gemeinwohls noch sein mögen. So vielfältig die Ämter, so differenziert sind die Anforderungen, die sich daraus ergeben, und die Rechtsverhältnisse, in denen sie wahrgenommen werden.[322]

In der Literatur wird mehr oder weniger scharf ein Gegensatz zwischen politischen und weisungsgebundenen Ämtern herausgestellt, wobei zuweilen nur letztere als Amt im strikten Sinne angesehen werden. Für diese gelten das Leistungsprinzip und das der Bestenauslese und es können Ausbildungsanforderungen formuliert werden. Bei politischen Ämtern werde das Leistungsprinzip durch das Demokratieprinzip überlagert oder verdrängt, statt auf Ausbildung werde auf das Lebensalter abgestellt und statt des Amts- gelte das Wettbewerbs-

[317] Siehe Kapitel 2: Exploration II. Organisation und Person – systemtheoretisch 2. Organisation als System b) Soziale Systeme, S. 56.

[318] *Höfling* in: Kahl/Waldhoff/Walter, BK-GG, Art. 33 Rn. 136.

[319] *Krüper*, Charisma der Aufklärung, S. 188 f.; *Möllers*, Freiheitsgrade, Tz. 230; siehe Kapitel 2: Exploration III. Materiale Handlungstheorie 1. Homo sociologicus c) Ausfüllung einer Rolle, S. 75.

[320] *Heyen*, Amtsbegriff als Kernelement, S. 277; so aber *H. Krüger*, Allgemeine Staatslehre, S. 317.

[321] *Franzius*, Steuerung durch Recht, Rn. 59; *Janssen*, Die zunehmende Privatisierung, S. 127 ff. = 418 ff.; *Leisner*, Grundlagen des Berufsbeamtentums, S. 111.

[322] *Heintzen*, Amtsprinzip, Rn. 14 ff.; *Voßkuhle/Kaiser*, Personal, Rn. 5 ff.; vgl. *Lecheler*, Der öffentliche Dienst, Rn. 3 zu Ämtern außerhalb des öffentlichen Dienstes im distinkten Sinne.

prinzip.[323] Es wird im Folgenden noch zu zeigen sein, ob es sich dabei um einen strikten oder relativen Gegensatz handelt.[324]

Ungeachtet der aufgezeigten Vielfalt besteht bei allen Ämtern die gleiche Grundstruktur, dass ein Akteur für das Gemeinwesen mit Aufgaben betraut wird. Aus dieser Grundstruktur lassen sich – auch im Hinblick auf die Vielfalt der konkreten Ämter – Einsichten gewinnen, welche Anforderungen das Amt an die Person stellt und wie diesen Anforderungen Rechnung getragen werden kann.

b) Individuelle Eignung

Das Grundgesetz enthält in Art. 33 Abs. 2 eine fundamentale Aussage darüber, welche Bedingungen für den Zugang zu öffentlichen Ämtern maßgeblich sind:

> »Jeder Deutsche hat nach seiner Eignung, Befähigung und fachlichen Leistung gleichen Zugang zu jedem öffentlichen Amte.«

Damit ist – abgesehen von der an dieser Stelle nicht interessierenden Staatsangehörigkeit[325] – die optimale Erfüllung des Programms der einzige Maßstab für die Auswahl des Amtsinhabers. »Wie für die Errichtung, so ist auch für die Besetzung der Ämter Sachlichkeit das erste und einzige Gebot.«[326] Objektiv ergibt sich daraus, dass nur solche Anforderungen an den Amtsinhaber gerichtet werden dürfen, die sich aus der Funktion des Amtes für die Umsetzung des Programms ergeben (Funktionsprinzip). Und subjektiv gilt das Leistungsprinzip, wonach die Amtsinhaber allein danach zu beurteilen sind, wie gut sie diese Anforderungen erfüllen.[327] Genau derjenige kommt für ein Amt in Betracht, der die Anforderungen am besten zu erfüllen vermag (Bestenauslese).[328] Andere Gesichtspunkte und namentlich die in Art. 3 Abs. 3, 33 Abs. 3 GG genannten dürfen bei der Personalauswahl keine Rolle spielen,[329] es sei denn, sie erweisen

---

[323] Mit unterschiedlicher Akzentuierung *Classen*, Wahl contra Leistung, passim; *Depenheuer*, Das öffentliche Amt, Rn. 24; *Heyen*, Amtsbegriff als Kernelement, S. 271; *Höfling* in: Kahl/Waldhoff/Walter, BK-GG, Art. 33 Rn. 109, 221 ff.; *Isensee*, Gemeinwohl und öffentliches Amt, S. 143 ff.; *ders.*, Der Zugang zum öffentlichen Dienst, S. 340 f.; *Jachmann-Michel/Kaiser* in: von Mangoldt/Klein/Starck, GG, Art. 33 Rn. 15; *Köttgen*, Das anvertraute öffentliche Amt, S. 140; *H. Krüger*, Allgemeine Staatslehre, S. 317; *Neeße*, Der Leistungsgrundsatz im öffentlichen Recht, S. 39.

[324] Siehe 4. Sozialisation b) Auswahl, S. 183.

[325] Außerdem einschlägig, hier aber ebenfalls nicht relevant ist Art. 45 Abs. 1 AEUV, der die Freizügigkeit auch hinsichtlich des Zugangs zu öffentlichen Ämtern gewährt; *Jachmann-Michel/Kaiser* in: von Mangoldt/Klein/Starck, GG, Art. 33 Rn. 14.

[326] *H. Krüger*, Allgemeine Staatslehre, S. 257, eingehend S. 272 ff.

[327] BVerfGE 130, 263 (296); *Leppek*, Status des Einzelnen im Beamtenrecht, Rn. 4. Zum Leistungsprinzip: *H. Krüger*, Das Leistungsprinzip als Verfassungsgrundsatz, passim; *Leisner*, Das Leistungsprinzip, passim (mit erkennbar rechtspolitischer Intention); *Neeße*, Der Leistungsgrundsatz im öffentlichen Dienst, passim; kritisch zum Leistungsgedanken *H. Kluth*, Amtsgedanke und Pflichtethos, S. 18 ff.

[328] BVerfGE 141, 56 (68).

[329] *Isensee*, Der Zugang zum öffentlichen Dienst, S. 339; *Jachmann-Michel/Kaiser* in: von Mangoldt/Klein/Starck, GG, Art. 33 Rn. 12; *H. Krüger*, Das Leistungsprinzip als Verfassungsgrundsatz, S. 5. Das Merkmal der Religionszugehörigkeit wird außerdem durch Art. 140 GG i. V. m. Art. 136 Abs. 2 WRV aus dem Kreis der Auswahlkriterien ausgeschlossen.

sich im konkreten Fall als eine Anforderung, die sich aus dem betreffenden Amt ergibt. Dafür bedarf es jedoch einer besonderen Rechtfertigung. »Verboten ist nicht, nach den Kriterien zu differenzieren, sondern Differenzierungen mit den Kriterien zu begründen, d.h. sie selbst dann vorzunehmen, wenn sie ohne die Kriterien nicht begründet werden können.«[330]

Ein Beispiel stellt der politische Beamte nach §54 BBG bzw. §30 Abs.1 BeamtStG dar, zu dessen Aufgaben es gehört, politische Vorgaben in Verwaltungshandeln zu transformieren und bei dem darum die politische Übereinstimmung vom sachwidrigen Gesichtspunkt zum Eignungskriterium mutiert.[331] Ein anderes Beispiel ist das konfessionsgebundene Staatsamt, das in einem konstitutiven Zusammenhang mit der Religion steht, so dass diese um der Anforderungen des Amtes willen zu berücksichtigen ist. Die verfassungsrechtliche Rechtfertigung der Konfessionsbindung von Religionslehrern und Theologieprofessoren ergibt sich beispielsweise daraus, dass in Art.7 Abs.3 GG der Religionsunterricht als ordentliches Lehrfach vorgesehen ist, das gemäß den Grundsätzen der Religionsgemeinschaften zu erteilen ist und eine entsprechende Ausbildung erfordert.[332]

Aus dem Anwendungsbereich von Art.33 Abs.2 GG wird zuweilen die politische Führungsauslese ausgenommen.[333] Dann gelte das demokratische Prinzip und es gehe nicht um ein rechtliches Vorzugskriterium, sondern um einen politischen Vertrauensbeweis. Darum werde auch die parteipolitische Bindung, die nach Art.33 Abs.2 GG nicht berücksichtigt werden dürfe, zu einem legitimen Richtmaß.[334] Diese Einschränkung steht jedoch in Widerspruch zum Wortlaut des Art.33 Abs.2 GG, der vom »gleichen Zugang zu jedem öffentlichen Amte« spricht. Diese Formulierung ist erkennbar weiter gefasst als Art.33 Abs.4 und 5 GG, wo vom »öffentlichen Dienst« die Rede ist. Auch bei der Auswahl politischer Führungspersonen geht es um Bestenauslese – für deren Beurteilung gelten jedoch andere Maßstäbe und Verfahren. Und der Zugang darf auch bei politischen Ämtern nur aufgrund von Kriterien beschränkt werden, die sich aus den Anforderungen des Amtes ergeben. Nur können die Kriterien nicht so distinkt bestimmt werden wie bei anderen Ämtern. Auch ist ein besonderes Maß an Legitimation erforderlich und es sind weitere Verfassungsnormen wie das Demokratieprinzip zu berücksichtigen. Es geht also weniger um eine Einschränkung von Art.33 Abs.2 GG als um die sich aus dem konkreten Amt ergebenden Modalitäten seiner Anwendung.[335]

---

[330] *Schlink*, Zwischen Identifikation und Distanz, S.349; vgl. *Hebeler*, Verwaltungspersonal, S.131f.

[331] *Brinktine* in: Brinktine/Schollendorf, Beamtenrecht, §54 BBG Rn.3; *Hebeler*, Verwaltungspersonal, S.136ff.; *Kugele*, Die politischen Beamten, passim; *Morlok/Merten*, Parteienrecht, S.45f.; *Schröder*, Die Bereiche der Regierung und der Verwaltung, Rn.37ff.; *Voßkuhle/Kaiser*, Personal, Rn.69.

[332] *Hense* in: Epping/Hillgruber, GG, Art.33 Rn.26, 26.2, 26.3; *Unruh*, Religionsverfassungsrecht, Rn.146ff.

[333] So für die Besetzung von Ämtern durch demokratische Wahlen BVerfGE 143, 22 (29); *Hebeler*, Verwaltungspersonal, S.142ff.; *Hense* in: Epping/Hillgruber, GG, Art.33 Rn.9.

[334] *Höfling* in: Kahl/Waldhoff/Walter, BK-GG, Art.33 Rn.109; *Jachmann-Michel/Kaiser* in: von Mangoldt/Klein/Starck, GG, Art.33 Rn.15.

[335] Siehe 4. Sozialisation b) Auswahl, S.183.

Indem Art. 33 Abs. 2 GG auf Eignung, Befähigung und fachliche Leistung abstellt, geht es darum, einerseits die Kriterien für die Übertragung eines Amtes allein aus den Anforderungen desselben zu gewinnen und diese andererseits umfassend wahrzunehmen. Es bietet sich an, die Kriterien der Eignung (im engeren Sinne), Befähigung und fachlichen Leistung in einem Begriff der Eignung (im weiteren Sinne) zusammenzufassen.[336]

– *Eignung* (im engeren Sinne) umfasst »anlage- und entwicklungsbedingte Persönlichkeitsmerkmale, psychische und physische Kräfte, emotionale und intellektuelle Voraussetzungen der Persönlichkeit«.[337] Darüber hinaus werden noch »Gesundheit, sonstige körperliche und psychische Voraussetzungen, Straffreiheit, Ehrlichkeit, Verlässlichkeit, Loyalität, Teamfähigkeit, Umgangsformen und sonstige Fähigkeiten im Umgang mit Menschen sowie die Bereitschaft zur Erfüllung sämtlicher Aufgaben, die mit dem Amt verbunden sind,« genannt.[338] Schon an dieser Aufzählung wird deutlich, dass die Anforderungen der Eignung kaum abstrakt, sondern nur bezüglich eines konkreten Amtes bestimmt und auch dann nur schwer eingegrenzt werden können.[339]

– Demgegenüber erfasst die *Befähigung* die fachliche Seite und »verweist auf die Gesamtheit derjenigen erlernbaren Merkmale der Person, die für die fachkundige Bewältigung der amtsgeforderten Aufgaben vorausgesetzt wird.« Insofern wird Befähigung vor allem durch Ausbildung erworben und Examina nachgewiesen.[340] In einem weiteren Sinne können zur Befähigung auch Begabung, Allgemeinwissen und Lebenserfahrung, Auffassungsgabe und weitere intellektuelle Fähigkeiten gerechnet werden,[341] womit deutlich wird, dass die Übergänge zwischen den Kriterien der Eignung (im engeren Sinne) und der Befähigung fließend sind.

– Während die Kriterien Eignung und Befähigung prospektiv das Potential einer Person für die künftige Tätigkeit in den Blick nehmen, stellt das Kriterium der *fachlichen Leistung* retrospektiv darauf ab, inwieweit sich jemand bereits bewährt hat, wobei auch dies als Indikator für die künftige Leistung anzusehen ist.[342]

Die Trias von Eignung, Befähigung und fachlicher Leistung dient nach Art. 33 Abs. 2 GG dazu, die möglichen Gesichtspunkte für die Auswahl von Amtsträgern darauf einzuschränken, was zur Verwirklichung des dem Amt aufgegebenen

---

[336] *Höfling* in: Kahl/Waldhoff/Walter, BK-GG, Art. 33 Rn. 135; *Isensee*, Der Zugang zum öffentlichen Dienst, S. 342 f.

[337] *Höfling* in: Kahl/Waldhoff/Walter, BK-GG, Art. 33 Rn. 150.

[338] *Hense* in: Epping/Hillgruber, GG, Art. 33 Rn. 15a; *Jachmann-Michel/Kaiser* in: von Mangoldt/Klein/Starck, GG, Art. 33 Rn. 17; zur Frage der Verfassungstreue *Schuppert*, Verwaltungswissenschaft, S. 640 ff.

[339] *Isensee*, Öffentlicher Dienst, Rn. 38 f.

[340] *Höfling* in: Kahl/Waldhoff/Walter, BK-GG, Art. 33 Rn. 228 f.

[341] *Hense* in: Epping/Hillgruber, GG, Art. 33 Rn. 15; *Jachmann-Michel/Kaiser* in: von Mangoldt/Klein/Starck, GG, Art. 33 Rn. 17.

[342] *Hense* in: Epping/Hillgruber, GG, Art. 33 Rn. 15; *Höfling* in: Kahl/Waldhoff/Walter, BK-GG, Art. 33 Rn. 233; *Jachmann-Michel/Kaiser* in: von Mangoldt/Klein/Starck, GG, Art. 33 Rn. 17.

Programms sachlich geboten ist. Doch ergibt sich schon hieraus eine große Fülle von relevanten Gesichtspunkten, die kaum abschließend erfasst und gewichtet werden können. Die Anforderungen des Amtes zu beschreiben erweist sich als eine hochkomplexe, nur eingeschränkt rationalisierbare Aufgabe. Dementsprechend anspruchsvoll ist es, die Eignung einer Person für das Amt festzustellen. Der zuständigen Stelle kommt dabei ein erheblicher Beurteilungsspielraum zu.[343]

c) Soziale Konstellation

Der Begriff »Person« bezeichnet nicht nur ein Individuum mit seinen Kenntnissen und Fähigkeiten, sondern immer auch einen Menschen in seinem sozialen Gefüge aus Positionen und Rollen.[344] Dass ein Mensch nur eine bestimmte Position und die damit verbundenen Rollen einnimmt, mag zwar vorstellbar sein, ist aber faktisch kaum zu realisieren. Dies würde die restlose Erfassung durch eine totale Institution erfordern.

> »Eine totale Institution läßt sich als Wohn- und Arbeitsstätte einer Vielzahl ähnlich gestellter Individuen definieren, die für längere Zeit von der übrigen Gesellschaft abgeschnitten sind und miteinander ein abgeschlossenes, formal reglementiertes Leben führen.«[345]

Beispiele dafür sind vor allem Gefängnisse, Klöster, Krankenhäuser und Erziehungsanstalten. Die stärksten Ausprägungen stellen wohl der Mönch und der Soldat dar. Schon diese Aufzählung zeigt, dass die Totalerfassung von Menschen faktisch und normativ außerordentlich voraussetzungsreich ist und keinesfalls als gegeben angenommen werden kann; die Sinnhaftigkeit eines solchen Unterfangens mag hier dahinstehen.

Die also kaum auszuschließende Kopplung mit anderen Positionen und Rollen ist ambig und eröffnet für das Amt ein ausgeprägtes Stör- und Produktivitätspotential. Einerseits besteht das Problem, dass sich Amtsinhaber durch Erwartungen und Interessen aus amtsfremden Rollen beeinflussen lassen und so die ausschließliche Bindung an das dem Amt vorgegebene Programm unterlaufen. Andererseits können sich aus dem Positionen- und Rollenset der Amtsinhaber produktive Effekte wie Erfahrung und Kontakte sowie weitere Synergien ergeben, die für die Verwirklichung des Programms von Vorteil sind. Es ist also nicht schlicht danach zu fragen, wie amtsfremde Einflüsse auszuschalten oder zu neutralisieren sind. Es geht vielmehr darum, welches Positionen- und Rollenset für die Verwirklichung des Programms geeignet und förderlich sein kann.

Allerdings ist auch die Verknüpfung mit einer bestimmten Rolle selten eindeutig produktiv oder destruktiv. Die verschiedenen Rollensegmente und Anforderungen können sich sehr unterschiedlich auswirken. Es bedarf also wie in jeder *Principal-Agent*-Konstellation eines ständigen Austarierens und der möglichsten

---

[343] *Classen*, Wahl contra Leistung, S. 1011 f.; *Isensee*, Der Zugang zum öffentlichen Dienst, S. 346 f.; *Jachmann-Michel/Kaiser* in: von Mangoldt/Klein/Starck, GG, Art. 33 Rn. 22.

[344] Siehe Kapitel 2: Exploration III. Materiale Handlungstheorie 1. Homo sociologicus b) Rollenvielfalt, S. 74.

[345] *Goffman*, Asyle, S. 11; dazu *Esser*, Institutionen, S. 12 ff.

Reduktion von Rollenstress. Dabei sind sowohl der Agent wie auch der Prinzipal gefordert, wobei anzunehmen ist, dass dies vor allem den Agenten betrifft, der sich den diversen Anforderungen unmittelbar ausgesetzt sieht. Gleichwohl kann der Prinzipal Vorkehrungen treffen, um ein möglichst günstiges Umfeld zu schaffen.[346] Diese Vorkehrungen können sich generell auf den Status des Amtsinhabers beziehen, indem sie bestimmte Rollenkonstellationen vorsehen oder ausschließen. Sie können aber auch auf die Verhinderung von Rollenkonflikten im Einzelfall gerichtet sein.[347]

2. Interessen der Person

In den herkömmlichen Darstellungen des Amtes finden die Interessen der Person wenig Beachtung. Sie treten vor allem als dasjenige in Erscheinung, was die ›objektive‹ Amtsführung zu beeinträchtigen vermag und dahinter zurückzutreten hat.[348] Dass es gleichwohl angezeigt ist, die Interessen der Person bei der Ausgestaltung eines Amtes zu berücksichtigen, hat funktionale (a)) und normative Gründe (b)). Welche Interessen der Person in Betracht kommen und in welchem Verhältnis sie zu den Anforderungen des Amtes stehen, kann sich unterschiedlich darstellen (c)).

a) Funktionale Gründe

Die Person des Amtsinhabers ist zwar vom Amt zu unterscheiden; systemtheoretisch gesprochen gehört sie zur Umwelt des Systems Amt. Die Person kann aber nicht vom Amt getrennt werden; systemtheoretisch wird dies als strukturelle Kopplung oder Interpenetration beschrieben.[349] Das Amt wird erst durch die Person real. Eine Betrachtung des Amts kann von der Person darum nicht absehen. Das Amt wird allein dadurch wirksam, dass die Person handelt. Dabei handelt der Akteur (A) nicht für sich, sondern in Wahrnehmung des Amtes für den Prinzipal (P), d. h. für das Gemeinwesen.[350] Folglich sollen durch das Handeln des A die Motive von P umgesetzt werden, wie sie sich im Programm niedergeschlagen haben. Dies kann von A nur erwartet werden, wenn dieser die Motive des P übernimmt oder wenigstens mit eigenen Motiven verbinden kann. Denn ohne eigene Motivation ist kein Handeln des A möglich.[351]

---

[346] Siehe Kapitel 2: Exploration III. Materiale Handlungstheorie 1. Homo sociologicus d) Rollenkonflikte, S. 76.

[347] Siehe 5. Amtsstellung c) Sozialdimension, S. 193.

[348] *Depenheuer*, Das öffentliche Amt, Rn. 61; *Isensee*, Gemeinwohl und öffentliches Amt, S. 130; *ders.*, Transformation von Macht in Recht, S. 6; *H. Krüger*, Allgemeine Staatslehre, S. 266 f., 317; *Loschelder*, Vom besonderen Gewaltverhältnis, S. 238 ff.

[349] Siehe Kapitel 2: Exploration II. Organisation und Person – systemtheoretisch 3. Person und Organisation a) Strukturelle Kopplung sozialer und psychischer Systeme, S. 60.

[350] Siehe Kapitel 2: Exploration I. Allgemeine Handlungstheorie 3. Handeln für überindividuelle Akteure b) Das Principal-Agent-Problem, S. 51.

[351] Vgl. *Mayntz*, Soziologie der öffentlichen Verwaltung, S. 111 f.; *Schnapp*, Amtsrecht und Beamtenrecht, S. 133 f.

Dabei kann nach der Art der Motive unterschieden werden:[352] Bei den unmittelbaren Um-zu-Motiven kann erwartet werden, dass sich A das Programm von P zu eigen macht. Das Handeln des A dient dazu, die Ziele des P zu verwirklichen. Dies schließt jedoch nicht aus, dass A mit seinem Handeln für P auch eigene (weitergehende) Ziele verfolgt. Im Idealfall lassen sich diese verschiedenen Um-zu-Motive ohne weiteres vereinbaren, doch kann dies nicht vorausgesetzt werden.[353] Die den Um-zu-Motiven zugrundeliegenden Weil-Motive können differieren – und werden dies in der Regel auch tun. Diese Differenz ergibt sich schon daraus, dass A nicht für sich, sondern für P handelt, dafür aber eigene Gründe haben muss.

Damit sind die Motive des Amtsinhabers für ein amtsgemäßes Handeln eminent relevant. Die unvermeidlich auftretende Interessendivergenz zwischen A und P kann durch intrinsischen Gewinn oder extrinsische Kompensation überbrückt werden. Dies kann jedoch nur gelingen, wenn der Motivlage des A als des unmittelbar Handelnden ausreichend Rechnung getragen wird. Anders kann amtsgemäßes Handeln nicht wahrscheinlich gemacht werden.

b) Normative Gründe

Es gibt aber auch normative Gründe dafür, die Interessen der Person bei der Ausgestaltung des Amts zu berücksichtigen.[354] Denn jeder Amtsträger ist zunächst einmal Mensch und als solcher Träger seiner unantastbaren Würde und der Menschenrechte, zu denen sich das deutsche Volk bekennt (Art. 1 Abs. 1 und 2 GG).[355] Die Grundrechte aus Art. 2–19 GG binden die staatliche Gewalt schlechthin (Art. 1 Abs. 3 GG) und darum auch bei der Ausgestaltung von Ämtern. Die einstmals vertretene Ansicht, dass in ›besonderen Gewaltverhältnissen‹ die Geltung von Grundrechten suspendiert sei (oder sein könne), darf als einhellig überwunden angesehen werden.[356] »Es handelt sich vielmehr um besondere Lebensverhältnisse von jeweils besonderer Eigengesetzlichkeit, die wegen dieser Eigengesetzlichkeit auch besondere, elastischerer Ordnungen erfordern«[357] und als Sonderstatus bezeichnet werden. Dabei ist jeweils auf die

---

352 Siehe Kapitel 2: Exploration I. Allgemeine Handlungstheorie 1. Soziales Handeln a) Handeln, S. 29.

353 Diese Interessendivergenz ist das Argument von *Coleman*, Grundlagen II, S. 128 f. gegen das Bürokratiemodell von Max Weber.

354 Siehe auch *Studienkommission*, Bericht, Rn. 142 ff.

355 So auch – angesichts anderer Äußerungen des Autors (Allgemeine Staatslehre, S. 266) reichlich überraschend – *H. Krüger*, Das Leistungsprinzip als Verfassungsgrundsatz, S. 6 f.

356 *H. J. Becker*, Grundsätze des Berufsbeamtentums, S. 258; *Goos*, Das »Menschenbild des Grundgesetzes«, S. 68; *Köttgen*, Das anvertraute öffentliche Amt, S. 122; *Schönberger*, Die zwei Körper der Gewählten, S. 594; der Sache nach auch *Rupp*, Grundfragen der heutigen Verwaltungsrechtslehre, S. 77 ff.; ausführlich *Loschelder*, Vom besonderen Gewaltverhältnis, passim; unklar *Isensee*, Das Amt als Medium des Gemeinwohls, S. 250 f.; *ders.*, Gemeinwohl und öffentliches Amt, S. 150 f.: »Die grundrechtliche Freiheit endet vor dem Amt.«; problematisch: *Depenheuer*, Das öffentliche Amt, Rn. 60 ff. sieht allein die Ausstrahlungswirkung des Amtes in den Bereich der Grundrechte: »Amt und Freiheit schließen daher prinzipiell einander aus« (61).

357 *Hesse*, Grundzüge des Verfassungsrechts, Rn. 323.

Besonderheit des konkreten Verhältnisses, in diesem Fall des konkreten Amts, zu achten.[358]

Die Einschränkung von Grundrechten ist nach heute herrschender Auffassung auch im Sonderstatusverhältnis rechtfertigungsbedürftig und folgt den allgemeinen Regeln.[359] Dies setzt zunächst voraus, dass das Sonderstatusverhältnis selbst verfassungsrechtlich fundiert ist. Dies ist bei den durch das Grundgesetz unmittelbar normierten Ämtern evident. Für Beamtenverhältnisse findet sich eine Grundlage in Art. 33 Abs. 4 und 5 GG.[360] Im Übrigen ist darauf abzustellen, dass durch ein Amt Funktionen ausgeübt werden, die in der Verfassung vorausgesetzt sind. Sodann muss »die Eigenart des Sonderstatusverhältnisses eine Begrenzung der Grundrechte erfordern.«[361] Und schließlich ist nach allgemeinen Grundsätzen eine verhältnismäßige Zuordnung von Anforderungen des Amtes und Einschränkung der Grundrechte des Amtsinhabers vorzunehmen.[362] Kriterien dabei sind, in welchem Maß das Verhalten eines Amtsträgers dem Staat zuzurechnen ist, wie sehr es auf ein einheitliches Auftreten der Amtsträger ankommt, welche Rechtsprinzipien betroffen sind, in welchem (zeitlichen) Maß der Amtsträger von Einschränkungen betroffen ist, welche Bedeutung bestimmte Pflichten für die staatliche Funktionsausübung haben und in welchem Maß sich Amtsträger auf Freiheitsbeschränkungen eingelassen haben.[363]

Die Grundrechte schützen den Einzelnen davor, durch einen bestimmten Funktionszusammenhang übermäßig in Anspruch genommen zu werden. Sie geben ein Recht auf Rollendistanz und ermöglichen so die individuelle Integrtion verschiedener Rollen. Zugleich entsteht so für die einzelnen Rollen ein Persönlichkeitsüberschuss, aus dem ein Innovationspotential resultiert, das für die Verwirklichung des Amtes fruchtbar gemacht werden kann.[364] Im Gegenzug erkennt das Grundgesetz sogar ein eigenes Interesse am Amt an, indem es mit Art. 33 Abs. 2 GG den gleichen Zugang zu jedem öffentlichen Amt garantiert. Art. 33 Abs. 2 GG sichert nicht nur das Leistungsprinzip zum Wohle der Allgemeinheit, sondern auch das subjektive Interesse der Person am Amt.[365]

Da die Interessen eines Amtsinhabers regelmäßig durch Grundrechte geschützt werden – und sei es bloß durch die allgemeine Handlungsfreiheit nach Art. 2 Abs. 1 GG –, können sie bei der Ausgestaltung des Amts nicht unberücksichtigt bleiben. Das Sonderstatusverhältnis rechtfertigt nur, dass besondere Gesichtspunkte für die Einschränkung der Grundrechte angeführt werden und

---

[358] *Leisner*, Öffentliches Amt und Berufsfreiheit, S. 179 f. = 20 f.; *Voßkuhle/Kaiser*, Personal, Rn. 4a.

[359] Siehe zu Grundrechten im Beamtenverhältnis: *Leppek*, Status des Einzelen im Beamtenrecht, Rn. 5 f.; *T. I. Schmidt*, Recht des öffentlichen Dienstes, Rn. 46; BVerfGE 39, 334 (366); 108, 282 (296).

[360] *Lecheler*, Die »hergebrachten Grundsätze des Berufsbeamtentums«, S. 359 f.

[361] *Hesse*, Grundzüge des Verfassungsrechts, Rn. 326.

[362] *H. J. Becker*, Grundsätze des Berufsbeamtentums, S. 258; *Hesse*, Grundzüge des Verfassungsrechts, Rn. 325 f.

[363] *Wolff*, Öffentlicher Dienst, Rn. 11.

[364] *Morlok*, Soziologie der Verfassung, S. 56 f.

[365] *Höfling* in: Kahl/Waldhoff/Walter, BK-GG, Art. 33 Rn. 71.

eine amtsgemäße Abwägung zwischen Anforderungen des Amtes und Interessen der Person stattfindet. Dient ein Amt als solches der Verwirklichung von Grundrechten, wie dies beispielsweise bei Wissenschaftlern der Fall ist, wirken Individualinteresse und Anforderung des Amtes wechselseitig verstärkend. Die Stellung des Amtsinhabers findet eine zusätzliche Abstützung im Sozialstaats- und im Rechtsstaatsprinzip, die eine hinreichend gesicherte soziale und rechtliche Stellung fordern. Bei einem entsprechend weitgefassten Demokratieverständnis ist sogar daran zu denken, dass Amtsinhaber als Regelungsunterworfene bei der Ausgestaltung ihrer Rechtsstellung angemessen beteiligt werden.[366]

c) *Differenzierung*

Die Interessen des Amtsinhabers können danach unterschieden werden, ob sie mit den Anforderungen des Amts in Einklang stehen und im Amt als solchem verwirklicht werden können (konsonante Interessen), ob sie in Spannung oder Widerspruch dazu stehen (dissonante Interessen) oder sich gleichgültig zu den Anforderungen verhalten (adiaphore Interessen).[367]

Als *konsonante* Interessen, die intrinsische Motivation begründen, kommen in Betracht: die Tätigkeit als solche und die Herausforderungen und Erfolge, die damit verbunden sind, die Möglichkeit zu selbstwirksamem Handeln, die Ziele, die damit verfolgt werden und die sich der Akteur zu eigen macht, die Einbindung in ein Netzwerk, die Reputation und Bestätigung, die damit einhergeht, und die Karrierechancen.[368] Dabei ist es nicht erforderlich, dass diese Interessen in reiner Harmonie verwirklicht werden können. Auch Widerständiges kann eine als solche positiv bewertete Resonanzerfahrung vermitteln.[369] Die Bereitschaft, ein Amt zu übernehmen, gründet in solchen konsonanten Interessen. Allerdings sind auch diese Interessen gegenüber der Programmbindung und Gemeinwohlverpflichtung des Amtes nur sekundär.[370] Im Fall der Beleihung wird eine produktive Verbindung konsonanter Interessen mit den übertragenen Aufgaben angestrebt.[371]

Dissonanzen können sich zum einen daraus ergeben, dass der Amtsinhaber mit den Zielen und Mitteln, die ihm durch das Programm vorgegeben werden, nicht einverstanden ist. Außerdem kann er unzufrieden mit den Rahmenbedingungen sein, in denen das Programm umgesetzt werden soll. Und schließlich können sich Rollenkonflikte ergeben, wobei zu unterscheiden ist, ob diese sich (intern) aus den unterschiedlichen Anforderungen der Amtsposition oder

---

366 Für Beamtenverhältnisse siehe *Thieme*, Gutachten, S. 23 ff.

367 Vgl. zu verschiedenen Beweggründen, in einer Organisation mitzuwirken *Simon*, Das Verwaltungshandeln, S. 71 ff.; *Voßkuhle/Kaiser*, Personal, Rn. 4.

368 *Isensee*, Gemeinwohl und öffentliches Amt, S. 136 f.; *H. Krüger*, Das Leistungsprinzip als Verfassungsgrundsatz, S. 13; *Schimank*, Leistungsethos, S. 96; *Strauss*, Spiegel und Masken, S. 40; vgl. *H. Kluth*, Amtsgedanke und Pflichtethos, S. 17; *Leisner*, Das Leistungsprinzip, S. 288 f.

369 Ausführlich *Rosa*, Resonanz, S. 271 ff.

370 *Koslowski*, Gemeinwohl des Staates, S. 1.

371 *Leisner*, Öffentliches Amt und Berufsfreiheit, S. 194 f. = 34 f.

daraus ergeben, dass der Amtsinhaber (extern) weitere Positionen und Rollen einnimmt.[372]

»Das Vorhandensein von Interessengegensätzen darf nicht dadurch verdeckt werden, daß man aus einem Dienst- und Treueverhältnis eine ständige Übereinstimmung von Allgemeininteresse und Interesse der Bediensteten herleitet.«[373]

Ein Teil dieser Dissonanzen kann innerhalb der Organisation bearbeitet werden. Dies ist jedenfalls dann geboten, wenn sie sich aus der Organisation selbst ergeben. Ein weiterer Teil kann durch Abschottung ausgeschlossen werden, indem beispielsweise bestimmte konfliktträchtige Rollenkonstellationen verhindert werden.[374] Im Übrigen wird erwartet, dass der Amtsinhaber dissonante Interessen zurückstellt.[375] Dazu muss seine Motivationsstruktur so beeinflusst werden, dass hinreichende Konsonanz mit den Anforderungen des Amtes hergestellt wird.[376]

Eigene Interessen zurückzustellen fällt insofern leichter, als dafür eine Kompensation geboten wird.[377] Diese Kompensation kann dadurch geleistet werden, dass *adiaphore* Interessen des Amtsinhabers befriedigt werden. Es werden so Interessen, die mit der Wahrnehmung des Amtes nicht in notwendigem Zusammenhang stehen, mit diesem gleichwohl verbunden, um dissonante Interessen zu neutralisieren und so amtsgemäßes Handeln wahrscheinlich zu machen. Die Motivation der Amtsinhaber wird abgesondert und durch spezifische Leistungen sichergestellt.[378] Die Frage ist, welche Interessen dafür aus Sicht des Amtsinhabers und des Gemeinwesens faktisch und normativ in Betracht kommen. *Max Weber* nennt zwei persönliche Interessen, durch die Amtsträger gebunden werden: »materielles Entgelt und soziale Ehre.«[379]

Ein eminentes Interesse des Amtsinhabers besteht darin, seinen *Lebensunterhalt* zu sichern.[380] Dieses Interesse ist unabhängig vom Amt in jedem Fall gegeben. Es gerät mit dem Amt in Konflikt, soweit dieses Zeit beansprucht, in der der Amtsinhaber keinem anderen Erwerb nachgehen kann.[381] Das Handeln von Menschen kann unabhängig von ihren Bedürfnissen stattfinden, wenn diese anderweitig erfüllt werden.[382] Das Interesse am Lebensunterhalt kann auf unterschiedliche Weise befriedigt werden:

– Der Lebensunterhalt kann unabhängig vom Amt gesichert sein, wenn der Amtsinhaber anderweitig durch Einkünfte oder eigenes Vermögen versorgt ist.

---

372 Siehe Kapitel 2: Exploration III. Materiale Handlungstheorie 1. Homo sociologicus b) Rollenvielfalt, S. 74 und d) Rollenkonflikte, S. 76.

373 *Studienkommission*, Bericht, Rn. 148.

374 Siehe 1. Anforderungen des Amtes c) Soziale Konstellation, S. 159.

375 *Heyen*, Zum Amtsbegriff als Kernelement, S. 273.

376 *Luhmann*, Die Grenzen der Verwaltung, S. 86f.

377 Vgl. *Luhmann*, Zweckbegriff und Systemrationalität, S. 42.

378 *Luhmann*, Funktionen und Folgen, S. 90.

379 *M. Weber*, Politik als Beruf, S. 509.

380 So auch *H. Krüger*, Das Leistungsprinzip als Verfassungsgrundsatz, S. 9.

381 Siehe auch 5. Amtsstellung b) Zeitdimension, S. 191.

382 *Gehlen*, Urmensch und Spätkultur, S. 70.

Dies ist die klassische Konstellation des Ehrenamtes. Durch diesen Modus werden jedoch Menschen, bei denen der Lebensunterhalt nicht gesichert ist, von der Übernahme eines Amtes ausgeschlossen, soweit das Amt einen anderweitigen Erwerb des Lebensunterhalts, insbesondere wegen großer zeitlicher Beanspruchung, ausschließt. Dann handelt es sich um einen sachfremden Grund, der dem Prinzip der Bestenauslese widerspricht. Ein gewisser Ausgleich kann durch eine Aufwandsentschädigung geleistet werden.

– Der Lebensunterhalt kann unmittelbar mit der Amtsausübung verbunden werden, indem er durch diese erworben wird. Das Amt eröffnet dann bestimmte Einnahmemöglichkeiten, die dem Amtsträger zugutekommen. Historisch war dies beispielsweise der Fall, wenn für die Amtstätigkeit Gebühren erhoben worden sind, die dem Amtsinhaber zustanden.[383] Heute gibt es solche Konstellationen, wenn Angehörige bestimmter Berufe (wie z. B. Notare und Schornsteinfeger) mit öffentlichen Funktionen beliehen werden und diese für ihre Tätigkeit gesetzlich geregelte Gebühren erheben.[384] Damit besteht jedoch das Risiko, dass die Amtstätigkeit nicht durch das Programm, sondern durch das Erwerbsinteresse des Amtsinhabers bestimmt wird.

– Das Erwerbsinteresse des Amtsinhabers kann mit dem Amt gekoppelt und zugleich von der Amtstätigkeit getrennt werden, indem ihm durch das Gemeinwesen unabhängig von der konkreten Tätigkeit ein Einkommen gesichert wird.[385] Dies ist der Gedanke des *Alimentationsprinzips*, wonach dem Amtsinhaber abgelöst von seiner konkreten Arbeitsleistung eine amtsangemessene Besoldung und Versorgung zusteht.[386] Es handelt sich dabei um einen »Akt künstlicher Folgenverkopplung (Bezahlung), durch den für den Einzelnen ein Handeln zugunsten der Organisation attraktiv gemacht werden kann.«[387] Zugleich begibt sich der Amtsinhaber damit in eine Abhängigkeit von der Organisation, durch die deren Abhängigkeit, wie sie sich aus der Prinzipal-Agent-Konstellation ergibt,[388] kompensiert werden kann. Der Zugriff auf die Alimentation eröffnet Sanktionsmöglichkeiten, wie dies auch regelmäßig im Disziplinarrecht vorgesehen ist.[389]

Die Verknüpfung des Amtes mit der Sicherung des Lebensunterhalts birgt jedoch auch ein erhebliches Konfliktpotential. Denn auf diese Weise werden vitale Interessen in das Amtsverhältnis hineingezogen, die prinzipiell in Spannung zum Interesse des Gemeinwesens stehen, mit vorhandenen Ressourcen

---

383 *Blockmans*, Geschichte der Macht, S. 227 f.

384 Z. B. für Schornsteinfeger § 6 Kehr- und Überprüfungsordnung.

385 *Loschelder*, Vom besonderen Gewaltverhältnis, S. 302 ff.

386 BVerfGE 21, 329 (345, 350); 55, 207 (241); 150, 169 (180 f.); *H. J. Becker*, Grundsätze des Berufsbeamtentums, S. 262; *Heintzen*, Amtsprinzip, Rn. 48; *Isensee*, Gemeinwohl und öffentliches Amt, S. 115, 151; *H. Krüger*, Allgemeine Staatslehre, S. 268; *Lecheler*, Die »hergebrachten Grundsätze des Berufsbeamtentums«, S. 366 ff.; *Leisner*, Das Leistungsprinzip, S. 283; *Leppek*, Status des Einzelen im Beamtenrecht, Rn. 44.

387 *Luhmann*, Zweckbegriff und Systemrationalität, S. 130 f.; vgl. *ders.*, Funktionen und Folgen, S. 90.

388 Siehe Kapitel 2: Exploration I. Allgemeine Handlungstheorie 3. Handeln für überindividuelle Akteure b) Das Principal-Agent-Problem, S. 51.

389 Siehe III. Struktur 5. Sanktionierung, S. 230.

sparsam umzugehen. Der zwischen Arbeitgebern und Arbeitnehmern stets gegebene Konflikt um eine gerechte Vergütung findet sich so auch im Amtsverhältnis wieder. Er kann dort in ähnlicher Weise wie im allgemeinen Arbeitsrecht ausgetragen oder dadurch abgeschottet werden, dass das Gemeinwesen von sich aus für eine ausreichende Alimentation sorgt[390] und die Möglichkeit eines Arbeitskampfes ausschließt.[391] Die Amtsträger haben dann im Wesentlichen nur die Möglichkeit, sich auf die gegebenen Bedingungen einzulassen oder das Amt aufzugeben. Der Konflikt erhält in dem Maß, wie sein Austrag innerhalb des bestehenden Verhältnisses verhindert wird, kategorische Qualität.

3. Amt und Person

a) Grundkonstellation

Es ist davon auszugehen, dass die Anforderungen des Amtes und die Interessen der Person in einer gewissen, nicht aufzuhebenden Spannung stehen. Darin liegt das zentrale Problem jeder Institution, die Akteure auch bei gegenläufigen Interessen auf diese zu verpflichten.[392] Im Interesse einer programmgemäßen Amtsführung sind private Motivation, Interessen und Stimmungen des Amtsinhabers und externe Einflussnahme möglichst zu vermeiden. Dem dient die herkömmliche Unterscheidung von (abstraktem) Amt und (konkreter) Person.[393]

Die verbreitete Redeweise von einer ›*Trennung*‹ zwischen Amt und Person erweist sich jedoch als unterkomplex. Denn zunächst ist festzuhalten, dass das Amt aus den drei Strukturelementen Programm, Struktur und Person besteht. Dass das Amt mit einer Person zu besetzen ist, tritt nicht zum Amt hinzu, sondern bildet sein konstitutives Element: »[J]edenfalls ist im Begriff des Amtes stets die Person mitgesetzt, der dieses anvertraut ist.«[394] Das Amt ist auf die Kopplung von Programm und Struktur mit der Person und ihrer spezifischen Weise der Komplexitätsbewältigung angelegt. Lediglich in abkürzender Weise können Programm und Struktur als von der Person unterschiedene Elemente unter einem Begriff des Amtes im engeren Sinne zusammengefasst werden.

Darum ist statt von Trennung besser von *Unterscheidung* zu sprechen. Denn eine Trennung von Amt und Person hätte die Unwirksamkeit des Amtes zur Folge. Die Unterscheidung von Amt (im engeren Sinne) und Person hat insofern ihre Berechtigung, als die Person niemals im Amt aufgeht und ihm insofern stets in gewisser Weise entzogen bleibt.[395] Amt und Person bleiben aber miteinander

---

[390] Zur verfassungsrechtlichen Absicherung BVerfGE 139, 64, Tz. 91 ff.; 140, 240, Tz. 70 ff.; *Leisner-Egensperger*, Die normative Kraft des Alimentationsprinzips, passim.

[391] Zur Begründung *Di Fabio*, Das beamtenrechtliche Streikverbot, S. 37 f. und passim; ausführlich zum Streikverbot für Beamte *Isensee*, Beamtenstreik, passim.

[392] *Esser*, Institutionen, S. 304.

[393] *Depenheuer*, Das öffentliche Amt, Rn. 30.

[394] *Köttgen*, Das anvertraute öffentliche Amt, S. 123; ebenso *Loschelder*, Vom besonderen Gewaltverhältnis, S. 304.

[395] Vgl. *Baecker*, Ämter, Themen und Kontakte, S. 22. Letztlich bleibt die Person auch sich selbst entzogen: *Popitz*, Wege der Kreativität, S. 92 f.

verbunden und wirken aufeinander ein.[396] Darum ist die Unterscheidung von Amt und Person an der Person im Amt selbst noch einmal zu vollziehen.[397] Systemtheoretisch kann man dies als *re-entry* beschreiben: Die Person wird vom Amt unterschieden, tritt jedoch selbst in das Amt ein, so dass die einmal getroffene Unterscheidung zwischen Amt und Person erneut vollzogen werden muss.

Die Unterscheidung bezieht sich zunächst auf das *Handeln* der Person, das entweder in Ausübung des Amtes, d. h. zur Umsetzung des dem Amt aufgegebenen Programms unter Ausnutzung seiner strukturellen Einbettung, oder unabhängig davon geschieht.[398] Im Hinblick auf das Handeln außerhalb des Amtes kann noch einmal die Frage gestellt werden, ob es Auswirkungen auf das Amt hat oder haben kann, indem es beispielsweise dessen glaubwürdige Ausübung beeinträchtigt.[399] Dies ist besonders bei denjenigen Ämtern anzunehmen, die ein hohes Maß an Ich-Leistung erfordern.[400] Hierin liegt der Anknüpfungspunkt für (sekundäre) Amtspflichten.[401] Als Prototyp mag der Pfarrer gelten, dem um der Glaubwürdigkeit seiner Amtstätigkeit (Verkündigung des Evangeliums) willen besondere Lebensführungspflichten auferlegt werden.[402]

Beim Handeln in Ausübung des Amtes ist sodann die aufgezeigte Doppelschichtigkeit der *Handlungsmotivation* zu beachten.[403] Das dem Amt aufgegebene Programm ist von den Motiven zu unterscheiden, aus denen heraus der Amtsträger dieses Programm umsetzt, wobei auch bei größtem Engagement für das Amt eine bleibende Divergenz nicht zu überwinden ist. Es ist vor allem der Amtsträger selbst, der diese Divergenz zu bewältigen hat.[404] An ihm liegt es, die Unterscheidung von Amt und Person zu vollziehen, sein Verhalten an den Anforderungen des Amts auszurichten, persönliche Belange zurückzustellen und die bleibende Diskrepanz zwischen Programm und persönlicher Motivation auszuhalten. Denn in einer *Principal-Agent*-Konstellation hat der Prinzipal keinen hinreichenden Einblick, wie sich die Divergenz überhaupt darstellt.

»Die Koordination unterschiedlicher Handlungsanforderungen setzt einmal voraus, daß eine hoch differenzierte, möglichst komplexe und zugleich stark reflexiv gesteuerte Strukturierung von Kompetenzen für die Bewältigung situativer Handlungsanforderungen auf-

---

[396] Insofern unterkomplex *Depenheuer*, Das öffentliche Amt, Rn. 30, wonach die Unterscheidung bereits eine Immunisierung des Amtes gegen amtsfremde Einwirkungen der Person bewirkt.

[397] Vgl. *H. Krüger*, Allgemeine Staatslehre, S. 308.

[398] *Gärditz*, Das Amtsprinzip, S. 3 f.; *Luhmann*, Die Politik der Gesellschaft, S. 237; vgl. *ders.*, Funktionen und Folgen, S. 50 f.

[399] *Baecker*, Ämter, Themen und Kontakte, S. 22; *H. J. Becker*, Grundsätze des Berufsbeamtentums, S. 266; BVerwGE 12, 273 (275).

[400] Siehe Kapitel 2: Exploration III. Materiale Handlungstheorie 1. Homo sociologicus c) Ausfüllung einer Rolle, S. 75.

[401] Vgl. *Depenheuer*, Das öffentliche Amt, Rn. 62, der die Schwierigkeit betont, öffentliches Amt und private Lebensführung voneinander abzugrenzen.

[402] Siehe z. B. *von Notz*, Lebensführungspflichten im evangelischen Kirchenrecht, passim; *Schwendenwein*, Die Rechte und Pflichten der Kleriker, passim.

[403] Siehe Kapitel 2: Exploration I. Allgemeine Handlungstheorie 1. Soziales Handeln a) Handeln, S. 29 und 3. Handeln für überindividuelle Akteure b) Das Principal-Agent-Problem, S. 51.

[404] *Luhmann*, Die Politik der Gesellschaft, S. 237.

gebaut wird und zum zweiten, daß die Fähigkeit besteht, zwischen den verschiedenen Handlungsanforderungen und Fremderwartungen einerseits und kurzfristigen oder langfristigen eigenen Bedürfnissen, Wünschen und Zielorientierungen andererseits Kompromisse zu bilden. [...] Hierzu ist eine gewisse innere Distanz den Handlungsanforderungen gegenüber sowie Virtuosität und Kreativität bei der Ausgestaltung der eigenen Handlungen notwendig, um den konkreten situativen Verpflichtungen sowohl nachzukommen als auch sie zugleich autonom und selbstgesteuert erfüllen zu können.«[405]

Doch auch der Prinzipal hat seinen Beitrag zu leisten. Der Verpflichtung der Person auf das Amt steht die *Fürsorgepflicht* des Prinzipals gegenüber.[406] Es ist Sache des Prinzipals, die Unterscheidung von Amt und Person an der Person seinerseits dadurch zu ermöglichen und zu befördern, dass die Anforderungen aus dem Amt an die Person artikuliert, begrenzt und kompensiert werden.

Die *Artikulation* der Anforderungen ist allein darum erforderlich, weil kein Amt denkbar ist, dem nicht ein Programm aufgegeben ist, und weil das Amt den auf eine Person zugeschnittenen Aufgabenkreis darstellt.[407] Dem Prinzipal obliegt die Formulierung von Zielen, das Bemühen darum, Zielkonflikte zu bereinigen oder handhabbar zu machen, und den Aufgabenkreis so zu bestimmen, dass er von einer Person bewältigt werden kann. Der Amtsinhaber muss wissen, was seine Aufgabe ist und wie sie sich in den Organisationszusammenhang einfügt. Durch den Zuschnitt der Aufgaben und die Einbeziehung in eine arbeitsteilig organisierte Struktur[408] wird zugleich eine *Begrenzung* der Anforderungen bewirkt.

Die Begrenzung der Anforderungen und ein Ausgleich der Interessendivergenz werden darüber hinaus vor allem durch *Rollendistanz* geleistet. Die Erwartung einer am Gemeinwohl orientierten Amtsführung stützt sich darauf, dass das Amt die Distanz zur privaten und gesellschaftlichen Sphäre ermöglicht.[409] Darum ist es problematisch, wenn die Person mit ihrem Amt identifiziert wird.[410] Es entspricht einer differenzierten, arbeitsteiligen Gesellschaft, wenn Funktionen und Rollen klar unterschieden werden können und die Akteure vor allem in dieser Hinsicht, nicht aber als Person schlechthin in Erscheinung treten müssen.[411] Zur Wahrnehmung einer Rolle als solcher gehört immer auch der Ausdruck von Rollendistanz.[412]

---

[405] *Hurrelmann*, Sozialisationstheorie, S. 165.

[406] *H. J. Becker*, Grundsätze des Berufsbeamtentums, S. 265; *Dreitzel*, Die gesellschaftlichen Leiden, S. 119; *H. Krüger*, Allgemeine Staatslehre, S. 268 f.

[407] *Depenheuer*, Das öffentliche Amt, Rn. 8.

[408] Siehe III. Struktur, S. 198.

[409] *Baecker*, Ämter, Themen und Kontakte, S. 22; *Heintzen*, Amtsprinzip, Rn. 55; *Schuppert*, Staatswissenschaft, S. 138.

[410] So aber z. B. *Isensee*, Gemeinwohl und öffentliches Amt, S. 127: »Das Amt ist nicht eine soziale Rolle neben anderen, die der Einzelne für eine bestimmte ›Aufführung‹ übernimmt, die er abgibt oder wechselt. Vielmehr bildet es die beherrschende Rolle, und zwar, wenn denn überhaupt von einer Rolle die Rede sein darf, eine solche, mit der er sich als Person identifiziert.«

[411] *Abels*, Identität, S. 145.

[412] *Goffman*, Rollendistanz, passim.

Je deutlicher die Amtsrolle von anderen Rollen der Person unterschieden werden kann, desto leichter kann sie ohne Rollenkonflikte erfüllt werden. Eine Überlagerung der verschiedenen Rollen mag produktiv wirken, droht aber stets, die gebotene Unterscheidung von Amt und Person zu verwischen. Die Möglichkeit, sich von der Amtsrolle zu distanzieren, vermag die Spannung, die sich in der Person aus der Diskrepanz zwischen Programm und persönlicher Motivation ergibt, zu mindern und zu kompensieren.[413] Solche Rollendistanz kann im Vollzug des Amtes stattfinden, indem deutlich wird, dass der Amtsinhaber nicht als Person, sondern in Wahrnehmung einer bestimmten Rolle agiert.[414] Sie kann außerdem durch zeitliche und räumliche Distanzierung geschehen, wenn der Amtsinhaber außer Dienst ist. Dem dienen Freizeit und Urlaub. Das Ausgreifen dienstlicher Anforderungen in die private Sphäre ist jedenfalls rechtfertigungs- und begründungsbedürftig.[415]

Herkömmlich haben sich Beamte mit »voller Hingabe« ihrem Dienst zu widmen. § 61 Abs. 1 BBG bzw. § 34 BeamtStG spricht stattdessen nun von »vollem persönlichem Einsatz«.[416] Die Anforderung ist heute weniger quantitativ als qualitativ zu verstehen.[417] Jedenfalls ist nicht mehr davon auszugehen, dass Beamte immer im Dienst sind, wie dies in früheren Zeiten erwartet worden ist.[418] Die Amtspflicht ist grundsätzlich auf die regelmäßige Arbeitszeit begrenzt, wenn auch weiterhin eine außerdienstliche Wohlverhaltenspflicht besteht.[419] Diese geringere Vereinnahmung der Person durch das Amt entspricht einer gesamtgesellschaftlichen Entwicklung.[420] Während in traditionalen Gesellschaften ein Kollektivbewusstsein vor allem auf Werte gegründet war, leisten dies in modernen Gesellschaften funktionale Regeln und sachliche Rollen.[421] Mit der zunehmenden gesellschaftlichen Differenzierung ist die herkömmliche Vorstellung, dass jemand ganz in seinem Amt aufgeht, immer weniger zu vereinbaren.[422] Dies erscheint auch nicht mehr im gleichen Maße erforderlich, weil Rollen und Funktionszusammenhänge deutlicher unterschieden werden können.[423]

---

413 Vgl. *Esser*, Institutionen, S. 239.

414 Siehe 4. Sozialisation d) Inszenierung, S. 188.

415 *Schnapp*, Amtsrecht und Beamtenrecht, S. 280 f.

416 Nach *Werres* in: Brinktine/Schollendorf, Beamtenrecht, § 61 BBG vor Rn. 1, § 34 BeamtStG vor Rn. 1 ist die Änderung »vornehmlich redaktioneller Art«.

417 BVerwGE 48, 99 (102); anders *Janssen*, Die zunehmende Privatisierung, S. 114 = 382 ff.

418 *H. J. Becker*, Grundsätze des Berufsbeamtentums, S. 259, 263; *Leppek*, Beamtenrecht, Rn. 173; so noch Pr.OVG JW 1927, 2867: »Das Amt erfaßt die gesamte Persönlichkeit des Beamten. Er ist niemals nur Privatmann: in allen seinen Handlungen, auch außerhalb des Dienstes im engsten Wortsinne, muß er sich dessen bewußt sein und bleiben, daß das Amt ihn bindet.«

419 *Hebeler*, Verwaltungspersonal, S. 248 f.; *Werres* in: Brinktine/Schollendorf, Beamtenrecht, § 61 BBG Rn. 4 f. 14, § 34 BeamtStG Rn. 4 f., 15.

420 *Goos*, Das »Menschenbild des Grundgesetzes«, S. 70; *H. Kluth*, Amtsgedanke und Pflichtethos, S. 14 ff.; *Studienkommission*, Bericht, Rn. 48.

421 *Abels*, Identität, S. 174; vgl. für die Beamtenschaft *Leisner*, Grundlagen des Berufsbeamtentums, S. 130; *Neeße*, Der Leistungsgrundsatz im öffentlichen Recht, S. 9.

422 Zur Entwicklung der Anforderungen an die Beamtenschaft *Schlink*, Zwischen Identifikation und Distanz, S. 336 ff.

423 Siehe auch Kapitel 2: Exploration III. Materiale Handlungstheorie 1. Homo sociologicus e) Rolle und Identität, S. 78.

Ein wichtiges Mittel der *Kompensation* besteht darin, dass Anforderungen des Amtes und Interessen der Person auf verschiedene Horizonte verlagert werden. Dem entspricht die Entkopplung von Leistung und Gegenleistung im Amtsverhältnis.[424] Die Suspendierung der Interessen im aktuellen Vollzug des Amtes wird dadurch ausgeglichen, dass sie zu anderer Zeit im Vordergrund stehen und der Prinzipal für deren Verwirklichung Vorsorge trifft.[425] Dies geschieht namentlich durch die Alimentation, die einem Amtsträger langfristig die Wahrnehmung seiner vitalen Interessen ermöglicht. Ein auf Lebenszeit angelegtes Dienstverhältnis bindet den Amtsträger an seinen Dienstherrn und bietet diesem so die Chance, dass die Anforderungen des Amtes möglichst uneingeschränkt erfüllt werden.[426]

b) Amt als Rechtsverhältnis

Die Anforderungen des Amtes und die Interessen der Person werden durch das Amtsverhältnis miteinander verknüpft und ausgeglichen.[427] Das Amtsverhältnis wird durch einen Akt der Übertragung durch den Prinzipal und der Übernahme durch den Agenten begründet. Es ist ein Rechtsverhältnis, bei dem Kompetenzen, Pflichten und Rechte (Rechtspositionen) zu unterscheiden sind.[428] Die Kompetenzen betreffen das Außenverhältnis der *Principal-Agent*-Konstellation. Sie legen fest, in welcher Weise der Agent (A) für seinen Prinzipal (P) gegenüber Dritten (D) handeln kann, so dass die Wirkungen seines Handelns im Verhältnis zwischen P und D eintreten. Zwischen P und D bestehende Rechtsverhältnisse sind dabei zu beachten. Im Innenverhältnis zwischen A und P bestehen Rechte und Pflichten, durch die Anforderungen und Interessen konkretisiert werden. Zum einen wird dadurch das (objektive) Programm subjektiviert, dass es in individuelle Pflichten und Kompetenzen ausgemünzt wird. Pflichten des Amtes werden zu Pflichten der Person.[429] Dies ist das Amtswalterverhältnis, das die Stellung des Amtswalters als Teil der Organisation betrifft. Zum anderen werden Rechte und Pflichten des Dienstverhältnisses geregelt, die denjenigen eines Arbeitsverhältnisses entsprechen.[430] Der Amtsinhaber steht insoweit nicht innerhalb der Organisation, sondern dieser gegenüber.

Durch das Amtsverhältnis werden die verschiedenen Rechte, Pflichten und Kompetenzen im Innen- wie im Außenverhältnis miteinander gekoppelt und

---

[424] *Dreitzel*, Die gesellschaftlichen Leiden, S. 119; *H. Krüger*, Das Leistungsprinzip als Verfassungsgrundsatz, S. 11 ff.

[425] *Luhmann*, Soziale Systeme, S. 515.

[426] *H. Krüger*, Das Leistungsprinzip als Verfassungsgrundsatz, S. 10.

[427] Siehe Kapitel 2: Exploration II. Organisation und Person – systemtheoretisch 3. Person und Organisation b) Zurechnung von Entscheidungen: Stelle, S. 63 am Ende zur Mitgliedschaft; vgl. *Mayntz*, Soziologie der öffentlichen Verwaltung, S. 135.

[428] Anders *H. Krüger*, Allgemeine Staatslehre, S. 264, der dies alles im Begriff der »ontisch« dem Amt mitgegebenen Amtsgewalt zusammenfasst.

[429] *Isensee*, Gemeinwohl und öffentliches Amt, S. 110 f.; *Schnapp*, Amtsrecht und Beamtenrecht, S. 152 f.

[430] *Rupp*, Grundfragen der heutigen Verwaltungsrechtslehre, S. 75 ff.

zugleich voneinander unterschieden. Sie können aufgrund des bestehenden Amtsverhältnisses jeweils für sich wahrgenommen und durchgesetzt werden. Das Amtsverhältnis regelt jedoch auch, wie die Rechtspositionen, ihre Ausübung und Verletzung, aufeinander einwirken. Durch die Kopplung von Rechtspositionen kann deren Umsetzung wechselseitig sanktioniert werden. So kann die Verletzung von Amtspflichten die Beschränkung der Rechte des Amtsinhabers zur Folge haben. Das Amts- als Rechtsverhältnis bestimmt am Ende aber auch darüber, unter welchen Voraussetzungen es aufzuheben ist.[431]

Die Unterscheidung und Kopplung der Rechtspositionen kann in verschiedenen Amtsverhältnissen unterschiedlich gestaltet sein. Dies betrifft vor allem den Unterschied zwischen privat- und öffentlich-rechtlichen Dienstverhältnissen.[432] In öffentlich-rechtlichen Dienstverhältnissen besteht ein Dienst- und Treueverhältnis, das Dienstgeber und -nehmer wesentlich stärker und differenzierter aneinander bindet als ein Arbeitsvertrag.[433] Beamtenverhältnisse können weniger leicht beendet werden, bieten im Ausgleich jedoch mit dem Disziplinarrecht ein ungleich differenzierteres Sanktionsarsenal, das auch auf Rechtspositionen wie z. B. den Anspruch auf Altersversorgung einwirken kann, die dem privatrechtlichen Arbeitgeber entzogen sind. Die Stabilität eines Amtsverhältnisses wird dadurch begründet, dass die Rechtspositionen voneinander unterschieden sind und miteinander gekoppelt werden können. Je differenzierter dies ausgestaltet ist, desto stabiler ist das Amtsverhältnis, weil so Rechtsverstöße bearbeitet werden können, ohne gleich das Amtsverhältnis insgesamt infrage stellen zu müssen. Damit kann sowohl dem Ziel einer programmgemäßen Amtsführung wie auch dem Interesse am Erhalt des Amtsverhältnisses Rechnung getragen werden.

Die Ausgestaltung des Amts- als ein Rechtsverhältnis begründet Verbindlichkeit und Verantwortung und ermöglicht Kontrolle.[434] Rechtspositionen werden identifiziert und können in den rechtlich vorgesehenen Verfahren sanktioniert werden. Aus dem Amtsverhältnis ergeben sich andererseits die Grenzen eines rechtlichen Zugriffs auf das Handeln der Person:

(1) Das Amtsverhältnis definiert selbst seinen Gehalt und seine Grenzen. Das Amts- ist als Rechtsverhältnis ein solches des positiven Rechts.[435] Es wird durch Rechtsetzungsakt ausgestaltet. Prinzipiell können beliebige Anforderungen als Rechtsposition in ein Amtsverhältnis aufgenommen werden. Maßgeblich ist das Programm, zu dessen Umsetzung das Amt da ist. Aus ihm ergeben sich die Anforderungen an die Person. Außer der eigentlichen Aufgabenerfüllung betrifft dies auch die Umstände der Tätigkeit und die Frage, wie stark sich die Person vom Amt distanzieren oder im Amt eigenständig in Erscheinung treten darf. Je nach den Anforderungen des Amtes ist ein unterschiedliches Maß an Indivi-

---

431 Siehe III. Struktur 5. Sanktionierung, S. 230.

432 *Leisner*, Grundlagen des Berufsbeamtentums, passim; *Munsonius*, Öffentlich-rechtliche Dienstverhältnisse, Rn. 21 ff.

433 BVerfGE 44, 249 (264); *Studienkommission*, Bericht, Rn. 67 ff.

434 Siehe I. Programm 4. Medium a) Funktion, S. 136.

435 Siehe I. Programm 4. Medium b) Rechtsetzungsverfahren, S. 139.

dualität oder Anonymität gefordert oder statthaft.[436] Das Auftreten der Amtsinhaber kann durch Vorschriften zu Kleidung und Verhalten in unterschiedlichem Maß standardisiert werden.[437] Am deutlichsten ist dies beim Militär durch Uniformen und formalisierten Umgang bis zur Art des Grüßens hin ausgeprägt.

(2) Die positive Gestaltbarkeit des Amtsverhältnisses findet ihre faktische Grenze darin, dass sich Regelungen als dysfunktional und kontraproduktiv erweisen können.[438] Außerdem ist sie rechtlichen Grenzen unterworfen. Diese ergeben sich zum einen aus dem Funktionsprinzip nach Art. 33 Abs. 2 GG, wonach sich alle Anforderungen an den Amtsinhaber aus der Funktion des Amtes für die Umsetzung des Programms ergeben müssen.[439] Komplementär dazu sind bei der Ausgestaltung des Amtes die berechtigten Interessen der Amtsinhaber zu wahren, wodurch einer unkontrollierten Inanspruchnahme Grenzen gesetzt sind.[440] Denn die aus staatlicher Sicht unsachlichen Gesichtspunkte erweisen sich vom Amtsinhaber als Bürger aus gesehen meist als Gegenstand eines Grundrechts.[441] Dies betrifft insbesondere die Standardisierung des sozialen Verhaltens während der Ausübung des Amtes und Verhaltenserwartungen, die über die unmittelbare Amtstätigkeit hinaus die allgemeine Lebensführung betreffen. Diese sind nur gerechtfertigt, wenn ein Zusammenhang mit dem Amt und seinen Anforderungen besteht.

(3) Das Amtsverhältnis unterliegt außerdem von vornherein den Funktionsgrenzen des Rechts.[442] Es kann nicht umfassend und spezifisch durch Kompetenzen, Rechte und Pflichten beschrieben werden. Der Vollzug des Amtes kann nicht vollständig durch Rechtsnormen determiniert werden. Manche Aspekte müssen unpräzise gelassen und erst bei Bedarf spezifiziert werden. Dann bedarf es der Festlegung über Zuständigkeit, Verfahren und Form dieser Spezifizierung. Die Einbettung in ein Organisationsgefüge bewirkt, dass die Spezifizierung in unterschiedlichem Grad auf verschiedenen Ebenen durch verschiedene Stellen vorgenommen wird. Der einzelne Amtsträger ist durch seine grundsätzlich bestehende Gehorsamspflicht daran gebunden. Es bleibt aber nicht aus, dass letztlich jeder Amtsträger auch selbst solche Spezifizierungen vorzunehmen hat und sei es nur die Entscheidung, ob er eine Weisung widerspruchslos ausführt oder remonstriert (z. B. § 63 Abs. 2 und 3 BBG, § 36 Abs. 2 und 3 BeamtStG).[443]

(4) Schließlich entspricht es dem Gebot der Verhältnismäßigkeit und der Klugheit, nicht alle normativen Erwartungen als Rechtsnorm aufzustellen oder zu behandeln. Der soziale Umgang wird nicht allein durch Recht, sondern

[436] Jede Institutionalisierung geht mit Standardisierung und Anonymisierung einher; siehe Kapitel 2: Exploration I. Allgemeine Handlungstheorie 2. Institutionen a) Funktion und Effekte, S. 36.

[437] *Heintzen*, Amtsprinzip, Rn. 44 f.; siehe § 61 Abs. 2 BBG, § 34 Abs. 2 BeamtStG, dazu *Lennartz*, Viktorianer, passim.

[438] Siehe I. Programm 5. Modus a) Das Problem, S. 147.

[439] Siehe 1. Anforderungen des Amtes b) Individuelle Eignung, S. 156.

[440] Siehe 2. Interessen der Person b) Normative Gründe, S. 161.

[441] *H. Krüger*, Das Leistungsprinzip als Verfassungsgrundsatz, S. 6.

[442] Siehe I. Programm 5. Modus a) Das Problem, S. 147.

[443] Siehe III. Struktur 3. Aufbau-Organisation c) Hierarchie, S. 215.

auch durch Sitte und Moral reguliert.[444] Nicht alles, was Norm ist, muss auch als Recht behandelt werden und Gegenstand einer Vorschrift oder eines Sanktionsverfahrens werden.[445] Gepflogenheiten des Umgangs wie beispielsweise die Begrüßung mit Handschlag ohne Differenzierung nach dem Geschlecht können zwar zur Verhaltenspflicht und zum Gegenstand eines Disziplinarverfahrens gemacht werden.[446] Doch wird dies dem Wesen einer Begrüßung nicht gerecht, denn diese soll ja nicht allein pflichtgemäß, sondern als Ausdruck persönlicher Haltung vollzogen werden. Ein als ungebührlich empfundenes Verhalten kann in solchen Fällen wohl ohnehin durch entsprechende soziale Praxis der anderen Beteiligten (Kollegen, Publikum) wirkungsvoller sanktioniert werden.

»Die normative Konturierung vermag zu orientieren und anzuleiten, aber nicht zu determinieren. […] Insgesamt betrachtet zeigt sich eine gewisse Tendenz zu einer technischen Rekonstruktion von Normativität, in aristotelischer Terminologie ausgedrückt: eine Tendenz, *praxis* (die tugendhaft Tat) durch *poiesis* (das Herstellen eines Produktes) zu ersetzen; bei einer vollständigen Ablösung hätten sich die Ämter überlebt, das politische Gemeinwesen wäre zu einem rein technischen System mutiert.«[447]

c) »Amtsethos«

Es ist folglich weder möglich noch sinnvoll, das Amtsverhältnis vollständig durch Rechtspositionen auszugestalten. Hinzu kommt, dass auch die Steuerungskraft des Gesetzes für die eigentliche Amtstätigkeit den aufgezeigten Grenzen unterliegt und der personalen Umsetzung bedarf.[448] Damit entsteht die Frage, ob ein Amtsverhältnis, vor allem in der Gestalt eines Beamtenverhältnisses, nach einem Dienst- und Gesetzlichkeitsmodell oder als Treueverhältnis zu begreifen ist. Das erste Modell beschränkt sich auf die »gesetzlich näher geregelten Pflichten«, während das zweite Modell eine »identifikatorische Treuebindung« verlangt.[449] Rechtsgeschichtlich lässt sich ein gewisses Oszillieren zwischen beiden Modellen beobachten.[450] Das Bundesverfassungsgericht hat in seinem Radikalenbeschluss von 1975 das Treueverhältnis-Modell verfassungsrechtlich fundiert.[451]

Jedenfalls enthält die Wahrnehmung eines Amtes stets ein persönliches Moment, das sich der Normierung und Kontrolle entzieht. Es bedarf des Vertrauens, dass das, was nicht geregelt werden kann oder aus Klugheit nicht gere-

---

[444] Siehe Kapitel 2: Exploration I. Allgemeine Handlungstheorie 2. Institutionen d) Stabilisierung, S. 42.

[445] *von der Pfordten*, Rechtsethik, S. 96.

[446] Zum Fall eines muslimischen Polizeibeamten in Rheinland-Pfalz *J.-M. Günther*, Die Handschlagsverweigerung durch islamgläubigen Polizisten, passim; *Nußbaum*, Eine Frage des Respekts, passim.

[447] *Heyen*, Amtsbegriff als Kernelement, S. 274 f.

[448] Siehe I. Programm 5. Modus c) Personale Anwendung des Rechts, S. 151; *Gehlen*, Urmensch und Spätkultur, S. 96: »Unendlich verschieden aber kann der Geist sein, in dem die Institution betrieben wird […].«

[449] *Böckenförde*, Rechtsstaatliche politische Selbstverteidigung, S. 13 f.

[450] *Böckenförde*, Rechtsstaatliche politische Selbstverteidigung, S. 18 ff.

[451] BVerfGE 39, 334 (346 ff.); kritisch dazu *Böckenförde*, Rechtsstaatliche politische Selbstverteidigung, S. 27 ff.

gelt wird, vom Amtsinhaber selbst in amtsgemäßer Weise spezifiziert wird. An dieser Stelle wird regelmäßig das »Amtsethos« in Stellung gebracht.[452]

»Das Amt erwartet von seinem Inhaber eigenverantwortliches Handeln in Bindung an das Gesetz. Das ist mehr als die äußere Befolgung rechtlicher Vorschriften und die Einhaltung dienstlicher Standards. Wo aber die Bindung an das Gesetz und die Macht der Sachzwänge endet, ist das Amt angewiesen auf Loyalität, Treue und Hingabe, kurz: auf die Vitalität von Idee und Ethos des öffentlichen Amtes.«[453]

»Die Pflichten des Amtes lassen sich nicht vollständig in Rechtssätze fassen. Soweit es diese gibt, bleiben sie denn auch zumeist unbestimmt. Die geschriebenen wie die ungeschriebenen Rechtsnormen gehen über in ein weites Feld amtsethischer Gebote und diese in ein noch weiteres Feld des guten Stils. [...] Das Amt begnügt sich nicht mit bloßer Legalität. Es verlangt auch Moralität.«[454]

Das Amtsethos wird zumeist als Implikat des Amtsbegriffs vorausgesetzt und findet nicht immer expliziten Ausdruck in den das Amt betreffenden Normen. Exemplarisch zeigt es sich in der Bindung von Abgeordneten an das Gewissen nach Art. 38 Abs. 1 S. 2 GG und in entsprechenden Verweisen auf das Gewissen in Vereidigungsformeln (z. B. Art. 56 GG).[455]

Es wurde bereits in der Exposition vermerkt, dass in Darstellungen des Amtes dem Amtsethos eine herausgehobene, oft aber wenig geklärte Bedeutung zugeschrieben wird.[456] Die Erwartungen an das Amtsethos werden zumeist sehr allgemein, zuweilen auch diffus artikuliert, beispieslsweise als »Wahrung der Gesetze«, »Wahrung des Gemeininteresses« und »unparteiliche, gerechte Entscheidung«.[457] Es wird postuliert, der Amtsinhaber wisse, wie er sich zu verhalten habe, und agiere dementsprechend. Das Amtsethos gerät so zu einer *black box*, in der das Amtsparadox verschwinden soll. Da Paradoxien aber nicht beseitigt, sondern nur transformiert, entfaltet und erträglich gemacht werden können, bedarf es einer genaueren Analyse, welche Funktion das Amtsethos hat.[458]

---

[452] *Bank*, Beamtenethos und Beamtenehre, passim; *Battis*, Hergebrachte Grundsätze versus Ökonomismus, S. 313; *Böckenförde*, Die verfassungstheoretische Unterscheidung von Staat und Gesellschaft, S. 26; *Feindt*, Beamtenethos und Zeitgeist, passim; *Gröschner/Lembcke*, Ehtik und Recht, S. 62 ff.; *Isensee*, Das antiquierte Amt, S. 43; *ders.*, Transformation von Macht in Recht, S. 5; *Kielmannsegg*, Das Experiment der Freiheit, S. 73; *Kriele*, Staatslehre, S. 257 f.; *Landau/Steinkühler*, Zur Zukunft des Berufsbeamtentums, S. 138 f.; *Morstein Marx*, Beamtenethos und Verwaltungsethik, passim; *Schuppert*, Staatswissenschaft, S. 129; *Seibel*, Verwaltung verstehen, S. 86 ff.; *Stolleis*, Grundzüge der Beamtenethik, S. 449; *Vogelgesang*, Ethos des Berufsbeamtentums, passim; bei *Schulz*, Gemeinwohlinteresse und Amtswürde, S. 124 ff. als »Amtswürde« verhandelt; vgl. *S. Augsberg*, Maßstäbe des Verwaltungshandelns, Rn. 31 f.; *Mayntz*, Soziologie der öffentlichen Verwaltung, S. 135.

[453] *Depenheuer*, Das öffentliche Amt, Rn. 82; ebenso *ders.*, Amt, Sp. 146 f.

[454] *Isensee*, Gemeinwohl und öffentliches Amt, S. 130 f.

[455] *Heyen*, Gewissen und Vertrauen des Abgeordneten, S. 49 ff.

[456] Siehe Kapitel 1: Exposition II. Fragestellung 1. Beobachtungen, S. 8.

[457] *Kriele*, Staatslehre, S. 258.

[458] Um eine vollständige Begründung und Entfaltung des oder eines Amtsethos ist es mir nicht zu tun. Es geht allein um die Funktion, die es im Zusammenhang mit dem Amtsparadox hat, und die Möglichkeiten, es wirksam werden zu lassen.

Die Rede vom Amtsethos besagt, dass sich der Amtsinhaber den Anforderungen des Amtes unterordnet. »Wer aber ein Amt hat, muß – so die Definition des Wortes ›Amt‹ – fremde Angelegenheiten verantwortlich wahrnehmen.«[459] Man verfügt über Macht und Ressourcen lediglich im Namen Dritter und muss sich gegenüber verantwortungssichernden Institutionen und der Öffentlichkeit für die Amtstätigkeit rechtfertigen.[460] Dabei müssen Amtsträger eigene Interessen zurückstellen. »Das hat nicht selten zur Folge, daß sie als Diener des Staates so entscheiden und handeln, wie sie es aus eigener Überzeugung und in Verantwortung für sich selbst nicht tun würden.«[461]

Das Amtsethos kann in einem weiteren Sinne auf das gesamte Verhalten im Amt bezogen werden.[462] Von besonderem Interesse sind jedoch diejenigen Aspekte, die von einer rechtlichen Steuerung und Kontrolle nicht mehr erfasst werden.[463] Es gibt zwar auch ein Ethos der Rechtsbefolgung,[464] aber darauf muss insofern nicht gesetzt werden, als Recht auch als solches durchgesetzt werden kann. Das Amtsethos wird gerade dann beschworen, wenn dieser Zugriff nicht möglich ist. Es wird als ein Modus der Innensteuerung (Moral) relevant, sobald die Außensteuerung versagt.[465] *Luhmann* formuliert die »Regelhypothese«, »daß die Funktionscodes überall dort, wo sie auf ›unsichtbare‹ Weise sabotiert werden können und deshalb auf Vertrauen angewiesen sind, auf Moral zurückgreifen«, und sieht es als naheliegend an, »daß das fluide Medium der Moral dort ankristallisiert, wo Funktionssysteme ihm eine Funktion geben können.«[466]

Das Amtsethos erweist sich als Ausdrucksform des Amtsparadox, dass es auf das Subjekt des Amtsinhabers ankommt, um die ›Objektivität‹ des Amtes zu gewährleisten.[467] Es setzt auf die Innensteuerung des Amtsinhabers und sein Gewissen. Zugleich aber bezeichnet es einen Maßstab, der von außen an ihn herangetragen wird.[468] Dieser Maßstab ist moralisch codiert und fordert ein – nach welchen Gesichtspunkten auch immer – als gut bewertetes Verhalten. Der Amtsinhaber soll bestimmten Erwartungen entsprechen. Dabei sind jedoch nur solche Erwartungen gemeint, die nicht partikularen, sondern allgemeinen Charakter haben, also die Erwartungen ›des Gemeinwesens‹, dem der Amtswalter verpflichtet ist.[469] Sie werden als objektiv verstanden, sind anspruchsvoll, aber zunächst kaum spezifiziert. Es bedarf folglich einer Unterscheidung und Spezifikation möglicher Erwartungen. Dies wird zwar durch die Programmierung des Amtes unternommen, kann aber wie gezeigt nicht vollständig geleistet werden,

---

459 *Buchheim*, Der neuzeitliche republikanische Staat, S. 72.
460 *Seibel*, Verwaltung verstehen, S. 20.
461 *Buchheim*, Der neuzeitliche republikanische Staat, S. 77.
462 *Battis*, Hergebrachte Grundsätze versus Ökonomismus, S. 313 ff.
463 Vgl. *von der Pfordten*, Rechtsethik, S. 63, 101.
464 *von der Pfordten*, Rechtsethik, S. 90.
465 *Sommermann*, Ethik des öffentlichen Dienstes, S. 51.
466 *Luhmann*, Ethik als Reflexionstheorie der Moral, S. 432 f.
467 Siehe Kapitel 1: Exposition II. Fragestellung 2. Zuspitzung, S. 11.
468 Vgl. *Heyen*, Gewissen und Vertrauen des Abgeordneten, S. 37.
469 *Luhmann*, Staat und Staatsräson, S. 117.

so dass es doch wieder auf den Amtsinhaber ankommt. Das Problem bleibt also erhalten. Das Amtsparadox wird mit dem Begriff des Amtsethos nicht aufgelöst, sondern ihm lediglich ein neuer Ausdruck verliehen. ›Amtsethos‹ ist nicht Lösung, sondern Bezeichnung des Problems![470]

Diese Ambivalenz ist schon dem allgemeinen Begriff des Ethos eigen:

»Unter Ethos versteht man eine Gesamtheit von Einstellungen, Überzeugungen und Normen, die in Form eines mehr oder minder kohärenten, in sich gegliederten Musters von einem einzelnen Handelnden oder von einer sozialen Gruppe als verbindliche Orientierungsinstanz guten und richtigen Handelns betrachtet wird.«[471]

Es kann zum einen als bereichsspezifische Ausprägung universaler Moral verstanden werden.[472] Es meint zum anderen die individuelle Haltung eines Menschen, die darauf gerichtet ist, das moralisch Gebotene zu tun.[473] Dem entspricht, dass der Begriff Ethos von jeher gleichermaßen auf individuelle Sittlichkeit wie auch auf gesellschaftliche Sitte bezogen werden kann.[474] Bei genauerem Hinsehen verbirgt sich also in der Rede vom Amtsethos eine Äquivokation. Es bezeichnet zugleich ein ›objektives‹ Ethos, das unabhängig vom Individuum gedacht wird und den materiellen Gehalt des Amtsethos darstellen soll, und ein ›subjektives‹ Ethos, in dem sich der Einzelne das ›objektive‹ Ethos zu eigen macht und einen entsprechenden Habitus ausbildet. Das Amtsparadox wird durch diese Äquivokation verhüllt, aber nicht beseitigt. Will man die Äquivokation auflösen, so ist zum einen danach zu fragen, worauf ein ›objektives‹ Ethos gegründet werden kann (d)), zum anderen, wie es zum ›subjektiven‹ Ethos transformiert wird (e)).

d) Grundlagen eines ›objektiven‹ Ethos

In der Ethik, verstanden als »philosophische Reflexion auf Moral«,[475] werden verschiedene Ansätze vertreten, wie Moral und Ethos zu begründen sind.[476] Schon ein oberflächlicher Blick auf die Theorielandschaft zeigt, dass es keineswegs eindeutig oder trivial ist, ein Ethos zu begründen. Auffällig ist, dass sich der Diskurs stets zwischen Polen wie dem Guten und dem Richtigen, Rationalismus und Empirismus, Universalismus und Partikularismus sowie Prinzipien- und Situationsethik bewegt und unterschiedliche Begründungsmuster verwendet werden. Dabei wird nicht allein ›objektiv‹ argumentiert, sondern es werden in zunehmendem Maße auch ›subjektive‹ Beiträge berücksichtigt.[477] Im Hinblick

---

[470] Verschärfend tritt hinzu, dass ethische Gebote selten eindeutig, sondern oft durch den Widerstreit ethischer Prinzipien bestimmt sind. Vgl. nur zur Polarität von Gesinnungs- und Verantwortungsethik *M. Weber*, Politik als Beruf, S. 551 ff.

[471] *Honnefelder*, Sittlichkeit/Ethos, S. 508.

[472] Vgl. *Fischer et al.*, Ethik, S. 193.

[473] *Reiner*, Ethos, passim.

[474] *Honnefelder*, Sittlichkeit/Ethos, S. 508; *A. Pieper*, Ethik, S. 25 f.; *Reiner*, Ethos, Sp. 815.

[475] *Düwell/Hübenthal/Werner*, Einleitung, S. 2; *Fischer et al.*, Ethik, S. 25.

[476] Eine Anknüpfung an »religiöse Grundlagen«, *Bank*, Beamtenethos und Beamtenehre, S. 155, dürfte im modernen säkularen Staat nicht mehr möglich sein.

[477] Konziser Überblick bei *Düwell/Hübenthal/Werner*, Einleitung, S. 11 ff.; *Wendel*, Ethik, passim.

auf das Amtsethos lassen sich fünf Ansatzpunkte für seine Begründung ausmachen.[478]

(1) Dem Ansatz einer *normativen* Ethik entspricht es, moralische Urteile zu fällen und Begründungen dafür zu entwickeln.[479] Dabei wird im ethischen Universalismus eine jeweils in einem bestimmten Moralprinzip begründete universal geltende Moral angestrebt (Prinzipienethik). Dazu wird in der teleologischen Ethik ein höchstes anzustrebendes Gut identifiziert, während die deontologische Ethik ein unbedingtes Sollen zum Ausgangspunkt nimmt. Für die teleologische Ethik kann ein Traditionsstrang von *Aristoteles* über *Epikur*, die Stoa und *Thomas von Aquin* zum modernen Utilitarismus ausgemacht werden, der als anzustrebendes Ziel das größte Glück der größten Zahl bestimmt. Die deontologische Ethik findet sich vor allem bei *Immanuel Kant* und wird in der Diskursethik von *Karl-Otto Apel* und *Jürgen Habermas* fortgeführt. Während die teleologische Ethik mit starken materialen Bestimmungen arbeitet, die als solche keinem moralischen Urteil ausgesetzt, sondern diesem vorausgesetzt werden,[480] ist in der deontologischen Ethik ein hoher Grad an Formalisierung zu konstatieren, die ihren paradigmatischen Ausdruck in *Kants* Kategorischem Imperativ findet.[481] Beide Ansätze sind hochgradig abstrakt. Am Ende zeigt sich, dass eine reine Prinzipienethik nur geringe Orientierungskraft entfaltet und in ihren Konkretionen stets umstritten bleibt. Darum wird in relativistischen und kontextualistischen Ansätzen der Universalitätsanspruch zurückgenommen und stärker auf Kontexte und Situationen Bezug genommen. Diese Ansätze bilden den Übergang zu einer deskriptiven Ethik.

(2) Dem Ansatz einer *deskriptiven* Ethik entspricht es, Moral nicht begründen zu wollen, sondern vorfindliche Vorstellungen auf ihre Implikationen hin zu untersuchen, zu kritisieren und damit auch fortzubilden.[482] Moral wird also zunächst als Teil geschichtlich gewachsener Kultur zur Kenntnis genommen. Moralische Urteile werden nicht auf letzte Prinzipien zurückgeführt, sondern als Elemente eines komplexen Netzwerks moralischer Urteile angesehen, das auf seine Kohärenz hin zu untersuchen und zu entwickeln ist.[483] Eine universale Moral lässt sich so vorderhand nicht begründen, sondern allenfalls durch umfas-

---

[478] Es geht hier allerdings nicht darum, ein Amtsethos konkret zu begründen und zu entfalten. Es geht allein darum, die Schwierigkeiten aufzuzeigen, die damit verbunden sind, und die Vorstellung von einer Objektivität des Amtsethos zu problematisieren und zu überwinden.

[479] *Fischer et al.*, Ethik, S. 75 f.

[480] *Düwell/Hübenthal/Werner*, Einleitung, S. 16 f.

[481] *Luhmann*, Ethik als Reflexionstheorie der Moral, S. 369: »Es gibt Ethiken und Moralen, die ›für alle Menschen‹ entworfen sind. Aber aller Universalismus ist konditionierter Universalismus und ist bei seinen Konditionen zu fassen.«

[482] *Fischer et al.*, Ethik, S. 76 ff. Zuweilen wird ein derart gehaltvolles Verständnis deskriptiver Ethik noch zu den schwach normativen und kontextualistischen Ansätzen normativer Ethik gerechnet; deskriptive Ethik erschöpft sich dann in der Erfassung und Beschreibung vorfindlicher Moral, vgl. *Düwell/Hübenthal/Werner*, Einleitung, S. 2, 17 f. Inwiefern dann allerdings noch von »philosophischer Reflexion« zu sprechen ist, scheint mir fragwürdig.

[483] *Düwell/Hübenthal/Werner*, Einleitung, S. 14; eingehend *J. Badura*, Kohärentismus, passim.

senden Kulturvergleich beobachten. Doch selbst wenn man allgemein geteilte moralische Wertungen feststellt, ist damit nicht gesagt, dass dies für alle Zeit so bleiben muss. Deskriptive Ethik muss mit der Kontingenz aller Moral rechnen.

(3) Da es beim Amtsethos nicht umfassend um Moral, sondern um die spezifischen Anforderungen des Amtes geht, kann es – wiederum in objektivistischer Manier – aus den *Funktionsbedingungen* des Amtes hergeleitet werden. Hieraus ergeben sich die immer wieder genannten Postulate der Objektivität, Sachlichkeit, Unabhängigkeit, Neutralität und der Loyalität gegenüber dem Prinzipal und seinem Programm.[484] Für die Praxis sind diese Aussagen jedoch zumeist trivial oder so abstrakt, dass sie kaum Handlungsorientierung geben. Auch stehen politische Neutralität und die ebenfalls geforderte politische Verantwortung in unaufhebbarer Spannung zueinander.[485] – Teleologische Konzeptionen erfahren insofern eine Konkretisierung, als für das Amt nicht ein abstrakter Maßstab wie »das größte Glück der größten Zahl«, sondern das dem Amt jeweils aufgegebene Programm maßgeblich ist. »Art. 20 Abs. 3 GG bindet die Exekutive nicht an Politik und Moral, sondern an Gesetz und Recht. [...] Eine davon unabhängige materiale Wertethik des öffentlichen Dienstes, an der der Amtswalter das positive Recht messen könnte, würde letztlich zu exekutiver Willkür führen.«[486] Das Amtsethos kann das dem Amt aufgegebene Programm ergänzen, aber keinesfalls überspielen.

(4) Betrachtet man dem deskriptiven Ansatz folgend das Ethos als etwas kulturell und geschichtlich Gewachsenes, so kommt die Gesamtheit der beteiligten *Personen*, insbesondere der Amtsträger in den Blick, die ein bestehendes Amtsethos ausgeprägt haben, ständig praktizieren und auf diese Weise auch fortentwickeln.[487] Es ist aber auch an diejenigen Personen zu denken, die mit dem Amt strukturell in Beziehung stehen, die als Prinzipal (bzw. als dessen Repräsentanten) und Dritte mit ihm zu tun haben. Ein Ethos bedarf der Tradition und einer Gemeinschaft, die in sich nach Rollen differenziert ist und es als Sinngestalt des guten Lebens betrachtet.[488]

(5) Ethisches Urteilen steht immer zwischen generellen Normen, Regeln und Prinzipien einerseits und einer konkret wahrgenommenen *Situation* andererseits.[489] Was ein allgemein formuliertes Ethos konkret bedeutet, kann sich nur in der jeweiligen Handlungs- und Entscheidungssituation erweisen und von demjenigen beurteilt werden, der als Amtsträger in diese Situation gestellt ist. Dabei spielen auch Emotionen eine wichtige Rolle, um die moralische Bedeutsamkeit von Situationen, Handlungen und Dingen zu erschließen.[490] Zudem ist ethische

---

[484] *Depenheuer*, Das öffentliche Amt, Rn. 46, 58, 82 ff.; *Isensee*, Gemeinwohl und öffentliches Amt, S. 114 f.; *Kriele*, Staatslehre, S. 227; *Mayntz*, Soziologie der öffentlichen Verwaltung, S. 64.

[485] *Mayntz*, Soziologie der öffentlichen Verwaltung, S. 66.

[486] *Sommermann*, Ethik des öffentlichen Dienstes, S. 50 f.

[487] *Ahlf*, Berufsethik im Wandel, S. 406 f.; *Gröschner/Lembcke*, Ehtik und Recht, S. 63; *Morstein Marx*, Beamtenethos und Verwaltungsethik, S. 338.

[488] *Honnefelder*, Sittlichkeit/Ethos, S. 509.

[489] *Fischer et al.*, Ethik, S. 51 f.

[490] *Fischer et al.*, Ethik, S. 182; siehe Kapitel 2: Exploration III. Materiale Handlungstheorie 3. Emotional man, S. 86.

Reflexion letztlich insofern in einem starken Sinne reflexiv, als dass sie nicht unabhängig von der Praxis moralischen Wertens und Entscheidens geschehen kann. Es geht um »ein gedankliches Sich-Beziehen auf sich selbst oder auf etwas, das uns nur an uns selbst erschlossen und vertraut ist«.[491] Damit kommt am Ende die Person des Amtsträgers ins Spiel, die mit ihrer Praxis an der Reflexion und damit auch an der Entwicklung des Amtsethos beteiligt ist.

Für die Begründung und Entwicklung des Amtsethos sind alle genannten Ansätze relevant. Es erscheint wenig sinnvoll, einem der Ansätze einen Primat oder gar ein Monopol einzuräumen.[492] Denn nur im Zusammenspiel der fünf Ansätze kommt zur Geltung, dass das Amtsethos in die umfassende Moral eingebettet ist und wie diese als soziologischer Tatbestand Produkt der Gesellschaft, die ihrerseits das Produkt individuellen Handelns ist.[493] Das ›objektive‹ Amtsethos hat als solches stark ›subjektive‹ Anteile.[494] »Moralische und sittliche Werte einzubeziehen, bedeutet zunächst zwangsläufig eine gewisse Subjektivierung und Individualisierung der Maßstabsbildung.«[495] Doch selbst wenn man im Sinne eines ethischen Realismus davon ausgehen wollte, dass ein Ethos rein objektiv gegeben ist, stellt sich das Problem, wie dieses erkannt, die Erkenntnis vermittelt und angeeignet und auf konkrete Praxiskonstellationen bezogen werden kann. Am Ende muss jedes ›objektive‹ Ethos zu einem ›subjektiven‹ Ethos der Person werden, um wirksam zu sein.

e) Transformation in ›subjektives‹ Ethos

Wie das ›objektive‹ in ein ›subjektives‹ Ethos transformiert wird, lässt sich verdeutlichen, wenn man das Amtsethos – als wesentlichen Baustein der Institution Amt – selbst als Institution begreift.[496] Dabei treten allerdings Eigentümlichkeiten auf, die darauf zurückzuführen sind, dass mit dem Amtsethos das Amtsparadox bewältigt werden soll.

Das Amtsethos hat die *Funktion*, die Erwartungen an das Handeln des Amtsinhabers zu artikulieren. Damit wird die Rolle des Amtsinhabers bestimmt und begrenzt. Von ihm ist ein amtsgemäßes, d. h. dem Amtsethos entsprechendes Handeln zu erwarten – aber auch nicht mehr als das. Die durch Institutionalisierung angestrebte Objektivierung durch Suspendierung von Subjektivität wird allerdings dadurch konterkariert, dass mit dem Amtsethos vor allem auf die Innensteuerung des Amtsträgers gesetzt wird.

Entstehung und Wandel des Amtsethos erweisen sich wie soeben gezeigt als Effekt kollektiven Handelns. Dabei spielt weniger Dezision als Evolution eine Rolle. Amtsethos bildet und entwickelt sich durch fortwährende Praxis und

---

[491] *Fischer et al.*, Ethik, S. 73.
[492] Für die Integration von Theorieansätzen in der Ethik auch *Fischer et al.*, Ethik, S. 126 ff.
[493] Siehe Kapitel 2: Exploration I. Allgemeine Handlungstheorie 1. Soziales Handeln c) Handeln und Struktur, S. 33; vgl. *Honnefelder*, Sittlichkeit/Ethos, S. 509.
[494] Vgl. *Fischer et al.*, Ethik, S. 187 f.
[495] *S. Augsberg*, Maßstäbe des Verwaltungshandelns, Rn. 32.
[496] Siehe Kapitel 2: Exploration I. Allgemeine Handlungstheorie 2. Institutionen, S. 35.

kann nicht einfach durch Entscheidung verändert werden.[497] Auch dies hängt damit zusammen, dass es dabei vor allem um die Innensteuerung der Amtsträger geht, auf die nur mittelbar eingewirkt werden kann. Es bedarf darum der Habitualisierung, Externalisierung, Objektivation und Internalisierung, wobei das beim Amtsethos Entscheidende hier oft weniger explizit, sondern wohl vor allem implizit seinen Ausdruck findet.

Die *Legitimation* des Amtsethos leitet sich von dem Amt her, mit dem es verbunden ist. Soweit dieses legitim ist, sind es auch die Erwartungen, die sich daraus an das Verhalten des Amtsinhabers ergeben. Was nicht durch die Funktion des Amtes begründet und darüber legitimiert ist, kann nicht legitimer Inhalt eines Amtsethos sein. Dies ist, wie die Geschichte lehrt, vor allem im Hinblick auf die Ausprägung und Umstellung von Loyalität von Belang. Die Legitimation dafür, dass überhaupt so etwas wie ein Amtsethos gefordert wird, ergibt sich allerdings aus der funktionalen Schwäche des Amtes, dass seine ›Objektivität‹, d. h. die Bindung an das Programm, letztlich nur über das Subjekt des Amtsträgers gewährleistet werden kann.

Im Hinblick auf die *Stabilisierung* wird die Problematik des Amtsethos manifest. Zum einen muss es wegen der für das Amt konstitutiven Spannung zwischen Anforderungen des Amtes und Interessen der Person zu den überwachungsbedürftigen Institutionen gezählt werden. Zum anderen wird das Amtsethos gerade insoweit relevant, als eine Überwachung nicht oder nur mit unverhältnismäßigem Aufwand möglich ist. Da es hier um diejenigen Aspekte geht, die nicht als Rechtspositionen ausgeformt werden können, kommen als Stabilisierungsmodi nur Konvention und Moral und allenfalls mittelbar auch das Recht in Betracht.

Damit kommt der *Sozialisation* der Amtsträger eine im Hinblick auf das Amtsethos entscheidende Funktion zu.[498] Anders als durch Sozialisation kann ein Amtsethos nicht vermittelt und stabilisiert werden. Dabei greifen stets objektive und subjektive Faktoren ineinander.[499] Grundlegend ist die primäre Sozialisation, durch die ein Mensch überhaupt befähigt wird, selbst ein Ethos auszubilden. Prägend für das Amtsethos ist die sekundäre Sozialisation, wie sie durch Ausbildung und Integration in das Amtsverhältnis, also durch Sozialisation für und im Beruf,[500] stattfindet. Es kommt für das Amtsethos darum auf den Dreiklang von Ausbildung, Auswahl und Integration an.

---

[497] *Morstein Marx*, Beamtenethos und Verwaltungsethik, S. 324.

[498] Pathetisch *H. Krüger*, Allgemeine Staatslehre, S. 265 f.: »Wenn das Amt vollendete Repräsentation ist und wenn man auf den Menschen als Verwirklicher dieses Amtes nicht verzichten kann, dann muß der als Amtsträger vorgesehene Mensch auf das Amt hin in einer Art und Weise über sich erhoben werden, die ihn so weit wie möglich einer vollkommenen Verkörperung des Amtes annähert. [...] Nicht die Regulierung, ja nicht einmal die Repräsentation der ursprünglichen Natur genügt –, diese ursprüngliche Natur muß vielmehr gänzlich ausgemerzt und durch eine neuere, höhere Natur ersetzt werden, die ausschließlich durch das Amt gebildet und bestimmt ist.«

[499] *Hurrelmann*, Sozialisationstheorie, S. 64.

[500] *Heinz*, Berufliche Sozialisation, S. 499.

4. Sozialisation

Es kommt darauf an, ein Amt mit derjenigen Person zu besetzen, von der eine möglichst gute Erfüllung der Anforderungen dieses Amtes zu erwarten ist.[501] »Die Art der Rekrutierung des Verwaltungspersonals ist von zentraler Bedeutung für die Qualität der öffentlichen Verwaltung und zugleich von großer politischer Bedeutung«.[502] Leitende Kriterien sind Eignung, Befähigung und fachliche Leistung.[503] Die Befähigung beruht meistenteils auf einer Ausbildung, deren erfolgreicher Abschluss durch ein Examen nachgewiesen werden kann (a)). Das Gesamtbild der Eignung (im weiteren Sinne) zu erheben ist Aufgabe des Auswahlverfahrens (b)). Die Amtsführung wird schließlich dadurch beeinflusst, wie eine Person in das Amt integriert wird (c)).[504] Das Amt und die mit ihm verbundenen Erwartungen werden für alle Beteiligten anschaulich in seiner Inszenierung (d)).

a) Ausbildung

»Der Rationalismus des Leistungsprinzips tritt am deutlichsten in der Art und Weise hervor, wie man die Leistungsfähigkeit ermittelt. Es ist das *Examen*, das allein hierüber authentische Auskunft zu geben hat. [...] Das Auftreten des Examens gibt daher ein sicheres Anzeichen dafür, daß das Leistungsprinzip sich in der Durchsetzung befindet, und hieraus wiederum ist ein Rückschluß auf die Ausbildung des Modernen Staates möglich.«[505]

Inwiefern die Befähigung für ein Amt von einer bestimmten Ausbildung abhängig gemacht werden kann, ist nach Art. 33 Abs. 2 GG zu bestimmen. Ausbildungserfordernisse müssen aus den Anforderungen des Amtes gerechtfertigt sein. Anderenfalls haben sie exkludierende Wirkung, die im Widerspruch zu Art. 33 Abs. 2 GG steht.[506] Auch ist zu bedenken, dass durch den Abschluss einer Ausbildung zwar die Befähigung für ein Amt nachgewiesen werden kann. Ein fehlender Abschluss schließt jedoch nicht zwangsläufig aus, dass die Befähigung auf andere Weise erworben worden ist – und sei es im Selbststudium. Das Examen ist ein Indikator, aber kein ausschließliches Kriterium für die Befähigung. Ein Quereinstieg darf darum nicht *a limine* ausgeschlossen sein. Dies gilt umso mehr, wenn Ausbildungen nicht auf ein bestimmtes Amt abgestimmt, sondern allgemeiner gefasst sind. »Der Außenseiter ist naturgemäß kein Verstoß gegen das Leistungsprinzip. Er ist lediglich eine Ausnahme von den Beweisregeln, deren man sich im allgemeinen zur Ermittlung der Leistungsfähigkeit bedient.«[507] Allerdings dürfte es in der Regel schwer fallen, die gleiche Befähi-

---

[501] *Mayntz*, Soziologie der öffentlichen Verwaltung, S. 148.
[502] *Schuppert*, Verwaltungswissenschaft, S. 684 (Hervorhebung getilgt).
[503] Siehe 1. Anforderungen des Amtes b) Individuelle Eignung, S. 156.
[504] Vgl. *Mayntz*, Soziologie der öffentlichen Verwaltung, S. 67.
[505] *H. Krüger*, Allgemeine Staatslehre, S. 273.
[506] Siehe 1. Anforderungen des Amtes b) Individuelle Eignung, S. 156.
[507] *H. Krüger*, Das Leistungsprinzip als Verfassungsgrundsatz, S. 10; anders *ders.*, Allgemeine Staatslehre, S. 273: »Es ist das Examen, das allein hierüber [= die Leistungsfähigkeit] authentisch Auskunft zu geben vermag.«

gung nachzuweisen, wenn eine vorgesehene Ausbildung nicht absolviert worden ist. Darum ist der Quereinstieg bei den allermeisten Ämtern aus gutem Grund ein höchst selten oder niemals auftretender Ausnahmefall.[508]

Nicht für jedes Amt kann in gleicher Weise eine Ausbildung vorgesehen werden. Sie ist entbehrlich, wenn die Anforderungen gering sind. Sie stößt auf Schwierigkeiten, wenn die Anforderungen nicht in einem Ausbildungsprogramm abgebildet werden können. Und sie ist problematisch, wenn eine Ausbildung ungünstige Effekte hätte. Zu denken wäre an den Eintritt einer *déformation professionelle*, den Verlust einer wünschenswerten Naivität (sog. ›gesunder Menschenverstand‹). Dies ist einer der Gründe, warum beispielsweise Angehörige bestimmter juristischer Berufe nach § 34 Abs. 1 Nr. 4 GVG, § 21 Abs. 3 ArbGG für das Amt eines Schöffen oder ehrenamtlichen Richters nicht in Betracht kommen.[509] Außerdem haben Ausbildungsanforderungen als solche exkludierende Wirkung und sind darum problematisch, wenn Ämter auch der Partizipation dienen. Statt auf Prüfungsleistungen kann dann auf Leistungen und Erfahrungen im außerdienstlichen Bereich abgestellt werden.[510]

In einer Ausbildung geht es darum, Kenntnisse und Fähigkeiten zu erwerben, die für eine bestimmte berufliche Tätigkeit erforderlich sind. Anforderungen werden formuliert und Inhalte festgelegt. Durch Prüfungen wird festgestellt, inwieweit ein Kandidat sich die Ausbildungsinhalte angeeignet, Kenntnisse und Fähigkeiten erworben hat. Die Prüfungsnote lässt es zu, Bewerber im Hinblick auf ihre Befähigung zu vergleichen. Die Planung von Ausbildungsgängen verspricht eine zunehmende Rationalisierung, Standardisierung und Kontrollierbarkeit.[511] Das Informationsdefizit des Prinzipals über die Kenntnisse und Fähigkeiten seines Agenten[512] kann auf diese Weise verringert werden.[513]

Allerdings lassen sich nicht alle Anforderungen in gleicher Weise in Ausbildungs- und Prüfungsinhalte übersetzen. Die Unterscheidung von Vollzugs-, Qualitäts- und Gestaltungsnormen, die für die Ausübung einer Rolle gelten können, und der damit in unterschiedlichem Maß erforderlichen Ich-Leistung macht dies schon deutlich.[514] In der Ausbildung geht es zum einen um konkrete Kenntnisse und Fähigkeiten, die als solche gelernt und regelhaft angewendet werden können. Sodann geht es um den Erwerb eines Urteilsvermögens, um Kenntnisse und Fähigkeiten auch dann angemessen anwenden zu können, wenn es dafür keine Regel gibt. Und schließlich geht es um die Ausbildung eines Reflexionsvermögens, das über konkrete Problemstellungen hinaus Orientierung zu vermitteln vermag.[515]

---

508 Vgl. *Lecheler*, Der öffentliche Dienst, Rn. 96.

509 *Kissel/Mayer*, Gerichtsverfassungsgesetz, § 28 Rn. 2, § 34 Rn. 7 ff.

510 Vgl. *Leisner*, Das Leistungsprinzip, S. 280.

511 *H. Krüger*, Allgemeine Staatslehre, S. 273.

512 Siehe Kapitel 2: Exploration I. Allgemeine Handlungstheorie 3. Handeln für überindividuelle Akteure b) Das Principal-Agent-Problem, S. 51.

513 *Dietl*, Institution und Zeit, S. 145 f.

514 Siehe Kapitel 2: Exploration III. Materiale Handlungstheorie 1. Homo sociologicus c) Ausfüllung einer Rolle, S. 75.

515 Exemplarisch *Goos*, Das »Menschenbild des Grundgesetzes«, S. 71 ff.

Ein Amts- oder Berufsethos kann in Gestalt einer Ethik, d.h. in Form der Reflexion und Kommunikation über dasselbe, zum Gegenstand der Ausbildung und einer Prüfung gemacht werden. Die Entwicklung eines Ethos als Habitus ist jedoch nicht unmittelbar didaktisch zu erfassen, sondern kann nur mittelbar durch die Inhalte der Ausbildung und die Umstände ihrer Vermittlung beeinflusst werden.[516] Ohnehin erschöpft sich der Wert einer Ausbildung nicht in dem, was durch Studien- und Prüfungsordnungen erfasst werden kann. Während einer Ausbildung werden nicht nur die Inhalte vermittelt, die explizit zu ihrem Gegenstand gemacht werden. Es geht auch um die mit der Ausbildung verbundene Sozialisierungsleistung, den Erwerb generell einsetzbarer Tugenden und eine bestimmte Kommunikationsfähigkeit.[517] Darüber hinaus werden Vorstellungen und Leitbilder einer Berufspraxis vermittelt, die das Verhalten im Beruf stark beeinflussen können. Gerade die implizit vermittelten Aspekte können für die Entwicklung eines Amtsethos höchst relevant werden.

»Die Berufsausbildung als Teil der beruflichen Sozialisation hat die Aufgabe, die Qualifikationen und Legitimationsmuster zu vermitteln bzw. zu festigen, die für die jeweilige Berufstätigkeit für notwendig erachtet werden und zielt auf den Wandel von Persönlichkeitseigenschaften, der schließlich durch die Identifizierung mit der Berufsrolle ihren Höhepunkt erreicht.«[518]

b) Auswahl

Während im Hinblick auf die Ausbildung die Befähigung für ein Amt im Vordergrund steht, ist bei der Auswahl einer Person das Gesamtbild von Eignung, Befähigung und fachlicher Leistung zu beachten. Welches Gewicht den verschiedenen Aspekten zukommt, hängt von dem konkreten Amt ab.[519] Dem muss auch bei der Gestaltung des Auswahlverfahrens Rechnung getragen werden, durch das eine Besetzungsentscheidung und schließlich auch das Handeln des Amtsinhabers legitimiert wird.[520]

Steht die Befähigung im Vordergrund und lassen sich die Anforderungen standardisieren, kann die Auswahl an Examensergebnissen orientiert und durch geeignetes Fachpersonal vorgenommen werden. Aspekte der Eignung (im engeren Sinne) entziehen sich jedoch weitgehend einer Standardisierung und Rationalisierung. Dies gilt vor allem für die Frage, ob ein Bewerber geeignet ist, einem Amtsethos zu entsprechen. Dieses Urteil wird sich auf erfahrungsgestützte Vermutungen und das Fehlen von Kontraindikationen stützen müssen.

---

516 *Gröschner/Lembcke*, Ehtik und Recht, S. 64.

517 *Mayntz*, Soziologie der öffentlichen Verwaltung, S. 150ff.; *Schuppert*, Verwaltungswissenschaft, S. 693.

518 *Heinz*, Berufliche Sozialisation, S. 515.

519 BVerfGE 141, 56 (68f.).

520 Siehe Kapitel 2: Exploration I. Allgemeine Handlungstheorie 2. Institutionen e) Legitimation, S. 44; *Hebeler*, Verwaltungspersonal, S. 154ff.; *Höfling*, Verfahrensrechtliche Garantien des Art. 33 II GG, passim; zur Besetzung von Richterstellen *Wittreck*, Sicherung der Unabhängigkeit, S. 37ff.; zum Sonderfall des Beauftragten für die Unterlagen des Staatssicherheitsdienstes der ehemaligen DDR *Krüper*, Charisma der Aufklärung, S. 208f.

Je anspruchsvoller ein Amt ist und je weniger es programmiert und seine Anforderungen standardisiert werden können, desto aufwändiger werden die Verfahren.[521] Ein Auswahlverfahren kann in mehrere Schritte aufgeteilt werden, in denen jeweils bestimmte Aspekte begutachtet werden. Die Entscheidung wird zumeist von Kommissionen oder wenigstens unter deren beratender Beteiligung getroffen, um unterschiedliche Gesichtspunkte und Perspektiven zur Geltung zu bringen.

Die Legitimation einer Besetzungsentscheidung wird umso anspruchsvoller, je bedeutender ein Amt ist. Dies ist vor allem der Fall, wenn das Amt programmierend, thematisch umfassend und repräsentativer Natur ist, wie dies vor allem bei allen politischen Ämtern der Fall ist. Dann kann die Legitimation nicht allein auf die (materialen) Anforderungen nach Art. 33 Abs. 2 GG gestützt werden, sondern es gewinnen die (formalen) Anforderungen demokratischer Legitimation nach Art. 20 Abs. 1 GG stärkeres Gewicht.[522]

Der in der Literatur begegnenden Entgegensetzung von Amts- und Konkurrenzprinzip, wonach für einen Großteil der Ämter die Kriterien nach Art. 33 Abs. 2 GG gelten, für politische Ämter – die dann oft nicht als Amt, sondern als Mandat bezeichnet werden – hingegen der Wettbewerb im Wahlverfahren,[523] kann so nicht gefolgt werden. Diese Entgegensetzung von ›fachlich‹ und ›politisch‹ scheint einer (unrealistischen) Idealisierung des Amtes zu dienen, trägt zuweilen Züge eines undemokratischen Ressentiments gegenüber der Politik und übersieht, dass allein wegen der begrenzten Steuerungskraft des Gesetzes die Exekutive stets auch politisch handelt.[524] Es handelt sich hier nicht um einen Gegensatz, sondern um die unterschiedliche Gewichtung von Prinzipien, die bei jeder Amtsübertragung einschließlich aller politischen Ämter zu berücksichtigen sind.[525]

»Demokratische Legitimation weist sachliche und personelle Elemente auf, wobei beide in einem wechselbezüglichen Verhältnis stehen: Je schwächer das eine Element ist, desto stärker muss das andere Element ausgeprägt sein.«[526]

Jedes Amt bedarf einer sachlich-inhaltlichen Legitimation, die über das Programm hergestellt wird. Und es bedarf personell-organisatorischer Legitimation, die im Demokratieprinzip gründet und über Struktur und Verfahren hergestellt wird.[527] Es besteht kein Gegensatz von Amts- und Konkurrenzprinzip. Diese Prinzipien sind ohnehin auf verschiedenen Ebenen anzusiedeln. Während das

---

[521] *Classen*, Wahl contra Leistung, S. 1014.

[522] Vgl. *Gärditz*, Das Amtsprinzip, S. 13.

[523] *Depenheuer*, Das öffentliche Amt, Rn. 24; *Hense* in: Epping/Hillgruber, GG, Art. 33 Rn. 9; *H. Krüger*, Allgemeine Staatslehre, S. 317; differenzierter *Isensee*, Gemeinwohl und öffentliches Amt, S. 143 ff.; *ders.*, Das Amt als Medium des Gemeinwohls, S. 251 ff.

[524] *Schuppert*, Verwaltungswissenschaft, S. 660 ff.

[525] Eingehend zu politischen Beamten, kommunalen Wahlbeamten und Richtern an obersten Bundesgerichten *Yasin*, Öffentliche Ämter im Spannungsfeld, passim.

[526] *Classen*, Wahl contra Leistung, S. 1016 (Zitat); *Voßkuhle/Kaiser*, Personal, Rn. 64; BVerfGE 83, 60 (72).

[527] *Böckenförde*, Demokratie als Verfassungsprinzip, Rn. 14 ff.; *Voßkuhle/Sydow*, Die demokratische Legitimation des Richters, S. 676 ff.

Amtsprinzip, das vor allem die Gemeinwohlbindung zum Gegenstand hat, eine sehr allgemeine Aussage über alle Ämter darstellt, betrifft das Konkurrenzprinzip einen bestimmten Aspekt bei der Besetzung von Ämtern, der übrigens wegen der gebotenen Bestenauslese ebenfalls bei allen Ämtern eine Rolle spielt. Vielmehr besteht ein komplementäres Verhältnis von *Leistungs-* (Art. 33 Abs. 2 GG) und *Demokratieprinzip* (Art. 20 Abs. 1 GG). Die verschiedenen Ämter unterscheiden sich nicht kategorial, sondern allein graduell darin, mit welchem Gewicht und in welcher Form diese beiden Prinzipien zur Geltung gebracht werden können.[528]

Soweit die Anforderungen an die Eignung, Befähigung und fachliche Leistung beschrieben und rationalisiert werden können, hat Art. 33 Abs. 2 GG positive Steuerungswirkung. Er gibt die Kriterien an, an denen eine Auswahlentscheidung zu orientieren ist. Je weniger dies möglich ist, desto stärker kommt es auf das Verfahren an. Art. 33 Abs. 2 GG hat dann die negative Steuerungswirkung, dass niemand von einem Bewerbungsverfahren aus sachfremden Gesichtspunkten ausgeschlossen werden darf.[529] Die positive Beurteilung der Eignung (im weiteren Sinne) obliegt dann der abschließenden Beurteilung derjenigen, die im Verfahren zu entscheiden haben.[530] Diese Maßgaben sind auch bei jeder politischen Wahl anwendbar. Der Wahlakt ist als Ausdruck des Vertrauens in die Eignung des Bewerbers zu verstehen.[531]

Die Auswahlentscheidung erweist sich als hochgradig komplex und nur partiell rationalisierbar, was zum einen an der Fülle und Disparität der relevanten Gesichtspunkte, zum anderen an ihrem Charakter als Prognoseentscheidung liegt. Dies führt zu einer funktionellen Einschränkung gerichtlicher Kontrolle. Diese kann sich auf Verfahrensregelungen und diejenigen Aspekte erstrecken, die einer Standardisierung und Rationalisierung zugänglich sind. Daneben bleibt – abhängig vom jeweils zu besetzenden Amt – jedoch ein weiter Beurteilungsspielraum, der denjenigen überlassen bleiben muss, die im Verfahren zur Entscheidung berufen sind.[532]

c) Integration

Wem ein Amt übertragen wird, der muss zum Amtsträger werden. In der ihm eigenen Art hat *Krüger* das Problem folgendermaßen beschrieben:

»Das aber heißt, daß anders als im Falle etwa der Weihe oder des Eides es immer mehr zur Sache des Menschen selbst wird, sich in den Amtsträger zu verwandeln, indem er

---

528 *Classen*, Wahl contra Leistung, S. 1019; *Heyen*, Amtsbegriff als Kernelement, S. 271; mir scheint auch, dass der Unterschied zwischen Mehrheits- und Verhältniswahl keine prinzipielle Bedeutung für das Amtsprinzip hat, anders jedoch *Hennis*, Amtsgedanke und Demokratiebegriff, S. 58 ff.

529 *Classen*, Wahl contra Leistung, S. 1014 f.

530 *Jachmann-Michel/Kaiser* in: von Mangoldt/Klein/Starck, GG, Art. 33 Rn. 22; *H. Krüger*, Allgemeine Staatslehre, S. 274.

531 *Classen*, Wahl contra Leistung, S. 1012 f.; *Gröschner/Lembcke*, Ehtik und Recht, S. 65 f.; *Hennis*, Amtsgedanke und Demokratiebegriff, S. 68.

532 *Hebeler*, Verwaltungspersonal, S. 130 f.; *Schuppert*, Verwaltungswissenschaft, S. 654; *Voßkuhle/Kaiser*, Personal, Rn. 58 f.

sich in das Amt hineinlebt und die Bestimmung durch das Amt immer mehr zu seinem Habitus werden läßt. Letzten Endes kann dies alles aber nur dann gelingen, wenn auch die Allgemeinheit im Amt einen Wert und in der Selbstverwandlung in den Amtsträger eine wesentliche Leistung für die Gesamtheit erblickt.«[533]

Wer eine Amtsposition innehat, nimmt damit verschiedene Rollen ein und sieht sich unterschiedlichen Erwartungen ausgesetzt.[534] Innerhalb der Organisation können Vorgesetzte, (gleichrangige) Kollegen und Untergebene unterschieden werden. Hinzu kommen die Erwartungen von außen durch konkrete Interaktionspartner, andere staatliche Stellen oder das nicht näher bestimmte Publikum. Diese alle geben unterschiedliche Erwartungen zu erkennen,[535] wobei noch einmal zwischen direkten normativen Erwartungen (»Du sollst …«) und impliziten empirischen (»Du wirst dich wohl in bestimmter Weise verhalten«) unterschieden werden kann.[536] Diese Erwartungen werden u. a. auch dadurch bestimmt, dass jemand in seiner Amtsrolle und -position wahrgenommen wird. Der Amtsinhaber muss zusehen, wie er diesen unterschiedlichen Erwartungen Rechnung trägt und sie zum Ausgleich bringt. Die Art der Erwartungen und die Macht, mit der sie vertreten werden, prägen das unmittelbare und das langfristige Verhalten des Amtsinhabers.

Von besonderem Interesse sind die Erwartungen, die der Prinzipal, also letztlich das Gemeinwesen, mit einem Amt verbindet. Diese können auf verschiedene Weise artikuliert werden. Ihren deutlichsten Ausdruck finden sie in Rechten und Pflichten sowie in Aufgaben und Kompetenzen. Wie zu zeigen war, können die Anforderungen des Amtes so jedoch nicht vollständig erfasst werden.[537] Ein weiteres Instrument, um Amtsträgern Orientierung zu geben, ist die Formulierung und Verabredung *ethischer Standards*, in denen prinzipielle Aussagen mit Erläuterungen und Regelbeispielen verknüpft werden. Es handelt sich dabei um eine Form von *soft law*, das an bestehende Pflichten anknüpft und diese für verschiedene Konstellationen zu konkretisieren sucht, ohne dies regelhaft leisten zu können.[538] Schließlich können solche Erwartungen auch in Pathosformeln Ausdruck finden.[539] Es handelt sich dann um sehr abstrakte Formulierungen, in denen ein bestimmtes Amtsverständnis Ausdruck findet, das aber der Entfaltung und Konkretisierung bedarf.

---

[533] *H. Krüger*, Allgemeine Staatslehre, S. 272; siehe auch Fn. 498; ähnlich *Loschelder*, Vom besonderen Gewaltverhältnis, S. 308 ff.

[534] Siehe Kapitel 2: Exploration III. Materiale Handlungstheorie 1. Homo sociologicus b) Rollenvielfalt, S. 74.

[535] *Isensee*, Gemeinwohl und öffentliches Amt, S. 131: »Einerseits sollen die Amtsträger sein ›wie Du und ich‹, andererseits sollen sie das bessere Selbst verkörpern und darin ausgleichen, was sie in ihrer amtlichen Stellung über den Jedermann erhebt.«

[536] *Esser*, Institutionen, S. 69 f.

[537] Siehe 3. Amt und Person b) Amt als Rechtsverhältnis, S. 170.

[538] *Fischer et al.*, Ethik, S. 60; *Franzius*, Steuerung durch Recht, Rn. 25 f.; *Gmeiner*, Verhaltenskodizes und Ähnliches, passim; *Martini*, Normsetzung, Rn. 127 ff.; *Ruffert*, Rechtsquellen und Rechtsschichten des Verwaltungsrechts, Rn. 83; *Sommermann*, Ethik des öffentlichen Dienstes, passim.

[539] Siehe I. Programm 1. »Gemeinwohl« b) Funktion, S. 117.

Die Vermittlung solcher Erwartungen geschieht wiederum auf verschiedene Weise.[540] Ein signifikanter Schritt ist der Eintritt in das Amtsverhältnis, bei dem durch besondere Akte der »Incorporation«[541] der Amtsträger in das Gefüge der Ämter aufgenommen wird. Durch Elemente wie Belehrungen, Verpflichtungen und Eidesleistung[542], aber auch durch Rede und die ganze Inszenierung kann bei dieser Gelegenheit für alle Beteiligten verdeutlicht werden, welches Amtsverständnis und welche Erwartungen mit diesem Amt verbunden sind. Eine gezielte Vermittlung von Erwartungen kann außerdem durch Mitarbeitergespräche und Fortbildung stattfinden, in denen das Amtsverständnis, ethische Standards und Pathosformeln zur Sprache kommen und Amtsträger zur Reflexion angeregt und befähigt werden.[543]

Nicht zu unterschätzen ist der Einfluss der ständig laufenden Sozialisation auf der Interaktionsebene.[544] Das Verhalten derjenigen Personen, mit denen ein Amtsträger in Wahrnehmung seines Amtes zu tun hat, wirkt sich auf seine Selbst- und Rollenwahrnehmung aus. Es ist anzunehmen, dass dabei diejenigen Menschen besonders relevant sind, mit denen der Amtsträger regelmäßig, langfristig und häufig zu tun hat. Das sind vor allem Kollegen, Vorgesetzte und Untergebene, es können aber auch regelmäßige Außenkontakte sein. Dieser Sozialisationseffekt kann unterschiedlich zu bewerten sein. Auf der einen Seite vermag er die Bildung und Stabilisierung eines Amtsethos zu befördern, zumal wenn Amtsträger als ›Vorbilder‹ wirken.[545] Auf der anderen Seite kann auch ein problematisches Gruppenethos entstehen, das sich von den Anforderungen des Amtes absetzt. Der Prinzipal kann solche Entwicklungen durch Organisationsstruktur und Verfahren, Regelung der Außenkontakte, Zusammensetzung der Organisationseinheiten und ihre regelmäßige Veränderung (Rotation) beeinflussen.[546]

Allerdings ist die Steuerungswirkung aller Maßnahmen des Prinzipals von vornherein begrenzt. Denn hier geht es insgesamt um wirksame, aber schwer zu kontrollierende Faktoren der Persönlichkeitsentwicklung. Sozialisation ist im Wesentlichen Kommunikation. Und es bleibt dabei stets offen, wie der Empfänger eine Mitteilung aufnimmt und verarbeitet. Sozialisation ist darum praktisch nicht steuerbar.[547] Die Pluralität der Einflüsse und der entscheidende Faktor der

---

540 Vgl. zu unterschiedlichen Sozialisationstaktiken *Klatetzki*, Sozialisationen in Organisationen, S. 526 ff.

541 *Köttgen*, Das anvertraute öffentliche Amt, S. 136.

542 *Heintzen*, Amtsprinzip, Rn. 35; *Köttgen*, Das anvertraute öffentliche Amt, S. 140; *Morstein Marx*, Beamtenethos und Verwaltungsethik, S. 339 f.; *Volkmann*, Verfassungslehre, S. 54; recht pathetisch *Depenheuer*, Das öffentliche Amt, Rn. 6: »Insgesamt enthält der Text des Eides in nuce ein umfassendes Gemeinwohlprogramm, das den Bereich der begrenzten Kompetenzen des Amtsinhabers transzendiert und auf seine ethischen Voraussetzungen verweist.«

543 *Battis*, Hergebrachte Grundsätze versus Ökonomismus, S. 315.

544 Vgl. *Mayntz*, Soziologie der öffentlichen Verwaltung, S. 173 ff.; *Simon*, Das Verwaltungshandeln, S. 86 mit dem reichlich zeitgebundenen Beispiel: »Insubordination als Verstoß gegen die Gesellschaftsauffassung kann sich so ärgerlich auswirken wie ein Kirchgang ohne Krawatte.«

545 *Bank*, Beamtenethos und Beamtenehre, S. 154.

546 Siehe III. Struktur, S. 198.

547 *Luhmann*, Soziale Systeme, S. 330.

›Selbstsozialisation‹ bewirken, dass auch eine Pluralität von Vorkehrungen erforderlich ist, um amtsgemäßes Handeln wahrscheinlich zu machen.[548]

d) Inszenierung

Sowohl für die Amtsinhaber wie auch für ihre Kommunikationspartner ist es nötig, dass das Amt ›in Erscheinung tritt‹. Es ist ja kein Ding, das in der Welt als solches vorhanden ist. Es ist eine Institution, die sich im Wesentlichen auf einen Bestand von Normen und einen Akt der Einsetzung, d. h. durchweg auf Entscheidungen, gründet. Um wirksam zu werden, muss es kommuniziert werden. Erst indem das Amt als Amt kommuniziert wird, ist es in der Welt. Diese Kommunikation kann dadurch geschehen, dass die Entscheidungen, auf die sich das Amt gründet, mitgeteilt werden. Da diese als solche kontingent sind, geraten die Prämissen der Entscheidungen über das Amt in den Blick und im Wege eines weitergehenden Regresses auch deren Prämissen und so fort. Eine vollständige Darstellung von Begründung und Legitimation des Amtes ist letztlich nicht zu leisten. Dabei stellt das Amtsparadox ein zusätzliches Problem dar. Wenn man es aufdeckt, wird die Amtspraxis dadurch infrage gestellt und möglicherweise blockiert. Darum wird es in der Regel dissimuliert und durch ein gewisses Amtspathos verdeckt. Im Alltag wird für das Amt eine Darstellung verwendet, die auf einfache Weise, geradezu intuitiv erfasst werden kann und zugleich die Bedeutungsvielfalt des Amtes aufzunehmen vermag. Dies leistet seine *Inszenierung*.[549] Dabei kommen Räume, Requisiten und Rituale zum Einsatz.

– Die *Räume* bilden gewissermaßen die Bühne für das Amtshandeln. Sie sind von anderen Räumen unterschieden und werden nach den Erfordernissen des Amtes und seiner Inszenierung eingerichtet.[550] Auch können durch unterschiedliche Räume verschiedene Formen der Öffentlichkeit hergestellt werden:[551] der Gerichtssaal für die öffentliche Verhandlung, das Dienstzimmer für das unbeobachtete Arbeiten oder die Begegnung zwischen Amtsträger und Bürger, das Richterzimmer für die geheime Beratung, der Schalter für die Laufkundschaft.

– Zu den *Requisiten* gehören Gegenstände, wie Hammer und Glocke, Siegel und Stempel, Briefkopf und Urkunde, die eine praktische Funktion, daneben aber auch symbolische Bedeutung haben. In einem weiteren Sinne können zu ihnen auch Formeln und (Amts-)Bezeichnungen gerechnet werden, durch die Amtsrollen und -tätigkeiten ausgezeichnet werden.[552] Besonders ein-

---

[548] *Trute*, Funktionen der Organisation, S. 274.

[549] Vgl. *Kolesch*, Rollen, Rituale und Inszenierungen, passim; *Krappmann*, Soziologische Dimensionen der Identität, S. 168 f.; *Luhmann*, Die Politik der Gesellschaft, S. 238; *Luhmann*, Legitimation durch Verfahren, S. 91 ff.; *L. Münkler*, Inszenierung von Recht als Wirksamkeitsbedingung, S. 25 ff.; *Raphael*, Recht und Ordnung, S. 186 ff.

[550] Vgl. *Esser*, Institutionen, S. 229 ff.; *Sofsky/Paris*, Figurationen sozialer Macht, S. 44.

[551] *Goffman*, Rollendistanz, S. 101.

[552] Zur Bedeutung von Statuszeichen *Dreitzel*, Die gesellschaftlichen Leiden, S. 121; zu Amtsbezeichnungen BVerfGE 62, 374 (383 f.); 64, 323 (352); *Heintzen*, Amtsprinzip, Rn. 36; *Summer*, Die Amtsbezeichnung, passim.

drücklich kann ein Amt durch die Verwendung einer Amtstracht inszeniert werden.[553]

– *Rituale* werden bewusst bei besonders wichtigen Akten wie der Einführung in ein Amt oder der Verkündung von Entscheidungen eingesetzt.[554] Der Auftritt der Akteure, das Aufstehen der Beteiligten oder aller Anwesenden, besondere Handlungen wie Eidesleistung[555], Gelöbnis oder Handschlag, die Rahmung durch Rede und Musik und andere Mittel der Inszenierung können die besondere Bedeutung bestimmter Akte verdeutlichen. Aber auch im Alltag entwickeln sich Rituale des Amtshandelns, die dieses als solches kennzeichnen und den Umgang der Beteiligten prägen.

Durch die Inszenierung wird anschaulich, dass jemand eine bestimmte Rolle wahrnimmt und von dieser in Anspruch genommen wird.[556] Sie markiert zugleich die Differenz zwischen der Person und dem Amt. Und sie schafft eine gewisse Distanz zum Interaktionspartner, dem der Amtsträger nicht bloß ›von Mensch zu Mensch‹, sondern als Repräsentant eines Gemeinwesens begegnet. Durch eine aufwändige und eindrucksvolle Inszenierung, durch ihre Feierlichkeit wird die Bedeutsamkeit des amtlichen Handelns anschaulich. Auf diese Weise kann allen Beteiligten, den Amtsträgern, weiteren Betroffenen und Beobachtern, deutlich werden, worum es bei dem betreffenden Amt geht. Insbesondere kann Macht und ihre Ausübung damit dargestellt und braucht nicht mit anderen Mittel wie Gewalt und Zwang ausgeübt zu werden.[557]

5. Amtsstellung

Die Handlungsmöglichkeiten des Amtsinhabers werden im Wesentlichen durch seine Amtsstellung bestimmt. Es können die Sach- (a)), Zeit- (b)) und Sozialdimension (c)) unterschieden werden. Dabei ergeben sich Zusammenhänge mit den Aspekten der Amtssozialisation. Der leitende Gesichtspunkt für die Ausgestaltung der Amtsstellung ist nach dem Funktionsprinzip das dem jeweiligen Amt aufgegebene Programm.

Die Ausgestaltung der Amtsstellung ist Teil der Gemeinwohlverwirklichung im organisatorischen Sinne. Für sie gelten wie für das Programm als Gemein-

---

553 *Isensee*, Gemeinwohl und öffentliches Amt, S. 128; *P. Krüger/Munsonius*, Sinn und Gebrauch kirchlicher Amtstracht, S. 305 f.; aphoristisch *Lichtenberg*, Sudelbücher, Heft F, 423: »So sagt man[,] jemand bekleide ein Amt, wenn er von dem Amt bekleidet wird.«

554 *Sofsky/Paris*, Figurationen sozialer Macht, S. 50.

555 *Depenheuer*, Das öffentliche Amt, Rn. 6, 37; *Gärditz*, Das Amtsprinzip, S. 39 f.; *Häberle*, Öffentliches Interesse als juristisches Problem, S. 39 ff.; *Isensee*, Gemeinwohl und öffentliches Amt, S. 145; vgl. *H. Krüger*, Allgemeine Staatslehre, S. 313 ff.; eingehend *Hirsch*, Über die Gesellschaftsbezogenheit des Eides, passim.

556 *Dreitzel*, Die gesellschaftlichen Leiden, S. 108; *Goffman*, Rollendistanz, S. 97; *Luhmann*, Funktionen und Folgen, S. 146.

557 *Luhmann*, Die Politik der Gesellschaft, S. 47 f., 91; kritisch *Tocqueville*, Über die Demokratie in Amerika, S. 120 f.: »Für die Demokratie ist die Regierung kein Gut, sondern ein notwendiges Übel. Man muß den Beamten eine gewisse Macht einräumen; denn zu was wären sie ohne Macht nütze? Aber der äußere Glanz der Macht ist für den Gang der Staatsgeschäfte nicht nötig; er beleidigt vielmehr unnötig das Auge der Öffentlichkeit.«

wohlartikulation im materiellen Sinne verfassungsrechtliche Direktiven: (1) Für einige Ämter trifft das Grundgesetz dezidierte Regelungen. (2) Im Übrigen geht es um allgemeine Prinzipien, von denen vor allem der Gewaltenteilungsgrundsatz relevant wird, soweit es um verschiedene Rollen innerhalb des staatlichen Ämtergefüges geht. Im Übrigen verbleibt ein erheblicher Gestaltungsspielraum. (3) Über die Amtsstellung ist dann in gleicher Weise und in entsprechender Zuständigkeit zu entscheiden wie über das Programm.

a) Sachdimension

Die Sachdimension steht in engem Zusammenhang mit dem Programm, das durch das Amt verwirklicht werden soll und sich in den Anforderungen an Eignung (im weiteren Sinne) und vor allem Befähigung und Ausbildung niederschlägt.[558] Das Programm beschreibt zunächst das Außenrechtsverhältnis zwischen Staat und Bürger (bzw. anderen Menschen und Institutionen) und wird durch das Amt in ein Innenrechtsverhältnis zwischen Staat und Amtswalter transformiert.[559] Daraus ergeben sich die Aufgaben und Kompetenzen des Amtsinhabers sowie seine Verantwortlichkeit.

Da nicht jedes Handeln der Person ein solches in Wahrnehmung des Amtes ist, bedarf es der impliziten oder expliziten Kennzeichnung des Handelns als Amtshandeln. Dies kann durch Bezugnahme auf das Programm, die Amtsstellung und ihre Kompetenzen geschehen oder durch Umstände der Amtsausübung, die diesen Zusammenhang sinnfällig werden lassen. Es geht also auch hier um die Inszenierung des Amtshandelns.

Der Amtsinhaber hat die Umsetzung des Programms selbst in der Hand. Denn Kompetenzen können nicht so scharf abgegrenzt werden, dass das Programm eindeutig darin abgebildet wird. Das rechtliche Können des Amtsinhabers geht regelmäßig über das rechtliche Dürfen hinaus. Es ist also stets damit zu rechnen, dass die Grenzen des rechtlichen Dürfens überschritten werden und programmwidriges Amtshandeln geschieht. Um dies zu vermeiden oder wenigstens einzuschränken, kann durch die Einbindung in die Organisationsstruktur und die Bindung an bestimmte Verfahrensregeln eine gewisse Vorsorge getroffen werden.[560]

Kommt es dennoch zu programmwidrigem Amtshandeln, kann im Außen- und im Innenverhältnis auf differenzierte Weise reagiert werden. Im Zivilrecht werden solche Fälle durch die Regeln über die Stellvertretung, das Handeln ohne Vertretungsmacht, der Anscheins- und Duldungsvollmacht bearbeitet (§§ 164 ff. BGB). Im Verwaltungsrecht sind vor allem die Regelungen über die Bestandskraft von Verwaltungsakten einschlägig (§§ 43 ff. VwVfG). Außerdem sind die Verfahren gerichtlicher Kontrolle (einschließlich eines etwaigen Vorverfahrens) und die differenzierten Regelungen über die Verantwortlichkeit und Haftung des Amtsinhabers und des Staates im Innen- und im Außenverhältnis relevant.[561]

---

[558] Siehe 4. Sozialisation a) Ausbildung, S. 181.
[559] Siehe 3. Amt und Person b) Amt als Rechtsverhältnis, S. 170.
[560] Siehe III. Struktur 3. Aufbau-Organisation a) Zuständigkeit, S. 210 und c) Hierarchie, S. 215.
[561] Siehe III. Struktur 5. Sanktionierung, S. 230.

b) Zeitdimension

In der Zeitdimension kann diachron betrachtet werden, für welche Dauer ein Amt übertragen wird, und synchron, wie stark es den Amtsinhaber beansprucht und Zeit für weitere Tätigkeiten lässt.

In *diachroner* Betrachtung ist zu unterscheiden, ob ein Amt befristet, unbefristet mit der Möglichkeit der Beendigung oder auf Lebenszeit übertragen wird.[562] Hier ergibt sich ein Zusammenhang mit der Auswahl und Legitimation des Amtsinhabers.[563] Je politischer ein Amt, d. h. je weniger programmiert und je mehr programmierend es ist, und je stärker seine Besetzung darum durch das Verfahren legitimiert ist, desto eher bedarf es der erneuten Legitimation durch ein erneutes Besetzungsverfahren. Solche Ämter sind tunlichst befristet zu vergeben. Ist hingegen die Übertragung des Amtes vor allem durch die festgestellte Befähigung und fachliche Leistung begründet, desto stärker fällt die Stabilität der Amtsführung ins Gewicht, so dass eine langfristige, unbefristete oder lebenszeitliche Übertragung in Betracht kommt.[564] Wie gezeigt kann gerade über eine solche langfristige Bindung ein Ausgleich zwischen den Anforderungen des Amtes und den Interessen der Person hergestellt werden.[565]

Typologisch können fünf Modi der Amtsübertragung unterschieden werden: (1) unbefristete Übertragung, (2) unbefristete Übertragung mit Überprüfung und Beendigungsoption, (3) befristete Übertragung mit Verlängerungsautomatismus, falls keine Kontraindikation eintritt, (4) befristete Übertragung mit Verlängerungsoption (z. B. Wiederwahl), (5) strikte Befristung ohne Verlängerungsmöglichkeit.[566] Zwischen diesen Typen sind Kombinationen und Übergangsformen möglich. So kann die Verlängerungsoption mit der strikten Befristung kombiniert werden, indem die Möglichkeit der Wiederwahl eingeschränkt wird (z. B. Art. 54 Abs. 2 S. 2 GG). Oder die befristete Übertragung eines besonderen Amtes (3–5) wird mit einem unbefristeten Grundamt (1–2) kombiniert.

Soweit es um Beamtenverhältnisse geht, können sich Einschränkungen der Gestaltungsmöglichkeiten aus der Bindung an die hergebrachten Grundsätze des Berufsbeamtentums nach Art. 33 Abs. 5 GG ergeben, zu denen auch das Lebenszeitprinzip gezählt wird.[567] Allerdings ist mit Art. 33 Abs. 5 GG keine Petrifizierung des Beamtenrechts intendiert, sondern ausdrücklich auch seine Fortentwicklung.[568] Dem Gesetzgeber muss darum ein hinreichend großer Spielraum offenstehen, um Amtsverhältnisse so zu gestalten, dass den unterschiedlichen Anforderungen an fachliche Eignung und demokratische Legitimation sowie den

---

562 Vgl. die Unterscheidung von Beamtenverhältnissen auf Lebenszeit, auf Zeit, auf Probe und auf Widerruf nach § 6 BBG und den entsprechenden Landesgesetzen; *Hebeler*, Verwaltungspersonal, S. 170 ff.

563 Siehe 4. Sozialisation b) Auswahl, S. 183.

564 *Schröder*, Die Bereiche der Regierung und der Verwaltung, Rn. 34 f.

565 3. Amt und Person a) Grundkonstellation, S. 166.

566 *Munsonius*, Befristung von Pfarrstellen, S. 181 f.

567 BVerfGE 71, 255 (268); 121, 205 (221); 149, 1 (17).

568 Zur Diskussion Kapitel 3: Konkretion III. Verfassungsrechtliche Direktiven 2. Artikel 33 GG, S. 107.

Bedürfnissen nach Stabilität und Flexibilität der Amtsführung Rechnung getragen werden kann.

In *synchroner* Betrachtung stellt sich die Frage, wie stark jemand durch ein Amt beansprucht wird und mit welchen anderen Tätigkeiten es sich vereinbaren lässt. Da es nicht nur um die zeitliche Beanspruchung, sondern auch um inhaltliche Fragen geht, ergibt sich ein starker Zusammenhang mit der Sozialdimension.[569] Es geht hier um das Verhältnis von haupt-, neben- und ehrenamtlicher Tätigkeit.

Auszugehen ist vom (beruflichen) *Hauptamt*, das die Stellung des Amtsinhabers wesentlich bestimmt. Es beansprucht einen großen Teil seiner Zeit, stellt einen wichtigen Teil seines Lebensinhalts dar und sichert ihm regelmäßig seine Lebensgrundlage. Der Grundsatz der Hauptberuflichkeit wird zum »Kernbestand der zu beachtenden Prinzipien des Beamtenrechts« gezählt.[570] Das Hauptamt gewährt einen umfassenden Zugriff auf die Arbeitskraft des Amtsinhabers. Dieser kann durch Teilzeitbeschäftigung im Amtsverhältnis eingeschränkt sein.[571] Von seinen Anforderungen aus ergibt sich, inwieweit daneben weitere Tätigkeiten möglich und zulässig sind.

Der Begriff der *Nebentätigkeit* stellt eine Beziehung zum Hauptberuf her. Sie kann ihrerseits als Amt ausgestaltet sein. Eine Nebentätigkeit kann in einem produktiven Zusammenhang mit dem Hauptamt stehen.[572] Sie kann als solche für das Gemeinwohl förderlich sein. Sie kann einem anerkennenswerten Interesse des Amtsinhabers dienen. Sie kann für das Hauptamt gleichgültig, aber auch problematisch sein und destruktive Effekte haben. Aus diesen Bewertungen ergeben sich die mit dem Hauptamt verbundenen Regelungen über Nebentätigkeiten. Fünf Stufen lassen sich dabei typologisch unterscheiden: (1) Eine Nebentätigkeit kann geboten sein, wenn ein starker produktiver Zusammenhang mit dem Hauptamt besteht. (2) Sie kann ohne weiteres zulässig sein, wenn sie sozial erwünscht ist oder einem starken anerkennenswerten Interesse des Amtsinhabers dient. (3) Sie kann anzeigepflichtig und mit einem Verbotsvorbehalt versehen sein, wenn eine Beeinträchtigung des Hauptamtes möglich erscheint. (4) Ist eine solche Beeinträchtigung durch eine Nebentätigkeit regelmäßig zu besorgen, kann diese genehmigungsbedürftig sein. (5) Eine Nebentätigkeit ist verboten, wenn sie im Widerspruch zu den Anforderungen des Hauptamtes steht. Dementsprechend sieht vor allem das Beamtenrecht differenzierte Regelungen für Nebentätigkeiten vor (z. B. §§ 97–105 BBG).[573]

Der Begriff des *Ehrenamtes* tritt neben die Unterscheidung von Hauptamt und Nebentätigkeit. Er wird für eine große Vielfalt von Tätigkeiten bürgerschaftlichen Engagements verwendet und ist in seiner Abgrenzung nicht eindeutig

---

569 Siehe c) Sozialdimension, S. 193.

570 BVerfGE 119, 247 (265 ff).

571 Zur Entwicklung *Franke*, Teilzeitbeschäftigung im Wandel, passim; zurückhaltend *Battis*, Teilzeitbeschäftigung und Beamtenrecht, passim.

572 Vgl. *Groß*, Kollegialprinzip, S. 55.

573 *Leppek*, Status des Einzelen im Beamtenrecht, Rn. 41; *Schnellenbach/Bodanowitz*, Beamtenrecht, S. 219 ff.

geklärt.[574] »Typischerweise wird vom Ehrenamt dann gesprochen, wenn [Bürger] sich in strukturierten Organisationsformen […] engagieren, die Tätigkeit unentgeltlich erbracht wird und öffentlich bzw. im öffentlichen Raum stattfindet.«[575] In diesem weiter gefassten Verständnis spricht nichts dagegen, dass auch staatliche Ämter ehrenamtlich wahrgenommen werden, wie dies exemplarisch bei Schöffen und Wahlhelfern der Fall ist. Zweifel können nur kommen, wenn die zusätzlichen Merkmale der Freiwilligkeit, Eigeninitiative und Staatsferne zu Kriterien erhoben werden.[576] Damit würde jedoch ein für die Geschichte des Ehrenamts wichtiger Sektor aus dem Begriff ausgenommen werden.[577]

Ein Ehrenamt setzt Ressourcen bei den Tätigen voraus.[578] Dazu gehört zum einen die körperliche und geistige Fähigkeit, die erforderliche Leistung zu erbringen. Außerdem beansprucht ein Ehrenamt Zeit. Und die – von Aufwandsentschädigungen abgesehen – bestehende Unentgeltlichkeit setzt voraus, dass die Betreffenden anderweitig ihren Lebensunterhalt bestreiten können. Ein öffentliches als Ehrenamt auszugestalten erleichtert damit nicht einfach den Zugang, wie man vielleicht denken könnte, sondern birgt auch spezifische Restriktionen. Man muss es (sich) leisten können, ein Ehrenamt auszuüben. Ehrenamtliche Tätigkeit beruht damit in hohem Maße auf der im Übrigen gegebenen sozialen Stellung, indem anderweitig gegebene Ressourcen für das Amt fruchtbar gemacht werden.[579] Damit betrifft das Ehrenamt nicht nur die zeitliche, sondern auch die soziale Dimension einer Amtsstellung.

c) Sozialdimension

In der Sozialdimension geht es um die Frage, welche Rollenkonstellationen der Amtsführung förderlich sind. Es soll eine günstige Konstellation hergestellt und Rollenstress möglichst vermieden werden.[580] Es geht also darum, zum einen (potentiell) konfliktuöse Rollenkombinationen auszuschließen und zum anderen produktive Kombinationen herzustellen oder wenigstens zu ermöglichen. Dabei geht es auch darum, wie jemand für sein Amt integriert wird und welchen Einflüssen und Erwartungen er ausgesetzt sein soll.[581] Im Vordergrund stehen dabei Regelungen über die Inkompatibilität.[582]

---

[574] *Rauschenbach*, Ehrenamt, S. 345 f.; siehe auch *Wiese*, Das Amt des Abgeordneten, S. 549 ff., der zwischen den Aspekten der Unentgeltlichkeit und der Ehr-Würdigkeit (552) unterscheidet.

[575] *Stricker*, Ehrenamt, S. 163; ebenso *Erlinghagen*, Ehrenamt, S. 199.

[576] *Stricker*, Ehrenamt, S. 169.

[577] *Erlinghagen*, Ehrenamt, S. 200 f. Ehrenämter sind z. B. in § 5 BeamtStG, §§ 81–87 VwVfG vorgesehen.

[578] *Erlinghagen*, Ehrenamt, S. 208 f.; *Rauschenbach*, Ehrenamt, S. 348.

[579] Vgl. die Bestimmung von »Honoratioren« bei *M. Weber*, Soziologie, MWG I/23, S. 576 = WuG, S. 170.

[580] Siehe Kapitel 2: Exploration III. Materiale Handlungstheorie 1. Homo sociologicus b) Rollenvielfalt, S. 74 und d) Rollenkonflikte, S. 76; sowie hier 1. Anforderungen des Amtes c) Soziale Konstellation, S. 159.

[581] Siehe 4. Sozialisation c) Integration, S. 185.

[582] *Gärditz*, Das Amtsprinzip, S. 24 ff.

Werner Weber hat es 1928 in seiner Dissertation[583] unternommen, für Abgeordnete bestehende Inkompatibilitätsregelungen zu systematisieren und dabei drei Typen unterschieden:

»So ergibt sich zunächst eine grundlegende [...] Dreiteilung in Inkompatibilitäten, (a) die zur Verwirklichung organisationsmäßiger Unterscheidungen innerhalb des Verfassungssystems dienen, ferner solche, (b) die nachteilige Auswirkungen der Abgeordnetenfunktion von anderen schutzwürdigen Bereichen abwehren wollen, und endlich diejenigen Inkompatibilitäten, (c) die den Schutz der Mandatsausübung selbst bezwecken.«[584]

Für Inkompatibilitäten des Typs (a) werden die Gewaltenunterscheidung, das Zweikammersystem und die Unterscheidung von Richter- und Parteistellung angeführt.[585] Außerdem werden noch genannt »die parlamentarische Inkompatibilität des verantwortlichen Redakteurs« und Inkompatibilitäten zur Vermeidung einer »Häufung von Amtspflichten und Aufgaben«, »weil unter ihr die gewissenhafte und gründliche Erfüllung dieser Pflichten leiden müßte.«[586] Schon diese Ergänzung und der Umstand, dass *Weber* in der Durchführung nicht zu einer strikten Klassifizierung bestehender Inkompatibilitätsregelungen kommt, zeigen, dass eine Systematisierung letztlich nur schwer möglich ist.[587]

Auch das Grundgesetz zeigt, wie differenziert die Verknüpfung oder Abschottung unterschiedlicher Positionen geregelt werden kann.[588] Dabei sind zwei Konstellationen zu unterscheiden.[589] Zum einen geht es um verschiedene Positionen innerhalb des staatlichen Gefüges. Hier ist bereits unabhängig von der konkreten Person des Amtsinhabers strukturell vor allem das Prinzip der Gewaltentrennung zu beachten.[590] Ein weiterer Gesichtspunkt ist die parteipolitische Neutralisierung bestimmter staatlicher Bereiche.[591] Zum anderen geht es um die Vereinbarkeit einer Amtsposition mit Positionen im außerstaatlichen gesellschaftlichen Raum. Dabei geht es vor allem um Regelungen, die ein Amt von externen Einflüssen freihalten.

Die Inkompatibilität mit anderen Positionen ist am umfassendsten für den *Bundespräsidenten* in Art. 55 GG geregelt und betrifft sowohl das Verhältnis zu anderen Verfassungsorganen wie auch Stellungen im öffentlichen und bürgerlichen Leben:

---

583 Hinweise bei *Schmitt*, Verfassungslehre, S. 191, 255; *Sturm*, Die Inkompatibilität, S. 8 Fn. 3.

584 *W. Weber*, Parlamentarische Unvereinbarkeiten, S. 170.

585 *W. Weber*, Parlamentarische Unvereinbarkeiten, S. 171 ff., 186 ff., 191 ff.

586 *W. Weber*, Parlamentarische Unvereinbarkeiten, S. 170.

587 *Sturm*, Die Inkompatibilität, S. 10 f. Es verwundert auch, dass Weber den Abgeordneten bei der Darstellung von Typ (b) vor allem als Teilnehmer eines Interessenkampfes, bei der Darstellung von Typ (c) als Vertreter des ganzen Volkes begreift; *W. Weber*, Parlamentarische Unvereinbarkeiten, S. 200, 238; siehe auch *Kloepfer/Neugärtner/C. Schmidt*, Verfassungsorgane im Grundgesetz, § 1 Rn. 81.

588 Im Einzelnen diskutiert bei *Sturm*, Die Inkompatibilität, S. 69 ff.

589 *Sturm*, Die Inkompatibilität, S. 2 f.

590 *Sturm*, Die Inkompatibilität, S. 11 f.

591 *Sturm*, Die Inkompatibilität, S. 41 f.

Art. 55 GG. (1) Der Bundespräsident darf weder der Regierung noch einer gesetzgebenden Körperschaft des Bundes oder eines Landes angehören.

(2) Der Bundespräsident darf kein anderes besoldetes Amt, kein Gewerbe und keinen Beruf ausüben und weder der Leitung noch dem Aufsichtsrate eines auf Erwerb gerichteten Unternehmens angehören.

Durch diese Norm soll zum einem im Sinne des Gewaltenteilungsprinzips nach Art. 20 Abs. 2 GG die personale Verschränkung mit anderen Staatsgewalten verhindert werden. Zum anderen dient sie der besonderen Integrationsfunktion des Bundespräsidenten. »Der Bundespräsident soll erhaben sein über jeden Verdacht, bei der Ausübung seines Amtes von persönlichen Interessen oder unmittelbaren Einflüssen Dritter geleitet zu sein.«[592]

Für die Mitglieder der *Bundesregierung* gilt nach Art. 66 GG eine Art. 55 Abs. 2 GG entsprechende Regelung, wobei sie mit Zustimmung des Bundestages dem Aufsichtsrat eines auf Erwerb gerichteten Unternehmens angehören können. Auch hier werden als leitende Gesichtspunkte Gewaltenteilung, Interessentrennung und die Konzentration auf das Regierungsamt genannt.[593] Allerdings ist die Mitgliedschaft in einer Regierung oder gesetzgebenden Körperschaft des Bundes oder eines Landes hier nicht wie in Art. 55 Abs. 1 GG explizit ausgeschlossen. Gleichwohl wird auch vertreten, dass Art. 66 GG sich auf verfassungsorganschaftliche Positionen und staatspolitische Ämter erstreckt bis hin zur – aller bisherigen Praxis widersprechenden – Inkompatibilität von Ministeramt und Abgeordnetenmandat.[594] Allerdings ist die Inkompatibilität in Art. 53a Abs. 1 S. 2 GG für Abgeordnete, die Mitglieder des Gemeinsamen Ausschusses sind, ausdrücklich geregelt, so dass die Möglichkeit, zugleich Mitglied der Bundesregierung und des Bundestages zu sein, vorausgesetzt wird.[595] Zudem wird die Kumulation beider Ämter als wichtiger Baustein eines parlamentarischen Regierungssystems angesehen.[596]

Die *richterliche Unabhängigkeit* nach Art. 97 Abs. 1 GG betrifft sowohl die sachliche wie auch die persönliche Dimension, die für hauptamtliche Richter in Abs. 2 konkretisiert wird.[597] Ziel ist es, dass sich Richter bei ihrer Entscheidung ausschließlich durch das demokratisch legitimierte Recht in Gesetz und

---

[592] *Fink* in: von Mangoldt/Klein/Starck, GG, Art. 55 Rn. 3 ff. (Zitat Rn. 6); *Kloepfer/Neugärtner/C. Schmidt*, Verfassungsorgane im Grundgesetz, § 5 Rn. 75 ff.

[593] *Epping* in: von Mangoldt/Klein/Starck, GG, Art. 66 Rn. 1; *Morlok/Krüper*, Ministertätigkeit im Spannungsfeld, S. 574 f.

[594] *Epping* in: von Mangoldt/Klein/Starck, GG, Art. 66 Rn. 7 ff., Rn. 18 ff.; vorsichtiger *Kloepfer/Neugärtner/C. Schmidt*, Verfassungsorgane im Grundgesetz, § 7 Rn. 94.

[595] *Herzog* in: Dürig/Herzog/Scholz, GG, Art. 66 Rn. 35; *Kluckert*, Mandat und Status des Abgeordneten, Rn. 28.

[596] *Meinel*, Vertrauensfrage, S. 22.

[597] Überraschend und m. E. nicht überzeugend u. a. *Sodan*, Der Status des Richters, Rn. 3: »Die persönliche Unabhängigkeit der *ehrenamtlichen* Richter wird nicht durch Art. 97 Abs. 2 GG gewährleistet, sondern gehört zu den hergebrachten Grundsätzen des *Berufs*beamtentums, die ihre grundgesetzliche Verankerung in Art. 33 Abs. 5 GG finden« [Hervorhebung von mir]. Anknüpfungspunkt kann wohl nur Art. 97 Abs. 1 GG sein; str. siehe *Morgenthaler* in: Epping/Hillgruber, GG, Art. 97 Rn. 19.

Verordnung leiten lassen.[598] Allerdings haben Richter schon aus methodischen Gründen zuweilen erhebliche Auslegungsspielräume, die sie eigenverantwortlich auszufüllen haben.[599] Der Zusammenhang von Unabhängigkeit und strikter Rechtsbindung verweist darauf, dass diese von den Richtern eigenverantwortlich in Bindung an ihr Gewissen zu leisten ist. Denn Unabhängigkeit schließt jede weitere Außensteuerung außer dem Recht aus.[600] So ist die richterliche Unabhängigkeit vor allem durch die Richter selbst in Gestalt eines entsprechenden Habitus zu gewährleisten.[601] »Richterliche Unabhängigkeit ist zuerst eine geistige, ethische, willentliche, zuchtvolle Anstrengung, aufgrund deren ich mir etwas zutrauen darf.«[602] Im Gebot der richterlichen Unabhängigkeit tritt das Amtsparadox erneut eindrücklich in Erscheinung.[603]

Historischer Kern der richterlichen Unabhängigkeit ist die strikte Unterscheidung der Judikative von Legislative und Exekutive, die anders als durch Rechtsetzungsakte keinen Einfluss auf die Rechtsprechung haben sollen.[604] Der Gedanke der Gewaltenteilung findet in Art. 94 Abs. 1 S. 3 GG seine ausdrückliche Fortsetzung, wonach Mitglieder des Bundesverfassungsgerichts weder dem Bundestag, dem Bundesrat, der Bundesregierung noch entsprechenden Organen der Länder angehören dürfen. Nach § 3 Abs. 4 S. 1 BVerfGG ist zudem jede weitere berufliche Tätigkeit mit Ausnahme derjenigen eines Lehrers des Rechts an einer deutschen Hochschule ausgeschlossen. Damit soll nicht zuletzt auch die Arbeitsfähigkeit des Gerichts sichergestellt werden.[605]

Die richterliche Unabhängigkeit wird durch Vorschriften des Deutschen Richtergesetzes konkretisiert. So dürfen nach § 4 Abs. 1 DRiG nicht Aufgaben der rechtsprechenden und zugleich solche der gesetzgebenden und vollziehenden Gewalt wahrgenommen werden. Wird ein Richter in eine gesetzgebende Körperschaft gewählt oder zum Mitglied einer Regierung ernannt, so enden nach § 36 Abs. 2 DRiG Recht und Pflicht zur Wahrnehmung des Richteramtes ohne gerichtliche Entscheidung kraft Gesetzes. Nach § 39 DRiG hat sich ein Richter innerhalb wie außerhalb des Dienstes so zu verhalten, dass das Vertrauen in seine Unabhängigkeit nicht gefährdet wird. Für ehrenamtliche Richter und Schöffen bestehen weniger weitreichende Regelungen, da bei ihnen zumindest eine anderweitige berufliche Tätigkeit möglich sein muss. Gleichwohl wird auch hier eine Überschneidung mit der gesetzgebenden und vollziehenden Gewalt weitgehend ausgeschlossen (§ 34 GVG, § 22 VwGO). In Einzelfällen können Richter von der

---

598 BVerfGE 148, 69 (90 f., Rn. 56 ff.); *Wittreck*, Sicherung der Unabhängigkeit, S. 13 ff.

599 *Herrmann*, Die Unabhängigkeit des Richters, S. 287 ff.; siehe I. Programm 5. Modus, S. 147.

600 *Classen* in: von Mangoldt/Klein/Starck, GG, Art. 97 Rn. 3 ff.

601 Eingehend zu möglichen Beeinträchtigungen der richterlichen Unabhängigkeit *Burchardt*, Der Grundsatz richterlicher Unabhängigkeit, S. 470 ff.

602 *Geiger*, Die Unabhängigkeit des Richters, S. 66 (Hervorhebung getilgt); ebenso *Herrmann*, Die Unabhängigkeit des Richters, S. 291; *Papier*, Die richterliche Unabhängigkeit, S. 1090 f.

603 *Voßkuhle/Sydow*, Die demokratische Legitimation des Richters, S. 679.

604 *Herrmann*, Die Unabhängigkeit des Richters, S. 268; *Papier*, Die richterliche Unabhängigkeit, S. 1089 f.

605 *Voßkuhle* in: von Mangoldt/Klein/Starck, GG, Art. 94 Rn. 16.

Ausübung des Amtes kraft Gesetzes ausgeschlossen sein, wenn sie auch in anderer Rolle mit dem Fall zu tun haben,[606] oder wegen Besorgnis der Befangenheit abgelehnt werden[607].[608]

Inkompatibilitäten für *Abgeordnete* ergeben sich aus den bereits genannten Vorschriften und weiteren Bestimmungen wie beispielsweise § 2 GOBR für die Mitgliedschaft im Bundesrat, § 13 Abs. 1 S. 2 BDSG für das Amt des Bundesbeauftragten für den Datenschutz und – auf der Grundlage von Art. 137 Abs. 1 GG – §§ 5 ff. AbgG für Funktionen innerhalb des öffentlichen Dienstes.[609] Ebenso wird die gleichzeitige Mitgliedschaft in Bundestag und Landesregierung ausgeschlossen, weil bereits über den Bundesrat eine personelle Verschränkung zwischen Landesregierungen und Bundesgesetzgebung besteht.[610] Eine gewisse Abschottung für das Amt eines Abgeordneten stellen die Vorschriften über seine *Indemnität* und *Immunität* nach Art. 46 GG dar. Dadurch werden Stellen der Exekutive daran gehindert, einen Abgeordneten wegen seines Verhaltens im Parlament wie auch außerhalb in Verfahrensrollen zu bringen, in denen er verfolgt oder anderweitig zur Verantwortung gezogen wird. Im Vordergrund steht hier jedoch weniger die soziale Konstellation des Abgeordneten, als dass die Arbeit im Parlament nicht durch die Exekutive beeinflusst werden darf. Der Schutzzweck sind die Funktionsfähigkeit des Parlaments, das Repräsentationsprinzip und die Gewissensfreiheit des Abgeordneten.[611] –

Andererseits kann die Verbindung verschiedener Rollen geduldet oder gar intendiert sein. Dabei können drei Konstellationen unterschieden werden:

Zunächst können mit einer bestimmten Amtsposition verschiedene Rollen verbunden sein, wie dies beispielsweise bei der Verbindung von Forschung und Lehre in der Position von Professoren der Fall ist.[612] Diese Verbindung ist zwar nicht von vornherein spannungsfrei. Gleichwohl verspricht man sich von ihr produktive Effekte für beide Tätigkeitsfelder und erhält sie darum in der Regel aufrecht.[613] Als eine weitere Rolle kann die des Prüfers unterschieden werden, die mit der Lehrtätigkeit regelmäßig verbunden ist. Werden Prüfungen jedoch außeruniversitär vor einem staatlichen oder kirchlichen Prüfungsamt abgelegt,

---

606 §§ 22, 23 StPO, § 41 ZPO, § 54 Abs. 1 und 2 VwGO, § 51 Abs. 1 und 2 FGO, § 60 Abs. 1 und 2 SGG, § 46 Abs. 2 ArbGG; § 18 BVerfGG.

607 §§ 24 ff. StPO, §§ 42 ff. ZPO, § 54 Abs. 1 und 3 VwGO, § 51 Abs. 1 und 3 FGO, § 60 Abs. 1 und 3 SGG, § 46 Abs. 2 ArbGG; § 19 BVerfGG.

608 *Mann/Wahrendorf*, Verwaltungsprozessrecht, Rn. 45; entsprechend für das Verwaltungsverfahren §§ 20, 21 VwVfG; dazu *Hufen/Siegel*, Fehler im Verwaltungsverfahren, Rn. 111 ff.

609 *H. H. Klein*, Status des Abgeordneten, Rn. 27; *Kloepfer/Neugärtner/C. Schmidt*, Verfassungsorgane im Grundgesetz, § 2 Rn. 226 ff.; *Kluckert*, Mandat und Status des Abgeordneten, Rn. 23 ff.; *Müller* in: von Mangoldt/Klein/Starck, GG, Art. 38 Rn. 73; eingehend *Leisner*, Unvereinbarkeit von öffentlichem Dienst und Abgeordnetenstellung, passim.

610 *B. Schneider*, Die Doppelmitgliedschaft in Bundestag und Landesregierung, S. 428.

611 *H. H. Klein*, Status des Abgeordneten, Rn. 38 ff.; *Kloepfer/Neugärtner/C. Schmidt*, Verfassungsorgane im Grundgesetz, § 2 Rn. 293 ff.; *Kluckert*, Mandat und Status des Abgeordneten, Rn. 77 ff.; *Storr* in: von Mangoldt/Klein/Starck, GG, Art. 46 Rn. 3, 30 f.

612 Siehe Kapitel 2: Exploration III. Materiale Handlungstheorie 1. Homo sociologicus b) Rollenvielfalt, S. 74.

613 Kritisch *Luhmann*, Die Wissenschaft der Gesellschaft, S. 678 f.

tritt die Rollenunterscheidung dadurch hervor, dass die Berufung in das Prüfungsamt ein besonderer Rechtsakt ist und auch außeruniversitäre Personen dafür in Betracht kommen. Hier ist die Verknüpfung verschiedener Rollen und Positionen intendiert.

Sodann kann die Verknüpfung zweier staatlicher Positionen vorgesehen oder zugelassen werden. Dies wird besonders im Hinblick auf Abgeordnete diskutiert, die auch Mitglied der Regierung sind. Diese – in der Geschichte der Bundesrepublik allgemein übliche Konstellation – ist von besonderem Interesse, weil hier ein Amt der Legislative mit einem solchen der Exekutive verbunden wird. Der Grundsatz der Gewaltenteilung wird nicht strikt durchgeführt, sondern durch Elemente der Gewaltenverschränkung ergänzt.[614]

Schließlich können staatliche und gesellschaftliche Positionen miteinander verbunden werden. Eine für den demokratischen Prozess wichtige Vermittlungsfunktion nehmen Politiker wahr, die zugleich Staats- und Parteiämter ausüben und so die Transmission zwischen Gesellschaft und Staat im politischen Prozess leisten.[615] Oft kommen bei ihnen noch weitere Ämter und Positionen hinzu. Eine solche Verbindung staatlicher und gesellschaftlicher Positionen ist zudem regelmäßig gegeben, wenn staatliche Ämter als Ehrenamt wahrgenommen werden. Diese Verbindung kann intendiert sein, wie dies bei ehrenamtlichen Richtern und Schöffen der Fall ist.[616] Zuweilen wird sie aber auch lediglich hingenommen, weil wegen der Bedeutung und des Umfangs der Amtstätigkeit Konflikte zwischen Anforderungen des Amtes und Interessen der Person nicht zu erwarten sind.

Insgesamt zeigt sich, dass (In-)Kompatibilitätsregelungen nicht einem einheitlichen System folgen, sondern jeweils im Hinblick auf ein konkretes Amt getroffen werden.[617] Letztlich ist es Sache des Gesetzgebers, nach Maßgabe der Verfassung darüber zu entscheiden, welche Rollenkonstellationen für ein bestimmtes Amt opportun sind.

III. Struktur

1. Anforderungen

a) Funktion

Die Stellung eines einzelnen Amtsinhabers kann nicht isoliert betrachtet werden. Jedes Amt ist eingebettet in eine bestimmte Struktur, in der verschiedene Ämter aufeinander bezogen sind. Die Elementarstruktur des Amtes ist eine *Principal-Agent*-Konstellation[618] und setzt darum wenigstens zwei Stellen voraus: die

---

614 *Epping* in: von Mangoldt/Klein/Starck, GG, Art. 66 Rn. 7 ff., Rn. 18 ff. m. w. N.

615 Siehe I. Programm 3. Interpreten b) Politik, S. 131 und c) Amtsträger, S. 133.

616 *Voßkuhle/Sydow*, Die demokratische Legitimation des Richters, S. 681.

617 Siehe auch *Sturm*, Die Inkompatibilität, S. 11, der statt einer Systematik nur eine »geordnete Kasuistik« für sinnvoll hält.

618 Siehe Kapitel 2: Exploration I. Allgemeine Handlungstheorie 3. Handeln für überindividuelle Akteure b) Das Principal-Agent-Problem, S. 51.

Stelle, die besetzt wird, und die Stelle, in deren Kompetenz die Ämtervergabe liegt.[619] Auf der Seite des Prinzipals sind Funktionen zu unterscheiden, die auch von verschiedenen Stellen wahrgenommen werden können. Dazu gehören die Konstituierung des Amtes (im engeren Sinne[620]) durch die Formulierung seines Programms und seine Situierung in der Ämterstruktur, seine Übertragung auf die Person und die Ausübung der Kontrolle.

Die Organisationsstruktur ist von der durch das Programm gegebenen Aufgabenstellung abhängig.[621] Je anspruchsvoller und weitreichender die Aufgabenstellung ist, desto umfangreicher und differenzierter ist die Struktur der Ämter, die dieser Aufgabe verpflichtet sind. Bei einer so umfassenden Aufgabe wie der Verwirklichung des Gemeinwohls, die allen staatlichen Ämtern aufgegeben ist, sind die Anforderungen an die Konkretisierung, Durchführung und Kontrolle des Amtshandelns sowie seine Legitimation außerordentlich hoch und bedürfen einer entsprechend ausgebauten Ämterstruktur.[622] Die Aufgabe des Organisationsrechts besteht darin, dafür zu sorgen, »dass Arbeitsteilung durch eine Vielzahl funktionell und institutionell differenzierter Organe bei gleichzeitiger einheitsbildender Zurechnung möglich ist.«[623]

»Die spezifische Leistungsfähigkeit von Organisationen besteht in der Transformation individueller Willensakte in kollektive Handlungen.«[624] Diese Leistung erbringt die Organisation, indem sie Entscheidungen des Amtes und Entscheidungen über seine Prämissen (also über seinen Bestand, das Programm, die Situierung in der Struktur und die Besetzung mit einer bestimmten Person)[625] unterscheidet und verschiedenen Stellen anvertraut. Damit kann das Handeln des Amtsinhabers statt diesem der Organisation zugerechnet werden.[626] Indem

---

[619] Dies gilt schon, wenn A und P natürliche Personen sind, von denen der eine dem anderen eine Aufgabe überträgt. Damit begründet bereits die Übertragung eines Amtes als solche eine Organisation *in nuce*. Zur entsprechenden Unterscheidung von primärem und sekundärem kirchlichen Amt *Munsonius*, Ordination und Beauftragung, S. 164 f. – Diese Unterscheidung wird durch das kanonische Recht für den Papst möglichst nivelliert. »Der Papst erhält sein Amt und die damit verbundene Primatialgewalt *iure divino*. Das Wahlkollegium ist nicht die amtsübertragende Autorität, es nimmt lediglich die Auswahl des Amtsträgers vor« (*Schwendenwein*, Der Papst, S. 460). So stellt c. 332 § 1 CIC auf die Annahme der Wahl als entscheidendes Moment ab. Ebenso reicht nach c. 332 § 2 CIC für den Amtsverzicht die hinreichend kundgemachte Erklärung und es bedarf ausdrücklich keiner Annahme durch irgendeine Stelle; *Mückl*, Der Papst, S. 275 f.

[620] II. Person 3. Amt und Person a) Grundkonstellation, S. 166.

[621] *Groß*, Verwaltungsorganisation, Rn. 13; *Steinberg*, Politik und Verwaltungsorganisation, S. 202.

[622] *H. Krüger*, Allgemeine Staatslehre, S. 256; *Schuppert*, Staatswissenschaft, S. 130 ff.; siehe I. Programm 3. Interpreten c) Amtsträger, S. 133; zur Vielzahl und Vielfalt von Verwaltung *Hoffmann-Riem/Pilniok*, Eigenständigkeit der Vewaltung, Rn. 34 ff.; neuerdings *Roth-Isigkeit*, Verfassungsordnung und Verwaltungsorganisation, passim.

[623] *Jestaedt*, Grundbegriffe des Verwaltungsorganisationsrechts, Rn. 3.

[624] *Schmidt-Aßmann*, Verwaltungsorganisationsrecht als Steuerungsressource, S. 44; vgl. *Luhmann*, Soziale Systeme, S. 272 f.; *Steinberg*, Politik und Verwaltungsorganisation, S. 192.

[625] Siehe Kapitel 2: Exploration II. Organisation und Person – systemtheoretisch 3. Person und Organisation b) Zurechnung von Entscheidungen: Stelle, S. 63.

[626] *Baecker*, Ämter, Themen und Kontakte, S. 22.

programmierendes, ausführendes und kontrollierendes Handeln verschiedenen Stellen zugewiesen wird, ermöglicht die Organisationsstruktur Effektivität und Verantwortung.[627]

Durch das Amt wird eine Person mit der Ausführung eines bestimmten Programms betraut. Die Struktur ermöglicht die Unterscheidung von Programm und Person, indem an anderer Stelle über das Programm entschieden wird, das die Person im Amt auszuführen hat. Zugleich stiftet die Struktur die Verbindung zwischen Programm und Person, indem sie beide in der Stelle zusammenführt. Durch diese Unterscheidung und Verbindung von Person und Programm, das sich die Person nicht selbst gegeben hat, erfährt das Handeln der Person im Amt seine Legitimation.[628] Jeder Amtsinhaber kann sich darauf berufen, nicht alleine für sein Handeln verantwortlich zu sein. Diese Legitimationswirkung wird gesteigert, soweit auch die programmierenden Stellen an programmatische Vorgaben gebunden sind, wie dies für die Organe im Verfassungsstaat konstitutiv ist.[629]

Eine differenzierte Ämterstruktur, in der programmierendes, ausführendes und kontrollierendes Handeln unterschieden und verschiedenen Stellen anvertraut werden, kann dazu beitragen, das Amtsparadox erträglich werden zu lassen. Es wird dissimuliert, indem jede Stelle nur innerhalb eines bestimmten Rahmens und in bestimmter Hinsicht entscheidet. Zwar wird jede Entscheidung an einer bestimmten Stelle allein getroffen. Doch gründet sie auf einer Vielzahl von weiteren Entscheidungen, die durch verschiedene Personen an anderen Stellen getroffen werden. Damit trägt nicht eine Person allein die Last der Entscheidung, sondern die Struktur insgesamt.[630] Und Idiosynkrasien der einzelnen Amtsinhaber werden dadurch gemildert, dass sie jeweils nur für einen Ausschnitt der gesamten Tätigkeit zuständig sind.

Die Ämterstruktur stabilisiert sich zudem selbst und schafft die nötige Unabhängigkeit vom Wechsel der Personen in einzelnen Ämtern. Denn zum einen kann sie für den Fall des vorübergehenden oder dauernden Ausfalls einer Person Regelungen darüber treffen, durch welche anderen Amtsstellen die Aufgaben während der Vakanz wahrgenommen werden. Gleiches gilt für die interimsweise Wahrnehmung der Geschäfte bei der Neukonstituierung von Organen; diese kann entweder durch die bisherigen Amtsinhaber wahrgenommen werden oder durch eine andere hierzu berufene Stelle.[631] Zum anderen bildet die Ämter-

---

[627] *Schuppert*, Staatswissenschaft, S. 140 ff.; *ders.*, Verwaltungswisssenschaft, S. 751 f.; *Seibel*, Verwaltung verstehen, S. 18 ff.

[628] *Baecker*, Ämter, Themen und Kontakte, S. 22; *Schmidt-Aßmann*, Verwaltungsorganisationsrecht als Steuerungsressource, S. 58; *Trute*, Funktionen der Organisation, S. 272 ff.

[629] Siehe I. Programm 4. Medium c) Rechtsschichten, S. 141.

[630] *Engel*, »Offene Gemeinwohldefinitionen«, S. 50; ähnlich *Burchardt*, Der Grundsatz richterlicher Unabhängigkeit, passim, die das Gebot richterlicher Unabhängigkeit nicht nur als individuelle Tugend, sondern umfassend als staatlichen Gestaltungsauftrag begreift.

[631] Siehe z. B. Art. 69 Abs. 3 GG, wonach der Bundeskanzler auf Ersuchen des Bundespräsidenten, die Bundesminister auf Ersuchen des Bundeskanzlers oder des Bundespräsidenten die Geschäfte bis zur Ernennung ihres Nachfolgers die Geschäfte fortzuführen haben. Im Fall der päpstlichen Sedisvakanz werden die Leitungsbefugnisse, die allein dem Papst zustehen nicht ausgeübt; *Mückl*, Der Papst, S. 275.

struktur die Voraussetzung dafür, dass ein vakantes Amt wieder besetzt wird. Es ist die Aufgabe derjenigen, die über die Struktur zu entscheiden haben, dafür zu sorgen, dass für jede Vakanz solche Auffangregelungen bestehen. Dann kann es die Ämterstruktur verkraften, dass jedes Amt gelegentlich vakant wird, solange dies nicht für zu viele Ämter zur gleichen Zeit eintritt.

Indem es Stellen gibt, die über die Konstituierung von Ämtern zu entscheiden haben, wird die Struktur andererseits vor Erstarrung bewahrt. »Die inhaltsleere Ordnungsvorstellung der Stelle ist das Kernstück struktureller Elastizität.«[632] Es ist generell möglich, für jedes Amt neue Entscheidungen über seinen Bestand, das Programm, die Situierung in der Struktur und die Besetzung mit einer bestimmten Person, also Entscheidungen über Entscheidungsprämissen, zu treffen. Die Ämterstruktur kann so an die Anforderungen einer dynamischen Umwelt angepasst werden. Es kann alles geändert werden, wenn auch nicht zur gleichen Zeit und zuweilen mit erheblichem (Zeit-)Aufwand. »Es gibt vielleicht nur ein einziges unausweichliches Ordnungsgesetz: daß nicht alles auf einmal geändert werden kann.«[633]

b) Direktiven

Für die staatliche Ämterorganisation bestehen verfassungsrechtliche Direktiven, die jedoch kaum als solche ausformuliert sind, sondern vor allem den Fundamentalbestimmungen der Art. 1 und 20 GG entnommen werden müssen.[634] Die wesentliche Bedeutung des *Republikprinzips* schlägt sich in der Gemeinwohlverpflichtung aller Ämter nieder.[635] Das *Bundesstaatsprinzip* hat seine Ausprägung im Grundsatz der Länderexekutive und den weiteren Bestimmungen über die Bundes- und Landesverwaltung gefunden (Art. 83–91 GG).[636]

Wesentliche Bedeutung hat das *Demokratieprinzip*, wonach alles staatliche Handeln der demokratischen Legitimation bedarf.[637] Dabei können wenigstens zwei Legitimationsstränge unterschieden werden.[638] Zum einen wird das Amtshandeln durch das Programm bestimmt, das im Wesentlichen durch den demokratischen Gesetzgeber festgelegt wird (*sachlich-inhaltliche* Legitimation).[639]

---

[632] *Luhmann*, Funktionen und Folgen, S. 141.

[633] *Luhmann*, Funktionen und Folgen, S. 140.

[634] Siehe Kapitel 3: Konkretion III. Verfassungsrechtliche Direktiven, S. 105.

[635] Siehe I. Programm 1. »Gemeinwohl«, S. 113.

[636] Daraus und aus der Garantie der kommunalen Selbstverwaltung nach Art. 28 Abs. 3 GG ergeben sich allerhand Eigentümlichkeiten der deutschen Verwaltungsstruktur, die aber für den Zusammenhang des Amtes nur von marginalem Interesse sind; siehe auch *Meinel*, Vertrauensfrage, S. 24 f.; *Seibel*, Verwaltung verstehen, S. 173 ff.

[637] *Groß*, Verwaltungsorganisation, Rn. 91; *Trute*, Die demokratische Legitimation der Verwaltung, Rn. 6.

[638] *Böckenförde*, Demokratie als Verfassungsprinzip, Rn. 14 ff.; kritische Anfragen bei *Meinel*, Zur Unterscheidung von formellem und materiellem Organisationsverfassungsrecht, S. 111 ff.

[639] *Brenner*, Das demokratische Prinzip, Rn. 34; *H. Dreier*/*Kuch*, Demokratische Legitimation der Verwaltung, Rn. 39; *Schmidt-Aßmann*, Verwaltungslegitimation als Rechtsbegriff, S. 357 f.; *Trute*, Die demokratische Legitimation der Verwaltung, Rn. 10 ff., differenzierend 49 ff.; differenzierend *Möllers*, Demokratie, Rn. 36 ff.; siehe I. Programm 3. Interpreten, S. 128.

Es bedarf hinreichender Aufsichts- und Kontrollverfahren, damit dieses Programm auch effektiv umgesetzt wird.[640] Zum anderen wird die Person des Amtsinhabers dadurch legitimiert, dass sie von ihrerseits legitimierten Stellen in das Amt berufen wird (*personell-organisatorische* Legitimation).[641] »Eine demokratische Verwaltungsordnung ruht [...] auf den Säulen von Hierarchie und Legalität.«[642] Durch die Ämterstruktur werden der sachliche und der personale Legitimationsstrang unterschieden und im einzelnen Amt wieder zusammengeführt. Eine Besonderheit besteht für diejenigen Ämter, bei denen die sachliche Legitimation schwach ausgeprägt ist, die also vor allem programmierend tätig sind. Zum Ausgleich wird die personale Legitimation dadurch gestärkt, dass die Berufung in das Amt aufwändiger gestaltet oder regelmäßig zu wiederholen ist. Dies gilt namentlich für Abgeordnete und Regierungsmitglieder.[643]

In der neueren Diskussion wird als weitere Legitimationsgrundlage für staatliches Handeln die Partizipation der Betroffenen angesehen.[644] Verfassungsrechtlicher Anknüpfungspunkt hierfür ist allerdings weniger das Demokratie-, als das *Menschenwürdeprinzip* nach Art. 1 Abs. 1 S. 1 GG.[645] Aus den *Grundrechten* (Art. 1–19 GG) ergeben sich allerhand materielle Bindungen für das staatliche Handeln. Sie gebieten außerdem Grundrechtsschutz durch Verfahren und Organisation.[646] Das Ämterwesen muss so strukturiert sein, dass Grundrechte effektiv zur Geltung gebracht werden können. Dies erfordert für die Betroffenen die Teilhabe am Verfahren. Es muss hinreichende Kontaktmöglichkeiten zwischen Grundrechtsträgern und Entscheidern (Amtsträgern) geben, damit die individuellen Positionen in die Entscheidung eingetragen werden können. Außerdem

---

[640] *Brenner*, Das demokratische Prinzip, Rn. 34; *Schmidt-Aßmann*, Verwaltungsverfahren, Rn. 34; *Schuppert*, Verwaltungswissenschaft, S. 789 f.

[641] *Brenner*, Das demokratische Prinzip, Rn. 331 ff.; *H. Dreier/Kuch*, Demokratische Legitimation der Verwaltung, Rn. 38; *Schmidt-Aßmann*, Verwaltungslegitimation als Rechtsbegriff, S. 360 ff.; *Trute*, Die demokratische Legitimation der Verwaltung, Rn. 9, differenzierend 45 f.; differenzierend *Möllers*, Demokratie, Rn. 40; siehe II. Person 4. Sozialisation b) Auswahl, S. 183; zum Konzept der Legitimationskette siehe 3. Aufbau-Organisation c) Hierarchie, S. 215. Vgl. *Jellinek*, System der subjektiven öffentlichen Rechte, S. 177: »Die Träger des Amtes [...] sind Personen, welche kraft eines auf sie gerichteten individuellen staatlichen Aktes einem anderen Organ dienstlich untergeordnet, [!] zur Organschaft berufen sind.«

[642] *H. Dreier*, Hierarchische Verwaltung, S. 12. Daraus muss sich nicht zwangsläufig ein monistisches Konzept ergeben. Letztlich ist es Aufgabe des Gesetzgebers, das Verhältnis von sachlich-inhaltlicher und personell-organisatorischer (sowie funktionell-institutioneller) Legitimation auszutarieren; *Groß*, Verwaltungsorganisation, Rn. 60 ff.; BVerfGE 107, 59 (86 ff.).

[643] Siehe auch II. Person 4. Sozialisation b) Auswahl, S. 183 und hier 5. Sanktionierung c) Konfusion, S. 235.

[644] *Schuppert*, Verwaltungswissenschaft, S. 789 f.; *Trute*, Funktionen der Organisation, S. 285; nunmehr eingehend *Steiger*, Der partizipative Staat, passim; vgl. *Volkmann*, Verfassungslehre, S. 246; zum besonderen Problem der Beteiligung von Amtsträgern als Betroffenen siehe z. B. *Voßkuhle/Kaiser*, Personal, Rn. 88; *Mann*, Demokratieprinzip und Mitbestimmung, passim.

[645] *H. Dreier/Kuch*, Demokratische Legitimation der Verwaltung, Rn. 28 f.; zum Zusammenhang *Trute*, Die demokratische Legitimation der Verwaltung, Rn. 19 f.

[646] *Hesse*, Grundzüge des Verfassungsrechts, Rn. 358 ff.; *Schmidt-Aßmann*, Verwaltungsverfahren, Rn. 21 ff.

müssen die Verfahren so organisiert und so transparent sein, dass eine wirksame Rechtskontrolle (Art. 19 Abs. 4 GG) möglich ist.[647]

Das Programm staatlichen Handelns wird in Rechtsform verbindlich artikuliert. Das *Rechtsstaatsprinzip* fordert die Rechtsbindung allen staatlichen Handelns und damit auch eine Ämterstruktur, die der effektiven und – gestützt durch den Gleichheitssatz nach Art. 3 Abs. 1 GG – der gleichmäßigen und schließlich auch transparenten Umsetzung des geltenden Rechts dient.[648] Daraus ergeben sich Anforderungen an eine rationale und leistungsfähige Organisation[649] und die Kontrolle staatlichen Handelns durch eine unabhängige Justiz. Demgemäß gebietet das *Gewaltenteilungsprinzip* die Unterscheidung von legislativen, exekutiven und judikativen Funktionen und eine funktionengerechte Organisation.[650] Dabei kann zwischen funktionaler, organisatorischer und personeller Gewaltenteilung unterschieden werden, d. h. es werden nicht nur Funktionen unterschieden, sondern diese verschiedenen Organisationseinheiten und Personen zugewiesen. Durch Inkompatibilitätsregeln soll verhindert werden, dass funktionale und organisatorische Gewaltentrennung durch Personenidentität unterlaufen werden.[651] Im Verhältnis zum Demokratieprinzip ergibt sich die Frage, inwieweit der Exekutive im Verhältnis zum Parlament eine gewisse Eigenständigkeit zukommt. Dies ist schon insofern anzunehmen, als die Exekutive Gesetze nicht einfach vollzieht, sondern anwendet und konkretisiert und dabei ihre spezifische Leistungsfähigkeit entfaltet (*funktionell-institutionelle* Legitimation).[652] Dies spricht zudem dafür, auch innerhalb der Exekutive die stufenweise Konkretisierung nicht durch Einzelweisungen über die Instanzen hinweg zu überspielen.[653] Der Grundsatz funktionsgerechter Organstruktur besagt, dass Funktionen von denjenigen Organen wahrzunehmen sind, die eine entsprechend funktionsgerechte Struktur aufweisen.[654] Wegen der

---

[647] *Häberle*, Grundrecht im Leistungsstaat, S. 86 ff.; *Schmidt-Aßmann/Kaufhold*, Der Verfahrensgedanke, Rn. 33 ff.

[648] *Hufen/Siegel*, Fehler im Verwaltungsverfahren, Rn. 90 ff.; *Schuppert*, Verwaltungswissenschaft, S. 788 f.

[649] *Krebs*, Verwaltungsorganisation, Rn. 90; *Schmidt-Aßmann*, Verwaltungsorganisationsrecht als Steuerungsressource, S. 40; *Schmidt-Aßmann/Kaufhold*, Der Verfahrensgedanke, Rn. 85; *Trute*, Funktionen der Organisation, S. 273; vgl. *S. Augsberg*, Maßstäbe des Verwaltungshandelns, Rn. 47 ff.

[650] *Hesse*, Grundzüge des Verfassungsrechts, Rn. 484 ff.; *Hoffmann-Riem/Pilniok*, Eigenständigkeit der Vewaltung, Rn. 81; *Trute*, Die demokratische Legitimation der Verwaltung, Rn. 30 ff.; *Volkmann*, Verfassungslehre, S. 264 ff.; zur Charakterisierung der Gewalten *Möllers*, Gewaltengliederung, S. 94 ff.

[651] *Vesting*, Staatstheorie, Rn. 98; siehe II. Person 5. Amtsstellung c) Sozialdimension, S. 193.

[652] *Brenner*, Das demokratische Prinzip, Rn. 35 f.; *H. Dreier*, Hierarchische Verwaltung, S. 1164 ff.; *H. Dreier/Kuch*, Demokratische Legitimation der Verwaltung, Rn. 37; *Möllers*, Methoden, Rn. 4 f.; *Schmidt-Aßmann*, Verwaltungslegitimation als Rechtsbegriff, S. 364; *Trute*, Die demokratische Legitimation der Verwaltung, Rn. 8; siehe auch *Scholz*, Verwaltungsverantwortung und Verwaltungsgerichtsbarkeit, S. 163 ff. – Außerdem ist das Verbot des Einzelfallgesetzes nach Art. 19 Abs. 1 S. 1 GG zu beachten.

[653] *Möllers*, Gewaltengliederung, S. 112 f.

[654] BVerfGE 95, 1 (15); von *Danwitz*, Der Grundsatz funktionsgerechter Organstruktur, S. 334; *Hesse*, Grundzüge des Verfassungsrechts, Rn. 489; *Küster*, Das Gewaltenproblem im modernen Staat, S. 402 f.; kritisch *Cornils*, Gewaltenteilung, Rn. 36 ff.

Funktionsgrenzen gesetzlicher Steuerung erhalten Organisation und Verfahren ihre eigene Bedeutung für die Legitimation staatlichen Handelns (*organisatorisch-prozedurale* Legitimation).[655] Dies gilt umso mehr, soweit die Programmierung von Konditional- auf Zweckprogramme umgestellt wird.[656] »Als Daumenregel gilt, dass die Eigenständigkeit des Verfahrens als Medium der Richtigkeitsgewähr sich umgekehrt proportional zur Dichte der materiellrechtlichen Programmierung verhält, mit abnehmender Steuerung durch das materielle Recht also zunimmt.«[657]

Ein *Effizienzgebot* staatlichen Handelns kann gestützt werden auf die Garantie des Eigentums nach Art. 14 Abs. 1 GG, den Grundsatz der Verhältnismäßigkeit und auf die Grundsätze der Wirtschaftlichkeit und Sparsamkeit, wie sie auch in Art. 114 Abs. 2 S. 1 GG verankert sind und für alle Staatsgewalt gelten.[658] Denn alle staatliche Tätigkeit ist auf Ressourcen angewiesen, die vor allem durch Steuern und Gebühren finanziert werden. Die so entstehende Abgabenlast ist als Freiheitseinschränkung rechtfertigungsbedürftig und darf nicht zu hoch werden.

Alle Amtsträger sind unbeschadet ihrer unterschiedlichen Funktion auf die Verfassung verpflichtet. Dabei haben diejenigen, die programmierend tätig sind, größere Gestaltungsspielräume, während andere Amtsträger auch an das so konkretisierte Programm gebunden sind. Die Umsetzung des Programms geschieht jedoch ihrerseits nach Maßgabe der Verfassung, wie sich dies aus Art. 1 Abs. 3, 20 Abs. 3 GG ergibt. Dies betrifft nicht nur die Ausfüllung bestehender Entscheidungsspielräume. Außerdem können und müssen nachgeordnete Stellen auch die Programmentscheidungen auf ihre Verfassungsmäßigkeit hin befragen und gegebenenfalls eine rechtsgestaltende Korrektur oder ein Normenkontrollverfahren initiieren.

c) Elemente

In der ihm eigenen Art hat *Luhmann* auf den Punkt gebracht, worin die Systemleistung der Verwaltung besteht: »*Information zu Entscheidungen zu verarbeiten.*«[659] Es geht dabei nicht allein um die Entscheidung als das Ergebnis, sondern

---

[655] *H. Dreier/Kuch*, Demokratische Legitimation der Verwaltung, Rn. 55ff.; *Schmidt-Aßmann*, Verwaltungslegitimation als Rechtsbegriff, S. 332; *Trute*, Die demokratische Legitimation der Verwaltung, Rn. 43f., 47f.; *Wahl*, Verwaltungsverfahren zwischen Verwaltungseffizienz und Rechtsschutzauftrag, S. 158f.; zur Frage der Regelungskompetenz *Butzer*, Zum Begriff der Organisationsgewalt, passim; *Schmidt-Aßmann*, Verwaltungsorganisation zwischen parlamentarischer Steuerung und exekutivischer Organisationsgewalt, passim.

[656] *Breuer*, Der Staat, S. 229.

[657] *Gurlit*, Der Eigenwert des Verfahrens im Verwaltungsrecht, S. 238f.

[658] *Gröpl*, Wirtschaftlichkeit und Sparsamkeit, Rn. 18; *Hoffmann-Riem*, Effizienz als Herausforderung für das Verwaltungsrecht, S. 19ff.; *Schmidt-Aßmann*, Effizienz als Herausforderung für das Verwaltungrecht, S. 249ff.; *K. Vogel*, Der Finanz- und Steuerstaat, Rn. 73 argumentiert mit dem Eigentumsrecht aus Art. 14 GG und der Funktionsweise des Steuerstaates, der eine leistungsfähige Wirtschaft voraussetzt.

[659] *Luhmann*, Die Grenzen der Verwaltung, S. 58 (»Verwaltung« ist bei Luhmann zu verstehen als die Gesamtheit aller Stellen, die verbindliche Entscheidungen hervorbringen); ebenso: *Groß*, Verwaltungsorganisation, Rn. 12; *Hufen/Siegel*, Fehler im Verwaltungsverfahren, Rn. 78, 192ff.; *Schmidt-Aßmann*, Verwaltungsverfahren, Rn. 1.

um den ganzen Vorgang der Informationsverarbeitung und Entscheidungsfindung.[660] Dabei kann auch die Weitergabe von Information als Entscheidung beobachtet werden. Denn diese ist ein Kommunikationsakt, der auf der Seite des Senders neben der Mitteilung auch Selektion voraussetzt.[661] Die Bindung an Recht und Gesetz ist »als Prozess der internen Informations- und Wissensverarbeitung, als eine laufende Auseinandersetzung der Verwaltung mit gesetzlichen Vorgaben einerseits und der kognitiven Basis ihrer Handlungsgrundlagen und Handlungsmöglichkeiten andererseits« zu begreifen.[662]

Da jede Entscheidung notwendigerweise kontingent ist, ist mit ihr die Frage verbunden, durch wen sie getroffen wird.[663] Damit erweist sich die Zuständigkeit der beteiligten Amtsträger als wesentlicher Aspekt für die Richtigkeit des Verfahrens.[664] Die fehlende Zuständigkeit begründet im Verwaltungsverfahren die Rechtswidrigkeit oder gar Nichtigkeit (§ 44 Abs. 2 Nr. 3 VwVfG) eines Verwaltungsaktes. Verwaltungs- und Ämterorganisation ist vor allem Zuständigkeitsordnung.

Das Problem jeder Entscheidung besteht darin, dass sie getroffen werden muss, ohne dass zuvor vollständige Information erlangt werden kann.[665] Es kann ermäßigt werden, indem Vorkehrungen dafür getroffen werden, welche Informationen an eine bestimmte Stelle gelangen und wie diese zu bewerten sind.[666] Die wesentliche Funktion der Struktur besteht darin, die verschiedenen Stellen gezielt mit Information zu versorgen und diese so in die Lage zu versetzen, Entscheidungen zu treffen.[667] Dabei ist sowohl ein Zuviel, wie auch ein Zuwenig an Information zu vermeiden.[668]

Es können normative und empirische Information unterschieden werden. Die *normative* Information zeichnet sich dadurch aus, dass sie ein Sollen, d. h. eine Norm, zum Ausdruck bringt. Auf der Grundlage eines positivistischen Rechtsverständnisses setzt eine Norm voraus, dass sie von der für den Erlass dieser Norm zuständigen Stelle kommt. Zu den normativen Informationen gehören die Entscheidungen über die Entscheidungsprämissen (Programm, Person, Struktur), die von den dafür zuständigen Stellen getroffen worden sind. Ohne diese Information kommt kein Amt zustande. Von besonderer Bedeutung für die laufende

660 *Hufen/Siegel*, Fehler im Verwaltunsgverfahren, Rn. 416 ff.

661 *Luhmann*, Soziale Systeme, S. 196.

662 *Vesting*, Information und Kommunikation, Rn. 4.

663 Siehe Kapitel 2: Exploration II. Organisation und Person – systemtheoretisch 3. Person und Organisation b) Zurechnung von Entscheidungen: Stelle, S. 63.

664 *Hufen/Siegel*, Fehler im Verwaltungsverfahren, Rn. 83.

665 Siehe Kapitel 2: Exploration II. Organisation und Person – systemtheoretisch 3. Person und Organisation b) Zurechnung von Entscheidungen: Stelle, S. 63 und III. Materiale Handlungstheorie 2. Homo oeconomicus b) Relativierung des Modells, S. 82; zum Problem auch *Hill*, Die Kunst des Entscheidens, passim.

666 Vgl. *Simon*, Das Verwaltungshandeln, S. 56.

667 *Hoffmann-Riem/Pilniok*, Eigenständigkeit der Vewaltung, Rn. 59 ff.; *Hufen/Siegel*, Fehler im Verwaltungsverfahren, Rn. 82; *Simon*, Das Verwaltungshandeln, S. 99 ff.

668 Zu Begriff und Funktion von Information *Vesting*, Information und Kommunikation, Rn. 18 ff.

Praxis sind die Informationen über das Programm und seine ständige Konkretisierung und Aktualisierung. Dies wird von einer Vielzahl von Stellen geleistet.[669]

Welche *empirische* Information zur Grundlage von Entscheidungen zu machen ist, richtet sich nach dem Programm. Sie kann von anderen Stellen innerhalb derselben Organisationseinheit (Behörde), von anderen staatlichen Stellen oder von nicht-staatlichen Stellen (juristischen und natürlichen Personen) kommen. Die Struktur, verstanden als Netz von normierten Kommunikationsbeziehungen, definiert, in welcher Weise Information diskriminiert wird. Kommt sie von einer zuständigen Stelle, darf bzw. muss sie der Entscheidung zugrunde gelegt werden. Unter Umständen muss sie sogar als vollständige Information angesehen werden. Anderweitig erlangte Information bedarf hingegen einer eigenständigen Bewertung und darf unter Umständen gar nicht berücksichtigt werden.

Die Herkunft qualifiziert die Information, was wiederum eine entsprechende Qualifizierung der informierenden Stelle voraussetzt. Dies gilt gleichermaßen für normative wie für empirische Information. Die Struktur definiert, welche Stellen miteinander kommunizieren und in welcher Weise sie dies tun. Jede einzelne Entscheidung kann damit zwar einer bestimmten Stelle zugeordnet werden. Auf ihr Zustandekommen wirken aber auch alle anderen Stellen ein, die vorgängige Entscheidungen treffen und entscheidungserhebliche Informationen übermitteln. Es greifen damit relativ dynamische (Ablauf-Organisation) und relativ statische (Aufbau-Organisation) Strukturmomente ineinander, die sich wechselseitig beeinflussen.[670] *Simon* spricht hier anschaulich von der Anatomie und Physiologie der Organisation:

»Die Anatomie der Organisation ergibt sich aus der Verteilung und Zuteilung von Entscheidungsfunktionen. Die Physiologie der Organisation steckt in den Vorgängen, durch die die Organisation die Entscheidungen jedes einzelnen Mitglieds beeinflußt, indem sie dessen Entscheidungen die Prämissen setzt.«[671]

Dabei werden die Entscheidungen auf vielerlei Weise beeinflusst. Denn eine Verwaltung ist nicht bloß als zweckrationale Organisation, sondern als soziale Struktur im Sinne von *Anthony Giddens* zu begreifen, die in Wechselwirkung mit dem individuellen Handeln steht.[672] Um das »organisazional behavior« zu verstehen, sind darum eine Reihe von Faktoren zu berücksichtigen. Dazu gehören neben der Organisationsstruktur auch die Herkunft und Denkweise des Personals sowie das Dienstethos.[673]

---

[669] Siehe I. Programm 3. Interpreten c) Amtsträger, S. 133.

[670] *Baars*, Strukturmodelle für die öffentliche Verwaltung, S. 12 f.; *Hoffmann-Riem/Pilniok*, Eigenständigkeit der Vewaltung, Rn. 41; *Schmidt-Aßmann*, Verwaltungsverfahren, Rn. 7; zum Verhältnis von Struktur und Prozess *Luhmann*, Soziale Systeme, S. 73 f.

[671] *Simon*, Das Verwaltungshandeln, S. 142.

[672] *Seibel*, Verwaltung verstehen, S. 31; ebenso *Schuppert*, Verwaltungsorganisation und Verwaltungsorganisationsrecht, Rn. 29; siehe Kapitel 2: Exploration I. Allgemeine Handlungstheorie 1. Soziales Handeln c) Handeln und Struktur, S. 33.

[673] *Schuppert*, Verwaltungsorganisation und Verwaltungsorganisationsrecht, Rn. 30.

2. Ablauf-Organisation (Verfahren)

a) Prozeduralität

Organisationshandeln stellt sich dar als ein Prozess der Informationsverarbeitung und Entscheidungsfindung. Als geordneter Vorgang vermittelt es »Überschaubarkeit, Distanz und Rationalität, Koordination und Kontakt«; Verwaltungsverfahren dienen, »der Breite exekutivischer Aufgabenstellung entsprechend, administrativer Information, Koordination und Richtigkeitsgewähr, individueller Rechtssicherung und institutioneller Konsensbeschaffung.«[674] Das Verfahren verbindet zeitliche Streckung, personelle Ausweitung und sachliche Offenheit mit zeitlicher, personeller und sachlicher Fixierung durch die Entscheidung, die am Ende eines Verfahrens steht.[675] Es trägt durch seine Offenheit und Beteiligungsmöglichkeit zur Legitimation der Entscheidung bei.[676] Weil es jedoch innerhalb begrenzter Zeit zu einer Entscheidung kommen soll, ist vollständige Beteiligung und Information nicht möglich. Eine Öffnung erfolgt nur insoweit, als es für das Ergebnis nötig oder förderlich erscheint, wobei dies vor allem bei denjenigen anzunehmen ist, die von einer Entscheidung betroffen sind.[677] Darüber hinaus dient das Verfahrensrecht der Abschottung gegenüber weiteren Einflüssen, die das Verfahren hemmen oder sachfremden Einflüssen aussetzen und das Amtshandeln blockieren würden.

Neben dem formalisierten Verfahren spielt auch die informale Praxis eine wichtige Rolle, die durch Interaktionen gebildet wird, welche nicht als Entscheidung beobachtet werden können.[678] Sie bildet den notwendigen »Ausgleich gegenüber Erstarrung und Überorganisation, der mit wachsender Komplexität der zu erfüllenden Aufgaben dringender wird.«[679] Ihrem Charakter als informale Praxis gemäß kann sie nicht organisiert und gesteuert werden. Es können allenfalls Anlässe und Gelegenheiten für Interaktion geschaffen oder vermindert werden. Für das formale Amtshandeln wird informale Praxis insofern wirksam, als sie in formale Akte übersetzt werden kann oder diese mittelbar stützt, indem sie Vertrauen und Akzeptanz schafft.

---

674 *Schmidt-Aßmann*, Verwaltungsverfahren, Rn. 2f.

675 Vgl. *Schmidt-Aßmann/Kaufhold*, Der Verfahrensgedanke, Rn. 97f.; *Wahl*, Verwaltungsverfahren zwischen Verwaltungseffizienz und Rechtsschutzauftrag, S. 160f.; siehe I. Programm 4. Medium b) Rechtsetzungsverfahren, S. 139.

676 Siehe Kapitel 2: Exploration I. Allgemeine Handlungstheorie 2. Institutionen e) Legitimation, S. 44.

677 Exemplarisch geregelt in § 13 VwVfG.

678 Siehe Kapitel 2: Exploration II. Organisation und Person – systemtheoretisch 4. Organisation und Interaktion a) Interaktion, S. 67.

679 *Schmidt-Aßmann*, Verwaltungsorganisationsrecht als Steuerungsressource, S. 36; vgl. *Thiele*, Allgemeine Staatslehre, S. 254.

b) Information und Beteiligung

Das Amtshandeln beruht auf Information. Alle wesentliche Information wird in Organisationen verschriftlicht und in Akten festgehalten.[680] Für den Amtsbetrieb gilt: *Quod non est in actis non est in mundo.* Die Akten bilden den Kreislauf und das Gedächtnis der Organisation und machen sie von dem Erinnerungsvermögen und dem Wechsel der handelnden Personen unabhängig. Gleichwohl kann nicht alles Organisationswissen dokumentiert werden.[681] Dies liegt nicht zuletzt daran, dass jede Information interpretiert werden muss und dies stets kontextabhängig geschieht.[682] *Baecker* unterscheidet für Unternehmen zwischen Produkt-, gesellschaftlichem, Führungs-, Experten- und Milieuwissen, von denen nur das Produkt- und das Expertenwissen explizit gemacht werden können, ohne dadurch ruiniert zu werden.[683] Darum bedarf es einer hinreichenden personellen Konstanz und einer Organisationskultur, die es ermöglichen, auch das Wissen zu bewahren und zu tradieren, das nicht in die Akten einfließt.[684]

Welche Information für eine Entscheidung erforderlich ist, ergibt sich im Wesentlichen aus dem Programm. Um sie zu erheben, sind Betroffene, andere Ämter oder auch Vertreter und Anwälte besonderer Interessen wie Ombudsleute oder Interessenvereinigungen zu beteiligen.[685] Die einzelne Amtsstelle wird in ein Netz von Bezugsstellen, -personen und -gruppen eingesponnen, die das Handeln und Entscheiden beeinflussen. Das Verfahrensrecht steuert, wer berechtigterweise einbezogen werden kann und muss. Es ermöglicht und begrenzt die Beteiligung und sorgt so einerseits für hinreichende, wenn auch nicht vollständige Information und stützt andererseits die Legitimation der Entscheidung, indem es die Beteiligung der Betroffenen sichert und außerdem dafür sorgt, dass es in angemessener Zeit zu einer Entscheidung kommt.[686]

Durch ihre Verfahrensstellung wird den beteiligten Stellen und Personen Verantwortung dafür zugewiesen, welche Information sie in das Verfahren einspei-

---

680 *Baecker*, Ämter, Themen und Kontakte, S. 22; *Ladeur*, Die Kommunikationsinfrastruktur der Verwaltung, Rn. 1 ff.; *Luhmann*, Organisation und Entscheidung, S. 159 f.; *Offe*, Rationalitätskriterien und Funktionsprobleme, S. 333; *Simon*, Das Verwaltungshandeln, S. 107; im Datenschutzrecht wird der Begriff »Dateisystem« verwendet und als strukturierte Sammlung personenbezogener Daten, die nach bestimmten Kriterien zugänglich sind, unabhängig davon, ob diese Sammlung zentral, dezentral oder nach funktionalen oder geografischen Gesichtspunkten geordnet geführt wird (Art. 4 Nr. 6 DSGVO); zur Genealogie des Aktenwesens *Vismann*, Akten, passim.

681 *Hoffmann-Riem/Pilniok*, Eigenständigkeit der Vewaltung, Rn. 46.

682 *Giddens*, Die Konstitution der Gesellschaft, S. 319 f.; *Lenk*, Ausserrechtliche Grundlagen, S. 71 f. *Scherzberg*, Die öffentliche Verwaltung als informationelle Organisation, S. 200 f.

683 *Baecker*, Zum Problem des Wissens in Organisationen, S. 70 ff., 98.

684 Vgl. *Wischmeyer*, Informationsbeziehungen in der Verwaltung, Rn. 18 ff.

685 Siehe exemplarisch §§ 13, 24, 25, 28 VwVfG; eingehend *Hufen/Siegel*, Fehler im Verwaltungsverfahren, Rn. 192 ff., 248 ff., 258 ff., 403 ff.; *Steinberg*, Politik und Verwaltungsorganisation, S. 234 ff.; detailliert *J.-P. Schneider*, Strukturen und Typen von Verwaltungsverfahren, passim.

686 Vgl. *Gurlit*, Der Eigenwert des Verfahrens im Verwaltungsrecht, S. 238 ff.; *Luhmann*, Legitimation durch Verfahren, S. 51; *Wischmeyer*, Informationsbeziehungen in der Verwaltung, Rn. 1 ff.

sen. Dabei können die Lasten unterschiedlich verteilt sein. Während im Straf- und Verwaltungsrecht im Wesentlichen der Amtsermittlungsgrundsatz gilt (§ 244 Abs. 2 StPO, § 24 VwVfG, § 86 Abs. 1 VwGO), ist im Zivilprozess der Beibringungsgrundsatz zu beachten (§ 282 ZPO). Diese Grundsätze werden allerdings durch unterschiedliche Mitwirkungs- und Argumentationslasten sowie durch Präklusionsvorschriften modifziert.[687] Alle Information geht auf die Mitteilung eines Beteiligten zurück. Sie kann als Entscheidung beobachtet und dieser Person zugerechnet werden. Dadurch wird die Unsicherheit absorbiert, die sich daraus ergibt, dass vollständige Information nicht möglich ist. Man muss sich stets mit hinreichender Information begnügen.[688] Die Entscheidung anderer Stellen wird als ausreichende Information behandelt, soweit diese zuständig sind.[689] Die Verantwortungslast verteilt sich so auf mehrere und wird für den einzelnen Amtsträger erträglich. Umfassende Kontrolle jedoch wird erschwert.[690]

c) *Gestaltungsmöglichkeiten*

Sind mehrere Stellen an einer Entscheidung zu beteiligen, kann dies in verschiedener Weise strukturiert sein. Beim *zentralistischen* Modell gibt es eine zentral verantwortliche Stelle, die andere Stellen jeweils für sich beteiligt und deren Beiträge zusammenführt.[691] Daneben gibt es *lineare* Verbindungen, bei denen verschiedene Stellen einen Vorgang nacheinander bearbeiten, oder *kreisförmige* Strukturen, bei denen der Vorgang am Ende wieder bei der Ausgangsstelle anlangt. Es ist natürlich auch möglich, dass alle beteiligten Stellen *ungeordnet* miteinander kommunizieren.[692] Da auf diese Weise allerdings keine Ergebnissicherheit besteht, dürfte dies eher das Modell informaler Interaktion sein, das am Ende in die formale Organisation übersetzt werden muss. Nach welchem Modell verschiedene Stellen zu beteiligen sind, kann entweder durch vorgegeben Regelungen bestimmt sein oder von Fall zu Fall durch die zentral oder zu Beginn des Verfahrens verantwortliche Stelle festgelegt oder zwischen den beteiligten Stellen verabredet werden. Dadurch werden im Verfahren hierarchische oder kollegiale Elemente wirksam.[693]

Werden verschiedene Stellen in einem geordneten Verfahren beteiligt, können ihre Beiträge gut identifiziert werden, weil sie jeweils mit einem bestimmten Verfahrensschritt verbunden sind. Die Stellen können damit auch klar zur Verantwortung gezogen werden. Andererseits kommt es, weil nicht alle gleichzeitig miteinander kommunizieren, dazu, dass der Informationsstand jeweils unter-

---

687 *Mann/Wahrendorf*, Verwaltungsprozessrecht, Rn. 48, 65 ff.; für das Verwaltunsgverfahren *Hufen/Siegel*, Fehler im Verwaltunsgverfahren, Rn. 202 ff. m. w. N.

688 Siehe Kapitel 2: Exploration III. Materiale Handlungstheorie 2. Homo oeconomicus b) Relativierung des Modells, S. 82.

689 *Luhmann*, Funktionen und Folgen, S. 179.

690 *Luhmann*, Die Paradoxie des Entscheidens, S. 299 ff.

691 Eine spezielle Ausprägung stellt das Verfahren über eine einheitliche Stelle nach §§ 71 a ff. VwVfG dar.

692 *Luhmann*, Funktionen und Folgen, S. 198 Fn. 23.

693 Siehe 3. Aufbau-Organisation b) Kollegium, S. 212 und c) Hierarchie, S. 215.

schiedlich ist und insbesondere die Kenntnis derjenigen Aspekte verlorengeht, die nicht in die Akten eingegangen sind. Dieses Problem kann durch informale Kommunikation gemildert werden. Es entstehen dann allerdings wieder Probleme, klare Verantwortlichkeit festzustellen. Die Beteiligung verschiedener Stellen durch Verfahren kommt an ihre Grenzen, wenn es um sehr komplexe Fragestellungen geht, deren relevante Aspekte erst nach und nach erkennbar werden.[694] Dann sind zusätzliche Verfahrensschleifen erforderlich, um für die einzelnen Entscheidungen die nötige Informationsbasis zu sichern. Jedenfalls beansprucht die diachrone Beteiligung Zeit, was bei Entscheidungsdruck problematisch werden kann. Darum bietet es sich oft an, zu Formen synchroner Beteiligung überzugehen. *Ad hoc* kann dies durch eine Konferenz geschehen, dauerhaft ist die Bildung eines Kollegiums möglich. Welche Möglichkeiten stetiger und verdichteter Kommunikation zwischen verschiedenen Ämtern bestehen, ist von der Aufbau-Organisation abhängig.

3. Aufbau-Organisation

a) Zuständigkeit

Die umfassende und komplexe Aufgabe der Gemeinwohlverwirklichung setzt eine äußerst differenzierte Ämterstruktur und die Mitarbeit sehr vieler Menschen voraus. Ein Amt ist der auf eine Person zugeschnittene Aufgabenkreis.[695] Quantitativ muss dieser Aufgabenkreis so bemessen sein, dass die Arbeitskraft des Amtsinhabers nicht über- oder unterfordert wird, qualitativ muss er einerseits dem Programm, andererseits der Befähigung des Amtsinhabers entsprechen. Die Zuständigkeit der einzelnen Amtswalter ist eingebettet in die Zuständigkeit der Behörde, der sie angehören. Die Abgrenzung der Zuständigkeit zwischen verschiedenen Ämtern kann qualitativ oder quantitativ bestimmt sein.[696]

Bei *quantitativer* Abgrenzung erledigen mehrere Amtsträger die gleichen Aufgaben nebeneinander. Die Geschäftsverteilung muss dann dafür sorgen, dass für jeden Fall jemand zuständig ist und eine einigermaßen gleichmäßige Auslastung besteht. Sie wird durch Geschäftsverteilungspläne und gegebenenfalls Einzelentscheidungen einer dafür zuständigen Stelle geregelt. Geeignete Kriterien für die quantitative Aufteilung sind beispielsweise die örtliche Zuständigkeit sowie die Zuständigkeit nach Anfangsbuchstaben der Antragsteller oder nach der Reihenfolge des Eingangs. Besonders strenge Anforderungen an die Zuständigkeitsordnung gelten nach Art. 101 Abs. 1 S. 2 GG für die Justiz, da niemand seinem gesetzlichen Richter entzogen werden darf. Es muss also im Vorhinein abstrakt und eindeutig feststehen, welche Richter für eine bestimmte

---

[694] Vgl. *Picot et al.*, Die grenzenlose Unternehmung, S. 55 f.; *Schuppert*, Verwaltungswissenschaft, S. 741 f.

[695] *Isensee*, Das antiquierte Amt, S. 48 f.; *ders.*, Gemeinwohl und öffentliches Amt, S. 101.

[696] Vgl. zur Spezialisierung und Arbeitsteilung in verschiedenen Organisationstypen *Eisenstadt*, Ziele bürokratischer Organisationen, S. 58 ff.

Sache zuständig sind.[697] Die Zuständigkeit des Amtes schlägt hier – anders als sonst – unmittelbar auf die Person durch.[698] Im Allgemeinen kann die Zuständigkeit flexibler gehandhabt und auch nachträglich geändert werden, solange jeweils klar ist, wer einen Vorgang zu bearbeiten oder für die Bearbeitung zu sorgen hat.

Nehmen mehrere Amtsträger nebeneinander die gleiche sachliche Zuständigkeit wahr, stellt sich die Frage, wie die durch Art. 3 Abs. 1 GG und das Rechtsstaatsprinzip gebotene Gleichbehandlung gewährleistet werden kann.[699] Dabei sind drei Ebenen und vier Mechanismen zu unterscheiden:[700] (1) Zum einen gibt die gesetzliche Programmierung vor, wie bestimmte Fälle zu bearbeiten sind. Durch ein Konditionalprogramm können Voraussetzungen und Folgen des Amtshandelns detailliert bestimmt und auf seiner Grundlage Standards ausgebildet werden.[701] (2) Da jedoch jede Programmierung früher oder später an ihre Grenzen stößt,[702] bedarf es eines organisationsinternen Abgleichs zwischen den verschiedenen Amtsträgern und der Ausbildung von Routinen.[703] Dieses kann (a) durch formalen oder informalen kollegialen Austausch oder (b) durch vorgesetzte Stellen geleistet werden, die auf eine gleichmäßige Programmausführung hinzuwirken haben und entsprechende Richtlinien und Weisungen geben können.[704] (3) Schließlich wird die Gleichmäßigkeit der Rechtsanwendung dadurch gefördert, dass die Betroffenen durch Widerspruch (§ 68 VwGO), Klage vor dem Verwaltungsgericht (§§ 40 ff. VwGO) oder Verfassungsbeschwerde (Art. 93 Abs. 1 Nr. 4a GG) eine rechtsförmige Kontrolle öffentlichen Amtshandelns herbeiführen können. Die so getroffenen Entscheidungen von Einzelfällen haben Präzedenzwirkung für die künftige Behandlung gleichartiger Fälle.[705] Doch schon das Wissen um die Möglichkeit solcher Kontrolle und die daraus folgende Notwendigkeit, Entscheidungen zu begründen[706] dürfte die Amtswalter bei ihrer Amtsführung zusätzlich disziplinieren.

Die *qualitative* Abgrenzung der Zuständigkeit richtet sich nach der sachlichen Zuständigkeit der Behörde und steht im engen Zusammenhang mit den Anforderungen an die Befähigung des Amtsträgers.[707] Arbeitsteilung und Spezialisie-

---

[697] *Morgenthaler* in: Epping/Hillgruber, GG, Art. 101 Rn. 10 ff.; für das Verwaltungsprozessrecht § 4 VwGO i. V. m. §§ 21e, 21 g GVG, §§ 138 Nr. 1, 153 VwGO i. V. m. § 579 Nr. 1 ZPO; *Mann/Wahrendorf*, Verwaltungsprozessrecht, Rn. 46.

[698] *Schnapp*, Amtsrecht und Beamtenrecht, S. 204.

[699] Vgl. *Kriele*, Staatslehre, S. 195.

[700] Vgl. *Grimm*, Ursprung und Wandel der Verfassung, Rn. 78; *Luhmann*, Lob der Routine, S. 313.

[701] *Luhmann*, Lob der Routine, S. 302 f.

[702] Siehe I. Programm 5. Modus b) Eigenkomplexität des Rechts, S. 148.

[703] Vgl. *Franzius*, Steuerung durch Recht, Rn. 17; *Luhmann*, Lob der Routine, S. 319 ff.

[704] Zu Verwaltungsvorschriften insgesamt *Martini*, Normsetzung, Rn. 78 ff.; *Ruffert*, Rechtsquellen und Rechtsschichten des Verwaltungsrechts, Rn. 71 ff.; zum Verhältnis unterschiedlicher Weisungen *Rupp*, Grundfragen der heutigen Verwaltungsrechtslehre, S. 70 ff.

[705] Zur Unabhängigkeit des einzelnen Gerichts und die einheitsstiftende Funktion des Instanzenzugs *Mann/Kian*, Die Rolle der Rechtswissenschaft, S. 113.

[706] *H.-J. Koch/Rüßmann*, Juristische Begründungslehre, S. 112 ff.; *Schuppert*, Verwaltungswisssenschaft, S. 758 ff.

[707] Siehe II. Person 1. Anforderungen des Amtes b) Individuelle Eignung, S. 156.

rung[708] führen dazu, dass der einzelne nur für einen kleinen Ausschnitt komplexer Gesamtaufgaben zuständig ist und dass nur einzelne oder wenige mit der gleichen Aufgabe betraut sind. Das wirft das Problem auf, wie komplexe Aufgaben in Teilaufgaben zerlegt und die Ergebnisse wieder zusammengefügt werden können.[709] Es bedarf darum leistungsfähiger Arrangements von Kommunikation und Kooperation zwischen den verschiedenen Ämtern.[710] Es geht darum, diverse Befähigungen unterschiedlicher Amtsträger zusammenzuführen. Dies ist diachron durch Beteiligung im *Verfahren* möglich[711] oder synchron durch Entscheidung als *Kollegium*, wobei auch Modelle möglich sind, die synchrone und diachrone Elemente miteinander verbinden und auf informalem Wege vielfältige Mischformen entstehen, die am Ende jedoch in die formale Ablauforganisation eingepasst werden müssen.

b) Kollegium

Sind verschiedene Stellen an einem Vorgang beteiligt, können sie zur synchronen Bearbeitung zusammentreten. Wenn dies dauerhaft geschieht, bilden sie ein Kollegium.[712]

»*Kollegialorgan* ist ein Organ, das aus mehreren gleichberechtigt zusammenwirkenden und in einer rechtlichen Einheit organisierten Personen besteht.«[713]

Das Kollegialprinzip wird zuweilen als ein »Gegengewicht zum Ressortpartikularismus« herausgestellt.[714] Jedenfalls ermöglicht es wechselseitige Kontrolle und den Ausgleich perspektivischer Einseitigkeit.[715] Durch Kollegialentscheidungen können eine geringere Steuerung durch das gesetzliche Programm kompensiert und Entscheidungen legitimiert werden.[716] Aufgaben eines Kollegiums sind insbesondere programmierende und planende Entscheidungen sowie die Bewertung komplexer Fragestellungen.[717] Während bei individuellen Entscheidungen diese im Wesentlichen verborgen bleibt, können und müssen bei kollegialer Entscheidung Argumente vorgebracht und Interessen offengelegt werden.[718] Kollegiale

---

[708] Zum Spezialistentum als gesellschaftlichem Phänomen siehe *Berger/Luckmann*, Die gesellschaftliche Konstruktion der Wirklichkeit, S. 82.

[709] *Trute*, Funktionen der Organisation, S. 276 f. (Fn. 111).

[710] Vgl. *Luhmann*, Lob der Routine, S. 317 f.

[711] Siehe 2. Ablauf-Organisation (Verfahren), S. 207.

[712] *Groß*, Kollegialprinzip, S. 46 ff.; *Zippelius*, Allgemeine Staatslehre, S. 94 f.

[713] *Dagtoglou*, Kollegialorgane und Kollegialakte der Verwaltung, S. 44; ebenso *Groß*, Kollegialprinzip, S. 49; m. E. kann jedoch auch hinsichtlich der Gleichberechtigung differenziert werden (dazu s. u.).

[714] *Hintze*, Das preußische Staatsministerium im 19. Jahrhundert, S. 547: »Das Kollegialprinzip erscheint als Mittel gegen bürokratische wie gegen absolutistische Willkür.«, zitiert bei *H. Dreier*, Hierarchische Verwaltung, S. 54.

[715] *Gärditz*, Das Amtsprinzip, S. 22 f.

[716] *Groß*, Kollegialprinzip, S. 108 f.; *ders.*, Verwaltungsorganisation, Rn. 82; *Schuppert*, Verwaltungswissenschaft, S. 851 f.; vgl. *Baars*, Strukturmodelle für die öffentliche Verwaltung, S. 51.

[717] *Dagtoglou*, Kollegialorgane und Kollegialakte der Verwaltung, S. 22; *Hoffmann-Riem/Pilniok*, Eigenständigkeit der Verwaltung, Rn. 41.

[718] *Dagtoglou*, Kollegialorgane und Kollegialakte der Verwaltung, S. 46.

Entscheidung setzt jedoch eine funktionsgerechte Organstruktur voraus, über die im Wesentlichen der Gesetzgeber zu entscheiden hat.[719] Für die Tätigkeit von Kollegien im Verwaltungsverfahren treffen §§ 88–93 VwVfG allgemeine Regelungen.[720]

Die *Zusammensetzung* eines Kollegiums kann sich nach unterschiedlichen Gesichtspunkten richten.[721] Zum einen können komplexere Probleme, die einen einzelnen Amtsträger möglicherweise überfordern, bei denen aber eine hohe Entscheidungsqualität erwartet wird, einem Kollegium von mehreren Angehörigen einer Profession zur gemeinsamen Bearbeitung anvertraut werden, wie dies bei hauptamtlichen Spruchkörpern in der Justiz der Fall ist. Durch ein Kollegium können andererseits verschiedene Fachkompetenzen oder Ressortzuständigkeiten gebündelt werden. Die Mitglieder tragen dann jeweils unterschiedliche Kenntnisse und Informationen ein. Außerdem können bestimmte Interessen oder Interessentengruppen durch entsprechende Personen in einem Kollegium vertreten sein.

Die *Funktion* von Kollegien ist unterschiedlich.[722] Sie können ein bloßes Forum für Informationsaustausch und Kommunikation sein. Sie können der Beratung und Koordination der jeweils eigenständigen Arbeit der Kollegiumsmitglieder dienen. Sie können der Vorbereitung und Empfehlung für Entscheidungen dienen, die an anderer Stelle zu treffen sind. Und sie können selbst als Kollegium zur Entscheidung berufen sein. Dabei ist entweder Einstimmigkeit (Konsens) oder die Zustimmung einer (ggf. qualifizierten) Mehrheit erforderlich. Besonders die letzte Konstellation lässt fragen, in welchem Verhältnis das einzelne Amt zum Kollegium steht. Ein prominentes Beispiel für ein Kollegium, in dem sich verschiedene Prinzipien überlagern, ist die Bundesregierung nach Art. 65 GG mit der Richtlinienkompetenz des Bundeskanzlers (Satz 1), der Ressortkompetenz der Bundesminister (Satz 2) und der sich aus verschiedenen Vorschriften ergebenden Kollegialkompetenz der Bundesregierung (Satz 3). Näheres regelt die von der Bundesregierung beschlossene und vom Bundespräsidenten genehmigte Geschäftsordnung (Satz 4).

Bei den *Mitgliedern* eines Kollegiums ist nach Antrags-, Rede- und Stimmrecht zu unterscheiden. Das Rederecht kommt, wenn eine Beteiligung nicht bloß der Beobachtung dient, prinzipiell allen Mitgliedern eines Kollegiums zu. Sie sind für diejenigen Aspekte der Entscheidungen verantwortlich, die in ihre Zuständigkeit fallen. Sie haben das Recht und die Pflicht, über alle Belange zu

---

[719] *Dagtoglou*, Kollegialorgane und Kollegialakte der Verwaltung, S. 36 ff.; *von Danwitz*, Der Grundsatz der funktionsgerechten Organstruktur, S. 340; *Schuppert*, Verwaltungswissenschaft, S. 852 ff.

[720] *Hufen/Siegel*, Fehler im Verwaltungsverfahren, Rn. 443; *J.-P. Schneider*, Strukturen und Typen von Verwaltungsverfahren, Rn. 110 ff.

[721] *Groß*, Kollegialprinzip, S. 61 ff.; *Schuppert*, Verwaltungswissenschaft, S. 847 ff.; hier stehen zunächst die professionellen Gremien im Vordergrund, zu pluralistischen Gremien siehe d) Außenverhältnis, S. 245.

[722] *Groß*, Verwaltungsorganisation, Rn. 83; *Hufen/Siegel*, Fehler im Verwaltungsverfahren, Rn. 441 f.

informieren, die in ihre Fach- oder Ressortkompetenz fallen und die Arbeit des Kollegiums betreffen. Vertreter bestimmter Interessen haben diese in die Beratung einzutragen und müssen damit gehört werden.

Antrags- und Stimmrecht können auf bestimmte Mitglieder des Kollegiums beschränkt sein.[723] Die Verantwortung der übrigen Kollegiumsmitglieder für die Kollegiumsentscheidungen ist dann auf ihre Informations- und Beratungspflicht begrenzt. Durch das Antragsrecht, das auch außenstehenden Stellen zustehen kann, kann jemand veranlassen, dass sich ein Kollegium mit einer bestimmten Angelegenheit befasst. Zuweilen ist ein Kollegium durch den Antrag auf einen bestimmten Gegenstand festgelegt. In anderen Konstellationen kann es über einen Antrag hinausgehen oder seine Gegenstände selbst wählen.

Das Stimmrecht gibt den stärksten Einfluss auf die Entscheidungen eines Kollegiums. Ist Einstimmigkeit erforderlich, kann jedes Kollegiumsmitglied das Zustandekommen verhindern. Durch Mehrheitsentscheidungen kann demgegenüber verhindert werden, dass einzelne Mitglieder das ganze Kollegium lahmlegen.[724] Bei Mehrheitsentscheidungen muss jedes Mitglied danach trachten, andere von seiner Position zu überzeugen. Mehrheitsentscheidungen setzen eine gewisse Homogenität in der Kompetenz zur Problemerfassung und -bewältigung voraus. Ist jemand für einen wesentlichen Belang ausschließlich kompetent, kann ihm eine absolute oder suspensive Vetoposition eingeräumt werden.[725]

Grundsätzlich wird erwartet, dass auch diejenigen Mitglieder, die überstimmt worden sind, eine *Mehrheitsentscheidung* mittragen oder wenigstens akzeptieren. Wird eine Entscheidung als wahr oder richtig behauptet, ist die Darstellung abweichender Ansichten nicht statthaft. Dies gilt vor allem in der Rechtsprechung und wird durch das Beratungsgeheimnis sichergestellt. Um den Rechtsfrieden zu sichern, wird die Kontingenz der Entscheidung möglichst kaschiert.[726] Je politischer ein Kollegium ist, desto eher ist die Darstellung abweichender Positionen und die Kritik an Entscheidungen opportun. Dies gilt namentlich für Parlamente, deren Funktion gerade darin besteht, den Unterschied von Koalition und Opposition auch öffentlich darzustellen. Damit wird das Bewusstsein für die Kontingenz und Revidierbarkeit von Entscheidungen wachgehalten, für die kein (absoluter) Wahrheits- oder Richtigkeitsanspruch erhoben werden soll.

Kollegien bieten die Möglichkeit, Entscheidungen auf eine breitere Informations-, Erfahrungs- und Kompetenzgrundlage zu stützen.[727] Sie bündeln die Beiträge ihrer Mitglieder und können Idiosynkrasien einzelner Amtsträger aufdecken und ausgleichen.[728] Das mit dem Amtsparadox gegebene Problem kann

---

723 *Dagtoglou*, Kollegialorgane und Kollegialakte der Verwaltung, S. 52.

724 *Dagtoglou*, Kollegialorgane und Kollegialakte der Verwaltung, S. 120 f.

725 *J.-P. Schneider*, Strukturen und Typen von Verwaltungsverfahren, Rn. 111; so nicht bei *Dagtoglou*, Kollegialorgane und Kollegialakte der Verwaltung, S. 33 ff.

726 *Lepsius*, La Cour, c'est moi, S. 160 ff.

727 *Hoffmann-Riem/Pilniok*, Eigenständigkeit der Verwaltung, Rn. 41; vgl. *Sodan*, Kollegiale Funktionsträger als Verfassungsproblem, S. 44 ff., dort vor allem bezogen auf die Einbindung externen Sachverstands.

728 Vgl. *Dagtoglou*, Kollegialorgane und Kollegialakte der Verwaltung, S. 22 f.

auf diese Weise gemildert werden. Andererseits können Kollegien eine problematische Eigendynamik entfalten. Namentlich »[b]ei sehr kohärenten Gruppen besteht [...] die Gefahr, daß sie unter Vernachlässigung wesentlicher Informationen zu einem voreiligen und selektiven Konsens finden.«[729] Auch können Kollegien zur Verantwortungsdiffusion beitragen, weil nicht mehr identifizierbar ist, wie einzelne Amtsträger auf die Kollegialentscheidung eingewirkt haben.[730]

c) Hierarchie

Jede Arbeitsteilung bringt es mit sich, dass die Beteiligten die Entscheidungen anderer Stellen zur Grundlage ihres Handelns machen müssen. Darüber hinaus ist bereits deutlich geworden, dass hinsichtlich der Geschäftsverteilung, der Verfahrensgestaltung und der gleichmäßigen Programmanwendung sowie für die Herbeiführung und Umsetzung von Kollegialentscheidungen zuweilen dirigierende Entscheidungen erforderlich sind, bei denen eine Stelle den anderen vorgibt, was sie zu tun haben. Solche Entscheidungen können kollektiv getroffen werden oder von Fall zu Fall unterschiedlichen Stellen obliegen.[731] Sie können aber auch dauerhaft bestimmten Stellen vorbehalten sein, die dann Vorgesetztenfunktion haben. Die horizontale Arbeitsteilung wird durch vertikale Hierarchiebildung ergänzt.[732]

Das Organisationsmodell der Hierarchie wird dadurch gebildet, dass unterhalb einer monokratisch oder kollegial besetzten Spitze Ebenen gebildet werden (Dezernate, Abteilungen, Referate), wobei die Stellen auf den untergeordneten Ebenen nach Weisung ihres jeweiligen Vorgesetzten arbeiten und ihm zu Gehorsam verpflichtet sind.[733] Dabei kann die vorgesetzte Stelle auch unmittelbar in die Behandlung von Einzelfällen eingreifen oder diese an sich ziehen. Stellen verschiedener Organisationseinheiten kommunizieren nicht direkt, sondern jeweils über den gemeinsamen Vorgesetzten.[734] Die Reinform einer hierarchischen Organisation stellt das Maschinenmodell mit starker Spezialisierung, detaillierter Programmierung, strikter Hierarchie, enger Kontrolle und formalisierter Kommunikation dar.[735]

Die Amtshierarchie ist ein wesentliches Element des Bürokratiemodells von *Max Weber*.[736] Sie ermöglicht ein hohes Maß an Rationalität und Kontrolle. Zen-

---

[729] *Groß*, Grundzüge der organisationswissenschaftlichen Diskussion, S. 143; vgl. *Dagtoglou*, Kollegialorgane und Kollegialakte der Verwaltung, S. 25.

[730] *Dagtoglou*, Kollegialorgane und Kollegialakte der Verwaltung, S. 25 f.; *Sodan*, Kollegiale Funktionsträger als Verfassungsproblem, S. 72 f.; vgl. *Engel*, Offene Gemeinwohldefinitionen, S. 43 f.

[731] *Groß*, Verwaltungsorganisation, Rn. 130 ff.

[732] *Simon*, Das Verwaltungshandeln, S. 5 f.; allgemeine systemtheoretische Überlegungen zur Leistungsfähigkeit von Hierarchien beim Aufbau komplexer Strukturen bei *ders.*, Die Architektur der Komplexität, passim.

[733] Differenzierend zur Weisungsgewalt *Simon*, Das Verwaltungshandeln, S. 80 ff.

[734] *Loschelder*, Weisungshierarchie und persönliche Verantwortung, Rn. 3; *Mayntz*, Soziologie der öffentlichen Verwaltung, S. 95.

[735] *Baars*, Strukturmodelle für die öffentliche Verwaltung, S. 21; *Groß*, Grundzüge der organisationswissenschaftlichen Diskussion, S. 141.

[736] Siehe Kapitel 1: Exposition I. Erhebung 3. Paradigma, S. 6.

tralisierte Herrschaft ist auf Bürokratisierung angewiesen, um effektiv handeln zu können. Historisch war sie ein wesentliches Moment für die Herausbildung des modernen Staats.[737] Nach *Max Weber* bildet die Bürokratie den reinsten Typen legaler Herrschaft.[738] Die Gesetzesbindung der Verwaltung bildet dementsprechend die eine Wurzel des Hierarchiemodells.[739]

Da alle Amtstätigkeit dem Gemeinwohl dient, kommt es entscheidend darauf an, wer zur Festlegung berufen ist, was das Gemeinwohl konkret bedeutet.[740] Im demokratischen Verfassungsstaat ist dies vor allem das direkt gewählte Parlament, dem die Regierung verantwortlich ist. Andere Amtsträger müssen ihre Legitimation von dort herleiten. Das Bundesverfassungsgericht argumentiert dazu mit der Figur der ununterbrochenen *Legitimationskette*:[741]

»Uneingeschränkte personelle Legitimation besitzt ein Amtsträger dann, wenn er verfassungsgemäß sein Amt im Wege einer Wahl durch das Volk oder das Parlament oder dadurch erhalten hat, daß er durch einen seinerseits personell legitimierten, unter Verantwortung gegenüber dem Parlament handelnden Amtsträger oder mit dessen Zustimmung bestellt worden ist.«[742]

Die hierarchische Struktur der Exekutive findet in der Gesetzesbindung und in der Kontrolle der Regierung durch das Parlament ihre zweifache Begründung aus dem Demokratieprinzip.[743]

»Nur die durchgängige Weisungsgebundenheit innerhalb der Exekutive wahrt ihr die Fähigkeit, Instrument des demokratischen Willens zu sein. [...] Verwaltungshierarchie und amtsgebotener Gesetzesgehorsam stellen sicher, daß die Exekutive für die jeweilige Regierung und ihre Politik verfügbar ist.«[744]

Die Hierarchie gilt damit als wesentliches Strukturelement, um die ›Objektivität‹ des Amtes zu wahren.[745] Es ist allerdings daran zu erinnern, dass die Legitimation staatlichen Handelns nicht allein personell-organisatorisch und sachlich-inhaltlich, sondern auch funktionell-institutionell und organisatorisch-prozedural begründet werden kann.[746]

---

[737] *Heller*, Staatslehre, S. 148.

[738] *M. Weber*, Herrschaft, MWG I/22-4, S. 727; *Schuppert*, Staatswissenschaft, S. 137.

[739] *H. Dreier*, Hierarchische Verwaltung, S. 139.

[740] Siehe I. Programm 3. Interpreten, S. 128.

[741] Eingehend kritisch aus schweizer Perspektive *Kley*, Herrschaftsausübung in Arbeitsteilung, passim.

[742] BVerfGE 93, 37 (67); vgl. BVerfGE 83, 60 (72 f.).

[743] *H. Dreier*, Hierarchische Verwaltung, S. 139; kritisch dazu *Schuppert*, Verfassungsrecht und Verwaltungsorganisation, S. 595 ff.; *Janssen*, Verfassungsrechtliche Anmerkungen, S. 504 f.; *Loschelder*, Weisungshierarchie und persönliche Verantwortung, Rn. 20; differenzierend-kritisch *Meinel*, Die Legalisierung der Legitimation, S. 775 ff.; *ders.*, Vertrauensfrage, S. 96 ff.; *Möllers*, Demokratie, Rn. 60 ff.; zur beschränkten Anwendbarkeit auf die Rechtsprechung *Honer/Rudloff*, Die Leistungsfähigkeit der Legitimationskettentheorie, passim.

[744] *Depenheuer*, Das öffentliche Amt, Rn. 21, 64.

[745] Differenzierend *Trute*, Die demokratische Legitimation der Verwaltung, Rn. 38 ff.; vgl. *Roth-Isigkeit*, Verfassungsordnung und Verwaltungsorganisation, S. 270 ff.

[746] *Böckenförde*, Demokratie als Verfassungsprinzip, Rn. 11 ff.; siehe 1. Anforderungen b) Direktiven, S. 201.

Für den einzelnen Amtswalter ergibt sich in einer hierarchischen Struktur eine *doppelte Bindung:* Er ist zum einen den Weisungen seines Vorgesetzten unterworfen, zum anderen wie dieser an »Gesetz und Recht« (Art. 20 Abs. 3 GG), also an das allen gleichermaßen vorgegebene Programm gebunden und persönlich verantwortlich. Beides kann miteinander in Konflikt geraten.[747] Die Bindung an das Programm gibt einen Maßstab, an dem das Verhalten aller Amtsträger, also auch der Vorgesetzten gemessen werden kann. Sie verpflichtet letztlich auch dazu. Die für alle Amtsträger geltende Verpflichtung auf das Gemeinwohl berechtigt nicht ohne weiteres, sich über diejenigen Stellen hinwegzusetzen, die zuständig sind, das Gemeinwohl zu konkretisieren.[748] Sie nötigt aber dazu, programmwidrigem Handeln entgegenzutreten.[749]

Der Konflikt zwischen Programm und Weisung wird durch die Unterscheidung von Außen- und Innenverhältnis entschärft.[750] Das Instrument, mit dem der Konflikt bearbeitet wird, ist die *Remonstration*, wie sie z. B. in § 63 Abs. 2 BBG und § 36 Abs. 2 BeamtStG geregelt ist.[751] Danach haben Beamte Bedenken gegen die Rechtmäßigkeit dienstlicher Anordnungen gegenüber dem unmittelbaren Vorgesetzten unverzüglich geltend zu machen. Wird die Anordnung aufrechterhalten und bleiben die Bedenken bestehen, ist der nächsthöhere Vorgesetzte einzuschalten. Bestätigt dieser die Anordnung, so ist diese auszuführen.[752] Der Beamte ist jedoch von der eigenen Verantwortung befreit, es sei denn, die Ausführung verletzt die Würde des Menschen, ist strafbar oder ordnungswidrig und dies dem Beamten erkennbar.[753] Dabei stellt nicht nur die Würde betroffener Dritter, sondern auch die des Amtswalters eine Schranke der Weisungsgewalt des Vorgesetzten dar.[754] Durch die Remonstration nimmt der Beamte seine Verantwortung für die Rechtmäßigkeit des staatlichen Handelns wahr.[755] Doch die

[747] Vgl. *Hebeler*, Verwaltungspersonal, S. 255 ff.; *Köttgen*, Das anvertraute öffentliche Amt, S. 138 (»Konflikt zwischen Gehorsam und persönlicher Verantwortung des ohne Ausnahme an sein Gewissen gewiesenen Amtsträgers«).

[748] Zur Frage, wann die Flucht in die Öffentlichkeit statthaft ist *Bäcker*, Whistleblower im Amt, passim.

[749] Darum geht es m. E. zu weit, wenn *Schnapp*, Amtsrecht und Beamtenrecht, S. 173 schreibt: »[S]oweit die Weisungsmacht der Vorgesetzten reicht, gehört nicht einmal mehr die Nachprüfung der Rechtmäßigkeit seines Handelns zu den Pflichten (genauer: Obliegenheiten) des Amtswalters.« Dies steht auch im Widerspruch zur Verpflichtung der Beamten auf die Rechtmäßigkeit ihres dienstlichen Handelns nach § 63 Abs. 1 BBG.

[750] *Rupp*, Grundfragen der heutigen Vewaltungsrechtslehre, S. 44 ff.; *Schnapp*, Amtsrecht und Beamtenrecht, S. 172 f.

[751] *Hebeler*, Verwaltungspersonal, S. 260 ff.; *Leppek*, Status des Einzelnen im Beamtenrecht, Rn. 13; *Loschelder*, Weisungshierarchie und persönliche Verantwortung, Rn. 96 ff.

[752] *M. Weber*, Parlament und Regierung im neugeordneten Deutschland, S. 335: »Ein Beamter, der einen nach seiner Ansicht verkehrten Befehl erhält, kann – und soll – Vorstellungen erheben. Beharrt die vorgesetzte Stelle bei ihrer Anweisung, so ist es nicht nur seine Pflicht, sondern seine *Ehre*, sie so auszuführen, als ob sie seiner eigensten Überzeugung entspräche. und dadurch zu zeigen: daß sein Amtspflichtgefühl über seiner Eigenwilligkeit steht. […] So will es der Geist des *Amtes*.«

[753] *Schnapp*, Amtsrecht und Beamtenrecht, S. 169 f.

[754] *Rupp*, Grundfragen der heutigen Verwaltungsrechtslehre, S. 66.

[755] *Budjarek*, Die Neukategorisierung der hergebrachten Grundsätze, S. 234; *Leppek/Grandjot* in: Brinktine/Schollendorf, Beamtenrecht, § 63 BBG Rn. 10.

vorrangige Funktion eines Befehls ist nicht so sehr die (kontingente) inhaltliche Bestimmung der auszuführenden Handlung, sondern die Regelung der Folgenverantwortung, die vom handelnden Amtswalter auf seinen Vorgesetzten übergeht.[756] Allerdings ist zu konstatieren, dass die Regelungen über die Remonstration dem Amtswalter nicht wie ursprünglich intendiert eine klare Orientierung darüber geben, wann die Gehorsamspflicht gegenüber der Rechtsbindung zurückzustehen hat, sondern ihm intrikate Interpretationsprobleme aufbürden. Denn es ist nur in wenigen Fällen offensichtlich, wann eine Handlung strafbar, ordnungswidrig oder eine Verletzung der Menschenwürde ist.[757]

Das Konzept der Hierarchie erscheint schlüssig, ist aber in seiner idealisierten Reinform kaum zu realisieren.[758] Das ergibt sich schon aus den Problemen der *Principal-Agent*-Konstellation, namentlich die unausweichliche Informationsasymmetrie.[759] Auch wäre ein reines Hierarchiemodell mit seinen langen Kommunikationswegen viel zu starr und unbeweglich, um auf die Anforderungen einer dynamischen Umwelt zu reagieren.[760] Die Mitarbeiter in einer Hierarchie suchen darum regelmäßig deren Hemmnisse durch Interaktionen informaler Organisation auszugleichen, die als solche nicht vorgesehen, für das Arbeitsergebnis aber förderlich sind. Außerdem gibt es vielfältige Konzepte, Organisationsstrukturen durch Dezentralisierung und die Eröffnung von Entscheidungsspielräumen, durch Teambildung und Netzwerkstrukturen zu modifizieren.[761] Zuweilen wird geradezu eine »Auswanderung der Verwaltung aus der Organisationsgestaltungswelt *Max Webers*« konstatiert.[762]

Es ist hier nicht der Ort, die Leistungsfähigkeit solcher Konzepte zu beurteilen. Von Interesse sind die Konsequenzen, die sich für die Handhabung des Amtsparadoxes daraus ergeben. Dieses wird, soweit es um die Arbeit im Team geht, dissimuliert, ohne dass korrespondierend Verantwortung und Verantwortlichkeit verlässlich zugeordnet werden. Seine Bedeutung wird verstärkt, soweit dem einzelnen Amtsträger größere Gestaltungsspielräume eingeräumt werden. Die Legitimation seines Handelns wird noch stärker auf die Person, weniger auf

---

[756] *Kawik*, Remonstrationspflicht des Beamten, S. 247 ff.; *W. Schmidt*, Die Programmierung von Verwaltungsentscheidungen, S. 346.

[757] *Rupp*, Grundfragen der heutigen Verwaltungsrechtslehre, S. 68 f.; *Weinrich* in: Brinktine/Schollendorf, Beamtenrecht, § 36 BeamtStG Rn. 106; eingehend *Depenheuer*, Die »volle persönliche Verantwortung«, passim, der die Gehorsamsverweigerung auf Fälle der schwerwiegenden und offensichtlichen Rechtsgutsverletzung einschränken will.

[758] *H. Dreier*, Hierarchische Verwaltung, S. 148 ff.; *Groß*, Verwaltungsorganisation, Rn. 132.

[759] Siehe Kapitel 2: Exploration I. Allgemeine Handlungstheorie 3. Handeln für überindividuelle Akteure b) Das Principal-Agent-Problem, S. 51; vgl. *Loschelder*, Weisungshierarchie und persönliche Verantwortung, Rn. 33 f.

[760] Wesentliche Kritikpunkte am Hierarchiemodell sind zusammengefasst bei *Luhmann*, Zweck – Herrschaft – System, S. 141 ff. = 166 ff.; *Trute*, Funktionen der Organisation, S. 276 f.

[761] *H. Dreier*, Hierarchische Verwaltung, S. 211 ff.; *Hoffmann-Riem*, Organisationsrecht als Steuerungsressource, S. 363; *Trute*, Funktionen der Organisation, S. 264 f.; *ders.*, Die demokratische Legitimation der Verwaltung, Rn. 60 ff.

[762] *Klages*, Modernisierung als Prozeß, S. 12; aufgegriffen von *Schmidt-Aßmann*, Verwaltungsorganisationsrecht als Steuerungsressource, S. 13; vgl. Kapitel 1: Exposition I. Erhebung 3. Paradigma, S. 6.

das Programm gestützt. Letztlich sind die genannten Konzepte der Verwaltungsmodernisierung wenig geeignet, das Amtsparadox zu bewältigen. Sie verlagern das Problem nur. Hierarchie leistet ungeachtet ihrer aufgezeigten Probleme viel für die Dissimulation des Problems *und* die Legitimation des Amtshandelns und damit für die Bewältigung des Amtsparadoxes. Eine grundlegende Entbürokratisierung der öffentlichen Verwaltung ist darum nicht zu erwarten.[763]

Doch mag am Beispiel der Hierarchie deutlich werden, wie *Information* ein Schlüsselproblem jeder Ämterstruktur darstellt.[764] Es ergibt sich der (scheinbar) paradoxe Befund, dass trotz ständigen Ausbaus der Informationssysteme zunehmend der Mangel ausreichender Information beklagt wird.[765] Aber vollständige Information kann es an einer Stelle niemals geben. Denn entweder fehlt es an Detailkenntnis oder am Überblick. Es kann zwar ein potentieller Zugriff auf alle vorhandenen Informationen bestehen, doch kann dieser nicht zur gleichen Zeit in jeder Hinsicht realisiert werden. Denn die Verarbeitungskapazität ist an jeder Stelle begrenzt.

Die Detailinformation und die Fachkenntnis sind dort vorhanden, wo Einzelvorgänge bearbeitet werden, also regelmäßig auf den untergeordneten Ebenen der Hierarchie.[766] Die höheren Ebenen sind darauf angewiesen, von den unteren Ebenen informiert zu werden. Es muss also Auswahl und Aggregation von Information stattfinden. Wie dies geschieht, kann den Untergebenen überlassen sein, oder es wird durch Fragen und Standardisierung der Vorgesetzten gesteuert. In jedem Fall findet eine Reduktion der vorhandenen Information statt, bei der die Vorgesetzten nicht wissen, was sie nicht wissen. Denn entweder wird ihnen diese Information – aus welchen Gründen auch immer – von den Untergebenen vorenthalten, oder sie haben nicht danach gefragt.[767] Wissen ist darum als etwas zu begreifen, dass zunehmend nicht an einer Stelle aggregiert werden kann, sondern in einer Organisation verteilt vorhanden ist und jeweils nur an bestimmten Stellen aktualisiert werden kann. Die (hierarchische) Struktur gewährleistet, »dass auch ohne Rekurs auf tatsächlich gegebenes Wissen entschieden werden kann.«[768]

d) Außenverhältnis

Jede Organisation muss in der Lage sein, mit ihrer Umwelt in Kontakt zu treten, Informationen aufzunehmen und abzugeben. Welche Information relevant ist, richtet sich nach dem Programm. Dabei lässt es ein Konditionalprogramm

---

[763] *Mayntz*, Soziologie der öffentlichen Verwaltung, S. 123 f.; siehe auch *Baecker*, Mit der Hierarchie gegen die Hierarchie, S. 217: »Wer Organisation sagt, muß Hierarchie wollen.«

[764] *Trute*, Funktionen der Organisation, S. 276; *ders.*, Die demokratische Legitimation der Verwaltung, Rn. 40.

[765] *Scherzberg*, Die öffentliche Verwaltung als informationelle Organisation, S. 195; auch *Kahl*, Kontrolle der Verwaltung, Rn. 200 f.

[766] *Luhmann*, Zweck – Herrschaft – System, S. 141 = 166; *Mayntz*, Soziologie der öffentlichen Verwaltung, S. 112; *Steinberg*, Faktoren bürokratischer Macht, S. 321.

[767] Vgl. *Mayntz*, Soziologie der öffentlichen Verwaltung, S. 97 f.; *Steinberg*, Faktoren bürokratischer Macht, S. 329 f.

[768] *I. Augsberg*, Konzepte rechtlicher Steuerung, passim (Zitat S. 58).

zu, die Informationsaufnahme und -weitergabe zu standardisieren und zu formalisieren. Bei Zweckprogrammen und allen Abwägungsentscheidungen steht jedoch nicht von vornherein fest, welche Information mit welcher Relevanz zu berücksichtigen ist. Die Kontaktstellen erhalten somit zwangsläufig einen größeren Entscheidungsspielraum, welche Information sie aufnehmen und weitergeben.[769]

Bei der Regelung der Außenkontakte geht es zum einen darum, diese für die Entscheidungsfindung wirksam werden zu lassen, andererseits die Organisation aber auch gegenüber der Umwelt autonom zu halten.[770] Nur vergleichsweise kleine und streng hierarchische Organisationen können ihre Außenkontakte an einer Stelle monopolisieren. Je differenzierter die Organisation ist, desto vielfältiger werden ihre Kontaktstellen nach außen.[771] Die Binnenstruktur einer Organisation richtet sich danach, wie diese ihre Umwelt wahrnimmt und darauf reagiert.

»Die interne Differenzierung eines Systems in Untersysteme ist [...] ein Prozeß, durch den das Gesamtsystem die Problematik seiner Umwelt nach innen weitergibt. [...] Die Untersysteme setzen sich nicht nur gegeneinander ab, sondern entdecken zugleich Partner in der Umwelt. [...] Das bedeutet, daß differenzierte Systeme neuartige Formen der Grenzdefinition entwickeln müssen.«[772]

Die Organisation trifft Regelungen darüber, welche Stellen für bestimmte Außenkontakte zuständig sind, und stattet sie mit entsprechender Vertretungsbefugnis aus. So differenziert wie die Binnenstruktur, so spezifisch stellen sich jeweils die Kontakte nach außen dar.[773]

Um externen Sachverstand einzubinden, betroffene Interessen zu berücksichtigen und zu zielführenden Ergebnissen zu kommen, ist umfangreichere Kommunikation mit der Außenwelt nötig. Dies geschieht zum einen von Fall zu Fall mit den jeweils relevanten Kommunikationspartnern. Zum anderen können aber auch dauerhafte Kontakte durch die Zusammenarbeit mit Interessenträgern (Verbänden)[774] oder die Einbindung von externen Personen in kollegiale Strukturen[775] etabliert werden. Dadurch wird der Kontakt zwischen Organisation und Umwelt wesentlich verstärkt, die Abgrenzung zunehmend prekär. Partizipation vermag staatliches Handeln zu legitimieren, zugleich aber auch seine Legitimation zu untergraben, wenn sie die Steuerung durch das demokratisch legitimierte Programm unterläuft.[776] Sind dieselben Personen dauerhaft in Kon-

---

769 *Baars*, Strukturmodelle für die öffentliche Verwaltung, S. 90; *Steinberg*, Politik und Verwaltungsorganisation, S. 237.

770 *Baecker*, Ämter, Themen und Kontakte, S. 26 f.; *Luhmann*, Lob der Routine, S. 313; *Steinberg*, Politik und Verwaltungsorganisation, S. 231.

771 *Luhmann*, Zweck – Herrschaft – System, S. 142 = 167.

772 *Luhmann*, Funktionen und Folgen, S. 79; ebenso *Steinberg*, Politik und Verwaltungsorganisation, S. 238.

773 *Mayntz*, Soziologie der öffentlichen Verwaltung, S. 234.

774 *Steinberg*, Politik und Verwaltungsorganisation, S. 243 ff.

775 *Schuppert*, Verwaltungswissenschaft, S. 847 ff.; exemplarischer Überblick bei *Groß*, Das Kollegialprinzip, S. 63 ff.

776 *H. Dreier*, Hierarchische Verwaltung, S. 122 f.; *Schmidt-Aßmann*, Verwaltungsorganisation zwischen parlamentarischer Steuerung und exekutivischer Organisationsgewalt, S. 338.

takt zu bestimmten Interaktionspartnern, kann dies zu Distanzverlust führen, so dass sie sich zunehmen von deren Agenda bestimmen lassen.[777]

Es entstehen also vielfältige Außenkontakte, deren Ausdifferenzierung davon abhängig ist, wie das System seine Umwelt wahrnimmt, seine Binnenstruktur darauf einstellt und seine Programmierung gestaltet. Die beteiligten Amtsträger stehen an der Schnittstelle zwischen der staatlichen Organisation und der Gesellschaft, die beide ihr Handeln beeinflussen.[778] Sie haben sich mit unterschiedlichen Rollensegmenten, also Interaktionspartnern und Interessengruppen, und den daraus jeweils erwachsenden Erwartungen auseinanderzusetzen.[779] Sie gewinnen damit aber auch jeweils eine größere Freiheit, weil sich sich gegenüber jedem Rollensegment auf die notwendige Rücksichtnahme auf andere berufen können.[780] Außenkontakte begründen innerorganisatorische Macht.[781] Dabei können auch persönliche Beziehungen wirksam werden, die zwangsläufig »Arbeitsmittel im notwendigen Privatbesitz« sind.[782]

Die Beeinflussung des Amtshandelns durch Außenkontakte ist unvermeidlich und um seiner Wirksamkeit willen erforderlich. Das Risiko der Fehlsteuerung kann durch verschiedene Instrumente reduziert werden. Dazu gehören die sorgfältige Programmierung des Amtshandelns, die hierarchische und kollegiale Einbindung der Akteure, angemessene Rotation der nach außen handelnden Personen und die Etablierung und Stabilisierung einer sachlichen und objektiven Einstellung, eines »Amtsethos«, wobei – wie gezeigt – auch dies nur durch eine Vielzahl von Maßnahmen befördert werden kann.[783]

e) Abschottung

Während Außenkontakte dazu führen, dass die Zahl der Rollen und Rollensegmente, denen ein Amtsträger ausgesetzt ist, und damit die Gefahr von Rollenstress wegen gegenläufiger Erwartungen der Interaktionspartner zunimmt, kann durch Abschottung dieses Problem reduziert werden, wodurch der Informationsfluss zwischen den Amtsträgern und ihrer Umgebung verringert wird.[784] Dabei lassen sich drei Konstellationen unterscheiden:

(1) Am einfachsten erscheint noch die Unterbindung von Außenkontakten, um Rollenkonflikte zu vermeiden und den Informationsfluss zu kanalisieren und zu kontrollieren. Das schließt nicht aus, dass weitere Außenkontakte statt-

---

[777] *Schuppert*, Staatswissenschaft, S. 140; zum Problem auch *Luhmann*, Funktionen und Folgen, S. 225; *Mayntz*, Soziologie der öffentlichen Verwaltung, S. 237; *Offe*, Rationalitätskriterien und Funktionsprobleme, S. 339 ff.

[778] *Baecker*, Ämter, Themen und Kontakte, S. 25; *Steinberg*, Politik und Verwaltungsorganisation, S. 229.

[779] Siehe Kapitel 2: Exploration III. Materiale Handlungstheorie 1. Homo sociologicus b) Rollenvielfalt, S. 74 und d) Rollenkonflikte, S. 76.

[780] *Mayntz*, Soziologie der öffentlichen Verwaltung, S. 226.

[781] *Steinberg*, Politik und Verwaltungsorganisation, S. 250.

[782] *Luhmann*, Zweck – Herrschaft – System, S. 142 = 167.

[783] *Luhmann*, Lob der Routine, S. 313.

[784] Vgl. *Goffman*, Rollendistanz, S. 101: »Rollentrennung« durch »Publikumstrennung«.

finden und auch dort der kurze Dienstweg genutzt wird.[785] Die so erlangten Informationen können aber erst dann in die Darstellung von Entscheidungen einfließen, wenn sie durch den Amtsträger selbst oder durch externe Personen über die zuständigen Stellen geleitet worden sind. Lässt sich ein Amtsträger von Information bestimmen, die er nicht auf vorgesehenem Wege erlangt hat, kann ihm dies als Fehlverhalten angerechnet und entsprechend sanktioniert werden.

(2) Führen Außenkontakte ohnehin dazu, dass sich bestimmte Amtsträger aus dem Organisationszusammenhang lösen und weniger unter Beobachtung stehen, so gibt es bestimmte Konstellationen, in denen sie sogar gegenüber der Organisationsstruktur bewusst abgeschottet werden.[786] Dies gilt vor allem für die interaktionsträchtigen Arbeitsfelder.[787]

> »Nichttechnisierbare Arbeitsvollzüge, etwa der Schulunterricht oder das Predigen in der Kirche, sperren sich auch gegen hierarchische Überwachung, berechnete Ressourcenzuteilung und gegen Lernen im System der Organisation. Sie zwingen die Organisation, ihre Erfolgsbedingungen in die Interaktion unter Anwesenden auszulagern und einem für die Aufsicht undurchsichtigen Geschehen zu überlassen.«[788]

Hinzu kommen diejenigen Bereiche, in denen ein eigenständiges und unabhängiges Urteil und besondere Sachkunde erfordert ist.[789] Diese können als »weisungs- und unterrichtungsfreie Räume« bezeichnet werden. Beispiele sind die Bundesbank, die Bundesprüfstelle für jugendgefährdende Schriften, Leiter von Kultureinrichtungen und Professionsberufe in amtlicher Stellung;[790] in bestimmten Arbeitsfelder gebietet der Persönlichkeitsschutz für die Interaktionspartner strikte Vertraulichkeit und Verschwiegenheit.[791] Die Akteure kommen in den Genuss »konzedierter Autonomie«, handeln typischerweise selbständig und unbeaufsichtigt, was wiederum eigenes Engagement für die Aufgabe und die Orientierung an professionellen Standards voraussetzt.[792] Durch den Ausschluss oder das Zurücktreten der Aufsicht über die Amtsträger gewinnen diese gegenüber ihren Interaktionspartnern höhere Autorität.[793] Tritt die Aufsicht auf den Plan, wird diese Autorität prekär, was jeder weiß, der schon einmal eine Lehrprobe mitgemacht hat.

---

785 *Wischmeyer*, Informationsbeziehungen in der Verwaltung, Rn. 20.

786 *Köttgen*, Das anvertraute öffentliche Amt, S. 139: »Auf den Richterstuhl oder auf das akademische Katheder gehören ebensowenig weisungsgebundene Beamte wie auf die Kanzel.«

787 Siehe Kapitel 2: Exploration II. Organisation und Person – systemtheoretisch 4. Organisation und Interaktion a) Interaktion, S. 67.

788 *Luhmann*, Organisation und Entscheidung, S. 373.

789 *Pirson*, Das öffentliche Amt, S. 60.

790 Eingehend *Oebbecke*, Weisungs- und unterrichtungsfreihe Räume in der Verwaltung, S. 169 ff.

791 Siehe nur § 203 StGB, § 53 StPO, Art. 9 DSGVO.

792 *Luhmann*, Die Paradoxie des Entscheidens, S. 306; *Wißmann*, Pädagogische Freiheit als Rechtsbegriff, S. 163: »Achtung der konkreten Erziehungssituation gegenüber abstrakter Steuerung«.

793 *Giddens*, Die Konstitution der Gesellschaft, S. 191 f.

(3) Eine gewisse Abschottung ist innerhalb jeder Organisation dadurch gegeben, dass Einheiten gebildet werden, innerhalb derer dichtere Kommunikation stattfindet als zwischen ihnen. Namentlich eine hierarchische Organisation hat die Funktion der »Trennung und Überbrückung dieser Trennung« zwischen verschiedenen Organisationseinheiten.[794] Es ist dann eine wesentliche Aufgabe der Vorgesetzten, Information zurückzuhalten. Sie müssen im Verkehr zwischen oben und unten als Filter wirken, um dysfunktionale Datenmengen auf den verschiedenen Ebenen zu vermeiden. Wer als Vorgesetzter alle Informationen ungefiltert durchleitet, übt seine Funktion nicht aus und macht sich überflüssig.[795] Doch letztlich gilt dies für jeden, der in einer Organisation mitwirkt. Diese relative Abschottung ermöglicht eine reichhaltige Interaktion im jeweiligen Bezugssystem, ohne dass die andere Seite davon Kenntnis erlangt. Auf diese Weise können Unsicherheit absorbiert und Vertrauen gebildet werden.[796]

Einen besonderen Fall der Abschottung innerhalb der Organisation stellt das Beratungsgeheimnis dar, wie es insbesondere für Richter in § 43 DRiG vorgeschrieben ist. Damit wird innerhalb des Spruchkörpers eine offene Aussprache und Diskussion ermöglicht, ohne dass andere etwas davon erfahren. In Erscheinung treten nur die Entscheidung und ihre mitgeteilte Begründung. Diese kann nicht den einzelnen Mitgliedern des Kollegiums, sondern nur diesem insgesamt zugerechnet werden. Die Person des einzelnen Amtsträgers wird von der Entscheidung deutlich distanziert.[797] Einen Sonderfall stellt allerdings das Bundesverfassungsgericht dar. Für dieses ist zwar nach § 30 Abs. 1 BVerfGG ebenfalls geheime Beratung vorgesehen. Doch haben die Mitglieder des Gerichts nach § 30 Abs. 2 BVerfGG die Möglichkeit, ihre abweichende Meinung in einem Sondervotum niederzulegen. Ebenso können die Senate in der Entscheidung das Stimmenverhältnis mitteilen. Dadurch wird der Konnex zwischen der Entscheidung und den beteiligten Personen offengelegt, die Kontingenz der Entscheidung den Personen zugerechnet. Von dieser Möglichkeit machen die Verfassungsrichter allerdings nur sparsam Gebrauch.[798] Den Hintergrund bilden die Sonderstellung des Bundesverfassungsgerichts, das an der Schnittstelle zwischen Recht und Politik agiert, und die Offenheit der verfassungsrechtlichen Maßstäbe, die unterschiedliche Interpretationen zulassen,[799] also letztlich der geringe Grad an Programmierung.

---

[794] *Baecker*, Mit der Hierarchie gegen die Hierarchie, S. 206.

[795] *Luhmann*, Funktionen und Folgen, S. 210 f.; vgl. *Baars*, Strukturmodelle für die öffentliche Verwaltung, S. 42 f.

[796] Siehe Kapitel 2: Exploration II. Organisation und Person – systemtheoretisch 4. Organisation und Interaktion a) Interaktion, S. 67.

[797] *Lepsius*, La Cour, c'est moi, S. 166.

[798] *Lepsius*, La Cour, c'est moi, S. 163 f.

[799] *Möllers*, Legalität, Legitimität und Legitimation des Bundesverfassungsgerichts, S. 386 ff.

4. Reflexion

a) Macht

Wer Entscheidungen – und sei es allein über die Auswahl und Weitergabe von Information – trifft und damit bestimmte Möglichkeiten selegiert und andere ausschließt, der übt Macht aus, wenn er darauf setzen kann, dass andere ihm die Entscheidung abnehmen, d.h. sie zur Prämisse ihres eigenen Handelns machen.[800] Die Definition von Macht wird in aller Regel auf *Max Weber* zurückgeführt:[801]

»*Macht* bedeutet jede Chance, innerhalb einer sozialen Beziehung den eigenen Willen auch gegen Widerstreben durchzusetzen, gleichviel worauf diese Chance beruht.«[802]

Dieser Begriff der Macht ist (bewusst) sehr weit gefasst und kann mit *Heinrich Popitz* nach verschiedenen Grundformen unterschieden werden: (1) *Aktionsmacht* beruht darauf, dass Menschen andere Menschen in kreatürlichen, ihren ökonomischen und in ihren sozialen Bedürfnissen verletzen können. (2) *Instrumentelle Macht* beruht darauf, dass Menschen andere Menschen für ihr Verhalten belohnen oder bestrafen können, bzw. darauf, dass sie beides glaubhaft in Aussicht stellen können, weil sie über entsprechende Ressourcen und Einwirkungsmöglichkeiten verfügen. (3) *Autoritative Macht* beruht darauf, dass Menschen für ihr Verhalten Maßstäbe benötigen, um vor sich selbst und anderen bestehen und Anerkennung finden zu können. Autorität äußert sich darin, dass jemand solche Maßstäbe setzt und damit über die Anerkennung anderer befindet. (4) *Datensetzende Macht* besteht darin, dass Menschen durch ihr Verhalten Tatsachen schaffen, die sich auf die Möglichkeiten und Lebensbedingungen anderer auswirken.[803]

In einem Ämterwesen sind alle vier Grundformen relevant. Aktionsmacht wird eingesetzt, wenn es darum geht, verbindliche Entscheidungen zwangsweise durchzusetzen. Autoritative Macht spielt vor allem bei den interaktionsträchtigen Ämtern eine Rolle, die sich nicht in der Exekution eines Programms erschöpfen und ein hohes Maß an Ich-Leistung erfordern. Je mehr es jedoch um die Umsetzung eines Programms geht, desto wichtiger werden datensetzende und instrumentelle Macht. Jede Weitergabe von Information stellt die Ausübung datensetzender Macht dar, weil der Absender darüber entscheidet, welche Information der Empfänger von ihm erhält. Und jede im Amt getroffene Entscheidung beruht auf instrumenteller Macht. Denn der Amtsinhaber kann auf die Durchsetzung seiner Entscheidungen bauen, sofern nicht im Einzelfall ihre Rechtswidrigkeit festgestellt wird. Für sein amtsgemäßes Handeln steht der

---

800 *Luhmann*, Legitimation durch Verfahren, S. 25.

801 Vgl. *Anter*, Theorien der Macht, S. 53; zu anderen Konzeptionen siehe ebd., passim; *Göhler*, Macht, passim; *Strecker*, Macht, passim.

802 *M. Weber*, Soziologie, MWG I/23, S. 210 = WuG, S. 28; vgl. *Luhmann*, Macht, S. 12: »daß Macht eine Chance ist, die Wahrscheinlichkeit des Zustandekommens unwahrscheinlicher Selektionszusammehänge zu steigern.« Auf die Differenzen zwischen Weber und Luhmann braucht an dieser Stelle nicht eingegangen zu werden.

803 *Popitz*, Phänomene der Macht, S. 23 ff.; vgl. *Giddens*, Die Konstitution der Gesellschaft, S. 228 ff.

Amtswalter nicht alleine, sondern hat das ganze Organisationsgefüge bis hin zur Justiz und Vollstreckung auf seiner Seite.[804]

Die Machtstellung des einzelnen Amtsinhabers gleich welcher Position im Organisationsgefüge ist ambivalent, wie dies schon in jeder *Principal-Agent*-Konstellation der Fall ist.[805] Der Agent wird durch den Prinzipal mit einer Aufgabe betraut und mit Ressourcen und Kompetenzen ausgestattet. Sein Handeln lässt sich der Prinzipal zurechnen. Damit räumt der Prinzipal dem Agenten Macht über sich selbst ein. Zugleich gewinnt der Prinzipal Macht über den Agenten, der sich auf die Agenda des Prinzipals verpflichtet und in rechtliche, meist auch ökonomische Abhängigkeit von ihm begibt. Die Einbindung in die Ämterstruktur begründet Macht der Amtsträger und zugleich deren Abhängigkeit von anderen Ämtern – und zwar unabhängig von der hierarchischen Stellung.[806] Die Macht des Amtswalters beruht darauf, dass er nicht für sich selbst, sondern für ein organisiertes Gemeinwesen handelt, d. h. er kann dessen weitere Ressourcen für die Durchsetzung seiner Entscheidungen mobilisieren.[807]

Es wäre verkürzt, schlicht von einer »Transformation von Macht in Recht« bzw. von einer solchen der »Herrschaft des Menschen« in die »Herrschaft des Rechts« durch das Amt zu sprechen.[808] Denn Macht verschwindet dabei nicht, sondern wird lediglich umgeformt und rechtlich gebunden.[809] Treffender ist es, von einer Institutionalisierung von Macht zu sprechen, die durch die Merkmale der Entpersonalisierung, Formalisierung und Integration in eine übergreifende Ordnung bestimmt ist.[810] »Herrschaft und Macht [...] müssen als integraler Bestandteil sozialer Gemeinschaften [...] erkannt werden.«[811] Sie werden durch ein Ämterwesen zugleich gesteigert. »Ämter sind eine friedliche Form der Präsentation und Ausübung von Macht.«[812] Auch wird Macht weiterhin durch Menschen ausgeübt, die in Ausübung ihres Amtes Entscheidungen treffen, deren Durchsetzungschance sich durch die Amtsstellung wesentlich erhöht. »Das Amt löscht die Macht nicht aus. Es bindet sie nur an das Recht und macht sie ihm dienstbar.«[813] Da vollständige Programmierung nicht möglich ist und stets Amtsträger an der Programmierung mitwirken, ist jedes Amt mit – wenn auch gebundener und vielfältig abhängiger – Machtausübung verbunden.

---

804 *Munsonius*, Autorität und Macht, S. 113 f.

805 Siehe Kapitel 2: Exploration I. Allgemeine Handlungstheorie 3. Handeln für überindividuelle Akteure b) Das Principal-Agent-Problem, S. 51; *Giddens*, Die Konstitution der Gesellschaft, S. 67.

806 Vgl. *Baecker*, Mit der Hierarchie gegen die Hierarchie, S. 208 f.

807 *Sofsky/Paris*, Figurationen sozialer Macht, S. 45.

808 So aber noch *Isensee*, Das Amt als Medium des Gemeinwohls, S. 248; *ders.*, Transformation von Macht in Recht, S. 3; ebenso *Depenheuer*, Das öffentliche Amt, Rn. 2, anders in Rn. 34; *Depenheuer* wechselt hier zwischen normativ-idealistischen und empiristischen Aussagen und Behauptungen, ohne dies kenntlich zu machen.

809 Vgl. *Kriele*, Staatslehre, S. 102.

810 *Popitz*, Phänomene der Macht, S. 233 f.

811 *Giddens*, Die Konstitution der Gesellschaft, S. 84 f.

812 *Luhmann*, Die Politik der Gesellschaft, S. 91; vgl. *Kriele*, Staatslehre, S. 11 f.; *Nassehi*, Gesellschaftliche Grundbegriffe, S. 258 ff.

813 *Isensee*, Gemeinwohl und öffentliches Amt, S. 126.

b) Verantwortung

Wer Macht ausübt, trägt Verantwortung. Ist Machtausübung mit einem Amt verbunden, kann sie adressiert werden.[814] In einem Organisationsgefüge ist jedoch genauer zwischen Verantwortung und Verantwortlichkeit zu unterscheiden.[815] Die Verantwortung liegt zunächst bei demjenigen, der über Sachkenntnis und Information verfügt, über ihre Weitergabe entscheidet oder anderweitig Entscheidungen setzt.[816] Hier werden datensetzende und instrumentelle Macht unmittelbar ausgeübt. Der Amtsträger absorbiert die Unsicherheit, die darin besteht, dass auch bei unvollständiger Information Entscheidungen getroffen werden müssen. Das Informationsdefizit wird dadurch gedeckt, dass eine zuständige Stelle die Verantwortung für die Entscheidung trägt.[817]

Außer den unmittelbar Tätigen sind jedoch auch andere Amtsträger für dieses Amtshandeln verantwortlich und insofern gegenüber anderen rechenschaftspflichtig. Deren Verantwortlichkeit beruht auf normativer Zuschreibung und ist darin begründet, dass sie auf die Prämissen des Amtshandelns anderer Einfluss haben und dadurch (mittelbar) Macht ausüben. Wer über die Festlegung und Konkretisierung des Programms, über die Auswahl der handelnden Personen und über die Organisation entscheidet, ist letztlich auch dafür verantwortlich, was auf der Grundlage dieser Prämissen geschieht.

»Die Verteilung der Verantwortung und die Verteilung der Verantwortlichkeit fallen in großen formalisierten Systemen strukturell auseinander. In den unteren Rängen wird die Unsicherheit absorbiert, die Spitze absorbiert Lob und Tadel.«[818]

Parallel zur Divergenz von Verantwortung und Verantwortlichkeit ist das »Auseinandertreten von Amts- oder Verwaltungsautorität und Sach- oder Fachautorität«[819] zu beobachten. Der Hiatus von faktischer Verantwortung und normativer Verantwortlichkeit schafft Unsicherheit und Abhängigkeit. Er führt oft zu Verantwortungsscheu der Untergebenen und einem übermäßigem Kontrollbedürfnis von Vorgesetzten.[820] Damit kann das Problem aber nicht bewältigt werden. Denn Verantwortung muss wahrgenommen werden, obwohl umfassende Kontrolle unmöglich ist. Es bedarf weiterer sozialer Wirkungszusammenhänge, um die Handlungsfähigkeit eines Ämterwesens zu ermöglichen.

c) Vertrauen

Das Spannungsverhältnis zwischen Macht und Abhängigkeit bzw. faktischem Einfluss und normativer Verantwortlichkeit, das Verhältnis zwischen den Amts-

---

814 *Kielmannsegg*, Das Experiment der Freiheit, S. 59.

815 *Luhmann*, Verantwortung und Verantwortlichkeit, passim; *ders.*, Funktionen und Folgen, S. 172 ff.

816 *Albrow*, Bürokratie, S. 51.

817 Siehe Kapitel 2: Exploration II. Organisation und Person – systemtheoretisch 3. Person und Organisation b) Zurechnung von Entscheidungen: Stelle, S. 63.

818 *Luhmann*, Funktionen und Folgen, S. 184.

819 *Steinberg*, Faktoren bürokratischer Macht, S. 322.

820 *Mayntz*, Soziologie der öffentlichen Verwaltung, S. 117.

trägern wie auch zwischen diesen und den Bürgern kann durch Vertrauen erträglicher werden. Ein Ämterwesen, in dem Menschen mit der Macht ausgestattet werden, Entscheidungen mit Verbindlichkeit für andere zu treffen, ist ohne Vertrauen nicht möglich.[821] Auch dies wird in der Literatur – zuweilen mit bemerkenswerter Emphase – herausgestellt.[822] Sprechend ist die Wendung, dass jemandem ein Amt ›anvertraut‹ wird, wie sie auch im Grundgesetz zu finden ist.[823]

Vertrauen ist generell ein unverzichtbares Element sozialer Beziehungen, weil das Verhalten des einen stets vom Verhalten der anderen abhängig ist, ohne dieses unter Kontrolle haben zu können.[824] »Wo Vertrauen fehlt, sind nur sehr begrenzte, rudimentäre Vergesellschaftungen möglich.«[825] Vertrauen ist in sozialen Beziehungen schon allein deswegen erforderlich, weil diese auf Kommunikation und damit auf der Mitteilung von Information beruhen. Information ist die zeichenhafte Vergegenwärtigung (Repräsentant) von etwas, das durch die Information repräsentiert wird (Repräsentat). Damit ist bereits die Unterscheidung von Repräsentat und Repräsentant gegeben. Beide können einander mehr oder weniger entsprechen. Information ist stets Information über etwas und kann im Hinblick auf dieses falsch sein. Zeichenhafte Kommunikation eröffnet die Möglichkeit zu irren und zu lügen. Schon darum bedarf alle Kommunikation und damit jede Sozialbeziehung des Vertrauens.[826]

»Vertrauen ist eine oftmals affektiv getönte Einstellung, die im riskanten Vorgriff auf die Kooperationsbereitschaft anderer Handlungen ermöglicht, die ohne Vertrauen entweder gar nicht oder nur auf andere Weise vollzogen werden könnten.«[827]

Vertrauen beruht auf der Erfahrung von Vertrauenswürdigkeit, die generalsiert wird.[828] Dies kann im Hinblick auf diejenigen Personen geschehen, die sich

---

821 *Höfling*, Amtsgedanke und Bürgervertrauen, S. 396; *Isensee*, Transformation von Macht in Recht, S. 7 f.; *Kube*, Vertrauen im Verfassungsstaat, S. 495 f.; vgl. *Meinel*, Vertrauensfrage, S. 19 ff.

822 *Burchardt*, Der Grundsatz richterlicher Unabhängigkeit, S. 486 ff.; *Depenheuer*, Das öffentliche Amt, Rn. 4, 36, 46, 83; *Hennis*, Amtsgedanke und Demokratiebegriff, S. 55 ff.; *Heyen*, Über Gewissen und Vertrauen der Abgeordneten, S. 38; *Hirsch*, Über die Gesellschaftsbezogenheit des Eides, S. 140 f.; *Isensee*, Gemeinwohl und öffentliches Amt, S. 129, 154 f.; *H. Krüger*, Das Leistungsprinzip als Verfassungsgrundsatz, S. 14; *Luhmann*, Vertrauen, S. 36; *Scheuner*, Amt und Demokratie, S. 21; *Schuppert*, Staatswissenschaft, S. 118 ff., 146 ff.

823 Art. 34 GG: »Verletzt jemand in Ausübung eines ihm anvertrauten öffentlichen Amtes […]«; Art. 92 GG: »Die rechtsprechende Gewalt ist den Richtern anvertraut«. »(An-)vertrauen« findet sich im Grundgesetz sonst nur noch in Art. 47 GG (Zeugnisverweigerungsrecht der Abgeordneten), in Art. 68 GG (Vertrauensfrage des Bundeskanzlers) und in Art. 104 Abs. 4 GG (Benachrichtigung einer Vertrauensperson bei Freiheitsentziehung). Siehe auch § 61 Abs. 1 S. 3 BBG, § 34 Abs. 1 S. 3 BeamtStG.

824 *Burchardt*, Der Grundsatz richterlicher Unabhängigkeit, S. 490; *Luhmann*, Vertrauen, S. 27 f.

825 *Popitz*, Die normative Konstruktion von Gesellschaft, S. 3.

826 Letztlich ist Vertrauen die Voraussetzung von Handlungsfähigkeit überhaupt. Gegenwärtiges Handeln ist stets zukunftsgerichtet. Die Zukunft aber ist unbekannt. Darum bedarf es des Vertrauens, dass auf Erfahrungen gestützte Erwartungen nicht enttäuscht werden; vgl. *Luhmann*, Vertrauen, S. 9 ff.

827 *M. Hartmann*, Vertrauen (2008), S. 1436.

828 *Endreß*, Vertrauen und Vertrautheit, S. 166; *M. Hartmann*, Vertrauen (2011), S. 412; *Luhmann*, Vertrauen, S. 31.

bereits als vertrauenswürdig erwiesen haben. Die Erfahrung kann aber auch auf andere Personen übertragen werden, mit denen man bisher kaum Erfahrungen gemacht hat, denen aber ein gewisses Vertrauen entgegengebracht wird. »Das Vertrauen nimmt also einen Teil für das Ganze und ergänzt es zu einer günstigen Gesamtdeutung.«[829]

»Man kann nicht ohne jeden Anhaltspunkt und ohne alle Vorerfahrungen Vertrauen schenken. Aber Vertrauen ist keine Folgerung aus der Vergangenheit, sondern es überzieht die Informationen, die es aus der Vergangenheit besitzt und riskiert eine Bestimmung der Zukunft.«[830]

Vertrauen stützt das laufende Amtshandeln. Es zeigt sich im Handeln und ist in der Regel implizit und präreflexiv.[831] Es muss vorausgesetzt und kann meist nicht problematisiert werden, ohne es zu erschüttern.[832] »Vertrauen ist eine Krisenkategorie. Es wird besonders dann zum Gegenstand der Diskussion, wenn man glaubt, dass es verloren geht oder schon gar nicht mehr vorhanden ist.«[833] Auch vertrauensbildende Maßnahmen können problematisch sein. Denn dann wird die Frage unabweisbar, aus welchen Motiven heraus diese erfolgen, woraus sich leicht auch Misstrauen ergeben kann.[834] Vertrauen hat die Funktion, Unsicherheit zu absorbieren, wo Sicherheit nicht zu haben ist. Es muss dafür selbst mit einer gewissen Selbstverständlichkeit vorausgesetzt werden. Verschiedene Faktoren sind geeignet, Vertrauen zu begründen und zu stützen.[835] Im Hinblick auf das Amt sind die folgenden fünf Faktoren von Bedeutung, durch die das Vertrauen in das Amtshandeln nicht allein auf die Person, sondern auf den Zusammenhang von Programm, Person und Struktur gegründet wird:[836]

(1) Bei jeder Begegnung, jeder *Interaktion* können mehr oder weniger bewusst das Auftreten und Verhalten des Gegenübers daraufhin beobachtet werden, ob ihm zu trauen ist. »Vertrauenswürdig ist, wer bei dem bleibt, was er bewußt oder unbewußt über sich selbst mitgeteilt hat.«[837] Wenn ein Amtsträger erkennbar sachlich und fair agiert, begründet dies Vertrauen. Wenn der Eindruck entsteht, dass eigene Interessen im Spiel sind, lässt dies Zweifel aufkommen.[838] Darum sind Amtsträger gehalten, jeden bösen Schein eines eigennützigen, amtswidrigen Handelns zu vermeiden.[839] Vertrauenswürdigkeit ist so wesentlich in

---

829 *Heyen*, Über Gewissen und Vertrauen des Abgeordneten, S. 38; vgl. *Luhmann*, Vertrauen, S. 31.

830 *Luhmann*, Vertrauen, S. 23 f.

831 *Endreß*, Vertrauen und Vertrautheit, S. 171; *M. Hartmann*, Vertrauen (2011), S. 407.

832 Vgl. *Luhmann*, Vertrauen, S. 37, 44 f.

833 *M. Hartmann*, Vertrauen (2011), S. 403.

834 *Luhmann*, Vertrauen, S. 54.

835 Ausgreifend dazu *Sutter*, Vertrauen im Recht, S. 123 ff., 226 ff.; siehe auch *Ripperger*, Ökonomik des Vertrauens, S. 94 ff.

836 Vgl. *Endreß*, Vertrauen und Vertrautheit, S. 192 f. mit der Unterscheidung von Handlungsroutinen, -verdichtungen, -professionalisierungen, -rahmungen und -strategien.

837 *Luhmann*, Vertrauen, S. 48.

838 *M. Hartmann*, Vertrauen (2011), S. 414.

839 *Isensee*, Gemeinwohl und öffentliches Amt, S. 129 f.; ausführlich *Hilp*, »Den bösen Schein vermeiden«, passim.

individueller Tugendhaftigkeit der Person begründet.[840] Jedoch ist die Informationsbasis bei der erstmaligen Interaktion noch sehr schmal, das Vertrauen, das sie begründen kann, noch verhältnismäßig gering.[841]

(2) Vertrauen kann gelernt werden[842] und wachsen, wenn Menschen häufiger miteinander zu tun haben. Dies gilt vor allem für diejenigen, die als Amtsträger innerhalb derselben Organisation regelmäßig zusammenarbeiten. Je besser man sich kennt, umso eher kann sich *Vertrautheit* und damit Vertrauen einstellen.[843] So können sich in den Organisationszusammenhängen stabile Vertrauensbeziehungen entwickeln.[844] Dazu trägt vor allem auch diejenige Interaktion bei, die nicht selbst als Entscheidungshandeln beobachtet wird und die Kultur der Organisation ausmacht.[845] Das Risiko, das mit jeder aufgrund unvollständiger Information zu treffenden Entscheidung verbunden ist, wird dadurch aufgefangen, dass sich die Beteiligten durch informale Kommunikation wechselseitig vergewissern, dass sie sich unabhängig vom Ausgang der Verfahren achten können.[846]

(3) Das Verhältnis zwischen Bürger und Amtsträger ist meist nur punktuell. Vertrauen kann sich nicht entwickeln, sondern muss vorausgesetzt werden (oder entbehrlich sein). Hier wird besonders relevant, dass sich die Beteiligten in bestimmten fest gefügten *Rollen* begegnen und beide Seiten darum wissen.[847] Die Rollen sind nicht nur kulturell geprägt, sondern im Hinblick auf das Amt durch das Programm und die Pflichtenstellung des Amtsträgers konkret und kontrollierbar beschrieben. Damit ist klar, welches Verhalten wechselseitig zu erwarten ist. Für beide Seiten, vor allem aber für den Amtsträger ist es riskant, den geltenden Erwartungen nicht zu entsprechen und aus der Rolle zu fallen. Selbst wenn das unmittelbare Gegenüber den Rollenverstoß toleriert oder gar kollusiv unterstützt, muss ein Amtsträger damit rechnen, von anderen in seinem amtswidrigen Verhalten beobachtet und sanktioniert zu werden.

(4) Damit erweist sich die *Struktur* des Ämterwesens insgesamt als ein weiterer Faktor für das Vertrauen gegenüber dem Amt.[848] Die Struktur bewirkt einerseits, dass verschiedene Stellen über die Prämissen (Programm, Person, Struktur) des Handelns im einzelnen Amt entscheiden, dass also das Handeln des einzelnen Amtsträgers nicht arbiträr, sondern in ein Geflecht von Entscheidungen ein-

---

840 *Sutter*, Vertrauen im Recht, S. 396 ff.

841 Vgl. *Ripperger*, Ökonomik des Vertrauens, S. 105 f.

842 *Luhmann*, Vertrauen, S. 34 f.

843 *Endreß*, Vertrauen und Vertrautheit, S. 166 f.; *Luhmann*, Vertrauen, S. 22 f., der auch darauf hinweist, dass Vertrautheit auch die Grundlage für Misstrauen sein kann; *Ripperger*, Ökonomik des Vertrauens, S. 106 ff.

844 *Luhmann*, Vertrauen, S. 82 f.; siehe auch den Hinweis bei *Smend*, Verfassung und Verfassungsrecht, S. 251 zur Entstehung von Kabinettssolidarität in Ministerbesprechungen statt formellen Sitzungen.

845 Siehe Kapitel 2: Exploration II. Organisation und Person – systemtheoretisch 4. Organisation und Interaktion a) Interaktion, S. 67.

846 *Luhmann*, Organisation und Entscheidung, S. 429.

847 Siehe Kapitel 2: Exploration III. Materiale Handlungstheorie 1. Homo sociologicus, S. 72.

848 Vgl. zum Verhältnis von individuellem und institutionellem Vertrauen *Sutter*, Vertrauen im Recht, S. 226 ff.

gebettet ist. Damit nimmt der Bedarf, dem einzelnen Amtsträger zu vertrauen ab, weil ihm die Entscheidung nur begrenzt als eigenes Handeln zugerechnet wird.[849] Und soweit es auf ihn ankommt, darf darauf vertraut werden, dass der leitende Gesichtspunkt für die Übertragung des Amtes allein die Eignung des Amtsträgers ist.[850] Zum anderen stehen durch die Struktur alle Ämter unter Beobachtung durch andere. Jedes Amt muss sich vor einem anderen Amt oder dem Forum der Öffentlichkeit verantworten.

(5) In der Struktur können zudem Vorkehrungen für den Fall getroffen werden, dass das Vertrauen in das amtsgerechte Handeln enttäuscht wird.[851] Damit ist zu rechnen, denn: »Vertrauen beruht auf Täuschung.«[852] Darum bedarf es zur Stabilierung des Vertrauens für den Fall der Enttäuschung weiterer Mechanismen. »Das Vertrauen in die Funktionsfähigkeit von Systemen schließt Vertrauen in die Funktionsfähigkeit ihrer immanenten Kontrollen ein.«[853] Hierfür hat generell das Bestehen einer Rechtsordnung weitreichende Funktion, die für bestimmte Erwartungen verlässliche *Sanktionsmöglichkeiten* bietet.[854] »Das Vertrauen in Personen und Sachverhalte wandelt sich im Rechtsstaat – soweit das Recht reicht – in ein Vertrauen in das Recht und seine Durchsetzung.«[855] Ein Ämterwesen bietet für die Leistungsfähigkeit systemeigener Kontrolle gute Voraussetzungen, denn es kann von der Person, durch die Vertrauen enttäuscht worden ist, absehen und Probleme in die Struktur verlagern, d. h. die Bearbeitung anderen Personen anvertrauen. So kann die Problembearbeitung in besondere Verfahren und damit wieder in laufendes Amtshandeln überführt werden, das seinerseits durch Vertrauen gestützt ist.

5. Sanktionierung

a) Grundstruktur

Wie sich gezeigt hat, kann durch die Einbettung des Amtes in eine Struktur von Ämtern das mit dem Amtsparadox markierte Problem dissimuliert, aber nicht beseitigt werden. Weil »Handlungsmaßstäbe auch dann, wenn sie zu konkreten Handlungsregeln ausgeformt worden sind, nicht zu determinieren, sondern nur zu orientieren vermögen«, bleibt das Problem, wie die Amtsrationalität gesichert werden kann, bestehen. Prospektiv wird durch die Eignungsprüfung vor der Übertragung des Amtes und die Ausformung situationsgerechter Handlungsregeln, retrospektiv durch die Kontrolle innerhalb der Ämterhierarchie und durch externe Kontrollinstanzen, wie beispielsweise Gerichte oder Rechnungs-

---

849 *Luhmann*, Vertrauen, S. 52, 71.
850 Siehe II. Person 1. Anforderungen des Amtes b) Individuelle Eignung, S. 156.
851 *M. Hartmann*, Vertrauen (2011), S. 405.
852 *Luhmann*, Vertrauen, S. 38.
853 *Luhmann*, Vertrauen, S. 77; vgl. *M. Hartmann*, Vertrauen (2008), S. 1439 f.
854 *Luhmann*, Vertrauen, S. 41.
855 *Kube*, Vertrauen im Verfassungsstaat, S. 500.

höfe, dafür Sorge getragen.[856] »Die Möglichkeit selbstkritisch-analytischer Kontrolle gehört heute ebenso zu den Grundlagen einer stabilen Institution wie ein motivstarkes Rechts- und Programmbewußtsein.«[857] Kontrolle ist das Korrelat der Verantwortung, die erst dadurch wirksam wird, dass sich jemand gegenüber einem anderen verantworten muss.[858] Wirksame Kontrolle setzt Distanz voraus und ist tunlich unabhängigen Instanzen aufzutragen.[859] Es gibt kein Amt ohne das Gegenüber, vor dem sich der Amtsträger zu verantworten hat.[860] Letztlich stehen alle Ämter unter Beobachtung durch andere Ämter. »Vielleicht [...] läßt sich ein großer Teil des ›demokratischen‹ Apparats der Politik der modernen Gesellschaft in diesem Sinne als das Produkt der Schaffung von Ämtern zur Beobachtung von Ämtern verstehen.«[861]

Die Art der Kontrolle ist davon abhängig, welcher Rationalität die Programmierung folgt.[862] Man kann den legalen Richtigkeitstest (für Konditionalprogramme), den funktionalen Wirksamkeitstest (für Zweckprogramme) und den politischen Konsenstest (für die Programmierung) unterscheiden.[863] Die Kontrolle trägt damit jeweils stärker rechtlichen oder politischen Charakter.[864] Dementsprechend unterscheiden sich auch die Instanzen, die die Kontrolle ausüben.[865] Bei der rechtlichen Kontrolle bestehen klare Zuständigkeiten – beginnend beim unmittelbaren Vorgesetzten über die Amtshierarchie bis hin zur Gerichtsbarkeit. Politische Kontrolle wird zum einen von spezifisch verantwortlichen Stellen, zum anderen auch durch jede Form von Öffentlichkeit ausgeübt. Das beginnt beim Kollegenkreis und geht über die partielle Öffentlichkeit einer

---

856 *Heyen*, Amt und Rationalität, S. 56 (dort auch das Zitat); *Kahl*, Kontrolle der Verwaltung, Rn. 66 f.; *Seibel*, Verwaltung verstehen, S. 20; siehe auch *Mayntz*, Soziologie der öffentlichen Verwaltung, S. 76.

857 *Schelsky*, Zur soziologischen Theorie der Institution, S. 226.

858 *Hoffmann-Riem*, Verwaltungskontrolle, S. 338 ff.; *Seibel*, Verwaltung verstehen, S. 48.

859 *Scheuner*, Verantwortung und Kontrolle in der Demokratie, S. 305; *Schuppert*, Staatswissenschaft, S. 139 f.

860 *Depenheuer*, Das öffentliche Amt, Rn. 76; *Heintzen*, Amtsprinzip, Rn. 30; *Isensee*, Transformation von Macht in Recht, S. 7; *Köttgen*, Das anvertraute öffentliche Amt, S. 139; vgl. *Popitz*, Die normative Konstruktion von Gesellschaft, S. 58 f.; *Scheuner*, Verantwortung und Kontrolle in der Demokratie, S. 298; anders für den Papst, der (mit geringen Ausnahmen) von niemandem zur Verantwortung gezogen werden kann; *Mückl*, Der Papst, S. 277, 287.

861 *Baecker*, Ämter, Themen und Kontakte, S. 35; vgl. *Popitz*, Die normative Konstruktion von Gesellschaft, S. 53 f.

862 *Heyen*, Amt und Rationalität, S. 57.

863 *Schimanke*, Steuerung und Selbsteuerung, S. 138; vgl. *Luhmann*, Soziologische Aspekte der Büroarbeit, S. 82 ff.

864 Vgl. *Köttgen*, Das anvertraute öffentliche Amt, S. 140; *Scheuner*, Amt und Demokratie, S. 30; *ders.*, Verantwortung und Kontrolle in der Demokratie, S. 300 f., 304; zur entsprechenden Unterscheidung zwischen »Fachbeamten« und »politischen Beamten« *M. Weber*, Parlament und Regierung, S. 335; *ders.*, Politik als Beruf, S. 519 f., 524 f.; ähnlich *Gerber*, Entwicklung und Reform des Beamtenrechts, S. 19 ff.; siehe auch *Oliveira de Sousa*, Amtsenthebung – Recht oder Politik?, S. 64 ff., der das eindeutig politische Misstrauensvotum nach Art. 67 GG dem rechtlichen Verfahren der Präsidentenanklage nach Art. 61 GG gegenüberstellt.

865 *Popitz*, Die normative Konstruktion von Gesellschaft, S. 52 ff.

bestimmten *community* bis zur allgemeinen Öffentlichkeit.[866] Durch Informations- und Beteiligungsrechte kann Öffentlichkeit hergestellt werden, durch die politische Kontrolle ermöglicht und in rechtliche Kontrolle übergeleitet werden kann.[867] Prominenter Ort politischer Kontrolle ist das Parlament, in dem öffentliche Kontrolle und rechtliche Sanktionsmöglichkeiten zusammenkommen.[868] Wo die rechtliche Kontrolle an ihre Grenzen stößt, kommt es darauf an, geeignete Foren herzustellen, auf denen politische Kontrolle ausgeübt werden kann.[869] Durch begrenzte Amtszeiten und periodisch wiederkehrende Wahlen werden Amtsträger regelmäßig einem politischen Konsenstest unterzogen.

Maßstab der Kontrolle ist das Programm, das unabhängig von der Person einem bestimmten Amt aufgegeben ist. Gegenstand der Kontrolle ist das Handeln der Person, die das Amt innehat. Indem etwas als Handeln (oder Entscheidung) beobachtet wird, gerät die handelnde Person in den Blick und wird mit ihrer Verantwortlichkeit für das Handeln in Anspruch genommen.[870] Allerdings bezieht sich das Programm zunächst nicht auf die Person, sondern betrifft das Außenverhältnis zwischen dem Gemeinwesen und dem Bürger. Erst durch die Amtspflicht zu rechtmäßigem, d.h. programmgemäßem Verhalten (z.B. § 63 Abs. 1 BBG, § 36 Abs. 1 BeamtStG) wird es zu einem Maßstab für das Handeln des Amtswalters, für dessen Einhaltung er in Haftung genommen werden kann.[871] Dabei sind jedoch die Einschränkungen zu beachten, die sich aus der Stellung innerhalb der Struktur ergeben. Das im Außenverhältnis verbindliche Programm kann im Innenverhältnis Modifikationen erfahren, indem der Amtswalter an Konkretisierungsentscheidungen anderer, insbesondere vorgesetzter Stellen gebunden ist.[872]

b) Differenzierung

Die Konstellation des Amtes als Zusammenhang von Programm, Person und Struktur ermöglicht es, wenn es zu Fehlern beim Amtshandeln gekommen ist, zu differenzieren.[873] Dadurch, dass der Agent (A) gegenüber dem Dritten (D) für den Prinzipal (P) gehandelt hat, können die Interaktionsbeziehung zwischen A und D, die Zurechnungs- und Außenbeziehung zwischen P und D sowie die

---

[866] *Kahl*, Kontrolle der Verwaltung, Rn. 172 ff.; *Kriele*, Staatslehre, S. 188, 235 f.; *Scheuner*, Verantwortung und Kontrolle in der Demokratie, S. 306; *Seibel*, Verwaltung verstehen, S. 79; zum öffentlichen Skandal *Isensee*, Das Amt als Medium des Gemeinwohls, S. 259 ff.

[867] Siehe z.B. §§ 25 Abs. 3, 28, 29, 73 VwVfG; eingehend *Rossen-Stadtfeld*, Kontrollfunktion der Öffentlichkeit, passim.

[868] *Scheuner*, Verantwortung und Kontrolle in der Demokratie, S. 308; eingehend *Meinel*, Vertrauensfrage, S. 164 ff.

[869] Vgl. *Trute*, Funktionen der Organisation, S. 283.

[870] Siehe Kapitel 2: Exploration II. Organisation und Person – systemtheoretisch 4. Organisation und Interaktion b) Handeln und Entscheiden, S. 68.

[871] *Isensee*, Gemeinwohl und öffentliches Amt, S. 110 f.; *Schnapp*, Amtsrecht und Beamtenrecht, S. 152 f.

[872] *Rupp*, Grundfragen der heutigen Vewaltungsrechtslehre, S. 54 ff.; zu Einschränkungen durch die Weisung von Vorgesetzten siehe auch 3. Aufbau-Organisation c) Hierarchie, S. 215.

[873] II. Person 3. Amt und Person b) Amt als Rechtsverhältnis, S. 170.

Innenbeziehung zwischen A und P unterschieden werden.[874] Entsteht in einer Konstellation mit nur zwei Beteiligten ein Problem, so müssen alle Aspekte zwischen diesen beiden bearbeitet werden. Die sachliche und persönliche Ebene zu unterscheiden setzt dann voraus, dass beide Beteiligten diese Unterscheidung mitmachen. Andernfalls werden beide Ebenen ebenso miteinander vermengt wie die Frage eines Verschuldens in der Vergangenheit und die der Behebung der normwidrigen Sachlage für die Zukunft. Die dreistellige Konstellation des Amtes ermöglicht es, die verschiedenen Fragen an unterschiedlichen Stellen zu bearbeiten.

Ein Amtshandeln ist dann problematisch, wenn es nicht dem Programm entspricht, ein Problem besteht, wenn ein programmwidriger Zustand entstanden ist. Dieser Zustand ist durch A herbeigeführt worden, er wird aber, da A für diesen gehandelt hat, in der Regel P zugerechnet und in der Außenbeziehung zwischen P und D bearbeitet.[875] Die Zurechnung wird erleichtert, wenn das Handeln des A bestimmten standardisierten Handlungsformen entspricht. Exemplarisch kann dies am möglicherweise rechtswidrigen Verwaltungsakt deutlich werden, der schon nach seiner Definition in § 35 S. 1 VwVfG nicht der Amtsperson, sondern der Behörde zugerechnet wird. Gegenstand eines Widerspruchsverfahrens nach § 68 Abs. 1 VwGO oder einer Anfechtungsklage nach §§ 42 Abs. 1, 79 VwGO ist nicht das Verhalten des A, sondern der Verwaltungsakt, d. h. die Sachentscheidung. Und Beklagter ist nicht der Amtswalter, sondern die Behörde oder Körperschaft, für die er gehandelt hat (§§ 61 Nr. 3, 78 VwGO).

Soweit ein fehlerhaftes oder schuldhaftes Verhalten des Amtswalters in Rede steht und diesem zugerechnet werden soll, wird dies im Innverhältnis zwischen P und A bearbeitet. Die Brücke bildet die Amtspflicht zu rechtmäßigem Handeln.[876] In geringfügigen Fällen ist es Aufgabe der Vorgesetzten durch Hinweise und Ermahnungen auf eine programmgerechte Aufgabenerfüllung hinzuwirken. In gravierenderen Fällen ist das Disziplinarrecht anzuwenden. *Krüger* hat als Problem markiert, dass »[z]wischen der durch Lebenslänglichkeit der Anstellung zu sichernden Sachlichkeit und dem, [!] jederzeitige Entlaßbarkeit fordernden Leistungsprinzip [...] ein Kompromiß nicht herzustellen [ist]«, und stellt die Frage, »wie die Leistung innerhalb eines auf Unauflöslichkeit angelegten Dienstverhältnisses gewährleistet werden kann.«[877] Auf dieses Problem sucht das Disziplinarrecht zu reagieren, indem ein Verschulden des Amtsträgers sanktioniert wird, ohne sogleich den Verbleib im Amt in Frage zu stellen. Mögliche Sanktionen sind Verweis, Geldbuße, Kürzung der Dienstbezüge und Zurückstufung (z. B. §§ 6–9 BDG). Nur bei besonders schweren Amtspflichtverletzungen kann und muss auf Entfernung aus dem Amtsverhältnis erkannt werden (z. B. §§ 10,

---

[874] Vgl. *Rupp*, Grundfragen der heutigen Vewaltungsrechtslehre, S. 34.

[875] Vgl. *Loschelder*, Weisungshierarchie und persönliche Verantwortung, Rn. 87; *Sauer*, Einstandspflichten im Verwaltungsrecht, Rn. 121.

[876] *Sauer*, Einstandspflichten im Verwaltungsrecht, Rn. 121.

[877] *H. Krüger*, Das Leistungsprinzip als Verfassungsgrundsatz, S. 11; *Studienkommission*, Bericht, Rn. 170.

13 Abs. 2 BDG).[878] Außerdem kommt eine Haftung des Beamten in Betracht, wenn durch sein Verschulden dem Dienstherrn ein Schaden entstanden ist (§ 48 S. 1 BeamtStG, § 75 Abs. 1 S. 1 BBG).[879]

Das durch die Interaktion zwischen A und D entstandene Problem wird nicht zwischen diesen beiden bearbeitet, sondern in sachlicher Hinsicht im Außenverhältnis zwischen P und D und in persönlicher Hinsicht im Innenverhältnis zwischen P und A. Für die Bearbeitung des Problems ist es nicht erforderlich, die Interaktionsbeziehung zwischen A und D fortzusetzen. Die Konstellation des Amtes ermöglicht es, zwischen Interaktions-, Außen- und Innenbeziehung sowie zwischen Sach- und Personbezug zu unterscheiden und auf programmwidrige Situationen differenziert zu reagieren. Diese Differenzierung wird im Wesentlichen durch das Recht geleistet, das die verschiedenen Aspekte unterschiedlichen Rechtsbeziehungen zuweist und unterschiedliche Verfahrensweisen für ihre Bearbeitung bereithält. Sie ist möglich, solange das Amtsparadox dissimuliert werden kann, und trägt ihrerseits zu seiner Dissimulation bei.

Exkurs:[880] Ein besonderes Problem stellt die Konstellation dar, dass durch pflichtwidriges Amtshandeln ein Schaden entstanden ist, der den Betroffenen ersetzt werden soll. Da es sich um ein Handeln des Agenten handelt, das dem Prinzipal zugerechnet wird, soll am Ende auch dieser für den Schaden haften – unbeschadet der Möglichkeit, den Agenten wegen seines schuldhaften Handelns in Regress zu nehmen.[881] Die Haftung des Prinzipals für das Verschulden seines Agenten kann rechtstechnisch auf unterschiedliche Weise herbeigeführt werden. Im bürgerlichen Recht wird durch § 31 BGB die Haftung eines Vereins für seine Organe und Vertreter statuiert, was nach § 89 BGB auch für juristische Personen des öffentlichen Rechts gilt. Nach § 278 BGB haftet der Schuldner für seinen gesetzlichen Vertreter sowie seinen Erfüllungsgehilfen. Es wird also die Haftung des Prinzipals für seinen Agenten durch das Gesetz unmittelbar begründet.

Einen anderen Weg geht das Amtshaftungsrecht. § 839 BGB begründet zunächst die Haftung des Amtswalters:

§ 839. (1) Verletzt ein Beamter vorsätzlich oder fahrlässig die ihm einem Dritten gegenüber obliegende Amtspflicht, so hat er dem Dritten den daraus entstehenden Schaden zu ersetzen. Fällt dem Beamten nur Fahrlässigkeit zur Last, so kann er nur dann in Anspruch genommen werden, wenn der Verletzte nicht auf andere Weise Ersatz zu erlangen vermag. [...]

---

[878] *Hebeler*, Verwaltungspersonal, S. 279 ff.; *Leppek*, Status des Einzelnen im Beamtenrecht, Rn. 42. Zur Bedeutung der Remonstration, wenn amtswidriges Handeln auf Weisung eines Vorgesetzten erfolgt ist, siehe 3. Aufbau-Organisation c) Hierarchie, S. 215.

[879] *Schnellenbach/Bodanowitz*, Beamtenrecht, S. 262 ff.

[880] Es würde den Rahmen sprengen, wollte ich an dieser Stelle auf die Feinsinnigkeiten und Absonderlichkeiten des Amtshaftungsrechts eingehen. Darüber informieren die Kommentierungen zu § 839 BGB und Art. 34 GG sowie einschlägige Monographien und Lehrbücher. Siehe *Hebeler*, Verwaltungspersonal, S. 269 ff.; jüngst *Sauer*, Einstandspflichten im Verwaltungsrecht, passim m. w. N.

[881] Siehe Kapitel 2: Exploration I. Allgemeine Handlungstheorie 3. Handeln für überindividuelle Akteure b) Das Principal-Agent-Problem, S. 51.

Erst durch Art. 34 GG wird die Haftung auf die öffentlich-rechtliche Körperschaft übergeleitet:[882]

Art. 34. Verletzt jemand in Ausübung eines ihm anvertrauten öffentlichen Amtes die ihm einem Dritten gegenüber obliegende Amtspflicht, so trifft die Verantwortlichkeit grundsätzlich den Staat oder die Körperschaft, in deren Dienst er steht. Bei Vorsatz oder grober Fahrlässigkeit bleibt der Rückgriff vorbehalten. Für den Anspruch auf Schadensersatz und für den Rückgriff darf der ordentliche Rechtsweg nicht ausgeschlossen werden.

Während § 839 BGB haftungsbegründende Norm ist, stellt Art. 34 GG eine befreiende Schuldübernahme dar.[883] Auch diese eigentümliche Regelungstechnik läuft darauf hinaus, die durch die Amtskonstellation ermöglichte Differenzierung zwischen Amt und Person umzusetzen, allerdings wird diese zunächst eingezogen, um sie dann durch die Haftungsüberleitung wieder herzustellen.

Für diese Eigenart der amtshaftungsrechtlichen Regelungen sind im Wesentlichen historische Gründe ausschlaggebend.[884] Im 18. wie auch im 19. Jahrhundert war die Vorstellung maßgebend, dass das Handeln eines Amtsträgers, das die rechtlichen Grenzen seines Amtes überschreitet, nicht dem Staat, sondern nur dem Amtsträger zugerechnet werden kann, denn der Staat galt als unrechtsunfähig: *Si excessit, privatus est.* In dieser Spur blieb auch das Bürgerliche Gesetzbuch, das neben einer Organhaftung an der persönlichen Haftung des Beamten festhielt.[885] Erst mit Art. 131 WRV wurde eine einheitliche Regelung geschaffen, die dem heutigen Art. 34 GG entspricht.[886] Ein möglicher Regress ergibt sich beispielsweise aus § 48 S. 1 BeamtStG bzw. § 75 Abs. 1 S. 1 BBG.

c) Konfusion

Je mehr das Amtsparadox zutage tritt, desto schwieriger wird es, die geschilderte Differenzierung aufrechtzuerhalten. Die verschiedenen Aspekte können dann nicht mehr voneinander getrennt und müssen gemeinsam bearbeitet werden. Neben der rechtlichen Problembewältigung kann dann auch ein politischer Umgang mit der Situation platzgreifen, bei dem die Unterscheidung von Person und Sache zunehmend eingezogen wird. Es sind vor allem drei Situationen, die hier relevant werden:

(1) Zum einen wird die Differenzierung prekär, wenn die Programmsteuerung an ihre Grenzen stößt, wenn das Programm nur geringe Vorgaben macht und durch die Person des Amtswalters auszufüllen ist. Dann ist die Umsetzung des Programms stark von den Entscheidungen des Amtswalters abhängig und

---

882 *H. Dreier*, Rechtsstaat, S. 46 f.

883 So zumindest die überwiegend vertretene Ansicht: *Wieland* in: Dreier, GG, Art. 34 Rn. 33; *Papier/Shirvani* in: Säcker et al., MüKo-BGB, § 839 Rn. 9, 15 f.; differenzierend *von Danwitz* in: von Mangoldt/Klein/Starck, GG, Art. 34 Rn. 54 ff.

884 *Rupp*, Grundfragen der heutigen Vewaltungsrechtslehre, S. 37: »eine unbegreifbare, reliktische Insel antiquierten Rechtsdenkens«.

885 *Gröschner*, Die Republik, Rn. 63.

886 *von Danwitz* in: von Mangoldt/Klein/Starck, GG, Art. 34 Rn. 30 ff.; *Wieland* in: Dreier, GG, Art. 34 Rn. 1 ff.

kann nur begrenzt rational nachvollzogen werden, so dass ihre Kontingenz auf die Person zugerechnet wird.[887] Für solche Auseinandersetzungen steht zwar ein rechtlicher Rahmen zur Verfügung. Sie werden aber letztlich politisch geführt. Dies ist vor allem bei den überwiegend programmierend wirkenden Ämtern in Legislative und Gubernative der Fall. Den Grenzfall bildet der politische Beamte, der trotz Lebenszeitstellung jederzeit in den einstweiligen Ruhestand versetzt werden kann (§ 54 BBG, § 30 Abs. 1 BeamtStG).[888] Nicht von ungefähr werden legislative und gubernative Ämter nur befristet übertragen, so dass regelmäßig eine Entscheidung über die Person zu treffen ist und ein Ungenügen in der Sache unmittelbar auf die Person durchschlägt. Wer politisch für sein Handeln einstehen muss, steht als Amtsperson zur Disposition. Im Wahlakt werden Programmentscheidungen als Personalentscheidungen getroffen. Damit geht einher, dass dieser Personenkreis sich nicht allein auf seine Amtsstellung stützen kann, sondern darüber hinaus um Zustimmung werben muss.[889] Politische Kontrolle wird vor allem durch Parlamente und andere gewählte Vertretungskörperschaften wahrgenommen, die ihrerseits einer politischen Kontrolle durch die Wählerschaft unterliegen. Hingegen ist die *Rechts*kontrolle bei Parlamentariern durch die Anordnung ihrer Indemnität nach Art. 46 Abs. 1 GG, § 36 StGB zurückgenommen.[890]

(2) Steht das programmierende Handeln am Anfang, so das kontrollierende am Ende des Handlungszusammenhangs. Alles Amtshandeln kann auf seine Rechtmäßigkeit gerichtlich überprüft werden (Art. 19 Abs. 4 GG). Hier kann die Differenzierung wiederum prekär werden, weil der (letztinstanzliche) Richter zwar ›nur‹ eine Rechtsentscheidung trifft, diese gleichwohl Entscheidungscharakter hat und damit kontingent ist. Diese Entscheidung kann nicht mehr infrage gestellt, ihre Kontingenz nicht mehr dissimuliert werden. Gegen eine problematische Entscheidungspraxis kann, wenn der Instanzenzug ausgereizt ist, nur noch dadurch vorgegangen werden, dass die Person des Richters und ihr Verbleib im Amt problematisiert wird. Einschlägig ist die Möglichkeit, strafrechtlich wegen Rechtsbeugung nach § 339 StGB belangt zu werden.[891] Dies führt wegen des Strafrahmens von einem bis zu fünf Jahren nach § 24 Nr. 1 DRiG zur Beendigung des Richterverhältnisses. Für den Fall, dass ein Bundesrichter gegen die Grundsätze des Grundgesetzes oder die verfassungsmäßige Ordnung eines Landes verstößt, sieht Art. 98 Abs. 2 GG für Bundesrichter das Verfahren der Richteranklage vor dem Bundesverfassungsgericht vor und eröffnet durch Abs. 5 einen entsprechenden Weg für die Landesrichter.[892] Dies setzt aber eine

[887] Siehe Kapitel 2: Exploration II. Organisation und Person – systemtheoretisch 3. Person und Organisation b) Zurechnung von Entscheidungen: Stelle, S. 63.

[888] *Voßkuhle/Kaiser*, Personal, Rn. 69.

[889] Zu den durch die modernen Medien gesteigerten Anforderungen *Steinbach*, Das Amt in einer Gesellschaft der Singularitäten, S. 4 ff.

[890] Zu Sanktionsmöglichkeiten gegenüber Abgeordneten *de lege lata et ferenda* siehe *Wiese*, Das Amt des Abgeordneten, S. 564 ff.

[891] *Wittreck*, Sicherung der Unabhängigkeit, S. 65 ff.

[892] Außerdem §§ 58–62 BVerfGG.

massiv kämpferische Haltung gegen die freiheitlich-demokratische Grundordnung voraus.[893]

Eine besondere Situation ergibt sich beim Bundesverfassungsgericht, dessen Aufgabe nicht allein darin besteht, das durch die Legislative programmierte Handeln der Exekutive und der Judikative zu kontrollieren, sondern auch das programmierende Handeln des Gesetzgebers selbst auf seine Verfassungsmäßigkeit zu prüfen. Angesichts der Offenheit der Verfassung erhält die Verfassungsgerichtsbarkeit so ein eminent politisches Moment.[894] Darum gibt es nach Art. 94 GG, §§ 4–9 BVerfGG auch ein besonderes Verfahren für die Wahl der Mitglieder des Bundesverfassungsgerichts, und dieses Amt wird – anders als sonst bei Berufsrichtern – nach § 4 BVerfGG nur befristet übertragen.[895]

(3) Das (überwiegend) programmierende und das kontrollierende Handeln stellen die Grenzpunkte des Handlungszusammenhangs dar, so dass hier das Amtsparadox am deutlichsten zutage tritt. Es kann jedoch bei jedem Amtshandeln zu Grenzüberschreitungen kommen. Genau genommen stellt jedes programmwidrige Handeln eine solche Grenzüberschreitung dar und ist der Person des Amtsinhabers zuzurechnen, es kann aber auch sein, dass der Amtswalter regelrecht ›aus der Rolle gefallen‹ ist. Bei der Sanktion lassen sich drei Eskalationsstufen unterscheiden: (a) Auf der ersten Stufe genügt es, Entscheidungen in der Sache zu korrigieren, wie dies im Verwaltungsalltag immer wieder geschieht, ohne dass den handelnden Personen daraus ein Vorwurf erwachsen muss. (b) Auf der zweiten Stufe wird eine Amtspflichtverletzung der Person mit Mitteln des Disziplinarrechts bearbeitet. Dieses ist prinzipiell darauf gerichtet, durch eine Bereinigung des Problems den Verbleib der Person auf der Stelle oder wenigstens innerhalb der Organisation zu ermöglichen. Nur für besonders schwerwiegende Amtspflichtverletzungen ist die Entfernung aus dem Dienst vorgesehen.[896] (c) Auf der dritten Stufe steht das strafrechtlich relevante Verhalten.[897] Dabei kann es einerseits um die speziellen amtsbezogenen Straftaten der §§ 331–357 StGB gehen,[898] andererseits aber auch um die allgemeinen Delikte, die im Amt oder bei seiner Ausübung begangen werden können. Hier steht das schuldhafte Verhalten der Person, das dieser unmittelbar zugerechnet wird, im Fokus. Im Unterschied zum Disziplinarverfahren (z. B. § 32 Abs. 2 BDG) wird ein Strafverfahren auch fortgesetzt, wenn das Amtsverhältnis zwischenzeitlich beendet wird.

---

893 *Morgenthaler* in: Epping/Hillgruber, GG, Art. 98 Rn. 14 f.

894 *Heun*, Verfassungsordnung, S. 208 ff.; *Möllers*, Legalität, Legitimität und Legitimation des Bundesverfassungsgerichts, S. 313 ff.; *Wesel*, Der Gang nach Karlsruhe, S. 211 ff.; pointiert und oft zitiert schon *Smend*, Das Bundesverfassungsgericht (1962), S. 582: »Das Grundgesetz gilt nunmehr praktisch so, wie das Bundesverfassungsgericht es auslegt, und die Literatur kommentiert es in diesem Sinne.«

895 *Möllers*, Legalität, Legitimität und Legitimation des Bundesverfassungsgerichts, S. 359 ff.; *Wittreck*, Sicherung der Unabhängigkeit, S. 51 ff.; betont kritisch *Wesel*, Der Gang nach Karlsruhe, S. 205 ff.

896 *Leppek*, Beamtenrecht, Rn. 187 ff.

897 Dazu *Hebeler*, Verwaltungspersonal, S. 283 ff.

898 *Gärditz*, Das Amtsprinzip, S. 26; *Leppek*, Beamtenrecht, Rn. 185.

In diesen Konstellationen können Person und Amt nicht konsequent unterschieden werden. Wird normalerweise das Amtshandeln – auch über den Wechsel der Personen hinweg – dem Amt zugerechnet, bleibt es hier (auch) an der Person haften. Das Amtsparadox kann nicht dissimuliert werden, sondern tritt offen zutage. Die Differenzierungsfunktion des Amtes wird damit prekär.

Kapitel 5

Konklusion

I. Problem

Ohne das Amt ist kein Staat zu machen. Der Staat als »organisierte Entscheidungs- und Wirkungseinheit«[1] setzt voraus, dass Entscheidungen getroffen werden. Entscheidungen sind als solche kontingent, denn sonst gäbe es nichts zu entscheiden. Gleichwohl beanspruchen Entscheidungen Geltung. *Luhmann* beschreibt dieses Zusammenbestehen von Kontingenz und Geltungsanspruch als ihre Paradoxie. Beim individuellen Entscheiden mag diese Paradoxie dahinstehen. Doch der soziale Geltungsanspruch amtlicher Entscheidungen wirft die Frage nach ihrer *Legitimität* auf. Diese kann differenziert werden: Welche *Person* trifft die Entscheidung? Welchen *Kriterien* liegen der Entscheidung zugrunde? Aufgrund welcher *Informationen* wird entschieden? In Organisationen werden diese Fragen dadurch entschärft, dass über die Entscheidungsprämissen Person, Programm und Struktur gesondert entschieden und damit die Chance für die Akzeptanz der Entscheidung erhöht wird. Das Amt ist die Form, in der die Entscheidungsprämissen gebündelt werden.[2]

Von den Entscheidungsprämissen kommt dem *Programm* eine Schlüsselfunktion zu, denn es beantwortet die Frage nach den Kriterien und leitet damit sowohl die Informationserhebung wie auch die Entscheidungsfindung an. Das Programm ist dem Amtshandeln vorgegeben und steht damit für seine ›Objektivität‹. Von der Person wird erwartet, dass sie sich das Programm zu eigen macht und somit hinter der ›Objektivität‹ des Amtes zurücktritt. Die Legitimitätsfrage soll insofern durch das Programm sistiert werden. Doch die Legitimationswirkung des Programms bleibt prekär. Es wird im Medium *Recht* kommuniziert und dieses birgt als Kulturform zur Vermittlung der Dichotomie von Sein (Empirie) und Sollen (Telos) in beiden Hinsichten bestimmte Probleme.[3]

Das Verhältnis zur *Empirie* ist problematisch, weil vollständige Information niemals zu erlangen ist. Informationserhebung beansprucht Zeit, die, wenn entschieden werden muss, nur begrenzt zur Verfügung steht. Und in komplexeren Lagen können nicht zugleich umfassende Detailkenntnis und ein hinreichender Überblick erlangt werden. Das Recht reduziert die Informationslast durch die Formulierung des Tatbestandes, auf dessen Merkmale allein es ankommt. Damit

---

[1] *Heller*, Staatslehre, S. 259.

[2] Siehe Kapitel 2: Exploration II. Organisation und Person – systemtheoretisch 3. Person und Organisation b) Zurechnung von Entscheidungen: Stelle, S. 63.

[3] Siehe Kapitel 1: Exposition III. Zugang 1. Verfassungstheorie a) Recht, S. 14.

macht das Recht komplexe Situationen entscheidungsfähig, kann die Lebenswirklichkeit aber nur unvollkommen erfassen. Das Programm kann zwar vorgeben, welche Tatbestandsmerkmale relevant sind. Es kann aber nicht vorhersehen, durch welche Umstände ein konkreter Fall darüber hinaus bestimmt ist.

Auch im Hinblick auf das *Telos* kann das rechtlich gefasste Programm die ›Objektivität‹ des Amtes nicht gewährleisten. Zum einen gibt das als Leitgesichtspunkt herangezogene und im Republikprinzip begründete ›Gemeinwohl‹ keine sichere Orientierung. Denn dieser Begriff eignet sich nicht als Deduktionsbasis, sondern allenfalls als Kontingenzformel, anhand der erötert und verhandelt werden kann, was als Gemeinwohl gelten soll. Es ergibt sich die Paradoxie, dass das Gemeinwohl als universelle Vorgabe für alles Amtshandeln gilt, als Maßstab jedoch praktisch unbrauchbar ist.[4] Es müssen Entscheidungen über die Konkretisierung des Gemeinwohls getroffen werden, die als solche ihrerseits legitimationsbedürftig sind.[5] Zum anderen besteht prinzipiell ein Widerstreit zwischen den Gedanken der Gleichbehandlung und der Einzelfallgerechtigkeit. Denn Gleichheit gibt es nur in bestimmter Hinsicht, Gleichbehandlung nur nach Maßgabe des Rechts.[6]

Um dem prekären Verhältnis zur Empirie wie zum Telos Rechnung zu tragen, besteht zwar die Möglichkeit, die Rechtsordnung immer weiter zu differenzieren und durch Ermessensspielräume, unbestimmte Rechtsbegriffe, Generalklauseln und übergreifende Prinzipien zu flexibilisieren.[7] Doch beeinträchtigt dies wiederum die Steuerungskraft des Rechts, weil Orientierung erschwert und die Allgemeinheit der Norm eingeschränkt wird.[8] Rechtsanwendung erweist sich damit als ein komplexes hermeneutisches Verfahren. Schon der rechtstechnische Vorgang der Subsumtion ist aufgrund der sprachlichen Verfasstheit der Normen stets durch Momente einer (Be-)Wertung bestimmt. Zudem ist regelmäßig zwischen verschiedenen Rechtspositionen eine Abwägung vorzunehmen, die zwar methodisch kontrolliert, aber nicht determiniert werden kann. Die bei der Umsetzung des rechtlich verfassten Programms auf konkrete Fälle erforderliche Vermittlung von Allgemeinem und Besonderem erfordert eine Komplexitätsbewältigung, die offensichtlich nicht vollständig programmiert und am Ende nur personal geleistet werden kann. Die Person kann nicht einfach hinter dem Programm zurücktreten, sondern muss diesem durch eigene Leistung zur Wirksamkeit verhelfen.[9] Die ›Objektivität‹ des Amtes kann nur durch das Subjekt des Amtsinhabers realisiert werden. Darin besteht das Amtsparadox.

---

[4] Siehe Kapitel 4: Rekonstruktion I. Programm 1. »Gemeinwohl« a) Begriff, S. 114.

[5] Siehe Kapitel 4: Rekonstruktion I. Programm 3. Interpreten c) Amtsträger, S. 133.

[6] Siehe Kapitel 4: Rekonstruktion I. Programm 5. Modus a) Problem, S. 147.

[7] Siehe Kapitel 4: Rekonstruktion I. Programm 5. Modus b) Eigenkomplexität des Rechts, S. 148.

[8] Siehe Kapitel 4: Rekonstruktion I. Programm 5. Modus a) Problem, S. 147.

[9] Siehe Kapitel 4: Rekonstruktion I. Programm 5. Modus c) Personale Anwendung des Rechts, S. 151.

II. Bewältigung

Die ›Objektivität‹ des Amtes ist als solche nicht gegeben. Es kann immer nur durch die konkrete Entscheidung festgesetzt werden, was als geltend zu gelten hat. Die Paradoxie des Entscheidens zeigt sich in Gestalt der Tautologie, dass der entscheidet, der entscheidet. Herkömmlich ist das Problem der ›Objektivität‹ des Amtshandelns darum vor allem im Zusammenhang mit der *Person* des Amtsinhabers gesehen worden, was insofern berechtigt ist, als sich die Person unausweichlich der Unauflösbarkeit des Paradoxes ausgesetzt sieht und auf individuelle Weise damit umgehen muss. Das Amtsparadox ist Ausdruck der Paradoxie des Entscheidens, wenn diese durch Personalisierung ›aufgehoben‹ werden soll. Das eingangs beobachtete Pathos bei der Betonung der ›Objektivität‹ und des Amtsethos kommt also nicht von ungefähr.[10] Es ist als Reaktion auf die Unlösbarkeit eines letztlich nicht hinnehmbaren Problems zu verstehen. Dabei stellt das Amtsethos weniger die Lösung, als eine andere Ausdrucksform des Problems dar.[11] Die dem Amtsverhältnis zugrundeliegende *Principal-Agent*-Konstellation belastet das Amt außerdem mit den Problemen der Interessendivergenz beim Agenten und des Informationsdefizits beim Prinzipal.[12] Beides führt dazu, dass das Verhalten des Amtsinhabers nicht vollständig kontrolliert werden kann. Die Übertragung eines Amtes geschieht stets unter Unsicherheit und setzt Vertrauen voraus.

Das Problem wird nicht aufgehoben, aber erträglich durch die Einbettung des einzelnen Amtes in eine umfassende *Struktur* von Ämtern. Dies hat im Wesentlichen drei Effekte:[13] (1) Es bewirkt, dass Entscheidungen nicht allein einzelnen Personen, sondern der Struktur insgesamt zuzurechnen sind. Denn jede Entscheidung beruht auf Voraussetzungen, d. h. auf Prämissen und Informationen, über die an anderer Stelle entschieden worden ist. (2) Durch die Organisationsstruktur kann zudem sichergestellt werden, dass Amtsfunktionen auch unabhängig von einem Wechsel der Personen wahrgenommen werden und dass Personen, die auch in anderer Rolle mit einer Angelegenheit befasst sind, von ihrer Amtsrolle dispensiert werden. (3) Und schließlich kann durch die Einrichtung von Kontroll- und Korrekturmechanismen Systemvertrauen hergestellt werden, dass auch bei individuellem Fehlverhalten von Amtsträgern die Organisation für das richtige Amtshandeln einsteht. Defekte können in der Struktur aufgefangen werden, indem zwischen Amt (im engeren Sinne) und Person unterschieden wird.

Die aufgezeigten Paradoxien bleiben bestehen, werden aber durch Dissimulation erträglich gemacht. Die Struktur ist eine wesentliche Antwort auf das Legitimitätsproblem. Sie leistet zwar keine vollständige Rationalisierung des Amtshan-

---

[10] Siehe Kapitel 1: Exposition II. Fragestellung 1. Beobachtungen, S. 8.

[11] Siehe Kapitel 4: Rekonstruktion II. Person 3. Amt und Person c) »Amtsethos«, S. 173.

[12] Siehe Kapitel 2: Exploration I. Allgemeine Handlungstheorie 3. Handeln für überindividuelle Akteure b) Das Principal-Agent-Problem, S. 51.

[13] Siehe Kapitel 4: Rekonstruktion II. Person 5. Amtsstellung, S. 189; III. Struktur 1. Anforderungen a) Funktion, S. 198; 4. Reflexion c) Vertrauen, S. 226 und 5. Sanktionierung, S. 230.

delns, aber Unsicherheitsabsorption, indem sie Programmierungsleistungen und Informationslasten sowie Verantwortung und Verantwortlichkeit auf verschiedene Stellen verteilt. Das Amtsparadox ist nicht allein dem einzelnen Amtsträger, sondern letztlich dem Staat als »organisierte Wirkungs- und Entscheidungseinheit« insgesamt als Problem aufgegeben.

Die Form des Amtes ermöglicht und erfordert es, zwischen programmierendem, programmiertem und kontrollierendem Handeln zu unterscheiden. Dabei ist unter ›programmierend‹ umfassend zu verstehen, dass über Entscheidungsprämissen entschieden wird, und unter ›programmiert‹, dass aufgrund anderwärtig gesetzter Entscheidungsprämissen entschieden wird; kontrollierendes ist stets selbst auch programmiertes Handeln, das sich auf anderes programmiertes Handeln bezieht. In der Figur des Amtes ist folglich die Idee der Gewaltenteilung bereits angelegt. In der Elementarstruktur einer *Principal-Agent*-Konstellation, liegen das programmierende und das kontrollierende Handeln beim Prinzipal, das programmierte Handeln beim Agenten. Da beim Amt jedoch der Prinzipal keine natürliche Person, sondern ein Gemeinwesen ist, muss dessen Rolle für dieses jeweils durch natürliche Personen wiederum in Gestalt eines Amtes wahrgenommen werden. Der Verfassungsstaat vollendet die Ausformung aller Machtausübung in Gestalt von Ämtern. Das gilt sogar für das als Souverän geltende Volk, das die Staatsgewalt nach Maßgabe der Verfassung »in Wahlen und Abstimmungen« (Art. 20 Abs. 2 S. 2 GG) ausübt. Der *pouvoir constituant* tritt in den Hintergrund und es gibt nur noch *pouvoirs constitués*.[14] Nach der Verfassung ist jedes programmierende Handeln zugleich auch programmiertes Handeln und steht unter der Beobachtung kontrollierenden Handelns. Damit ist die operative Schließung erreicht und die Bindung an das Gemeinwohl kann vollständig von vermeintlicher Objektivität in Prozeduralität überführt werden. Damit erweist sich auch das Amtsparadox nicht lediglich als Problem, sondern zugleich als produktives Moment der dem Ämterwesen eines modernen Verfassungsstaates gegebenen Aufgabe.

[14] Siehe Kapitel 3: Konkretion II. Hintergrundannahmen 3. Staat und Verfassung, S. 102.

Zusammenfassung in Thesen

I. Exposition

1. Das Zusammenleben von Menschen ermöglicht Arbeitsteilung. Jede entwickelte Sozialstruktur, jede Rechtsordnung und insbesondere jedes Staatswesen setzt voraus, dass Menschen für diese tätig werden. Das Amt bildet die Form, in der jemand für ein Gemeinwesen handelt.

2. Die emphatische Betonung der ›Objektivität‹ des Amtes und die herausragende Bedeutung, die dem Amtsethos in vorhandenen Beiträgen zugeschrieben wird, weisen darauf hin, dass hier ein besonderes Problem besteht.

3. Das Amt ist mit der Erwartung verbunden, dass der Amtsinhaber zugleich das Amt ausfüllt und mit seiner Person dahinter zurücksteht. Er soll als Subjekt für die ›Objektivität‹ der Amtsführung einstehen. Es kommt auf die Person an, damit es nicht auf die Person ankomme. Dies sei als Amtsparadox bezeichnet.

4. Rechtspraxis und -dogmatik sind auf die eindeutige Feststellung von Rechtspositionen ausgerichtet. Sie sind nicht geeignet, Paradoxien zu bewältigen. Diese müssen ignoriert oder dissimuliert werden. Die rechtswissenschaftliche Aufklärung über das Amtsparadox obliegt der Verfassungstheorie.

5. Eine Verfassungstheorie des Amtes fragt einerseits nach den empirischen Möglichkeiten seiner Realisierung, andererseits nach den bestimmenden normativen Vorgaben. Sie verwendet eklektisch Konzepte der Nachbarwissenschaften, soweit diese helfen, den eigenen Gegenstand besser zu verstehen.

6. Die Elementarstruktur des Amtes lässt sich auf die Formel bringen: A handelt für P, d. h. A und P sind zu unterscheiden, A handelt und das Handeln des A ist dem P zuzurechnen. Damit stellt sich vor allem die Frage, was unter Handeln zu verstehen und wie dessen Zurechnung möglich ist.

II. Exploration

1. Allgemeine Handlungstheorie

7. Handeln beruht auf Motiven, wobei zwischen Um-zu- und Weil-Motiven unterschieden werden kann. A muss sich die Um-zu-Motive von P zu eigen machen, diese jedoch mit eigenen Motiven verbinden.

8. Das Handeln im Amt ist stets soziales Handeln, indem es auf Dritte als Adressaten bezogen ist und auf wechselseitigem Handeln zwischen A und P beruht.

9. Alles individuelle Handeln ist sozial eingebettet, von gesellschaftlichen Rahmenbedingungen abhängig und wirkt auf diese Rahmenbedingungen selbst ein, stabilisiert und verändert sie.

10. Durch Institutionen wird soziales Handeln dauerhaft strukturiert. Sie standardisieren Handlungserwartungen und reduzieren Komplexität. Das Amt ist eine vielseitig verwendbare Institution.

11. Institutionen können durch Evolution oder Dezision entstehen. Die Entstehung durch Dezision setzt voraus, dass es dafür geeignete Institutionen wie Vertrag oder politische Herrschaft bereits gibt. Das Amt kann solche Dezision herbeiführen und ist selbst Gegenstand solcher Dezision.

12. Institutionen sind kontingent und historisch wandelbar. Sie werden durch Sozialisation an neue Generationen vermittelt. Institutionen werden durch Konvention, Recht und Moral stabilisiert.

13. Institutionen sind legitimationsbedürftig, was durch ihre Bewährung in der Praxis, durch die Offenlegung von Sinnzusammenhängen und Vernunftgründen, durch die Darstellung ihrer Geschichte und durch die Verständigung über sie in geordneten Verfahren geschehen kann.

14. Individuelles Handeln kann so aufeinander abgestimmt sein, dass man von kollektiven oder korporativen Akteuren sprechen kann. Korporative Akteure werden gebildet, indem die Ressourcen verschiedener Akteure gebündelt, Entscheidungen über den Einsatz der Ressourcen und über die Verteilung des Ertrages getroffen werden.

15. Die auch für das Amt bestehende *Principal-Agent*-Konstellation ist dadurch bestimmt, dass zwischen A und P Interessendivergenz und bei P ein Informationsdefizit hinsichtlich dessen besteht, was A tut. Beidem muss bei der Ausgestaltung eines Amtes Rechnung getragen werden.

2. Organisation und Person – systemtheoretisch

16. Der Zusammenhang von Person und Organisation kann durch eine systemtheoretische Betrachtung genauer erhellt werden. Grundlegend ist die Unterscheidung von System und Umwelt, die durch das System hergestellt wird.

17. Die Konstution eines Systems beruht auf Operationen des Systems, mit dem dieses eigene Komplexität aufbaut und Umweltkomplexität nach systemeigenen Kriterien verarbeitet.

18. Soziale Systeme beruhen auf der Operation Kommunikation und reagieren damit auf das Problem doppelter Kontingenz, wonach in der Begegnung von *Ego* mit *Alter* sowohl das eigene wie das fremde Verhalten als kontingent, damit als unsicher und die Situation als komplex wahrgenommen wird.

19. In der Kommunikation sind soziale mit psychischen Systemen strukturell gekoppelt. Dies ist möglich, weil beide Systemtypen im Medium Sinn operieren. Es ist nötig, weil Kommunikation auf Wahrnehmung angewiesen ist, diese aber selbst nicht leisten kann, und weil psychische Systeme sich nur durch Kommunikation zueinander verhalten können.

20. Menschen können in der Kommunikation als Person wahrgenommen werden, wenn sie mithilfe ihres psychischen Systems und ihres Körpers Erwartungen an sich ziehen und binden.

21. Organisationen sind soziale Systeme, die durch die rekursive Vernetzung von Entscheidungen konstituiert werden. Durch Entscheidungen wird offene in fixierte Kontingenz transformiert.

22. Entscheidungen sind als solche kontingent, denn sonst gäbe es nichts zu entscheiden. Sie erheben gleichwohl den Anspruch zu gelten. Diesen Widerstreit bezeichnet *Luhmann* als die Paradoxie des Entscheidens. Die Paradoxie kann nicht beseitigt, sondern nur umgeformt und erträglich gemacht werden.

23. Die Akzeptanz von Entscheidungen kann wahrscheinlicher gemacht werden, indem über die *Person* dessen, der entscheidet, das *Programm*, das der Entscheidung zugrundeliegt, und die Lokalisation im Netz geordneter Kommunikationsbeziehungen (*Struktur*) gesondert entschieden wird.

24. Der Zusammenhang dieser Entscheidungsprämissen wird als Stelle bezeichnet. Das Amt ist eine bestimmte Form solcher Stelle. Die Einbindung von Personen in eine Organisation geschieht als Mitgliedschaft, d. h. die dauerhafte Beteiligung an und Verpflichtung auf die Entscheidungen der Organisation.

25. Programme treffen Festlegungen für künftige Entscheidungen, bleiben aber immer in einem gewissen Maße unbestimmt, damit die Organisation auf eine veränderbare Umwelt reagieren kann. Sie beruhen auf und erfordern zu ihrer Umsetzung Entscheidungen.

26. Indem Organisationen Entscheidungen dadurch generieren, dass Programme von Personen umgesetzt werden, werden die Modi der Informationsverarbeitung des sozialen und der psychischen Systeme miteinander gekoppelt. Psychische Systeme bewältigen auf nicht nachvollziehbare Weise Komplexität, die durch Kommunikation nicht erfasst werden kann.

27. Nicht entscheidungsförmige Interaktion in Organisationen kann der Vorbereitung von Entscheidungen und der Kompensation von Entscheidungsrisiken dienen oder der Zweck sein, dem die Organisation dient, wie dies vor allem bei Bildungseinrichtungen der Fall ist.

3. Materiale Handlungstheorie

28. Für die Frage, warum jemand handelt, wie er handelt, bieten die Konzepte des *homo sociologicus*, des *homo oeconomicus* und des *emotional man* Erklärungsansätze.

29. Das Modell des *homo sociologicus* geht davon aus, dass sich Menschen in ihrem Handeln vor allem an gesellschaftlichen Rollenerwartungen orientieren. Es scheint damit für das Amt besonders geeignet.

30. Rollen sind aber oft nicht so konkret normativ bestimmt, dass sich daraus unmittelbare Handlungsanweisungen ergeben. Zudem sind die normativen Erwartungen, die sich an einen Akteur richten, vielfältig und nicht ohne weiteres kohärent. Jeder Akteur ist Träger verschiedener Rollen und hat in diesen Rollen

mit unterschiedlichen Bezugsgruppen zu tun, die unterschiedliche Erwartungen an ihn richten.

31. Rollen erfordern nicht allein den Vollzug von Normen, sondern ebenso eigene Beiträge zur Konkretisierung der Rolle (›Ich-Leistungen‹). Unter dem Begriff ›Amt‹ werden unterschiedliche Rollen erfasst, deren normative Erwartungen sehr unterschiedlich ausgeprägt sein können.

32. Aufgrund der Vielfalt der Rollen und der mit ihnen verbundenen Erwartungen ist mit Rollenkonflikten zu rechnen, so dass selten alle Erwartungen gleichermaßen erfüllt werden können. Dies gilt auch für die Erwartungen, die sich aus nur einer bestimmten Rolle ergeben können.

33. Rollenkonflikte können entschärft, aber nicht nicht vollständig beseitigt werden. Es sind vielfältige Vorkehrungen und Mechanismen nötig, um zu individuell und sozial erträglichen Ergebnissen zu kommen. Dies ist bei der Ausgestaltung eines Amtes zu berücksichtigen.

34. Die Individualität eines Menschen erschöpft sich nicht in einer bestimmten Rolle, sondern verwirklicht sich im Zusammenspiel verschiedener Rollen. Zur Wahrnehmung einer Rolle gehört darum auch der Ausdruck von Rollendistanz. Dies gilt auch für die Rolle als Amtsträger.

35. Das Modell des *homo oeconomicus* geht davon aus, dass handlungsleitend die Interessen des Akteurs sind, die dieser nach realistischem Kalkül zu verwirklichen sucht. Es kann als Idealtyp zweckrationalen Handelns angesehen werden.

36. In das Kalkül fließen unterschiedliche Faktoren ein. Handlungsmöglichkeiten und -ziele müssen ebenso berücksichtigt werden wie Aufwand und Opportunitätskosten. Diese Faktoren gehen nicht rein objektiv in das Kalkül ein, sondern gemäß der subjektiven Wahrnehmung und Bewertung durch den Akteur.

37. Eine vollständige Rationalisierung ist aufgrund der Komplexität der Anforderungen ausgeschlossen. Alle Aspekte der Situation sowie alle Handlungsmöglichkeiten und möglichen Folgen zu erfassen, ist hochgradig informationsaufwendig, zumal sich Situationen beständig, auch durch das Handeln anderer, verändern und nicht beliebig viel Zeit zur Verfügung steht.

38. In der Praxis werden nicht optimale, sondern zufriedenstellende Lösungen angestrebt. Die Komplexität von Entscheidungen wird möglichst gering gehalten. Insbesondere durch Routinen kann der Beobachtungs- und Reflexionsaufwand reduziert werden.

39. Auf der Grundlage des *homo oeconomicus* kann menschliches Handeln operationalisiert und berechenbar gemacht werden. Nach der Wert-Erwartungs-Theorie ergibt sich das Handeln daraus, welchen Wert der Akteur bestimmten Handlungsfolgen zumisst und mit welcher Wahrscheinlichkeit er ihren Eintritt erwartet.

40. In die Kalkulation können alle Faktoren einbezogen werden, denen der Akteur einen Wert zumisst. Auf diese Weise können andere Handlungsmodelle in dasjenige des *homo oeconomicus* integriert werden. Das Modell lässt aber die letztlich entscheidende Frage offen, wie Akteure ihre handlungsleitenden Bewertungen vornehmen.

41. Wer das Handeln von Akteuren beeinflussen will, muss die Randbedingungen ihres Handelns und damit ihre Einschätzung von Wert und Erwartung

verändern. Durch künstliche Folgenverknüpfung kann unwahrscheinliches Handeln wahrscheinlich gemacht werden.

42. Das Modell des *emotional man* vermag diejenigen des *homo sociologicus* und des *homo oeconomicus* zu ergänzen. Es stellt auf Emotionen als wichtigem Faktor menschlichen Verhaltens ab.

43. Emotionen stellen eine unwillkürliche und nicht kontrollierbare innere Reaktion auf die äußere Situation und ihre möglicherweise plötzliche Veränderung da. Sie beruhen auf einem unmittelbaren gestalthaften Gesamteindruck und vermitteln eine von den eigenen Bedürfnissen bestimmte Bewertung. Sie haben bei allem Handeln das erste und das letzte Wort.

44. Der Modelltyp des *pure emotional man* lässt sich ausschließlich von seinen Gefühlen steuern und macht sich keine Gedanken über die Konsequenzen seines Handelns. Der *constrained emotional man* ist hingegen zum *emotion management* in der Lage.

45. Welche Bedeutung Emotionen haben (sollen), hängt von der Rolle und den damit verbundenen Erwartungen zusammen. Ein hoher Anteil an Interaktion und Ich-Leistung ist ohne Emotionen und ihren Ausdruck nicht zu leisten. Zugleich setzen Rollen dem Ausleben von Emotionen Grenzen. Auch wenn normgerechtes und rationales Handeln erwartet wird, ist der Anteil von Emotionen nicht zu unterschätzen und letztlich unverzichtbar.

46. Keines der genannten Konzepte ist in der Lage, alle für das Handeln wirksamen Faktoren zu erfassen. Alles Handeln bleibt letztlich undurchschaubar und enthält ein kreatives Moment. Organisationen profitieren davon, weil nur so die ständige Anpassung an eine veränderliche Umwelt möglich ist.

47. Insgesamt zeigt die handlungs- und systemtheoretische Exploration, dass amtsgemäßes Handeln an sich voraussetzungsreich und geradezu unwahrscheinlich ist. Für die rechtliche Gestaltung des Amtes ist zu fragen, wie amtsgemäßes Handeln wahrscheinlich gemacht werden kann.

III. Konkretion

48. Der Begriff des Amtes kann für unterschiedliche Konstellationen des privaten, des öffentlichen und des staatlichen Amtes verwendet werden. Die weitere Untersuchung bezieht sich auf das Amt im Verfassungsstaat.

49. Das Verständnis des Amtes wird beeinflusst durch die Annahmen über das Verhältnis von Staat und Gesellschaft sowie Staat und Verfassung.

50. Die Unterscheidung von Staat und Gesellschaft dient der Freiheitssicherung. Der grundrechtsverpflichtete Staat ist das Organisationssystem, in dem die Funktionssysteme Politik und Recht für ein bestimmtes Gebiet miteinander gekoppelt werden.

51. Der Staat mag historisch als der Verfassung vorausgehend anzusehen sein. Normativ geht die Verfassung dem Staat vor. Der Staat wird durch die Verfassung konstituiert und hat neben ihr keinen Selbstand. Dies gilt auch für das staatliche Amt.

52. Für das Amt im Verfassungsstaat ergeben sich Direktiven aus dem Grundgesetz, soweit dieses bestimmte Ämter konkret regelt (z. B. Art. 38, 54 ff., 97 f. GG), aus den Regelungen des öffentlichen Dienstes (Art. 33, 34 GG) sowie aus den Fundamentalprinzipen nach Art. 1 und 20 GG.

IV. Rekonstruktion

53. Das Amt bildet den besonderen Fall einer Stelle im Sinne der Organisationstheorie *Niklas Luhmanns* und wird durch die Aspekte Programm, Person und Struktur bestimmt.

1. Programm

54. Leitgedanke für das *Programm* des Amtes ist die Verpflichtung auf das Gemeinwohl, wie sie aus dem Republikprinzip nach Art. 20 Abs. 1 GG abgeleitet werden kann.

55. Was unter ›Gemeinwohl‹ zu verstehen ist, steht nicht objektiv fest. Der Begriff eignet sich nicht als Deduktionsbasis, sondern stellt eine Kontingenzformel dar, die angibt, welche Themen in welcher Weise in die politische Kommunikation eingeführt werden können.

56. Die Konkretisierung des Gemeinwohls geschieht auf der Grundlage der Verfassung.

57. Materiell sind vor allem das Menschenwürdeprinzip, die Grundrechte und Staatszielbestimmungen zu beachten. Diese ergeben nicht eine distinkte und schlüssige Gemeinwohlkonzeption, sondern bedürfen der Interpretation, des Ausgleichs und der Konkretisierung.

58. Prozedural kommt es darauf an, wer autoritativ formulieren kann, was als Verfolgung des Gemeinwohls zu gelten hat. In einer offenen Gesellschaft ist die Konkretisierung des Gemeinwohls Gegenstand der Politik. Leitend sind das Demokratieprinzip und die Gewaltenteilung.

59. Bei der Verwirklichung des Gemeinwohls ist funktional zwischen programmierendem, programmiertem (und zugleich konkretisierendem) sowie kontrollierendem Handeln zu unterscheiden, das differenziert durch verschiedene Ämter wahrzunehmen ist.

60. Den Zusammenhang stiftet das positive Recht, das sich durch die Merkmale der Dezision, Normativität, Hierarchie, Plastizität und Formstrenge auszeichnet.

61. Norm und Empirie stehen in einem prekären Verhältnis, weil Komplexität rabiat nach Maßgabe des Rechts reduziert wird. Teleologisch ergibt sich zudem die Antinomie von Gleichbehandlung und Einzelfallgerechtigkeit.

62. Im Recht können diese Probleme nicht behoben, aber erträglich gemacht werden, indem zum einen zwischen Konditional- und Zweckprogrammen, zum anderen zwischen Regeln und Prinzipien unterschieden wird. Außerdem kann das Recht auf transpositive Normativität und außerrechtliche Rationalität verweisen.

63. Soll das Recht umgesetzt und damit wirksam werden, muss zwischen abstrakt-genereller Norm und konkret-individuellem Einzelfall vermittelt werden. Diese Vermittlung von Norm und Fall birgt stets Momente der Erkenntnis und der Dezision, die nur durch die Person des Rechtsanwenders geleistet werden können.

2. Person

64. Es bedarf der *Person* des Amtsträgers zum einen, damit ein Programm formuliert werden kann, und zum anderen, damit dieses Programm auch realisiert werden kann. Die Person steht dem Amt nicht gegenüber, sondern ist sein konstitutiver Bestandteil.

65. Die Anforderungen an die Person ergeben sich aus dem Amt und betreffen die Eignung, Befähigung und fachliche Leistung (so auch Art. 33 Abs. 2 GG).

66. Die Interessen des Amtsträgers sind faktisch zu berücksichtigen, weil nur durch die Verknüpfung mit konsonanten und die Kompensation von gegenläufigen Interessen erreicht werden kann, dass er sich die mit dem Amt verbundene Agenda zu eigen macht. Sie sind normativ zu berücksichtigen, weil der Amtsträger auch als solcher Grundrechtsträger ist.

67. Anforderungen und Interessen können durch ein differenziertes Gefüge von Rechten und Pflichten ausgeglichen werden, in dem Anforderungen artikuliert, begrenzt und kompensiert werden.

68. Für das, was das Recht nicht zu leisten vermag, soll das »Amtsethos« einstehen. Damit wird bezeichnet, dass sich der Amtsinhaber die ›objektiv‹ an ihn gestellten Erwartungen ›subjektiv‹ zu eigen gemacht hat. Ein Amtsethos lässt sich nur multifaktoriell begründen und auf den Amtsinhaber übertragen.

69. Die Eignung von Personen für das Amt basiert auf Ausbildung, Auswahl und (sekundärer) Sozialisation. Dabei können auch die Erwartungen des Amtsethos vermittelt werden.

70. Soweit die Legitimation der Auswahlentscheidung nicht auf materielle Kriterien gestützt werden kann, bedarf sie besonderer prozeduraler Absicherung. Der für die Auswahl von administrativen bzw. politischen Amtsträgern behauptete Gegensatz von Leistungs- und Wahlprinzip ist kein kategorischer, sondern ein gradueller.

71. Bei der Ausgestaltung der Amtsstellung ist eine günstige Konstellation in sachlicher, zeitlicher und sozialer Hinsicht anzustreben. Insbesondere sind Rollenkonflikte zu minimieren. Die konkrete Gestaltung obliegt denjenigen, die über die Prämissen des Amtes zu entscheiden haben.

3. Struktur

72. Die Einbettung des einzelnen Amtes in eine *Struktur* trägt dazu bei, das mit dem Amtsparadox gegebene Problem zu dissimulieren, indem jede einzelne Entscheidung aufgrund der Entscheidungen anderer Stellen über die Prämissen der Entscheidung ergeht. Das Amtshandeln erfährt so seine Legitimation.

73. Die Ämterstruktur stabilisert sich selbst und ist vom Wechsel der Personen unabhängig, indem sie Regelungen für den Eintritt von Vakanzen und die Neubesetzung von Stellen vorsieht. Zugleich bleibt sie variabel, indem über Ämter und ihre Prämissen neu bestimmt werden kann.

74. Für die Struktur sind die Fundamentalprinzipien der Art. 1 und 20 GG und die Grundrechte relevant. Es geht darum, sachlich-inhaltliche, personell-organisatorische, funktionell-institutionelle und organisatorisch-prozedurale Legitimation des Amtshandelns zu begründen.

75. Die Systemleistung der Verwaltung besteht darin, Information zu Entscheidungen zu verarbeiten. Die entscheidende Frage der Organisation ist, wer aufgrund welcher Information entscheidet, wie bestimmt wird, welche Information relevant ist und wie Information an den Entscheider gelangt.

76. Das Verfahren verbindet zeitliche Streckung, personelle Ausweitung und sachliche Offenheit mit zeitlicher, personeller und sachlicher Fixierung durch die Entscheidung, die am Ende eines Verfahrens steht. Es trägt dadurch zur Legitimation der Entscheidung bei.

77. Durch ihre Verfahrensstellung bekommen unterschiedliche Beteiligte (Ämter, Betroffene) die Möglichkeit, auf die Entscheidung Einfluss zu nehmen. Je nach Gestaltung des Verfahrens können ihre Beiträge unterschiedlich gut identifiziert werden.

78. Die Aufgaben unterschiedlicher Ämter können qualitativ und quantitativ gegeneinander abgegrenzt werden. Bei lediglich quantitativer Abgrenzung sind Vorkehrungen zu treffen, damit die durch Art. 3 Abs. 1 GG und das Rechtsstaatsprinzip gebotene Gleichbehandlung gewährleistet werden kann.

79. Qualitative Abgrenzung führt bei komplexeren Aufgaben dazu, dass verschiedene Personen jeweils nur für eine bestimmte Teilaufgabe zuständig sind. Sie können diachron im Verfahren oder synchron durch Entscheidung als Kollegium zusammengeführt werden.

80. Kollegien bieten die Möglichkeit, Entscheidungen auf eine breitere Informations-, Erfahrungs- und Kompetenzgrundlage zu stützen. Sie können aber auch eine problematische Eigendynamik entfalten und zur Verantwortungsdiffusion beitragen.

81. Die Bildung von Hierarchien gilt als wesentliches Strukturelement, um die ›Objektivität‹ des Amtes zu wahren. Für den einzelnen Amtswalter ergibt sich daraus eine doppelte Bindung an die Weisung seines Vorgesetzten und an das allen gleichermaßen vorgegebene Programm. Konflikte werden im Verfahren der Remonstration bearbeitet.

82. Jede Organisation nimmt Einfluss darauf, wie Kontakte innerhalb und außerhalb der Organisation stattfinden, mit welchen Erwartungen Amtsträger konfrontiert werden, wie sie am Informationsfluss beteiligt sind und unter welcher Beobachtung sie stehen.

83. Wer Entscheidungen – und sei es allein über die Auswahl und Weitergabe von Information – trifft, der übt Macht aus, wenn er darauf setzen kann, dass andere diese Entscheidung zur Prämisse ihres eigenen Handelns machen. In einer Ämterstruktur üben alle Beteiligten wechselseitig Macht übereinander aus.

84. Wer Macht ausübt, trägt Verantwortung. Wer über die Prämissen des Amtshandelns anderer zu entscheiden hat, übt mittelbar Macht aus und kann dafür verantwortlich gemacht werden.

85. Ein Ämterwesen ist wie alle sozialen Beziehungen auf Vertrauen angewiesen. Vertrauen zeigt sich im Handeln und ist in der Regel implizit und präreflexiv. Vertrauen gründet auf Erfahrungen von Vertrauenswürdigkeit, die auf andere Situationen und Personen übertragen werden.

86. Vertrauen wird in Interaktion entwickelt und durch Vertrautheit stabilisert. Im Amt wird es durch gefestigte Rollenerwartungen, die Einbettung aller Amtsträger in eine Struktur und organisatorische Sanktionsmechanismen gestützt.

87. Die Kontrolle des Amtshandelns richtet sich nach der Rationalität der Programmierung. Es sind vor allem rechtliche und politische Sanktionen zu unterscheiden.

88. Beim Amtshandeln können im Verhältnis zwischen Gemeinwesen (P), Amtsträger (A) und betroffenem Dritten (D) die Außenbeziehung (P–D), die Interaktionsbeziehung (A–D) und die Innenbeziehung (P–A) unterschieden werden. Dies ermöglicht, die Sachfrage in der Außenbeziehung, ein persönliches Verschulden in der Innenbeziehung zu bearbeiten. Diese Differenzierung wird beeinträchtigt, je stärker das Amtsparadox zutage tritt.

V. Konklusion

89. Ohne das Amt ist kein Staat zu machen. Denn der Staat als »organisierte Entscheidungs- und Wirkungseinheit« setzt voraus, dass Entscheidungen getroffen werden.

90. Die Kontingenz von Entscheidungen wirft die Frage nach ihrer Legitimität auf. Diese kann durch Verweis auf die Prämissen (Programm, Person, Struktur) der Entscheidung dargetan werden.

91. Für das Amtshandeln kommt dem Programm entscheidende Bedeutung zu, weil es vorgibt, welche Information relevant zu sein hat und nach welchen Kriterien Entscheidungen zu treffen sind. Es ist jedoch nicht als solches gegeben, sondern muss durch Enscheidungen artikuliert und konkretisiert werden. Die dem Amt zugeschriebene ›Objektivität‹ ist als solche nicht gegeben.

92. Das Amtsparadox kann nicht durch den einzelnen Amtswalter, sondern nur durch die Ämterstruktur insgesamt bewältigt werden, indem Informations- und Entscheidungslasten auf verschiedene Stellen verteilt und Idiosynkrasien ausgeglichen werden.

93. Im modernen Verfassungsstaat wird die Legitimation des Amtshandelns durch das Gemeinwohl vollständig von vermeintlicher ›Objektivität‹ auf Prozeduralität umgestellt.

94. Das Amtsparadox erweist sich dabei nicht lediglich als Problem, sondern zugleich als produktives Moment der dem Ämterwesen eines modernen Verfassungsstaates gegebenen Aufgabe.

Literatur

Abels, Heinz: Identität, 2006
Ahlf, Ernst-Heinrich: Berufsethik im Wandel. Dargestellt am Beispiel der Polizei, VerwArch 92 (2001), S. 404–424.
Albert, Gert: Idealtyp, in: Müller/Sigmund (Hrsg.), Max Weber Handbuch. Leben – Werk – Wirkung, 2. Auflage, 2020, S. 84–86.
Albrow, Martin: Bürokratie, 1972.
Alexy, Robert: Theorie der Grundrechte, 3. Auflage, 1996.
–: Begriff und Geltung des Rechts, 4. Auflage, 2005.
Anderheiden, Michael: Gemeinwohl in Republik und Union, 2006.
Anke, Hans Ulrich/de Wall, Heinrich/Heinig, Hans Michael (Hrsg.): Handbuch des evangelischen Kirchenrechts, 2016.
Anter, Andreas: Theorien der Macht zur Einführung, 3. Auflage, 2017.
–/Frick, Verena (Hrsg.): Politik, Recht und Religion, 2019.
Arbeitsgruppe Bielefelder Soziologen (Hrsg.): Alltagswissen, Interaktion und gesellschaftliche Wirklichkeit, 1973.
Armgardt, Matthias/Busche, Hubertus (Hrsg.): Recht und Billigkeit. Zur Geschichte der Beurteilung ihres Verhältnisses, 2021.
Arnauld, Andreas von: Rechtsstaat, in: Depenheuer/Grabenwarter (Hrsg.), Verfassungstheorie, 2010, § 21, S. 703–742.
Arndt, Adolf: Umwelt und Recht, NJW 1963, S. 24–26.
Augsberg, Ino: Konzepte rechtlicher Steuerung und die Verteilung von Wissen im Bereich der Administrative, VerwArch 111 (2020), S. 36–60.
–/Unger, Sebastian (Hrsg.): Basistexte: Grundrechtstheorie, 2012.
Augsberg, Steffen: Maßstäbe des Verwaltungshandelns, in: Voßkuhle/Eifert/Möllers (Hrsg.), Grundlagen des Verwaltungsrechts, 3. Auflage, 2022, Bd. I, § 8, S. 501–550.
Aulenbacher, Brigitte et al. (Hrsg.): Leistung und Gerechtigkeit. Das umstrittene Versprechen des Kapitalismus, 2017.
Baars, Bodo A.: Strukturmodelle für die öffentliche Verwaltung, 1973.
Bachof, Otto (Hrsg.): Forschungen und Berichte aus dem öffentlichen Recht, FS Jellinek, 1955.
–/Heigl, Ludwig/Redeker, Konrad (Hrsg.): Verwaltungsrecht zwischen Freiheit, Teilhabe und Bindung, FS 25 Jahre Bundesverwaltungsgericht, 1978.
Bäcker, Carsten: Whistleblower im Amt. Zwischen Verschwiegenheitspflicht und Verfassungstreue, Die Verwaltung 48 (2015), S. 499–523.
Badura, Jens: Kohärentismus, in: Düwell/Hübenthal/Werner (Hrsg.), Handbuch Ethik, 3. Auflage, 2011, S. 194–205.
Badura, Peter: Das politische Amt des Ministers, in: Murswiek/Storost/Wolff (Hrsg.), Staat – Souveränität – Verfassung, FS Quaritsch, 2000, S. 295–305.
Baecker, Dirk: Zum Problem des Wissens in Organisationen (1998), in: ders., Organisation als System, 4. Auflage, 2012, S. 68–101.
–: Ämter, Themen und Kontakte: Zur Reform der Politik im Netzwerk der Gesellschaft, in: Priddat (Hrsg.), Der bewegte Staat. Formen seiner ReForm. Notizen zur »new governance«, 2000, S. 9–54.

–: Mit der Hierarchie gegen die Hierarchie (2000), in: ders., Organisation als System, 4. Auflage, 2012, S. 198–236.
Baldus, Manfred: Kämpfe um die Menschenwürde. Die Debatten seit 1949, 2016.
Bank, Bernhard: Beamtenethos und Beamtenehre, ZBR 1958, S. 153–155.
Baraldi, Claudio/Corsi, Giancarlo/Esposito, Elena: GLU Glossar zu Niklas Luhmann, 1997.
Battis, Ulrich: Teilzeitbeschäftigung und Beamtenrecht, ZBR 1991, S. 353–358.
–: Hergebrachte Grundsätze versus Ökonomismus: Das deutsche Beamtenrecht in der Modernisierungsfalle?, DÖV 2001, S. 309–317.
–: Amt. Staatlich (J), in: Heun et al. (Hrsg.), Evangelisches Staatslexikon, Neuausgabe 2006, Sp. 46–49.
Baumann, Ursula: Revolution, in: Gosepath/Hinsch/Rössler (Hrsg.), Handbuch der politischen Philosophie und Sozialphilosophie, 2008, Bd. 2, S. 1121–1125.
Becker, H.: Billigkeit, I. Rechtlich, in: Görres-Gesellschaft (Hrsg.), Staatslexikon, 8. Auflage, Bd. 1, 2017, Sp. 716–719.
Becker, Hans Joachim: Die hergebrachten Grundsätze des Berufsbeamtentums in der Rechtsprechung des Bundesverwaltungsgerichts, ZBR 1978, S. 255–267.
Becker, Ulrich: Das ›Menschenbild des Grundgesetzes‹ in der Rechtsprechung des Bundesverfassungsgerichts, 1996.
Beilke, Steffen: … und fortzuentwickeln. Optionen zur Fortentwicklung der hergebrachten Grundsätze des Berufsbeamtentums, 2011.
Benda, Ernst (Hrsg.): Handbuch des Verfassungsrechts, 2. Auflage, 1994.
Benz, Arthur: Der moderne Staat. Grundlagen der politologischen Analyse, 2001.
–/Siedentopf, Heinrich/Sommermann, Karl-Peter (Hrsg.): Institutionenwandel in Regierung und Verwaltung, FS Klaus König, 2004.
Berger, Peter L./Luckmann, Thomas: Die gesellschaftliche Konstruktion der Wirklichkeit. Eine Theorie der Wissenssoziologie, 25. Auflage, 2013.
Betz, Hans D. et al. (Hrsg.): Religion in Geschichte und Gegenwart, 4. Auflage, 8 Bd., 1998–2005.
Blockmans, Wim: Geschichte der Macht in Europa. Völker – Staaten – Märkte, 1998.
Böckenförde, Ernst-Wolfgang: Gesetz und gesetzgebende Gewalt. Von den Anfängen der deutschen Staatsrechtslehre bis zur Höhe des staatsrechtlichen Positivismus (1958), 2. Auflage, 1981.
–: Die Organisationsgewalt im Bereich der Regierung (1964), 2. Auflage, 1998.
–: Die Entstehung des Staates als Vorgang der Säkularisation, in: Säkularisation und Utopie. Ebracher Studien, FS Ernst Forsthoff, 1967, S. 75–94 = ders., Recht, Staat, Freiheit. Studien zur Rechtsphilosophie, Staatstheorie und Verfassungsgeschichte, 1991, S. 92–114.
–: Entstehung und Wandel des Rechtsstaatsbegriffs, in: Ehmke (Hrsg.), FS Adolf Arndt, 1969, S. 53–76, zitiert nach: ders., Recht, Staat, Freiheit. Studien zur Rechtsphilosophie, Staatstheorie und Verfassungsgeschichte, 1991, S. 143–169.
–: Die Bedeutung der Unterscheidung von Staat und Gesellschaft im demokratischen Sozialstaat der Gegenwart, in: ders. (Hrsg.), Rechtsfragen der Gegenwart. FS Wolfgang Hefermehl, 1972, S. 11–36, zitiert nach: ders., Recht, Staat, Freiheit. Studien zur Rechtsphilosophie, Staatstheorie und Verfassungsgeschichte, 1991, S. 209–243 = in: ders. (Hrsg.), Staat und Gesellschaft, 1976, S. 395–431.
– (Hrsg.): Rechtsfragen der Gegenwart. FS Wolfgang Hefermehl, 1972.
–: Die verfassungstheoretische Unterscheidung von Staat und Gesellschaft als Bedingung der individuellen Freiheit, 1973.
–: Organ, Organisation, Juristische Person. Kritische Überlegungen zu Grundbegriffen und Konstruktionsbasis des staatlichen Organisationsrechts, in: Menger (Hrsg.), Fortschritte des Verwaltungsrechts, FS Hans J. Wolff, 1973, S. 269–305.

–: Grundrechtstheorie und Grundrechtsinterpretation, NJW 1974, S. 1529–1538 = in: ders., Staat, Verfassung, Demokratie. Studien zur Verfassungstheorie und zum Verfassungsrecht, 1991, S. 115–145.
–: Die Methoden der Verfassungsinterpretation. Bestandsaufnahme und Kritik, NJW 1976, S. 2089–2099 = in: ders., Staat, Verfassung, Demokratie, 1991, S. 53–89, zitiert nach ders., Wissenschaft, Politik, Verfassungsgericht, 2011, S. 120–155.
– (Hrsg.): Staat und Gesellschaft, 1976.
–: Der verdrängte Ausnahmezustand. Zum Handeln der Staatsgewalt in außergewöhnlichen Lagen, NJW 1978, S. 1881–1890.
–: Rechtsstaatliche politische Selbstverteidigung als Problem, in: ders./Tomuschat, Christian/Umbach, Dieter C. (Hrsg.), Extremisten und öffentlicher Dienst, 1980, S. 9–33.
–: Begriff und Probleme des Verfassungsstaates, in: Morsey et al. (Hrsg.), Staat, Politik, Verwaltung in Europa, GS Roman Schnur, 1997, S. 137–147 = in: ders., Staat – Nation – Europa. Studien zur Staatslehre, Verfassungstheorie und Rechtsphilosophie, 1999, S. 127–140.
–: Vom Wandel des Menschenbildes im Recht, 2001 = in: ders., Wissenschaft, Politik, Verfassungsgericht, 2011, S. 13–52.
–: Gemeinwohlvorstellungen bei Klassikern der Rechts- und Staatsphilosophie, in: Münkler/Fischer (Hrsg.), Gemeinwohl und Gemeinsinn im Recht. Konkretisierung und Realisierung öffentlicher Interessen, 2002, S. 43–65.
–: Demokratie als Verfassungsprinzip, in: Isensee/Kirchhof (Hrsg.), Handbuch des Staatsrechts der Bundesrepublik Deutschland, 3. Auflage, Bd. II, 2004, § 24, S. 429–496.
Bogdandy, Armin von/Bast, Jürgen (Hrsg.): Europäisches Verfassungsrecht, 2009.
Bolle, Friedel: Gefühle in der ökonomischen Theorie, in: Schützeichel (Hrsg.), Emotionen und Sozialtheorie, 2006, S. 48–65.
Bonß, Wolfgang/Nieder, Ludwig/Pelizäus-Hoffmeister, Helga: Handlungstheorie. Eine Einführung, 2011.
Bornhak, Conrad: Allgemeine Staatslehre, 2. Auflage, 1909.
Braun, Johann: Offener und eingehegter Diskurs. Zur Struktur des juristischen Denkens, 2022.
Braun, Norman: Rational Choice Theory, in: Kneer/Schroer (Hrsg.), Handbuch soziologischer Theorien, 2009, S. 395–418.
Brenner, Michael: Staatsaufgaben, in: Depenheuer/Grabenwarter (Hrsg.), Verfassungstheorie, 2010, § 25, S. 837–883.
–: Das demokratische Prinzip, in: Stern/Sodan/Möstl (Hrsg.), Das Staatsrecht der Bundesrepublik Deutschland, 2022, Bd. I, § 14, S. 557–596.
Breuer, Stefan: Der Staat. Entstehung, Typen, Organisationsstadien, 1998.
Brinktine, Ralf/Schollendorf, Kai (Hrsg.): BeckOK Beamtenrecht Bund, 28. Edition, Stand: 1.11.2022.
Brugger, Winfried: Gemeinwohl als Ziel von Staat und Recht, in: Murswieck (Hrsg.), Staat – Souveränität – Verfassung, FS Quaritsch, 2000, S. 45–71.
Brunner, Otto/Conze, Werner/Koselleck, Reinhart (Hrsg.), Geschichtliche Grundbegriffe. Historisches Lexikon zur politisch-sozialen Sprache in Deutschland, 8 Bd., 1972–1997.
Buchheim, Hans: Der neuzeitliche republikanische Staat, 2014.
Buchwald, Delf: Der Begriff der rationalen juristischen Begründung. Zur Theorie der juridischen Vernunft, 1990.
Budjarek, Lucia: Die Neukategorisierung der hergebrachten Grundsätze des Berufsbeamtentums nach dem Maß ihrer institutsprägenden Wirkung, ZBR 2010, S. 229–237.
Bull, Hans Peter: Die Staatsaufgaben nach dem Grundgesetz, 1973.
Bumke, Christian: Die Entwicklung der Grundrechtsdogmatik in der deutschen Staatsrechtslehre unter dem Grundgesetz, AöR 144 (2019), S. 1–80.

Bung, Jochen: »Die Begriffsbestimmtheit gibt nur eine allgemeine Grenze, innerhalb deren noch ein Hin- und Hergehen stattfindet«, RphZ 2019, S. 357–368.
Bung, Jochen/Valerius, Brian/Ziemann, Sascha (Hrsg.): Normativität und Rechtskritik, 2007.
Burchardt, Dana: Der Grundsatz richterlicher Unabhängigkeit: Eine verhaltensbezogene Perspektive, JöR 70 (2022), S. 453–511.
Butzer, Hermann: Zum Begriff der Organisationsgewalt, Die Verwaltung 27 (1994), S. 157–174.
Callies, Gralf-Peter: Prozedurales Recht, 1999.
Campenhausen, Axel von/de Wall, Heinrich: Religionsverfassungsrecht. Eine systematische Darstellung, 5. Auflage, 2022.
Campenhausen, Hans von: Kirchliches Amt und geistliche Vollmacht in den ersten drei Jahrhunderten (1953), 2. Auflage, 1963.
Canaris, Claus-Wilhelm: Funktion, Struktur und Falsifikation juristischer Theorien, JZ 1993, S. 377–391.
Classen, Claus Dieter: Wahl contra Leistung? – Zu Wahlbeamten und Richterwahlen, JZ 57 (2002), S. 1009–1020.
Clausen, Jens Peter (Hrsg.): Iubilet cum Bonna Rhenus. FS zum 150jährigen Bestehen des Bonner Kreises, 2004.
Coleman, James S.: Macht und Gesellschaftsstruktur, 1979.
–: Grundlagen der Sozialtheorie. Band 1: Handlungen und Handlungssysteme, 1991.
–: Grundlagen der Sozialtheorie. Band 2: Körperschaften und die moderne Gesellschaft, 1995.
Cordes, Albrecht/Lück, Heiner/Werkmüller, Dieter (Hrsg.): Handwörterbuch zur deutschen Rechtsgeschichte, 2. Auflage, seit 2008.
Cornils, Matthias: Gewaltenteilung, in: Depenheuer/Grabenwarter (Hrsg.), Verfassungstheorie, 2010, § 20, S. 657–702.
Cottier, T[homas]/Kälin, W[alter] (Hrsg.), Die Öffnung des Verfassungsrechts, 2005.
Dagtoglou, Prodromos: Kollegialorgane und Kollegialakte der Verwaltung, 1960.
Dahrendorf, Ralf: Homo Sociologicus. Versuch zur Geschichte, Bedeutung und Kritik der Kategorie der sozialen Rolle (1959), 17. Auflage, 2010.
Danwitz, Thomas von: Der Grundsatz funktionsgerechter Organstruktur. Verfassungsvorgaben für staatliche Entscheidungsstrukturen und ihre gerichtliche Kontrolle, Der Staat 35 (1996), S. 329–350.
Degenhart, Christoph: Gesetzgebung im Rechtsstaat, DÖV 1981, S. 479–486.
–: Gerichtsorganisation, in: Isensee/Kirchhof (Hrsg.), Handbuch des Staatsrechts der Bundesrepublik Deutschland, 3. Auflage, Bd. V, 2007, § 114, S. 725–760.
Denninger, Erhard: Gemeinwohl. Was ist das?, KJ 52 (2019), S. 361–372.
Depenheuer, Otto: Die »volle persönliche Verantwortung« des Beamten für die Rechtmäßigkeit seiner dienstlichen Handlungen – Zum Spannungsverhältnis zwischen Eigenverantwortung und Verwaltungshierarchie, DVBl. 1992, S. 404–413.
–: Das öffentliche Amt, in: Isensee/Kirchhof (Hrsg.), Handbuch des Staatsrechts der Bundesrepublik Deutschland, 3. Auflage, Bd. III, 2003, § 36, S. 87–130.
–: Funktionen der Verfassung, in: ders./Grabenwarter (Hrsg.), Verfassungstheorie, 2010, S. 537–568.
–: Amt II. Rechtlich, in: Görres-Gesellschaft (Hrsg.), Staatslexikon, 8. Auflage, Bd. 1, 2017, Sp. 139–150.
–/Grabenwarter, Christoph (Hrsg.): Verfassungstheorie, 2010.
–/Heintzen, Markus/Jestaedt, Matthias/Axer, Peter (Hrsg.): Staat im Wort, FS Josef Isensee, 2007.
Dietl, Helmut: Institution und Zeit, 1993.

Di Fabio, Udo: Das beamtenrechtliche Streikverbot: das Streikverbot der Beamten als konstitutiver Bestandteil rechtsstaatlicher Demokratie. Rechtsgutachten im Auftrag des Deutschen Beamtenbundes, 2012.
–: Migrationskrise als föderales Verfassungsproblem. Gutachten im Auftrag des Freistaates Bayern, 2016, https://www.jura.uni-bonn.de/fileadmin/Fachbereich_Rechtswissen schaft/Einrichtungen/Lehrstuehle/Di_Fabio/Gutachten_Bay_DiFabio_formatiert.pdf [5.12.2022]; gekürzt in: ZSE 2015, S. 517–541.
Dreier, Horst: Hierarchische Verwaltung im demokratischen Staat. Genese, aktuelle Bedeutung und funktionelle Grenzen eines Bauprinzips der Exekutive, 1991.
–: Grenzen demokratischer Freiheit im Verfassungsstaat, JZ 1994, S. 741–752, zitiert nach: ders., Idee und Gestalt des freiheitlichen Verfassungsstaates, 2014, S. 249–285.
–: Rechtsstaat, in: Sandkühler (Hrsg.), Enzyklopädie Philosophie, 2010, Bd. 3, S. 2265–2272, zitiert nach: ders., Idee und Gestalt des freiheitlichen Verfassungsstaates, 2014, S. 23–38.
–: Menschenwürde, in: ders., Idee und Gestalt des freiheitlichen Verfassungsstaates, 2014, S. 71–110.
–: Staat ohne Gott. Religion in der säkularen Moderne, 2018.
– (Hrsg.): Grundgesetz. Kommentar, 3. Auflage, 3 Bd., 2013–2018.
–/*Kuch, David:* Demokratische Legitimation der Verwaltung, in: Kahl/Ludwigs (Hrsg.), Handlbuch des Verwaltungsrechts, Bd. III, 2022, § 60, S. 79–125.
–/Waldhoff, Christian (Hrsg.): Das Wagnis der Demokratie. Eine Anatomie der Weimarer Reichsverfassung, 2018
Dreier, Ralf: Das kirchliche Amt. Eine kirchenrechtstheoretische Studie, 1972.
–: Zur Theoriebildung in der Jurisprudenz, in: Kaulbach/Krawietz (Hrsg.), Recht und Gesellschaft, FS Schelsky, 1978, S. 103–132, zitiert nach: ders., Recht, Moral, Ideologie, 1981, S. 70–105.
–: Amt, öffentlich-rechtlich, in: Görres-Gesellschaft (Hrsg.), Staatslexikon, 7. Auflage, Bd. I, 1985, Sp. 128–132.
–: Der Rechtsstaat im Spannungsverhältnis zwischen Gesetz und Recht, JZ 1985, S. 353–359.
Dreitzel, Hans Peter: Die gesellschaftlichen Leiden und das Leiden an der Gesellschaft, 3. Auflage, 1980.
Dubiel, Helmut: Institution, in: Ritter/Gründer (Hrsg.), Historisches Wörterbuch der Philosophie, Bd. 4, 1976, Sp. 418–424.
Duncker, Hans-Rainer (Hrsg.): Beiträge zu einer aktuellen Anthropologie, 2006.
Dürig, Günter/Herzog, Roman/Scholz, Rupert (Hrsg.): Grundgesetz. Kommentar, 98. Lfg., Stand: März 2022.
Durkheim, Émile: Die Regeln der soziologischen Methode, 1984.
Düwell, Marcus/Hübenthal, Christoph/Werner, Micha H.: Einleitung, in: dies. (Hrsg.), Handbuch Ethik, 3. Auflage, 2011, S. 1–23.
Dworkin, Ronald: Bürgerrechte ernstgenommen, 1984.
Ebers, Mark/Gotsch, Wilfried: Institutionenökonomische Theorie der Organisation, in: Kieser/Ebers (Hrsg.), Organisationstheorien, 7. Auflage, 2014, S. 195–255.
Ehlers, Dirk/Krebs, Walter (Hrsg.): Grundfragen des Verwaltungsrechts und Kommunalrechts, 2000.
Ehmke, Horst: »Staat« und »Gesellschaft« als verfassungstheoretisches Problem, in: Hesse/Reicke/Scheuner (Hrsg.), Staatsverfassung und Kirchenordnung, FS Rudolf Smend, 1962, S. 22–49 = in: Böckenförde (Hrsg.), Staat und Gesellschaft, 1976, S. 241–274.
– (Hrsg.): FS Adolf Arndt, 1969.
– et al. (Hrsg.): FS Ulrich Scheuner, 1973.
Eichenberger, Kurt: Gesetzgebung im Rechtsstaat, VVDStRL 40 (1982), S. 7–39.

Eisenstadt, S. N.: Ziele bürokratischer Organisationen und ihr Einfluß auf die Organisationskultur, in: Mayntz (Hrsg.), Bürokratische Organisation, 1968, S. 56–61.
Elias, Norbert: Über den Prozeß der Zivilisation (1939), 2 Bd., 1997.
Ellwein, Thomas/Hesse, Joachim Jens (Hrsg.): Staatswissenschaften – vergessene Disziplin oder neue Herausforderung?, 1990.
Elster, Jon: Nuts and Bolts for the Social Sciences, 1989.
Enders, Christoph: Die Menschenwürde in der Verfassungsordnung. Zur Dogmatik des Art. 1 GG, 1997.
Endreß, Martin: Vertrauen und Vertrautheit – Phänomenologisch-anthropologische Grundlegung, in: Hartmann/Offe (Hrsg.), Vertrauen. Die Grundlage des sozialen Zusammenhalts, 2001, S. 161–203.
Engel, Christoph: »Offene Gemeinwohldefinitionen«, Rechtstheorie 32 (2001), S. 23–52.
Epping, Volker/Hillgruber, Christian (Hrsg.): BeckOK Grundgesetz, 53. Edition, Stand: 15.11.2022.
Erikson, Robert/Goldthorpe, John H.: The Constant Flux. A Study of Class Mobility in Industrial Societies, 1992.
Erlinghagen, Marcel: Ehrenamt, in: Mau/Schöneck (Hrsg.), Handwörterbuch zur Gesellschaft Deutschlands, 3. Auflage, 2013, S. 199–212.
Esser, Hartmut: Soziologie. Allgemeine Grundlagen, 3. Auflage, 1999.
–: Soziologie. Spezielle Grundlagen. Band 1: Situationslogik und Handeln, 1999.
–: Soziologie. Spezielle Grundlagen. Band 5: Institutionen, 2000.
–: Soziologie. Spezielle Grundlagen. Band 6: Sinn und Kultur, 2001.
–: Affektuelles Handeln: Emotionen und das Modell der Frame-Selektion, in: Schützeichel (Hrsg.), Emotionen und Sozialtheorie, 2006, S. 143–174.
Etzioni, Amitai (Hrsg.): Readings on Modern Organizations, 1959.
Feindt, Erich: Beamtenethos und Zeitgeist, DöD 34 (1981), S. 1–28.
Fischer, Johannes/Gruden, Stefan/Imhof, Esther/Strub, Jean-Daniel: Grundkurs Ethik. Grundbegriffe philosophischer und theologischer Ethik, 2007.
Flam, Helena: Emotional Man I: The Emotional Man and the Problem of Collective Action, International Sociology 5 (1990), S. 39–56.
–: Emotional Man II: Corporate Actors as Emotion-Motivated Emotion Managers, International Sociology 5 (1990), S. 225–234.
–: »From Emotional ›Man‹, with Love«, in: Schützeichel (Hrsg.), Emotionen und Sozialtheorie, 2006, S. 195–222.
Fleiner, Thomas/Fleiner, Lidija R. Basta: Allgemeine Staatslehre. Über die konstitutionelle Demokratie in einer multikulturellen globalisierten Welt, 3. Auflage, 2004.
Frank, Albert/Baum, Wolfgang/Kreutzer, Karsten (Hrsg.): Lexikon philosophischer Grundbegriffe der Theologie, 2003.
Frank, Robert: Microeonomics and Behavior, 1991.
Franke, Ingeborg: Teilzeitbeschäftigung im Wandel, in: dies./Summer/Weiß (Hrsg.), Öffentliches Dienstrecht im Wandel. FS Walther Fürst, 2002, S. 101–120.
–/Summer, Rudolf/Weiß, Hans-Dietrich (Hrsg.): Öffentliches Dienstrecht im Wandel. FS Walther Fürst, 2002.
Franzius, Claudio: Modalitäten und Wirkungsfaktoren der Steuerung durch Recht, in: Voßkuhle/Eifert/Möllers (Hrsg.), Grundlagen des Verwaltungsrechts, 3. Auflage, 2022, Bd. I, § 4, S. 193–244.
Frey, Bruno S.: Ein ipsatives Modell menschlichen Verhaltens, Analyse und Kritik 10 (1988), S. 181–205.
Funke, Andreas/Schmolke, Klaus Ulrich (Hrsg.): Menschenbilder im Recht, 2019.
Fusco, Sandro-Angelo/Koselleck, Reinhart/Schindling, Anton/Wolter, Udo/Wunder, Bernd: Verwaltung, Amt, Beamter, in: Brunner/Conze/Koselleck (Hrsg.), Geschichtliche Grundbegriffe, Bd. 7, 1992, S. 1–96.

Gärditz, Klaus Ferdinand: Das Amtsprinzip und seine Sicherung bei Verfassungsorganen, JöR 64 (2016), S. 1–42.
Gehlen, Arnold: Urmensch und Spätkultur. Philosophische Ergebnisse und Aussagen, 5. Auflage, 1986.
–: Mensch und Institution, in: ders., Anthropologische und sozialpsychologische Untersuchungen, 1993, S. 69–77.
Geiger, Willi: Die Unabhängigkeit des Richters, DRiZ 57 (1979), S. 65–69.
Gerber, Hans: Entwicklung und Reform des Beamtenrechts, VVDStRL 7 (1932), S. 2–54.
Gerhards, Jürgen: Soziologie der Emotionen. Fragestellungen, Systematik und Perspektiven, 1988.
Geser, Hans: Organisationen als soziale Akteure, Zeitschrift für Soziologie 19 (1990), S. 401–417.
Geulen, Dieter/Hurrelmann, Klaus: Zur Programmatik einer umfassenden Sozialisationstheorie, in: Hurrelmann/Ulich (Hrsg.), Handbuch der Sozialisationsforschung, 1. Auflage, 1980, S. 51–67.
Giddens, Anthony: Die Konstitution der Gesellschaft, 3. Auflage, 1997.
Gmeiner, Robert: Verhaltenskodizes und Ähnliches – oder: Anmerkungen zum »Hartkochen von Soft Law«, ZfV 2020, S. 215–229.
Gneist, Rudolf: Der Rechtsstaat und die Verwaltungsgerichte in Deutschland, 2. Auflage, 1879.
Goffman, Erving: Asyle. Über die soziale Situation psychiatrischer Patienten und anderer Insassen, 1972.
–: Interaktion: Spaß am Spiel/Rollendistanz, 1973.
Göhler, Gerhard: Macht, in: ders./Iser/Kerner (Hrsg.), Politische Theorie. 25 umkämpfte Begriffe zur Einführung, 2. Auflage, 2011, S. 224–240.
–/Iser, Mattias/Kerner, Ina (Hrsg.): Politische Theorie. 25 umkämpfte Begriffe, 2011.
Goode, William J.: Eine Theorie des Rollen-Stress, in: Hartmann (Hrsg.), Moderne amerikanische Soziologie, 1973, S. 334–360.
Goos, Christoph: Innere Freiheit. Eine Rekonstruktion des grundgesetzlichen Würdebegriffs, 2011.
–: Das »Menschenbild des Grundgesetzes« und das Beamtenverhältnis, in: Trappe/Palm (Hrsg.), Menschenbild und Menschenbildung. Eine Orientierung für die Ausbildung von Beamten an Verwaltungshochschulen, 2011, S. 57–75.
Görres-Gesellschaft (Hrsg.): Staatslexikon, 7. Auflage, 7 Bd., 1985–1993.
–: Staatslexikon, 8. Auflage, 6 Bd., 2017–2022.
Gosepath, Stefan/Hinsch, Wilfried/Rössler, Beate (Hrsg.): Handbuch der politischen Philosophie und Sozialphilosophie, 2 Bd., 2008.
Grefrath, Holger: Theorie des Staatsoberhaupts, JöR 70 (2022), S. 1–14.
Greve, Jens: Wirtschaft und Gesellschaft. Soziologie (1919/20), in: Müller/Sigmund (Hrsg.), Max Weber Handbuch. Leben – Werk – Wirkung, 2. Auflage, 2020, S. 371–385.
Grimm, Dieter: Verfassungsfunktion und Grundgesetzreform, AöR 97 (1972), S. 489–508 = in: ders., Die Zukunft der Verfassung, 1991, S. 315–337.
–: Die sozialgeschichtliche und verfassungsrechtliche Entwicklung zum Sozialstaat, in: Koslowski/Kreuzer/Löw (Hrsg.), Chancen und Grenzen des Sozialstaats, 1983, S. 41–63 = in: ders., Recht und Staat der bürgerlichen Gesellschaft, 1987, S. 138–161.
–: Kulturauftrag im staatlichen Gemeinwesen, VVDStRL 42 (1984), S. 46–82 = Kulturauftrag des Staates, in: ders., Recht und Staat der bürgerlichen Gesellschaft, 1987, S. 104–137.
–: Die »Neue Rechtswissenschaft« – Über Funktion und Formation nationalsozialistischer Jurisprudenz, in: Lundgreen (Hrsg.), Wissenschaft im Dritten Reich, 1985, S. 31–54 = in: ders., Recht und Staat der bürgerlichen Gesellschaft, 1987, S. 373–395.

–: Staat und Gesellschaft, in: Ellwein/Hesse (Hrsg.), Staatswissenschaften: Vergessene Disziplin oder neue Herausforderung?, 1990, S. 13–27.
– (Hrsg.): Wachsende Staatsaufgaben – sinkende Steuerungsfähigkeit des Rechts, 1990.
–: Politik und Recht, in: ders., Die Verfassung und die Politik. Einsprüche in Störfällen, 2001, S. 13–32.
–: Gemeinwohl in der Rechtsprechung des Bundesverfassungsgerichts, in: Münkler/Fischer (Hrsg.), Gemeinwohl und Gemeinsinn im Recht. Konkretisierung und Realisierung öffentlicher Interessen, 2002, S. 125–139.
–: Ursprung und Wandel der Verfassung, in: Isensee/Kirchhof (Hrsg.), Handbuch des Staatsrechts der Bundesrepublik Deutschland, 3. Auflage, Bd. 1, 2003, S. 3–43 = in: ders., Die Zukunft der Verfassung II, 2012, S. 11–64.
–: Entwicklung und Funktion des Verfassungsbegriffs, in: Cottier/Kälin (Hrsg.), Die Öffnung des Verfassungsrechts, 2005, S. 7–10, zitiert nach: ders., Die Zukunft der Verfassung II, 2012, S. 203–211.
Gröpl, Christoph: Wirtschaftlichkeit und Sparsamkeit staatlichen Handelns, in: Isensee/Kirchhof (Hrsg.), Handbuch des Staatsrechts der Bundesrepublik Deutschland, 3. Auflage, Bd. V, 2007, § 121, S. 1227–1264.
Gröschner, Rolf: Die Republik, in: Isensee/Kirchhof (Hrsg.), Handbuch des Staatsrechts der Bundesrepublik Deutschland, 3. Auflage, Bd. II, 2004, § 23, S. 369–428.
–: Republik, in: Heun et al. (Hrsg.), Evangelisches Staatslexikon, Neuausgabe 2006, Sp. 2041–2045.
–: Weil Wir frei sein wollen. Geschichten vom Geist republikanischer Freiheit, 2016.
–/Kapust, Antje/Lembcke, Oliver W. (Hrsg.): Wörterbuch der Würde, 2013.
–/*Lembcke, Oliver W.:* Ethik und Recht. Grundlegung einer republikanischen Verfassungsstaatslehre, in: Knoepffler/Kunzmann/Pies/Siegetsleitner (Hrsg.), Einführung in die Angewandte Ethik, 2006, S. 47–74.
Groß, Thomas: Grundzüge der organisationswissenschaftlichen Diskussion, in: Hoffmann-Riem/Schmidt-Aßmann (Hrsg.), Verwaltungsorganisationsrecht als Steuerungsressource, 1997, S. 139–150.
–: Das Kollegialprinzip in der Verwaltungsorganisation, 1999.
–: Die Verwaltungsorganisation als Teil der Staatsorganisation, in: Voßkuhle/Eifert/Möllers (Hrsg.), Grundlagen des Verwaltungsrechts, 3. Auflage, 2022, Bd. I, § 15, S. 1115–1177.
Günther, Frieder: Denken vom Staat her. Die bundesdeutsche Staatsrechtslehre zwischen Dezision und Integration 1949–1979, 2004.
Günther, Jörg-Michael: Die Handschlagsverweigerung durch islamgläubigen Polizisten. Religionsfreiheit versus Beamtenrecht, ZBR 2018, S. 109–118.
Gurlit, Elke: Der Eigenwert des Verfahrens im Verwaltungsrecht, VVDStRL 70 (2011), S. 227–277.
Gusy, Christoph: 100 Jahre Weimarer Verfassung. Eine gute Verfassung in schlechter Zeit, 2018.
Häberle, Peter: Öffentliches Interesse als juristisches Problem. Eine Analyse von Gesetzgebung und Rechtsprechung (1970), 2. Auflage, 2006.
–: Grundrechte im Leistungsstaat, VVDStRL 30 (1972), S. 43–141.
–: Die offene Gesellschaft der Verfassungsinterpreten, JZ 30 (1975), S. 297–305.
–: Die Gemeinwohlproblematik in rechtswissenschaftlicher Sicht, Rechtstheorie 14 (1983), S. 257–284.
–: Das Menschenbild im Verfassungsstaat (1988), 3. Auflage, 2005.
Habermas, Jürgen: Vorbereitende Bemerkungen zu einer Theorie der kommunikativen Kompetenz, in: ders./Luhmann, Niklas, Theorie der Gesellschaft oder Sozialtechnologie – Was leistet die Systemforschung?, 1971, S. 101–141.

–: Wahrheitstheorien (1972), in: ders., Vorstudien und Ergänzungen zur Theorie des kommunikativen Handelns, 1984, S. 127–183.
–: Legitimationsprobleme im Spätkapitalismus, 1973.
–: Theorie des kommunikativen Handelns, 1981.
–: Faktizität und Geltung. Beiträge zur Diskurstheorie des Rechts und des demokratischen Rechtsstaats (1992), 4. Auflage, 1994.
Haering, Stephan/Rees, Wilhelm/Schmitz, Heribert (Hrsg.): Handbuch des katholischen Kirchenrechts, 3. Auflage, 2015.
Haft, Fritjof: Recht und Sprache, in: Kaufmann/Hassemer (Hrsg.), Einführung in Rechtsphilosophie und Rechtstheorie der Gegenwart, 6. Auflage, 1994, S. 269–291.
Härle, Wilfried: Würde. Groß vom Menschen denken, 2010.
Hart, H[erbert] L[ionel] A[dolphus]: Der Begriff des Rechts (1973). Mit dem Postskriptum von 1994 und einem Nachwort von Christoph Möllers, 2011.
Hartmann, Heinz (Hrsg.): Moderne amerikanische Soziologie, 1973.
Hartmann, Martin: Vertrauen, in: Gosepath/Hinsch/Rössler (Hrsg.), Handbuch der politischen Philosophie und Sozialphilosophie, 2008, Bd. 2, S. 1436–1441.
–: Vertrauen, in: Göhler/Iser/Kerner (Hrsg.), Politische Theorie. 25 umkämpfte Begriffe, 2011, S. 403–416.
–/Offe, Claus (Hrsg.): Vertrauen. Die Grundlage des sozialen Zusammenhalts, 2001.
Hattenhauer, Hans: Geschichte des Beamtentums, 1980.
Haverkate, Görg: Verfassungslehre. Verfassung als Gegenseitigkeitsordnung, 1992.
Hebeler, Timo: Moderne Verwaltungsorganisation und moderne Personalentwicklung im Lichte der Herrschaftssoziologie Max Webers, Die Verwaltung 37 (2004), S. 119–144.
–: Verwaltungspersonal. Eine rechts- und verwaltungswissenschaftliche Strukturierung, 2008.
Heckel, Martin: Kirchenreform im Verfassungssystem. Zur Befristung von Leitungsämtern in einer lutherischen Landeskirche, ZevKR 40 (1995), S. 280–319 = in: ders., Gesammelte Schriften, Bd. 3, 1997, S. 553–594.
Heinig, Hans Michael: Öffentlich-rechtliche Religionsgesellschaften. Studien zur Rechtsstellung der nach Art. 137 Abs. 5 WRV korporierten Religionsgesellschaften in Deutschland und in der Europäischen Union, 2003.
–: Menschenwürde (J), in: Heun et al. (Hrsg.), Evangelisches Staatslexikon, Neuausgabe, 2006, S. 1516–1525.
–: Zur Normativität des Sozialstaats. Eine Vorstudie in verfassungstheoretischer Hin- und Absicht, in: Bung/Valerius/Ziemann (Hrsg.), Normativität und Rechtskritik, 2007, S. 138–153.
–: Der Sozialstaat im Dienst der Freiheit. Zur Formel vom »sozialen« Staat in Art. 20 Abs. 1 GG, 2008.
Heintzen, Markus: Amtsprinzip, in: Kahl/Ludwigs (Hrsg.), Handbuch des Verwaltungsrechts, Bd. III, 2022, § 89, S. 1329–1360.
Heinz, Walter R.: Berufliche Sozialisation, in: Hurrelmann/Ulich (Hrsg.), Handbuch der Sozialisationsforschung, 1980, S. 499–519.
Heller, Hermann: Staatslehre (1934), 6. Auflage, 1983.
Hennis, Wilhelm: Amtsgedanke und Demokratiebegriff, in: Hesse/Reicke/Scheuner (Hrsg.), Staatsverfassung und Kirchenordnung, FS Rudolf Smend, 1962, S. 51–70.
Herdegen, Matthias: Das Überpositive im positiven Recht. Von der Sehnsucht nach der heilen Wertewelt zum Kampf der Rechtskulturen, in: Depenheuer, Otto et al. (Hrsg.), Staat im Wort, FS Josef Isensee, 2007, S. 135–145.
–/Masing, Johannes/Poscher, Ralf/Gärditz, Klaus Ferdinand (Hrsg.): Handbuch des Verfassungsrechts. Darstellung in transnationaler Perspektive, 2021.
Hermens, Ferdinand A.: Verfassungslehre, 1968.

Herms, Eilert: Politik I. Sozialwissenschaftlich, in: Betz et al. (Hrsg.), Religion in Geschichte und Gegenwart, 4. Auflage, Bd. 6, 2003, Sp. 1449–1451.
Herrmann, Joachim: Die Unabhängigkeit des Richters?, DRiZ 60 (1982), S. 286–294.
Herzog, Roman: Allgemeine Staatslehre, 1971.
–: Gemeinwohl, in: Ritter/Gründer (Hrsg.), Historisches Wörterbuch der Philosophie, Bd. 3, 1974, Sp. 248–258.
– et al. (Hrsg.): Evangelisches Staatslexikon, 2 Bd., 3. Auflage, 1987.
Hesse, Konrad: Bemerkungen zur heutigen Problematik und Tragweite der Unterscheidung von Staat und Gesellschaft, DÖV 28 (1975), S. 437–443 = in: Böckenförde (Hrsg.), Staat und Gesellschaft, 1976, S. 484–502.
–: Bestand und Bedeutung der Grundrechte in der Bundesrepublik Deutschland, EuGRZ 5 (1978), S. 427–438.
–: Grundzüge des Verfassungsrechts der Bundesrepublik Deutschland, 20. Auflage, 1995.
–/Reicke, Siegfried/Scheuner, Ulrich (Hrsg.): Staatsverfassung und Kirchenordnung, FS Rudolf Smend, 1962.
Heun, Werner: Die Verfassungsordnung der Bundesrepublik Deutschland, 2012.
– et al. (Hrsg.): Evangelisches Staatslexikon, Neuausgabe 2006.
Heyen, Erk Volkmar: Über Gewissen und Vertrauen der Abgeordneten, Der Staat 25 (1986), S. 35–54.
–: Zum Amtsbegriff als Kernelement des Begriffs der öffentlichen Verwaltung, JEV 12 (2000), S. 265–279.
–: Amt und Rationalität, Legitimität und Kontrolle: Grundbegriffe historisch-komparativer Verwaltungsanalyse, in: Benz/Siedentopf/Sommermann (Hrsg.), Institutionenwandel in Regierung und Verwaltung, FS Klaus König, 2004, S. 49–60.
Hill, Hermann: Die Kunst des Entscheidens, DÖV 2017, S. 433–443.
–/Klages, Helmut (Hrsg.): Reform der Landesverwaltung, 1995.
Hillgruber, Christian: Verfassungsinterpretation, in: Depenheuer/Grabenwarter (Hrsg.), Verfassungstheorie, 2010, § 15, S. 505–534.
Hilp, Ulrich: »Den bösen Schein vermeiden«: zu Ethos und Recht des Amtes in Kirche und Staat, 2004.
Hinsch, Wilfried: Legitimität, in: Gosepath/Hinsch/Rössler (Hrsg.), Handbuch der politischen Philosophie und Sozialphilosophie, 2008, Bd. 1, S. 704–712.
Hippel, Ernst von: Allgemeine Staatslehre, 2. Auflage, 1967.
Hirsch, Ernst E.: Über die Gesellschaftsbezogenheit des Eides, in: Lüttger (Hrsg.), FS Ernst Heinitz, 1972, S. 139–158.
Hochhuth, Martin: Positivierungsquelle, Korrektiv und gefährliche Aufweichung: Billigkeit und Verhältnismäßigkeit im modernen Rechtssystem, in: Armgardt/Busche (Hrsg.), Recht und Billigkeit. Zur Geschichte der Beurteilung ihres Verhältnisses, 2021, S. 573–590.
Hochschild, Arlie R.: Emotionwork, Feeling Rules and Social Structure, American Journal of Sociology 85 (1979), S. 551–575.
Höffe, Otfried: Wofür braucht das positive Recht Naturrecht?, Der Staat 58 (2019), S. 275–292.
Hoffmann, Birgit: Das Verhältnis von Gesetz und Recht. Eine verfassungsrechtliche und verfassungstheoretische Untersuchung zu Art. 20 Abs. 3 GG, 2003.
Hoffmann-Riem, Wolfgang: Organisationsrecht als Steuerungsressource. Perspektiven der verwaltungsrechtlichen Systembildung, in: ders./Schmidt-Aßmann (Hrsg.), Verwaltungsorganisationsrecht als Steuerungsressource, 1997, S. 355–395.
–: Effizienz als Herausforderung an das Verwaltungsrecht. Einleitende Problemskizze, in: Hoffmann-Riem/Schmidt-Aßmann (Hrsg.), Effizienz als Herausforderung an das Verwaltungsrecht, 1998, S. 11–57.

–: Verwaltungskontrolle – Perspektiven, in: Schmidt-Aßmann/Hoffmann-Riem (Hrsg.), Verwaltungskontrolle, 2001, S. 325–366.
–/*Pilniok, Arne:* Eigenständigkeit der Verwaltung, in: Voßkuhle/Eifert/Möllers (Hrsg.), Grundlagen des Verwaltungsrechts, 3. Auflage, 2022, Bd. I, § 12, S. 855–976.
–/Schmidt-Aßmann, Eberhard (Hrsg.): Verwaltungsorganisationsrecht als Steuerungsressource, 1997.
–/– (Hrsg.): Effizienz als Herausforderung an das Verwaltungsrecht, 1998.
–/– (Hrsg.): Verwaltungsrecht in der Informationsgesellschaft, 2000.
–/–/Schuppert, Gunnar Folke (Hrsg.): Reform des Allgemeinen Verwaltungsrechts. Grundfragen, 1993.
Höfling, Wolfram: Amtsgedanke und Bürgervertrauen, ZRP 1988, S. 396–400.
–: Verfahrensrechtliche Garantien des Art. 33 II GG, ZBR 1999, S. 73–76.
Hofmann, Hasso: Von der Staatssoziologie zu einer Soziologie der Verfassung, JZ 1999, S. 1065–1074.
–: Verfassungsrechtliche Annäherungen an den Begriff des Gemeinwohls, in: Münkler/Fischer (Hrsg.), Gemeinwohl und Gemeinsinn im Recht. Konkretisierung und Realisierung öffentlicher Interessen, 2002, S. 25–41.
–: Vom Wesen der Verfassung, JöR 51 (2003), S. 1–20.
Honer, Mathias: Das verfassungstheoretische System als Betrachtungsebene des Verfassungsrechts, Der Staat 61 (2022), S. 235–259.
–/*Rudloff, Tobias:* Die Leistungsfähigkeit der Legitimationskettentheorie, DÖV 2020, S. 461–468.
Honnefelder, Ludger: Sittlichkeit/Ethos, in: Düwell/Hübenthal/Werner (Hrsg.), Handbuch Ethik, 3. Auflage, 2011, S. 508–531.
Hörisch, Jochen: Geld – Ein Handbuchartikel, in: ders., Gott, Geld, Medien. Studien zu den Medien, die die Welt im Innersten zusammenhalten, 2004, S. 108–118.
Huber, Peter Michael: Rechtsstaat, in: Herdegen/Masing/Poscher/Gärditz (Hrsg.), Handbuch des Verfassungsrechts. Darstellung in transnationaler Perspektive, 2021, § 6, S. 383–436.
Hufen, Friedhelm/Siegel, Thorsten: Fehler im Verwaltungsverfahren. 7. Auflage, 2021.
Hurrelmann, Klaus: Einführung in die Sozialisationstheorie. Über den Zusammenhang von Sozialstruktur und Persönlichkeit, 1986.
–/Bauer, Ulrich/Grundmann, Matthias/Walper, Sabine (Hrsg.): Handbuch Sozialisationsforschung, 8. Auflage, 2015.
–/Ulich, Dieter (Hrsg.): Handbuch der Sozialisationsforschung, 1980.
Ingold, Albert: Das »Amt« des Abgeordneten, JöR 64 (2016), S. 43–80.
Isensee, Josef: Subsidiaritätsprinzip und Verfassungsrecht. Eine Studie über das Regulativ des Verhältnisses von Staat und Gesellschaft, 1968.
–: Beamtenstreik. Zur rechtlichen Zulässigkeit des Dienstkampfes, 1971.
–: Der Zugang zum öffentlichen Dienst, in: Bachof/Heigl/Redeker (Hrsg.), Verwaltungsrecht zwischen Freiheit, Teilhabe und Bindung, FS Bundesverwaltungsgericht, 1978, S. 337–356.
–: Republik – Sinnpotential eines Begriffs, JZ 1981, S. 1–8.
–: Beamtentum. Sonderstatus in der Gleichheitsgesellschaft, Verantwortung und Leistung 1988, S. 5–19.
–: Öffentlicher Dienst, in: Benda (Hrsg.), Handbuch des Verfassungsrechts, 2. Auflage, 1994, S. 1527–1577.
–: Affekt gegen Institutionen – überlebt das Berufsbeamtentum?, ZBR 1998, S. 295–312.
–: Das Amt als Medium des Gemeinwohls in der freiheitlichen Demokratie, in: Schuppert (Hrsg.), Gemeinwohl – auf der Suche nach Substanz, 2002, S. 241–270.
–: Das antiquierte Amt. Erinnerung an eine Voraussetzung der Freiheit, in: Knies (Hrsg.), Staat, Amt, Verantwortung, FS Friedrich Karl Fromme, 2002, S. 41–78.

–: Staat und Verfassung, in: Isensee/Kirchhof (Hrsg.), Handbuch des Staatsrechts der Bundesrepublik Deutschland, 3. Auflage, Bd. II, 2004, § 15, S. 3–106.
–: Transformation von Macht in Recht – das Amt, ZBR 2004, S. 3–12.
–: Die Staatlichkeit der Verfassung, in: Depenheuer/Grabenwarter (Hrsg.), Verfassungstheorie, 2010, § 6, S. 199–270.
–: Gemeinwohl und öffentliches Amt. Vordemokratische Fundamente des Verfassungsstaates, 2013.
–/Kirchhof, Paul (Hrsg.): Handbuch des Staatsrechts der Bundesrepublik Deutschland, 3. Auflage, 13 Bd., 2003–2015.
Jacoby, Florian: Das private Amt, 2007.
Jaeger, Friedrich/Straub, Jürgen (Hrsg.): Handbuch der Kulturwissenschaften. 3 Bd., 2011.
Jahraus, Oliver/Nassehi, Armin et al. (Hrsg.): Luhmann-Handbuch. Leben – Werk – Wirkung, 2012.
Janssen, Albert: Die zunehmende Privatisierung des deutschen Beamtenrechts als Infragestellung seiner verfassungsrechtlichen Grundlagen, ZBR 2003, S. 113–132 = in: ders., Die gefährdete Staatlichkeit der Bundesrepublik Deutschland. Beiträge zur Bewahrung ihrer verfassungsrechtlichen Organisationsstruktur, 2014, S. 381–434.
–: Verfassungsrechtliche Anmerkungen zur gegenwärtigen Beamten- und Bürokratiekritik, in: ders., Die gefährdete Staatlichkeit der Bundesrepublik Deutschland. Beiträge zur Bewahrung ihrer verfassungsrechtlichen Organisationsstruktur, 2014, S. 501–511.
Jellinek, Georg: System der subjektiven öffentlichen Rechte, 2. Auflage (1905), Hrsg. von Jens Kersten, 2011.
Jestaedt, Matthias: Das mag in der Theorie richtig sein … Vom Nutzen der Rechtstheorie für die Rechtspraxis, 2006.
–: Die Verfassung hinter der Verfassung. Eine Standortbestimmung der Verfassungstheorie, 2009.
–: Verfassungstheorie als Disziplin, in: Depenheuer/Grabenwarter (Hrsg.), Verfassungstheorie, 2010, § 1, S. 4–56.
–: Phänomen Bundesverfassungsgericht. Was das Gericht zu dem macht, was es ist, in: Jestaedt/Lepsius/Möllers/Schönberger: Das entgrenzte Gericht. Eine kritische Bilanz nach sechzig Jahren Bundesverfassungsgericht, 2011, S. 77–157.
–: Grundbegriffe des Verwaltungsorganisationsrechts, in: Voßkuhle/Eifert/Möllers (Hrsg.), Grundlagen des Verwaltungsrechts, 3. Auflage, 2022, Bd. I, § 16, S. 1179–1234.
–/Lepsius, Oliver/Möllers, Christoph/Schönberger, Christoph: Das entgrenzte Gericht. Eine kritische Bilanz nach sechzig Jahren Bundesverfassungsgericht, 2011.
Jhering, Rudolf von: Geist des römischen Rechts auf den verschiedenen Stufen seiner Entwicklung, II/2, 2. Auflage, 1869.
–: Zweck im Recht I, 1877.
Joas, Hans: Die Kreativität des Handelns, 1996.
–/Knöbl, Wolfgang: Sozialtheorie. Zwanzig einführende Vorlesungen, 2004.
Kafka, Gustav E.: Die verfassungsrechtliche Stellung der politischen Parteien im modernen Staat, VVDStRL 17 (1959), S. 53–102.
Kahl, Wolfgang: Die rechtliche Bedeutung der Unterscheidung von Staat und Gesellschaft, Jura 2002, S. 721–729.
–: Kontrolle der Verwaltung und des Verwaltungshandelns, in: Voßkuhle/Eifert/Möllers (Hrsg.), Grundlagen des Verwaltungsrechts, 3. Auflage, 2022, Bd. II, § 45, S. 1557–1713.
–/Ludwigs, Markus (Hrsg.): Handbuch des Verwaltungsrechts, 4 Bd., 2021–2022 [wird fortgesetzt].
–/Waldhoff, Christian/Walter, Christian (Hrsg.), Bonner Kommentar zum Grundgesetz, Stand: 218. Lfg., Dezember 2022.

Kant, Immanuel: Über den Gemeinspruch: Das mag in der Theorie richtig sein, taugt aber nicht für die Praxis (1793), in: ders., Werke in zehn Bänden, hrsg. von Wilhelm Weischedel, Bd. 9, S. 127–172.

Kaufmann, Arthur/Hassemer, Winfried (Hrsg.): Einführung in Rechtsphilosophie und Rechtstheorie der Gegenwart, 6. Auflage, 1994.

Kaufmann, Matthias: Gemeinwohl und Recht, in: Koslowski (Hrsg.), Das Gemeinwohl zwischen Universalismus und Partikularismus, 1999, S. 101–123.

Kaulbach, Friedrich/Krawietz, Werner (Hrsg.): Recht und Gesellschaft. FS Helmut Schelsky, 1978.

Kawik, Michael: Gibt es und braucht es eine Remonstrationspflicht des Beamten?, ZBR 2015, S. 243–250.

Kelsen, Hans: Allgemeine Staatslehre (1925), hrsg. von Matthias Jestaedt, 2019.

–: Reine Rechtslehre, 1. Auflage (1934), hrsg. von Matthias Jestaedt, 2008.

–: Reine Rechtslehre, 2. Auflage (1960), hrsg. von Matthias Jestaedt, 2017.

Kern, Thomas: Soziale Bewegungen. Ursachen, Wirkungen, Mechanismen, 2008.

Kersten, Jens: Die Notwendigkeit der Zuspitzung. Anmerkungen zur Verfassungstheorie, 2020.

Kielmansegg, Peter Graf: Das Experiment der Freiheit. Zur gegenwärtigen Lage des demokratischen Verfassungsstaates, 1988.

–: Der Reichspräsident – ein republikanischer Monarch?, in: Dreier/Waldhoff (Hrsg.), Das Wagnis der Demokratie. Eine Anatomie der Weimarer Reichsverfassung, 2018, S. 219–240.

Kieser, Alfred: Max Webers Analyse der Bürokratie, in: ders./Ebers (Hrsg.), Organisationstheorien, 7. Auflage, 2014, S. 43–72.

–/Ebers, Mark (Hrsg.): Organisationstheorien, 7. Auflage, 2014.

Kirchhof, Paul: Die Identität der Verfassung, in: Isensee/Kirchhof (Hrsg.), Handbuch des Staatsrechts der Bundesrepublik Deutschland, 3. Auflage, Bd. II, 2004, § 21, S. 261–316.

Kirchner, Friedrich/Michaelis, Carl (Hrsg.): Wörterbuch der philosophischen Begriffe, Neuausgabe, hrsg. von Regenbogen, Arnim/Meyer, Uwe, 1998.

Kissel, Otto Rudolf/Mayer, Herbert: Gerichtsverfassungsgesetz. Kommentar, 10. Auflage, 2021.

Klages, Helmut: Modernisierung als Prozeß, in: Hill/Klages (Hrsg.), Reform der Landesverwaltung, 1995, S. 7–23.

Klatetzki, Thomas: Sozialisation in Organisationen, in: Hurrelmann et al. (Hrsg.), Handbuch Sozialisationsforschung, 8. Auflage, 2015, S. 518–536.

Klatt, Matthias/Schmidt, Johannes: Abwägung unter Unsicherheit, AöR 137 (2012), S. 545–591.

Klein, Eckart: Staatliches Gewaltmonopol, in: Depenheuer/Grabenwarter (Hrsg.), Verfassungstheorie, 2010, § 19, S. 635–656.

Klein, Hans Hugo: Status des Abgeordneten, in: Isensee/Kirchhof (Hrsg.), Handbuch des Staatsrechts der Bundesrepublik Deutschland, 3. Auflage, Bd. III, 2005, § 51, S. 741–767.

Kley, Andreas: Kontexte der Demokratie: Herrschaftsausübung in Arbeitsteilung, VVDStRL 77 (2018), S. 125–160.

Kloepfer, Michael: Gesetzgebung im Rechtsstaat, VVDStRL 40 (1982), S. 63–98.

–/Neugärtner, Rico David/Schmidt, Christoph: Handbuch der Verfassungsorgane im Grundgesetz, 2022.

Kluckert, Sebastian: Mandat und Status des Abgeordneten, in: Stern/Sodan/Möstl (Hrsg.), Das Staatsrecht der Bundesrepublik Deutschland, 2022, Bd. II, § 35, S. 198–232.

Kluth, Heinz: Amtsgedanke und Pflichtethos in der Industriegesellschaft, Hamburger Jahrbuch für Wirtschafts- und Gesellschaftspolitik 10 (1965), S. 11–22.

Kluth, Wilfried (Hrsg.): Verwaltungskultur, 2001.
Kneer, Georg/Schroer, Markus (Hrsg.): Handbuch soziologischer Theorien, 2009.
Knies, Wolfgang (Hrsg.): Staat, Amt, Verantwortung, FS Friedrich Karl Fromme, 2002.
Knoepffler, Nikolaus/Kunzmann, Peter/Pies, Ingo/Siegetsleitner, Anne (Hrsg.): Einführung in die Angewandte Ethik, 2006.
Koch, Hans-Joachim/Rüßmann, Helmut: Juristische Begründungslehre. Eine Einführung in die Grundprobleme der Rechtswissenschaft, 1982.
Koch, Rainer (Hrsg.): Verwaltungsforschung in Perspektive, 1987.
Kolesch, Doris: Rollen, Rituale und Inszenierungen, in: Jaeger/Straub (Hrsg.), Handbuch der Kulturwissenschaften. Bd. 2. Paradigmen und Disziplinen, 2011, S. 277–292.
Koslowski, Peter: Gemeinwohl des Staates und der kleineren Gemeinschaften: Die Gliederung des Gemeinwohls, in: ders. (Hrsg.), Das Gemeinwohl zwischen Universalismus und Partikularismus, 1999, S. 1–14.
–: Gemeinwohl und Selbstinteresse im Marktprozeß und im Abstimmungsprozeß der Demokratie, in: ders. (Hrsg.), Das Gemeinwohl zwischen Universalismus und Partikularismus, 1999, S. 35–70.
– (Hrsg.): Das Gemeinwohl zwischen Universalismus und Partikularismus, 1999.
–/Kreuzer, Philipp/Löw, Reinhard (Hrsg): Chancen und Grenzen des Sozialstaats, 1983.
Köttgen, Arnold: Abgeordnete und Minister als Statusinhaber, in: Bachof (Hrsg.), Forschungen und Berichte aus dem öffentlichen Recht, FS Jellinek, 1955, S. 195–220.
–: Das anvertraute öffentliche Amt, in: Hesse/Reicke/Scheuner (Hrsg.), Staatsverfassung und Kirchenordnung, FS Rudolf Smend, 1962, S. 119–149.
Krappmann, Lothar: Soziologische Dimensionen der Identität. Strukturelle Bedingungen für die Teilnahme an Interaktionsprozessen, 1969.
Krawietz, Werner: Das positive Recht und seine Funktion. Kategoriale und methodologische Überlegungen zu einer funktionalen Rechtstheorie, 1967.
Krebs, Walter: Verwaltungsorganisation, in Isensee, Josef/Kirchhof, Paul (Hrsg.), Handbuch des Staatsrechts der Bundesrepublik Deutschland, 3. Auflage, Bd. V, 2007, § 108, S. 457–520.
Kreide, Regina/Niederberger, Andreas: Politik, in: Göhler/Iser/Kerner (Hrsg.), Politische Theorie. 25 umkämpfte Begriffe zur Einführung, 2. Auflage, 2011, S. 290–306.
Kriele, Martin: Einführung in die Staatslehre, 6. Auflage, 2003.
Krüger, Herbert: Das Leistungsprinzip als Verfassungsgrundsatz, 1957.
–: Allgemeine Staatslehre, 1964.
–: Amtsgewalt und Amtsmacht, in: Vogel/Tipke (Hrsg.), Verfassung – Verwaltung – Finanzen, FS Gerhard Wacke, 1972, S. 13–28.
–: Verfassungsvoraussetzungen und Verfassungserwartungen, in: Ehmke et al. (Hrsg.), FS Ulrich Scheuner, 1973, S. 285–306.
Krüger, Philip/Munsonius, Hendrik: Sinn und Gebrauch kirchlicher Amtstracht, ZevKR 61 (2016), S. 305–312.
Krüper, Julian: Charisma der Aufklärung. Amt, Person und Institution am Beispiel von Joachim Gauck als Leiter der Stasi-Unterlagenbehörde, JöR 64 (2016), S. 183–217.
–/Pilniok, Arne (Hrsg.): Organisationsverfassungsrecht. Wissenschaft –Theorie – Praxis, 2019.
Kube, Hanno: Vertrauen im Verfassungsstaat, AöR 146 (2021), S. 494–519.
Küchenhoff, Günther/Küchenhoff, Erich: Allgemeine Staatslehre, 7. Auflage 1971.
Kugele, Dieter: Die politischen Beamten in der Bundesrepublik Deutschland, ZBR 2007, S. 109–115.
Kuhn, Thomas S.: Die Struktur wissenschaftlicher Revolutionen, 2. Auflage, 1976.
Kunz, Harald: Marktsystem und Information. ›Konstitutionelle Unwissenheit‹ als Quelle von ›Ordnung‹, 1985.

Küpper, Willi/Ortmann, Günter (Hrsg.): Mikropolitik. Rationalität, Macht und Spiele in Organisationen, 1988.
Küster, Otto: Das Gewaltenproblem im modernen Staat, AöR 75 (1949), S. 397–413.
Ladeur, Karl-Heinz: Die Kommunikationsinfrastruktur der Verwaltung, in: Voßkuhle/Eifert/Möllers (Hrsg.), Grundlagen des Verwaltungsrechts, 3. Auflage, 2022, Bd. I, § 21, S. 1511–1586.
Landau, Herbert/Steinkühler, Martin: Zur Zukunft des Berufsbeamtentums in Deutschland, DVBl. 2007, S. 133–143.
Lanzenstiel, Georg (Hrsg.): Amt und Demokratie, 1971.
Lecheler, Helmut: Die »hergebrachten Grundsätze des Berufsbeamtentums« in der Rechtsprechung des Bundesverfassungsgerichts und des Bundesverwaltungsgerichts, AöR 103 (1978), S. 349–382.
–: Der öffentliche Dienst, in: Isensee/Kirchhof (Hrsg.), Handbuch des Staatsrechts der Bundesrepublik Deutschland, 3. Auflage, Bd. V, 2007, § 110, S. 559–600.
Leisner, Walter: Öffentliches Amt und Berufsfreiheit, AöR 93 (1968), S. 162–199 = in: ders., Beamtentum, 1995, S. 3–39.
–: Unvereinbarkeit von öffentlichem Dienst und Abgeordnetenstellung (1968), in: ders., Beamtentum, 1995, S. 40–106.
–: Grundlagen des Berufsbeamtentums (1971), in: ders., Beamtentum, 1995, S. 109–162.
–: Das Leistungsprinzip (1971), in: ders., Beamtentum, 1995, S. 273–292.
–: Beamtentum. Schriften zum Beamtenrecht und zur Entwicklung des öffentlichen Dienstes 1968–1991, 1995.
Leisner-Egensperger, Anna: Die normative Kraft des Alimentationsprinzips, DVBl. 2019, S. 729–737.
Lenk, Klaus: Ausserrechtliche [!] Grundlagen für das Verwaltungsrecht in der Informationsgesellschaft. Zur Bedeutung von Information und Kommunikation in der Verwaltung, in: Hoffmann-Riem/Schmidt-Aßmann (Hrsg.), Verwaltungsrecht in der Informationsgesellschaft, 2000, S. 59–99.
Lennartz, Jannis: Viktorianer. Das Amt des Beamten als Expressionsschranke, AöR 148 (2023), S. 123–153.
Leppek, Sabine: Beamtenrecht, 13. Auflage, 2019.
–: Status des Einzelnen im Beamtenrecht, in: Kahl/Ludwigs (Hrsg.), Handbuch des Verwaltungsrechts, Bd. IV., 2022, § 106, S. 583–611.
Lepsius, Oliver: Institution (J), in: Heun et al. (Hrsg.), Evangelisches Staatslexikon, Neuausgabe, 2006, Sp. 1004–1009.
–: La Cour, c'est moi, JöR 64 (2016), S. 123–182.
Lichtenberg, Georg Christoph: Sudelbücher, hrsg. von Mautner, Franz H., 1984.
Lindblom, Charles E.: The Science of »Muddling Through«, in: Etzioni (Hrsg.), Readings on Modern Organizations, 1959, S. 154–173.
Link, Christoph: Staatszwecke im Verfassungsstaat – nach 40 Jahren Grundgesetz, VVDStRL 48 (1990), S. 7–55.
Linton, Ralph: The Study of Man. An Introduction, 1936.
Loewenstein, Karl: Verfassungslehre, 2. Auflage, 1969.
Loschelder, Wolfgang: Vom besonderen Gewaltverhältnis zur öffentlich-rechtlichen Sonderbindung, 1982.
–: Kampf um das Berufsbeamtentum – zum wievielten Mal? Anmerkungen zur Bewusstseinslage des grundgesetzlichen Gemeinwesens, ZBR 2004, S. 12–19.
–: Weisungshierarchie und persönliche Verantwortung in der Exekutive, in: Isensee/Kirchhof (Hrsg.), Handbuch des Staatsrechts, 3. Auflage, Bd. V, 2007, § 107, S. 409–455.
Luckmann, Thomas: Theorie des sozialen Handelns, 1992.

Luhmann, Niklas: Begriff und Funktion des Amtes (1961), in: ders., Schriften zur Organisation I. Die Wirklichkeit der Organisation, 2018, S. 15–35.
–: Verantwortung und Verantwortlichkeit (1961), in: ders., Schriften zur Organisation I. Die Wirklichkeit der Organisation, 2018, S. 47–58.
–: Funktionen und Folgen formaler Organisation (1964), 5. Auflage, 1999.
–: Zweck – Herrschaft – System. Grundbegriffe und Prämissen Max Webers, Der Staat 3 (1964), S. 129–158, zitiert nach: ders., Schriften zur Organisation 1. Die Wirklichkeit der Organisation, 2018, S. 153–184.
–: Lob der Routine, VerwArch 55 (1964), S. 1–33, zitiert nach: ders., Schriften zur Organisation I. Die Wirklichkeit der Organisation, 2018, S. 292–332.
–: Vertrauen. Ein Mechanismus der Reduktion sozialer Komplexität (1968), 4. Auflage, 2000.
–: Funktionale Methode und juristische Entscheidung, AöR 94 (1969), S. 1–31.
–: Legitimation durch Verfahren (1969), 3. Auflage, 1993.
–: Positivität des Rechts als Voraussetzung einer modernen Gesellschaft (1970), in: ders., Ausdifferenzierung des Rechts. Beiträge zur Rechtssoziologie und Rechtstheorie, 1999, S. 113–153.
–: Zweckbegriff und Systemrationalität, 1973.
–: Macht (1975), 3. Auflage, 2003.
–: Interaktion, Organisation, Gesellschaft, in: ders., Soziologische Aufklärung 2. Aufsätze zur Theorie der Gesellschaft (1975), 6. Auflage, 2009.
–: Vorbemerkungen zu einer Theorie sozialer Systeme, in: ders., Soziologische Aufklärung 3. Soziales System, Gesellschaft, Organisation (1981), 5. Auflage, 2009, S. 13–28.
–: Handlungstheorie und Systemtheorie, in: ders., Soziologische Aufklärung 3. Soziales System, Gesellschaft, Organisation (1981), 5. Auflage, 2009, S. 58–76.
–: Erleben und Handeln, in: ders., Soziologische Aufklärung 3. Soziales System, Gesellschaft, Organisation (1981), 5. Auflage, 2009, S. 77–92.
–: Interpenetration – Zum Verhältnis personaler und sozialer Systeme, in: ders., Soziologische Aufklärung 3. Soziales System, Gesellschaft, Organisation (1981), 5. Auflage, 2009, S. 172–192.
–: Organisation und Entscheidung, in: ders., Soziologische Aufklärung 3. Soziales System, Gesellschaft, Organisation (1981), 5. Auflage, 2009, S. 389–450.
–: Soziale Systeme. Grundriß einer allgemeinen Theorie, 1987.
–: Machtkreislauf und Recht in Demokratien, in: ders., Soziologische Aufklärung 4. Beiträge zur funktionalen Differenzierung der Gesellschaft (1987), 4. Auflage, 2009, S. 148–158.
–: Organisation, in: Küpper/Ortmann (Hrsg.), Mikropolitik. Rationalität, Macht und Spiele in Organisationen, 1988, S. 165–185.
–: Evolution des Rechts, in: ders., Ausdifferenzierung des Rechts, 1989, S. 11–34.
–: Staat und Staatsräson im Übergang von traditionaler Herrschaft zu moderner Politik, in: ders., Gesellschaftsstruktur und Semantik. Studien zur Wissenssoziologie der modernen Gesellschaft, Bd. 3, 1989, S. 65–148.
–: Ethik als Reflexionstheorie der Moral, in: ders., Gesellschaftsstruktur und Semantik. Studien zur Wissenssoziologie der modernen Gesellschaft, Bd. 3, 1989, S. 358–447.
–: Die Wissenschaft der Gesellschaft, 1990.
–: Ich sehe was, was du nicht siehst, in: ders., Soziologische Aufklärung 5. Konstruktivistische Perspektiven (1990), 4. Auflage, 2009, S. 220–226.
–: Das Recht der Gesellschaft, 1993.
–: Die Paradoxie des Entscheidens, VerwArch 84 (1993), S. 287–310.
–: Probleme mit operativer Schließung, in: ders., Soziologische Aufklärung 6. Die Soziologie und der Mensch (1995), 3. Auflage, 2008, S. 13–25.

–: Die operative Geschlossenheit psychischer und sozialer Systeme, in: ders., Soziologische Aufklärung 6. Die Soziologie und der Mensch (1995), 3. Auflage, 2008, S. 26–37.
–: Wie ist Bewußtsein an Kommunikation beteiligt?, in: ders., Soziologische Aufklärung 6. Die Soziologie und der Mensch (1995), 3. Auflage, 2008, S. 38–54.
–: Die Autopoiesis des Bewußtseins, in: ders., Soziologische Aufklärung 6. Die Soziologie und der Mensch (1995), 3. Auflage, 2008, S. 55–108.
–: Was ist Kommunikation?, in: ders., Soziologische Aufklärung 6. Die Soziologie und der Mensch (1995), 3. Auflage, 2008, S. 109–120.
–: Die Form »Person«, in: ders., Soziologische Aufklärung 6. Die Soziologie und der Mensch (1995), 3. Auflage, 2008, S. 137–148.
–: Die Soziologie und der Mensch, in: ders., Soziologische Aufklärung 6. Die Soziologie und der Mensch (1995), 3. Auflage, 2008, S. 252–261.
–: Die Gesellschaft der Gesellschaft, 1998.
–: Organisation und Entscheidung, 2000.
–: Die Politik der Gesellschaft, 2002.
–: Einführung in die Systemtheorie (2002), 5. Auflage, 2009.
–: Politische Soziologie, 2015.
–: Spontane Ordnungsbildung, in: ders., Schriften zur Organisation 1. Die Wirklichkeit der Organisation, 2018, S. 333–354.
–: Die Grenzen der Verwaltung, 2021.
–: Soziologische Aspekte der Büroarbeit, in: ders., Schriften zur Organisation 5. Vorträge, Lexikonartikel, Rezensionen, 2022, S. 79–89.
–/*Schorr, Karl Eberhard:* Das Technologiedefizit der Erziehung und die Pädagogik, in: dies. (Hrsg.), Zwischen Technologie und Selbstreferenz. Fragen an die Pädagogik, 1982, S. 11–40.
Lundgreen, Peter (Hrsg.): Wissenschaft im Dritten Reich, 1985.
Lüttger, Hans (Hrsg.): FS Ernst Heinitz, 1972.
MacCormick, D. Neil: Der Rechtsstaat und die rule of law, JZ 1984, S. 65–70.
Magen, Stefan: Kirchen und andere Religionsgesellschaften als Körperschaften des öffentlichen Rechts, in: Pirson/Rüfner/Germann/Muckel (Hrsg.), Handbuch des Staatskirchenrechts der Bundesrepublik Deutschland, 2020, Bd. I, § 27, S. 1045–1101.
Mangoldt, Hermann von/Klein, Friedrich/Starck, Christian (Hrsg.): Grundgesetz Kommentar, 7. Auflage, hrsg. von Huber, Peter M./Voßkuhle, Andreas, 3. Bd., 2018.
Mann, Thomas: Der Zauberberg (1924), GKFA 5.1, 2002.
–: Joseph und seine Brüder. Joseph in Ägypten (1936), GKFA 8.1, 2018.
Mann, Thomas: Demokratieprinzip und Mitbestimmung in öffentlich-rechtlichen Unternehmen, ZögU 22 (1999), S. 17–29.
–/*Kian, Shaghayegh:* Die Rolle der Rechtswissenschaft bei Entscheidungsfindung und -begründung, in: Mann, Thomas/Melnyk, Roman (Hrsg.), Funktionsbedingungen der Dritten Gewalt, 2021, S. 107–122.
–/*Wahrendorf, Volker:* Verwaltungsprozessrecht, 4. Auflage, 2015.
March, James/Simon, Herbert A.: Organizations, 1958.
Marquard, Odo: Zukunft braucht Herkunft. Philosophische Betrachtungen über Modernität und Menschlichkeit (1988/91), in: ders., Zukunft braucht Herkunft. Philosophische Essays, 2. Auflage, 2015, S. 234–246.
Martens, Will: Die Autopoiesis sozialer Systeme, Kölner Zeitschrift für Soziologie und Sozialpsychologie 43 (1991), S. 625–646.
–/*Ortmann, Günther:* Organisationen in Luhmanns Systemtheorie, in: Kieser/Ebers (Hrsg.), Organisationstheorien, 7. Auflage, 2014, S. 407–440.

Martini, Mario: Normsetzung und andere Formen exekutivischer Selbstprogrammierung, in: Voßkuhle/Eifert/Möllers (Hrsg.), Grundlagen des Verwaltungsrechts, 3. Auflage, 2022, Bd. II, § 33, S. 417–511.

Mau, Steffen/Schöneck, Nadine M. (Hrsg.): Handwörterbuch zur Gesellschaft Deutschlands, 3. Auflage, 2013.

Mayenburg, David von: Begnadigung aus rechtshistorischer Perspektive, in: Waldhoff (Hrsg.), Gnade vor Recht. Gnade durch Recht?, 2014, S. 33–74.

Mayntz, Renate: Max Webers Idealtypus der Bürokratie und die Organisationssoziologie, in: dies. (Hrsg.), Bürokratische Organisation, 1968, S. 27–35.

–(Hrsg.): Bürokratische Organisation, 1968.

–: Soziologie der öffentlichen Verwaltung, 3. Auflage, 1985.

Meinel, Florian: Die Legalisierung der Legitimation. Zu einem deutschen Verfassungsproblem, Merkur 68 (2014), S. 767–779.

–: Vertrauensfrage. Zur Krise des heutigen Parlamentarismus, 2019.

–: Zur Unterscheidung von formellem und materiellem Organisationsverfassungsrecht, in: Krüper/Pilniok (Hrsg.), Organisationsverfassungsrecht. Wissenschaft – Theorie – Praxis, 2019, S. 103–120.

–: Das Bundesverfassungsgericht in der Ära der Großen Koalition. Zur Rechtsprechung seit dem Lissabon-Urteil, Der Staat 60 (2021), S. 43–98.

Menger, Christian Friedrich (Hrsg.): Fortschritte des Verwaltungsrechts, FS Hans J. Wolff, 1973.

Merton, Robert K.: Der Rollen-Set, in: Hartmann (Hrsg.), Moderne amerikanische Soziologie, 1973, S. 316–333.

Michels, Robert: Zur Soziologie des Parteiwesens in der modernen Demokratie. Untersuchungen über die oligarchischen Tendenzen des Gruppenlebens, 4. Auflage, 1989.

Miebach, Bernhard: Soziologische Handlungstheorie, 4. Auflage, 2014.

Möllers, Christoph: Staat als Argument (2000), 2. Auflage, 2011.

–: Gewaltengliederung. Legitimation und Dogmatik im nationalen und internationalen Rechtsvergleich, 2005.

–: Staat, in: Gosepath/Hinsch/Rössler (Hrsg.), Handbuch der politischen Philosophie und Sozialphilosophie, 2008, Bd. 2, S. 1270–1275.

–: Der vermisste Leviathan. Staatstheorie in der Bundesrepublik (2008), 3. Auflage, 2016.

–: Verfassunggebende Gewalt – Verfassung – Konstitutionalisierung, in: Bogdandy/Bast (Hrsg.), Europäisches Verfassungsrecht, 2009, S. 227–277.

–: Legalität, Legitimität und Legitimation des Bundesverfassungsgerichts, in: Jestaedt/Lepsius/Möllers/Schönberger: Das entgrenzte Gericht. Eine kritische Bilanz nach sechzig Jahren Bundesverfassungsgericht, 2011, S. 281–422.

–: Die Möglichkeit der Normen. Über eine Praxis jenseits von Moralität und Kausalität, 2015.

–: Dem Freistaat zum Gefallen: über Udo Di Fabios Gutachten zur staatsrechtlichen Beurteilung der Flüchtlingskrise, 2016, https://verfassungsblog.de/dem-freistaat-zum-gefallen-ueber-udo-di-fabios-gutachten-zur-staatsrechtlichen-beurteilung-der-fluechtlingskrise/ [5.12.2022].

–: Freiheitsgrade. Elemente einer liberalen politischen Mechanik, 2020.

–: Demokratie, in: Herdegen/Masing/Poscher/Gärditz (Hrsg.), Handbuch des Verfassungsrechts. Darstellung in transnationaler Perspektive, 2021, § 5, S. 317–382.

–: Methoden, in: Voßkuhle/Eifert/Möllers (Hrsg.), Grundlagen des Verwaltungsrechts, 3. Auflage, 2022, Bd. I, § 2, S. 71–134.

Morlok, Martin: Was heißt und zu welchem Ende studiert man Verfassungstheorie?, 1988.

–: Soziologie der Verfassung, 2014.

–/Alemann, Ulrich von/Merten, Heike (Hrsg.): Gemeinwohl und politische Parteien, 2008.

–/*Krüper, Julian:* Ministertätigkeit im Spannungsfeld von Privatinteresse und Gemeinwohl. Ein Beitrag zur Auslegung des Art. 66 GG, NVwZ 2003, S. 573–576.
–/*Merten, Heike:* Parteienrecht, 2018.
Morsey, Rudolf et al. (Hrsg.): Staat, Politik, Verwaltung in Europa, GS Roman Schnur, 1997.
Morstein Marx, Fritz: Beamtenethos und Verwaltungsethik. Eine einführende Skizze, VerwArch 54 (1963), S. 323–344.
Möstl, Markus: Staat – der deutsche Bundesstaat in der EU, in: Stern/Sodan/Möstl (Hrsg.), Das Staatsrecht der Bundesrepublik Deutschland, 2022, Bd. I, § 1, S. 1–38.
–: Verfassung – das Grundgesetz und der bundesstaatliche/unionale Verfassungsverbund, in: Stern/Sodan/Möstl (Hrsg.), Das Staatsrecht der Bundesrepublik Deutschland, 2022, Bd. I, § 2, S. 39–108.
Muckel, Stefan: Wandel des Verhältnisses von Staat und Gesellschaft – Folgen für Grundrechtstheorie und Grundrechtsdogmatik, VVDStRL 79 (2020), S. 245–289.
Mückl, Stefan: Verträge zwischen Staat und Kirchen sowie anderen Religionsgemeinschaften, in: Pirson/Rüfner/Germann/Muckel (Hrsg.), Handbuch des Staatskirchenrechts der Bundesrepublik Deutschland, 3. Auflage, 2020, Bd. 1, § 10, S. 433–481.
–: Der Papst – Oberhaupt der Katholischen Kirche und Souverän des Vatikanstaats, JöR 70 (2022), S. 263–290.
Müller, Hans-Peter/Sigmund, Steffen (Hrsg.): Max Weber Handbuch. Leben – Werk – Wirkung, 2. Auflage, 2020.
Müller-Franken, Sebastian: Das republikanische Prinzip, in: Stern/Sodan/Möstl (Hrsg.), Das Staatsrecht der Bundesrepublik Deutschland, 2022, Bd. I, § 13, S. 537–556.
Münch, Ingo von: Rechtsstaat versus Gerechtigkeit?, Der Staat 33 (1994), S. 165–184.
Münch, Richard: From Pure Methodological Individualism to Poor Sociological Utilitarism. A Critique of an Avoidable Alliance, Canadian Journal of Sociology 8 (1983), S. 45–77.
–: Soziologische Theorie. Band 2: Handlungstheorie, 2002.
–: Soziologische Theorie. Band 3: Gesellschaftstheorie, 2004.
Münkler, Herfried/Fischer, Karsten: Einleitung: Gemeinwohl-Konkretisierungen und Gemeinsinn-Erwartungen im Recht, in: dies. (Hrsg.), Gemeinwohl und Gemeinsinn im Recht. Konkretisierung und Realisierung öffentlicher Interessen, 2002, S. 9–23.
Münkler, Herfried/Fischer, Karsten (Hrsg.): Gemeinwohl und Gemeinsinn im Recht. Konkretisierung und Realisierung öffentlicher Interessen, 2002.
Münkler, Laura: Inszenierung von Recht als Wirksamkeitsbedingung, in: dies./Stenzel, Julia (Hrsg.), Inszenierung von Recht. Funktionen – Modi – Interaktionen, 2019, S. 19–40.
Munsonius, Hendrik: Befristung von Pfarrstellen, DtPfrBl 2010, S. 180–183.
–: Ordination und Beauftragung, ZevKR 58 (2013), S. 159–176.
–: »… geistlich und rechtlich in unaufgebbarer Einheit«. Das Leitungsdogma als Pathosformel, ZevKR 64 (2019) S. 47–67.
–: Kirche und Recht, 2019.
–: Öffentlich-rechtliche Dienstverhältnisse zu Kirchen und anderen Religionsgemeinschaften, in: Pirson/Rüfner/Germann/Muckel (Hrsg.), Handbuch des Staatskirchenrechts der Bundesrepublik Deutschland, 3. Auflage, 2020, Bd. 3, § 58, S. 2449–2482.
–: Autorität und Macht in der Kirche, in: Schilberg/Weidmann (Hrsg.), Macht und Autorität. Ihre Ambivalenz in Kirche und Gesellschaft, 2020, S. 107–125.
–: Über rechtlichen und religiösen Umgang mit Schuld, KuD 67 (2021), S. 55–70.
–: Im Bewusstsein seiner Verantwortung vor Gott …« – Religiöses im Grundgesetz, GöPRR 23 (2021) PURL: http://webdoc.sub.gwdg.de/pub/mon/goeprr/23-2021-munsonius.pdf.

–: Erwägungen zur Rechtswissenschaft in Anlehnung an die Theologische Enzyklopädie Friedrich Schleiermachers, 2022, PURL: https://publications.goettingen-research-online.de/bitstream/2/97981/1/Rechtswissenschaft-Schleiermacher.pdf.

–: Das Grundgesetz: Fundament politischer Freiheit, in: Plaul/Schröter/Senkel (Hrsg.), Phänomen Fundamentalismus. Vom Reiz des Einfachen in Religion, Politik und Wissen, 2022, S. 122–141.

Murswiek, Dietrich/Storost, Ulrich/Wolff, Heinrich A. (Hrsg.): Staat – Souveränität – Verfassung, FS Quaritsch, 2000.

Nassehi, Armin: Gesellschaftliche Grundbegriffe. Ein Glossar der öffentlichen Rede, 2023.

Neeße, Gottfried: Der Leistungsgrundsatz im öffentlichen Dienst, 1967.

Nothelle-Wildfeuer, Ursula: Die Sozialprinzipien der Katholischen Soziallehre, in: Rauscher (Hrsg.), Handbuch der Katholischen Soziallehre, 2008, S. 143–163.

Notz, Konstantin von: Lebensführungspflichten im evangelischen Kirchenrecht, 2003.

Novak, Richard: Gesetzgebung im Rechtsstaat, VVDStRL 40 (1982), S. 40–62.

Nowrot, Karsten: Das Republikprinzip in der Rechtsordnungsgemeinschaft. Methodische Annäherungen an die Normalität eines Verfassungsprinzips, 2014.

Nußbaum, Sarah: Eine Frage des Respekts, Legal Tribune Online, 8.8.2017, https://www.lto.de/recht/hintergruende/h/polizist-muslim-handschlag-verweigert-kollegin-disziplinarverfahren-grundgesetz-respekt-beamte/ [9.1.2023].

Oebbecke, Janbernd: Weisungs- und unterrichtungsfreie Räume in der Verwaltung, 1986.

Offe, Claus: Rationalitätskriterien und Funktionsprobleme politisch-administrativen Handelns, Leviathan 1974, S. 333–345.

Oliveira de Sousa, Felipe: Amtsenthebung – Recht oder Politik? Eine vergleichende Analyse von Amtsenthebungsverfahren gegen Präsidenten und Kanzler in den USA, Brasilien und Deutschland, JöR 70 (2022), S. 39–71.

Olk, Thomas/Hartnuß, Birger (Hrsg.): Handbuch Bürgerschaftliches Engagement, 2011.

Ossenbühl, Fritz: Gesetz und Recht – Die Rechtsquellen im demokratischen Verfassungsstaat, in: Isensee/Kirchhof (Hrsg.), Handbuch des Staatsrechts, Bd. V, 2007, § 100, S. 135–182.

Ott, Walter: Rechtspositivismus, in: Gosepath/Hinsch/Rössler (Hrsg.), Handbuch der politischen Philosophie und Sozialphilosophie, 2008, Bd. 2, S. 1087–1091.

Otto, Hans-Uwe/Thiersch, Hans/Böllert, Karin (Hrsg.): Handbuch Sozialarbeit, Sozialpädagogik, 2. Auflage, 2001.

Paetz, Stephan: Bürokratie, in: Müller/Sigmund (Hrsg.), Max Weber Handbuch. Leben – Werk – Wirkung, 2. Auflage, 2020, S. 51–53.

Panzer, Nicolai: Die aktuelle Rechtsprechung des Bundesverfassungsgerichts zum öffentlichen Dienstrecht zwischen Bewahrung und Fortentwicklung, DÖV 2008, S. 707–715.

Parsons, Talcott: The Structure of Social Action (1937), 1968.

–: The Social System (1951), 1964.

Pfordten, Dietmar von der: Zum Begriff des Gemeinwohls, in: Morlok/Alemann/Merten (Hrsg.), Gemeinwohl und politische Parteien, 2008, S. 22–37.

–: Rechtsethik, 2. Auflage, 2011.

–: Zum Menschenbild des deutschen Rechts, in: Funke/Schmolke (Hrsg.), Menschenbilder im Recht, 2019, S. 19–42.

Picot, Arnold et al.: Die grenzenlose Unternehmung. Information, Organisation & Führung, 6. Auflage, 2020.

Pieper, Annemarie: Einführung in die Ethik, 6. Auflage, 2007.

Pieper, Josef: Noch wußte es niemand. Autobiographische Aufzeichnungen 1904–1945, 1976.

Pirson, Dietrich: Das öffentliche Amt im Lichte einer extensiven Auffassung von Demokratie, in: Lanzenstiel (Hrsg.), Amt und Demokratie, 1971, S. 43–68.

–/Rüfner, Wolfgang/Germann, Michael/Muckel, Stefan (Hrsg.): Handbuch des Staatskirchenrechts der Bundesrepublik Deutschland, 3 Bd., 3. Auflage, 2020.
Platon: Politikos, in: Werke in acht Bänden, 1970, Bd. 6, S. 403–579.
Plaul, Constantin/Ahrens, Sönke: Die elektronische Person. Juristische und ethisch-theologische Betrachtungen, NZSTh 64 (2022), S. 268–295.
–/Schröter, Marianne/Senkel, Christian (Hrsg.): Phänomen Fundamentalismus. Vom Reiz des Einfachen in Religion, Politik und Wissen, 2022
Pollack, Detlef et al. (Hrsg.): Handbuch Religionssoziologie, 2018.
Popitz, Heinrich: Die normative Konstruktion von Gesellschaft, 1980.
–: Phänomene der Macht, 2. Auflage, 1992.
–: Wege der Kreativität, 2. Auflage, 2000.
Priddat, Birger (Hrsg.): Der bewegte Staat. Formen seiner ReForm. Notizen zur »new governance«, 2000.
Pützer, Benno: Konkurrentenklagen und Ämterstabilität. Zugleich ein Beitrag zur Bestimmung der hergebrachten Grundsätze des Berufsbeamtentums, 2023.
Quante, Michael: Dialektik, in: Gosepath/Hinsch/Rössler (Hrsg.), Handbuch der politischen Philosophie und Sozialphilosophie, 2008, Bd. 1, S. 219–222.
Raphael, Lutz: Recht und Ordnung. Herrschaft durch Verwaltung im 19. Jahrhundert, 2000.
Rasmusen, Eric: Games and Information. An Introduction to Game Theory, 1989.
Rassem, Mohammed: Wohlfahrt, Wohltat, Wohltätigkeit, Caritas, in: Brunner/Conze/Koselleck (Hrsg.), Geschichtliche Grundbegriffe, Bd. 7, S. 595–636.
Rauschenbach, Thomas: Ehrenamt, in: Otto/Thiersch/Böllert (Hrsg.), Handbuch Sozialarbeit, Sozialpädagogik, 2. Auflage, 2001, S. 344–360.
Rauscher, Anton (Hrsg.): Handbuch der Katholischen Soziallehre, 2008.
Rawls, John: Eine Theorie der Gerechtigkeit, 1979.
Reckwitz, Andreas: Kultur, in: Gosepath/Hinsch/Rössler (Hrsg.), Handbuch der politischen Philosophie und Sozialphilosophie, 2008, Bd. 1, S. 686–691.
Rehm, Hermann: Allgemeine Staatslehre, 1899.
Reimer, Franz: Verfassungsprinzipien. Ein Normtyp im Grundgesetz, 2001.
–: Ohne Ansehen der Person? Die Aporie der Gleichheit zwischen Generalisierung und Individualisierung, in: Clausen (Hrsg.), Iubilet cum Bonna Rhenus. FS zum 150jährigen Bestehen des Bonner Kreises, 2004, S. 215–223.
–: Gerechtigkeit als Methodenfrage, 2020.
–: Das Parlamentsgesetz als Steuerungsmittel und Kontrollmaßstab, in: Voßkuhle/Eifert/Möllers (Hrsg.), Grundlagen des Verwaltungsrechts, 3. Auflage, 2022, Bd. I, § 11, S. 777–854.
Reiner, H.: Ethos, in: Ritter (Hrsg.), Historisches Wörterbuch der Philosophie, Bd. 2, 1972, Sp. 812–815.
Ripperger, Tanja: Ökonomik des Vertrauens. Analyse eines Organisationsprinzips, 1998.
Ritter, Joachim/Gründer, Karlfried (Hrsg.): Historisches Wörterbuch der Philosophie, 13 Bd., 1971–2007.
Roellecke, Gerd: Die Bindung des Richters an Gesetz und Verfassung, VVDStRL 34 (1976), S. 7–42.
–: Beobachtung der Verfassungstheorie, in: Depenheuer/Grabenwarter (Hrsg.), Verfassungstheorie, 2010, § 2, S. 57–68.
Röhl, Klaus F./Röhl, Hans Christian: Allgemeine Rechtslehre, 3. Auflage, 2008.
Rosa, Hartmut: Resonanz. Eine Soziologie der Weltbeziehung, 2016.
Roßbach, Matthias: Das Personal der Republik. Entstehung und Entwicklung eines demokratischen Personalverfassungsrechts der Exekutive am Beispiel der Vereinigten Staaten von Amerika, 2020.

Rossen-Stadtfeld, Helge: Kontrollfunktion der Öffentlichkeit – ihre Möglichkeiten und ihre (rechtlichen) Grenzen, in: Schmidt-Aßmann/Hoffmann-Riem (Hrsg.), Verwaltungskontrolle, 2001, S. 117–203.
Roth, Gerhard: Aus Sicht des Gehirns, 2003.
Roth-Isigkeit, David: Verfassungsordnung und Verwaltungsorganisation, 2023.
Ruffert, Matthias: Rechtsquellen und Rechtsschichten des Verwaltungsrechts, in: Voßkuhle/Eifert/Möllers (Hrsg.), Grundlagen des Verwaltungsrechts, 3. Auflage, 2022, Bd. I, § 7, S. 399–500.
Rupp, Hans Heinrich: Grundfragen der heutigen Verwaltungsrechtslehre. Verwaltungsnorm und Verwaltungsrechtsverhältnis, 2. Auflage, 1991.
–: »Dienende« Grundrechte, »Bürgergesellschaft«, »Drittwirkung« und »soziale Interdependenz der Grundrechte«, JZ 2001, S. 271–277.
–: Die Unterscheidung von Staat und Gesellschaft, in: Isensee/Kirchhof (Hrsg.), Handbuch des Staatsrechts der Bundesrepublik Deutschland, 3. Auflage, Bd. II, 2004, § 31, S. 879–927.
Rüthers, Bernd: Die unbegrenzte Auslegung. Zum Wandel der Privatrechtsordnung im Nationalsozialismus (1967), 5. Auflage, 1997.
–: Entartetes Recht (1988), 1994.
–: Die heimliche Revolution vom Rechtsstaat zum Richterstaat. Verfassung und Methoden (2014), 2. Auflage, 2016.
Sachs, Michael (Hrsg.): Grundgesetz. Kommentar, 9. Auflage, 2021.
Säcker, Franz Jürgen/Rixecker, Roland/Oetker, Hartmut/Limperg, Bettina (Hrsg.): Münchener Kommentar zum Bürgerlichen Gesetzbuch, 8. Auflage, 2020.
Saensawatt, Thossaporn: Die verfassungsrechtlichen Grundentscheidungen des Grundgesetzes. Eine verfassungsrechtstheoretische und -dogmatische Untersuchung, insbesondere zum Verhältnis der verfassungsrechtlichen Grundentscheidungen zueinander, 2022.
Sauer, Heiko: Einstandspflichten im Verwaltungsrecht, in: Voßkuhle/Eifert/Möllers (Hrsg.), Grundlagen des Verwaltungsrechts, 3. Auflage, 2022, Bd. II, § 47, S. 1897–1998.
Schelsky, Helmut: Zur soziologischen Theorie der Institution, in: ders., Die Soziologen und das Recht. Abhandlungen und Vorträge zur Soziologie von Recht, Institution und Planung, 1980, S. 215–231.
Scherzberg, Arno: Innovative Verwaltung im erfolgsorientierten Rechtsstaat, in: Ehlers/Krebs (Hrsg.), Grundfragen des Verwaltungsrechts und Kommunalrechts, 2000, S. 21–40.
–: Die öffentliche Verwaltung als informationelle Organisation, in: Hoffmann-Riem/Schmidt-Aßmann (Hrsg.), Verwaltungsrecht in der Informationsgesellschaft, 2000, S. 195–223.
Scheuner, Ulrich: Die neuere Entwicklung des Rechtsstaats in Deutschland (1960), in: ders., Staatstheorie und Staatsrecht, 1978, S. 185–221.
–: Verfassung (1963), in: ders., Staatstheorie und Staatsrecht, 1978, S. 171–184.
–: Das Gesetz als Auftrag der Verwaltung (1969), in: ders., Staatstheorie und Staatsrecht, 1978, S. 545–565.
–: Amt und Demokratie, in: Lanzenstiel (Hrsg.), Amt und Demokratie, 1971, S. 9–42.
–: Staatszielbestimmungen (1972), in: ders., Staatstheorie und Staatsrecht, 1978, S. 223–242.
–: Gesetzgebung und Politik (1974), in: ders., Staatstheorie und Staatsrecht, 1978, S. 529–544.
–: Verantwortung und Kontrolle in der demokratischen Verfassungsordnung (1970), in: ders., Staatstheorie und Staatsrecht, 1978, S. 293–315.
Schilberg, Arno/Weidmann, Bernd (Hrsg.): Macht und Autorität. Ihre Ambivalenz in Kirche und Gesellschaft, 2020.

Schimank, Uwe: Identitätsbehauptung in Arbeitsorganisationen. Individualität in der Formalstruktur, 1981.
–: Der mangelnde Akteurbezug systemtheoretischer Erklärungen gesellschaftlicher Differenzierung, Zeitschrift für Soziologie 14 (1985), S. 421–434.
–: Theorien gesellschaftlicher Differenzierung, 3. Auflage, 2007.
–: Handeln und Strukturen. Einführung in die akteurtheoretische Soziologie, 4. Auflage, 2010.
–: Leistungsethos: zwischen Wollen, Müssen, Nicht-Können und Nicht-Wollen, in: Aulenbacher et al. (Hrsg.), Leistung und Gerechtigkeit. Das umstrittene Versprechen des Kapitalismus, 2017, S. 80–98.
Schimanke, Dieter: Steuerung und Selbsteuerung in der öffentlichen Verwaltung, in: Koch (Hrsg.), Verwaltungsforschung in Perspektive, 1987, S. 134–146.
Schlamelcher, Jens: Relgiöse Organisation, in: Pollack et al. (Hrsg.), Handbuch Religionssoziologie, 2018, S. 489–506.
Schliesky, Utz/Schulz, Sönke E. (Hrsg.): Der einzelne Akteur im demokratischen Rechtsstaat. Symposium zum 80. Geburtstag von Edzard Schmidt-Jortzig, 2022.
Schlink, Bernhard: Zwischen Identifikation und Distanz. Zur Stellung des Beamten im Staat und zur Gestaltung des Beamtenrechts durch das Staatsrecht, Der Staat 15 (1976), S. 335–366.
Schluchter, Wolfgang: Nachwort, in: Max Weber, Wirtschaft und Gesellschaft. Soziologie, MWS I/23, S. 221–263.
Schmidt, Thorsten Ingo: Recht des öffentlichen Dienstes in Deutschland, in: Kahl/Ludwigs (Hrsg.), Handbuch des Verwaltungsrechts, Bd. III, 2022, § 90, S. 1361–1392.
Schmidt, Walter: Die Programmierung von Verwaltungsentscheidungen, AöR 96 (1971), S. 321–354.
Schmidt-Aßmann, Eberhard: Verwaltungsorganisation zwischen parlamentarischer Steuerung und exekutivischer Organisationsgewalt, in: Stödter/Thieme (Hrsg.), Hamburg – Deutschland – Europa. Beiträge zu deutschen und europäischen Verfassungs-, Verwaltungs- und Wirtschaftsrecht, FS Hans Peter Ipsen, 1977, S. 333–352.
–: Verwaltungslegitimation als Rechtbegriff, AöR 116 (1991), S. 330–390.
–: Verwaltungsorganisationsrecht als Steuerungsressource, in: Hoffmann-Riem/Schmidt-Aßmann (Hrsg.), Verwaltungsorganisationsrecht als Steuerungsressource, 1997, S. 1–63.
–: Effizienz als Herausforderung an das Verwaltungsrecht. Perspektiven der verwaltungsrechtlichen Systembildung, in: Hoffmann-Riem/Schmidt-Aßmann (Hrsg.), Effizienz als Herausforderung an das Verwaltungsrecht, 1998, S. 245–269.
–: Der Rechtsstaat, in: Isensee/Kirchhof (Hrsg.), Handbuch des Staatsrechts der Bundesrepublik Deutschland, 3. Auflage, Bd. II, 2004, S. 541–612.
–: Verwaltungsverfahren, in: Isensee/Kirchhof (Hrsg.), Handbuch des Staatsrechts der Bundesrepublik Deutschland, 3. Auflage, Bd. V, 2007, § 109, S. 521–557.
–/Hoffmann-Riem, Wolfgang (Hrsg.): Verwaltungskontrolle, 2001.
–/*Kaufhold, Ann-Katrin:* Der Verfahrensgedanke im deutschen und europäischen Verwaltungsrecht, in: Voßkuhle/Eifert/Möllers (Hrsg.), Grundlagen des Verwaltungsrechts, 3. Auflage, 2022, Bd. II, § 27, S. 3–84.
Schmidt-Bleibtreu, Bruno/Klein, Franz/Hofmann, Hans/Henneke, Hans-Günter, Kommentar zum Grundgesetz, 15. Auflage, 2022.
Schmidt-Rost, Reinhard: Amt, kirchlich, in: Heun et al. (Hrsg.), Evangelisches Staatslexikon, Neuausgabe, 2006.
Schmitt, Carl: Verfassungslehre (1928), 10. Auflage, 2010.
–: Der Hüter der Verfassung (1931), 2. Auflage, 1969.
–: Der Begriff des Politischen (1932), 9. Auflage, 2015.
–: Legalität und Legitimität (1932), 8. Auflage, 2012.

Schmitt-Egner, Peter: Gemeinwohl. Konzeptionelle Grundlagen zur Legitimität und Zielsetzung von Politik im 21. Jahrhundert, 2015.
Schmitt Glaeser, Walter: Der freiheitliche Staat des Grundgesetzes, 3. Auflage, 2016.
Schnabel, Annette: Sind Emotionen rational?, in: Schützeichel (Hrsg.), Emotionen und Sozialtheorie, 2006, S. 175–194.
Schnapp, Friedrich E.: Amtsrecht und Beamtenrecht. Eine Untersuchung über normative Strukturen des staatlichen Innenbereichs, 1977.
Schneider, Bastian: Die Doppelmitgliedschaft in Bundestag und Landesregierung, AöR 147 (2022), S. 411–451.
Schneider, Jens-Peter: Strukturen und Typen von Verwaltungsverfahren, in: Voßkuhle/Eifert/Möllers (Hrsg.), Grundlagen des Verwaltungsrechts, 3. Auflage, 2022, Bd. II, § 28, S. 85–195.
Schneider, Wolfgang Ludwig: Grundlagen der soziologischen Theorie. Band 1, 2002.
Schnellenbach, Helmut/Bodanowitz, Jan: Beamtenrecht in der Praxis, 10. Auflage, 2020.
Schöbener, Burkhard/Knauff, Matthias: Allgemeine Staatslehre, 4. Auflage, 2019.
Schober, Katharina: Der Zweck im Verwaltungsrecht, 2007.
Scholz, Rupert: Verwaltungsverantwortung und Verwaltungsgerichtsbarkeit, VVDStRL 34 (1976), S. 145–220.
Schönberger, Sophie: Die zwei Körper der Gewählten. Auf den Spuren monarchischer Imagination im demokratischen Verfassungsstaat, Der Staat 61 (2022), S. 579–620.
Schröder, Meinhard: Die Bereiche der Regierung und der Verwaltung, in: Isensee/Kirchhof (Hrsg.), Handbuch des Staatsrechts der Bundesrepublik Deutschland, 3. Auflage, Bd. V, 2007, § 106, S. 387–408.
Schüller, Thomas: Aequitas im Kanonischen Recht, in: Armgardt/Busche (Hrsg.), Recht und Billigkeit. Zur Geschichte der Beurteilung ihres Verhältnisses, 2021, S. 81–98.
Schulz, Sönke E.: Gemeinwohlinteresse und Amtswürde als Leitplanken eines demokratisch-rechtsstaatlichen Beamtentums. Zugleich ein Beitrag zu einem materiellen Republikprinzip und ein Plädoyer für eine Stärkung des Beamtentums, in: Schliesky/Schulz (Hrsg.), Der einzelne Akteur im demokratischen Rechtsstaat. Symposium zum 80. Geburtstag von Edzard Schmidt-Jortzig, 2022, S. 109–137.
Schulze-Fielitz, Helmuth: Staatsaufgabenentwicklung und Verfassung. Zur normativen Kraft der Verfassung für das Wachstum und die Begrenzung von Staatsaufgaben, in: Grimm (Hrsg.), Wachsende Staatsaufgaben – sinkende Steuerungsfähigkeit des Rechts, 1990, S. 11–47.
Schuppert, Gunnar Folke: Verwaltungsrechtswissenschaft als Steuerungswissenschaft. Zur Steuerung des Verwaltungshandelns durch Verwaltungsrecht, in: Hoffmann-Riem/Schmidt-Aßmann/Schuppert (Hrsg.), Reform des Allgemeinen Verwaltungsrechts. Grundfragen, 1993, S. 65–114.
–: Verfassungsrecht und Verwaltungsorganisation, Der Staat 32 (1993), S. 581–610.
–: Das Gesetz als zentrales Steuerungsinstrument des Rechtsstaates, in: ders. (Hrsg.), Das Gesetz als zentrales Steuerungsinstrument des Rechtsstaates, 1998, S. 105–155.
–: Verwaltungswissenschaft. Verwaltung, Verwaltungsrecht, Verwaltungslehre, 2000.
– (Hrsg.): Gemeinwohl – auf der Suche nach Substanz, 2002.
–: Staatswissenschaft, 2003.
–: Verwaltungsorganisation und Verwaltungsorganisationsrecht als Steuerungsressource, in: Voßkuhle/Eifert/Möllers (Hrsg.), Grundlagen des Verwaltungsrechts, 3. Auflage, 2022, Bd. I, § 17, S. 1235–1309.
–: Über Herrschaft. Praktiken, Verständnisse und Rechtfertigungen von Herrschaft – ein soziologischer und historischer Streifzug, 2023.
–/Bumke, Christian (Hrsg.): Bundesverfassungsgericht und gesellschaftlicher Grundkonsens, 2000.

Schütt, Hans-Peter: Paradox I. Philosophisch, in: Betz et al. (Hrsg.), Religion in Geschichte und Gegenwart, Bd. 6, 2003, Sp. 923.
Schütz, Alfred: Der sinnhafte Aufbau der sozialen Welt. Eine Einleitung in die verstehende Sozialtheorie, 2004.
Schützeichel, Rainer: Emotionen und Sozialtheorie – eine Einleitung, in: ders. (Hrsg.), Emotionen und Sozialtheorie, 2006, S. 7–26.
– (Hrsg.): Emotionen und Sozialtheorie, 2006.
Schwarz, Kyrill-Alexander: [Staatsziele und Staatsaufgaben] Grundfragen, in: Stern/Sodan/Möstl (Hrsg.), Das Staatsrecht der Bundesrepublik Deutschland, 2022, Bd. I, § 20, S. 879–909.
Schwendenwein, Hugo: Die Rechte und Pflichten der Kleriker, in: Haering/Rees/Schmitz (Hrsg.), Handbuch des katholischen Kirchenrechts, 3. Auflage, 2015, S. 355–371.
–: Der Papst, in: Haering/Rees/Schmitz (Hrsg.), Handbuch des katholischen Kirchenrechts, 3. Auflage, 2015, S. 447–468.
Seibel, Wolfgang: Verwaltung verstehen. Eine theoriegeschichtliche Einführung, 2016.
Seiffert, Helmut: Theorie, in: ders./Radnitzky, Gerard (Hrsg.), Handlexikon der Wissenschaftstheorie, 1994, S. 368–369.
Seubert, Sandra: Gemeinwohl, in: Göhler/Iser/Kerner (Hrsg.), Politische Theorie. 25 umkämpfte Begriffe zur Einführung, 2011, S. 94–108.
Sieckmann, Jan: Recht als normatives System. Die Prinzipientheorie des Rechts, 2009.
–: Rechtsphilosophie, 2018.
Simon, Herbert A.: Das Verwaltungshandeln. Eine Untersuchung der Entscheidungsvorgänge in Behörden und privaten Unternehmen, 1955.
–: Die Architektur der Komplexität, in: Türk (Hrsg.), Handlungssysteme, 1978, S. 94–120.
Smend, Rudolf: Verfassung und Verfassungsrecht (1928), in: ders., Staatsrechtliche Abhandlungen und andere Aufsätze, 4. Auflage, 2010, S. 119–276.
–: Bürger und Bourgeois im deutschen Staatsrecht (1933), in: ders., Staatsrechtliche Abhandlungen und andere Aufsätze, 4. Auflage, 2010, S. 309–325.
–: Das Bundesverfassungsgericht (1962), in: ders., Staatsrechtliche Abhandlungen und andere Aufsätze, 4. Auflage, 2010, S. 581–593.
Sodan, Helge: Kollegiale Funktionsträger als Verfassungsproblem, 1986.
–: Der Status des Richters, in: Isensee/Kirchhof (Hrsg.), Handbuch des Staatsrechts der Bundesrepublik Deutschland, 3. Auflage, Bd. V, 2007, § 113, S. 681–723.
Sofsky, Wolfgang/Paris, Rainer: Figurationen sozialer Macht. Autorität – Stellvertretung – Koalition, 1994.
Sommermann, Karl-Peter: Staatsziel und Staatszielbestimmungen, 1997.
–: Brauchen wir eine Ethik des öffentlichen Dienstes?, in: Kluth (Hrsg.), Verwaltungskultur, 2001, S. 39–56.
–: Staatszwecke, Staatsziele, in: Heun et al. (Hrsg.), Evangelisches Staatslexikon, Neuausgabe 2006, Sp. 2348–2355.
Starck, Christian: Die Bindung des Richters an Gesetz und Verfassung, VVDStRL 34 (1976), S. 43–93.
Steiger, Dominik: Der partizipative Staat. Beteiligung natürlicher Personen an der Ausübung von Staatsgewalt im Verfassungs-, Verwaltungs- und Prozessrecht, 2023.
Steinbach, Armin: Das Amt in einer Gesellschaft der Singularitäten, 2021, https://papers.ssrn.com/sol3/papers.cfm?abstract_id=3816087 [21.1.2023].
Steinberg, Rudolf: Faktoren bürokratischer Macht, Die Verwaltung 11 (1978), S. 309–334.
–: Politik und Verwaltungsorganisation. Zur Reform der Regierungs- und Verwaltungsorganisation unter besonderer Berücksichtigung der Obersten Bundesbehörden in den Vereinigten Staaten von Amerika, 1979.

Stern, Klaus/Sodan, Helge/Möst, Markus (Hrsg.): Das Staatsrecht der Bundesrepublik Deutschland im europäischen Staatenverbund, 2. Auflage, 4 Bd., 2022.
Stödter, Rolf/Thieme, Werner (Hrsg.): Hamburg – Deutschland – Europa. Beiträge zu deutschen und europäischen Verfassungs-, Verwaltungs- und Wirtschaftsrecht, FS Hans Peter Ipsen, 1977.
Stolleis, Michael: Gemeinwohlformeln im nationalsozialistischen Recht, 1974.
–: Grundzüge der Beamtenethik (1550–1650), Die Verwaltung 13 (1980), S. 447–475.
–: Gemeinwohl, in: Herzog et al. (Hrsg.), Evangelisches Staatslexikon, 3. Auflage, 1987, Sp. 1061–1064.
–: Das Menschenbild der Verfassung, in: Duncker (Hrsg.), Beiträge zu einer aktuellen Anthropologie, 2006, S. 369–378.
–: Geschichte des öffentlichen Rechts in Deutschland. Bd. 4: Staats- und Verwaltungsrechtswissenschaft in West und Ost 1945–1990, 2017.
Strauss, Anselm: Spiegel und Masken. Die Suche nach Identität, 1974.
Strecker, David: Macht, in: Gosepath/Hinsch/Rössler (Hrsg.), Handbuch der politischen Philosophie und Sozialphilosophie, 2008, Bd. 1, S. 751–756.
Stricker, Michael: Ehrenamt, in: Olk/Hartnuß (Hrsg.), Handbuch Bürgerschaftliches Engagement, 2011, S. 163–171.
Studienkommission für die Reform des öffentlichen Dienstrechts: Bericht der Kommission, 1973.
Sturm, Gerd: Die Inkompatibilität. Eine Studie zum Problem der Unvereinbarkeiten im geltenden deutschen Staatsrecht, 1967.
Summer, Rudolf: Die hergebrachten Grundsätze des Berufsbeamtentums – ein Torso, ZBR 1992, S. 1–6 = in: ders., Beiträge zum Beamtenrecht, 2007, S. 177–190.
–: Die Amtsbezeichnung – hergebrachter Grundsatz des Berufsbeamtentums und statusbestimmendes Regelungselement, PersV 1993, 342–348 = in: ders., Beiträge zum Beamtenrecht, 2007, S. 351–361.
Sutter, Kaspar: Vertrauen im Recht. Eine Theorie für den demokratischen Verfassungsstaat, 2020.
Sydow, Gernot/Wittreck, Fabian: Deutsches und Europäisches Verfassungsrecht I. Prinzipien, Institutionen, Verfahren, 2019.
Tenbruck, Friedrich H.: Zur deutschen Rezeption der Rollentheorie, Kölner Zeitschrift für Soziologie und Sozialpsychologie 13 (1961), S. 1–40.
Thiele, Alexander: Der gefräßige Leviathan. Entstehung, Ausbreitung und Zukunft des modernen Staates, 2019.
–: Allgemeine Staatslehre. Begriff, Möglichkeiten, Fragen im 21. Jahrhundert, 2. Auflage, 2022.
Thieme, Werner: Empfiehlt es sich, das Beamtenrecht unter Berücksichtigung der Wandlungen von Staat und Gesellschaft neu zu ordnen? Gutachten D zum 48. Deutschen Juristentag, 1970.
Thier, Andreas: Charisma, Sakramentalität und Amtskirche. Person, Institution und Amt in der Geschichte des kanonischen Rechts, JöR 64 (2016), S. 243–259.
Tocqueville, Alexis de: Über die Demokratie in Amerika, 2014.
Towfigh, Emanuel V.: Das Parteien-Paradox, 2015.
Trappe, Tobias/Palm, Judith (Hrsg.): Menschenbild und Menschenbildung. Eine Orientierung für die Ausbildung von Beamten an Verwaltungshochschulen, 2011.
Trute, Hans-Heinrich: Funktionen der Organisation und ihre Abbildung im Recht, in: Hoffmann-Riem/Schmidt-Aßmann (Hrsg.), Verwaltungsorganisationsrecht als Steuerungsressource, 1997, S. 249–295.
–: Die demokratische Legitimation der Verwaltung, in: Voßkuhle/Eifert/Möllers (Hrsg.), Grundlagen des Verwaltungsrechts, 3. Auflage, 2022, Bd. I, § 9, S. 551–653.

Türk, Klaus (Hrsg.): Handlungssysteme, 1978.
Uerpmann, Robert: Das öffentliche Interesse. Seine Bedeutung als Tatbestandsmerkmal und als dogmatischer Begriff, 1999.
Unruh, Peter: Der Verfassungsbegriff des Grundgesetzes. Eine verfassungstheoretische Rekonstruktion, 2002.
–: Religionsverfassungsrecht, 5. Auflage, 2024.
Vanberg, Victor: Markt und Organisation. Individualistische Sozialtheorie und das Problem kooperativen Handelns, 1982.
–: Kulturelle Evolution und die Gestaltung von Regeln, 1994.
Vesting, Thomas: Die Medien des Rechts: Sprache, 2011.
–: Staatstheorie, 2018.
–: Die Bedeutung von Information und Kommunikation für die verwaltungsrechtliche Systembildung, in: Voßkuhle/Eifert/Möllers (Hrsg.), Grundlagen des Verwaltungsrechts, 3. Auflage, 2022, Bd. I, § 20, S. 1465–1510.
Vismann, Cornelia: Akten. Medientechnik und Recht, 2000.
Vogel, Berthold: Arbeiten im Amt. Beschäftigungsverhältnis und Arbeitsbewusstsein im öffentlichen Dienst, APuZ 67 (2017), H. 14–15, S. 22–28.
Vogel, Klaus: Der Finanz- und Steuerstaat, in: Isensee/Kirchhof (Hrsg.), Handbuch des Staatsrechts der Bundesrepublik Deutschland, 3. Auflage, Bd. II, 2004, § 30, S. 843–878.
–/Tipke, Klaus (Hrsg.): Verfassung – Verwaltung – Finanzen, FS Gerhard Wacke, 1972.
Vogelgesang, Klaus: Ethos des Berufsbeamtentums in der Gegenwart, ZBR 1997, S. 33–37.
Vogt, Anne: Der Verzicht auf die weitere Ausübung eines politischen Führungsamtes. Der »Rücktritt« von Regierungsmitgliedern und Bundespräsidenten unter Berücksichtigung des öffentlich-rechtlichen Amtsverhältnisses, 2020.
Volkmann, Uwe: Zur heutigen Situation einer Verfassungstheorie, Der Staat 51 (2012), S. 601–615.
–: Grundzüge einer Verfassungslehre der Bundesrepublik Deutschland, 2013.
–: Rechts-Produktion oder: Wie die Theorie der Verfassung ihren Inhalt bestimmt, Der Staat 545 (2015), S. 35–62.
–: Was ist Recht? Und andere Fragen, die Juristen bis heute in Verlegenheit setzen, JöR 64 (2016), S. 281–308.
–: Allgemeine Grundrechtslehren, in: Herdegen/Masing/Poscher/Gärditz (Hrsg.), Handbuch des Verfassungsrechts. Darstellung in transnationaler Perspektive, 2021, § 16, S. 1051–1099.
Voßkuhle, Andreas/Eifert, Martin/Möllers, Christoph (Hrsg.): Grundlagen des Verwaltungsrechts, 3. Auflage, 2 Bd., 2022.
–/Kaiser, Anna-Bettina: Personal, in: Voßkuhle/Eifert/Möllers (Hrsg.), Grundlagen des Verwaltungsrechts, 3. Auflage, 2022, Bd. II, § 41, S. 1083–1179.
–/Sydow, Gernot: Die demokratische Legitimation des Richters, JZ 2002, S. 673–682.
Wahl, Rainer: Der Vorrang der Verfassung, Der Staat 20 (1981), S. 485–516.
–: Der Vorrang der Verfassung und die Selbständigkeit des Gesetzesrechts, NVwZ 1984, S. 401–409.
–: Staatsaufgaben im Verfassungsrecht, in: Ellwein/Hesse (Hrsg.), Staatswissenschaften – vergessene Disziplin oder neue Herausforderung?, 1990, S. 29–53.
–: Verwaltungsverfahren zwischen Verwaltungseffizienz und Rechtsschutzauftrag, VVDStRL 41 (1993), S. 153–192.
Waldhoff, Christian: Verfassungsgeschichte und Theorie der Verfassung, in: Depenheuer/Grabenwarter (Hrsg.), Verfassungstheorie, 2010, § 4, S. 119–152.
–: Entstehung des Verfassungsgesetzes, in: Depenheuer/Grabenwarter (Hrsg.), Verfassungstheorie, 2010, § 8, S. 289–348.

–: Hat Gnade im demokratischen Verfassungsstaat (noch) eine Daseinsberechtigung?, in: ders. (Hrsg.), Gnade vor Recht. Gnade durch Recht?, 2014, S. 131–149.
–: Parteien-, Wahl- und Parlamentsrecht, in: Herdegen/Masing/Poscher/Gärditz (Hrsg.), Handbuch des Verfassungsrechts. Darstellung in transnationaler Perspektive, 2021, § 10, S. 645–719.
–/*Grefrath, Holger:* Gehört Gott in die Verfassung? Die Präambel des Grundgesetzes, in: Anter/Frick (Hrsg.), Politik, Recht und Religion, 2019, S. 49–80.
– (Hrsg.): Gnade vor Recht. Gnade durch Recht?, 2014.
de Wall, Heinrich: Pfarrer und Kirchenbeamte, in: Anke/de Wall/Heinig (Hrsg.), Handbuch des evangelischen Kirchenrechts, 2016, § 6, S. 228–275.
Weber, Max: Die »Objektivität« sozialwissenschaftlicher und sozialpolitischer Erkenntnis (1904), in: ders., Gesammelte Aufsätze zur Wissenschaftslehre, hrsg. von Johannes Winckelmann, 1922, 7. Auflage 1988, S. 146–214.
–: Wirtschaft und Gesellschaft. Herrschaft (›1914‹), MWG I/22-4, 2005, MWS I/22-4, 2009.
–: Parlament und Regierung im neugeordneten Deutschland (1918), in: ders., Gesammelte Politische Schriften, hrsg. von Johannes Winckelmann, 1921, 5. Auflage, 1988, S. 306–443.
–: Politik als Beruf (1918/19), in: ders., Gesammelte Politische Schriften, hrsg. von Johannes Winckelmann, 1921, 5. Auflage 1988, S. 505–560.
–: Wirtschaft und Gesellschaft. Soziologie (1919/20), MWG I/23, 2013.
Weber, Werner: Parlamentarische Unvereinbarkeiten (Inkompatibilitäten), AöR 19 (1930), S. 161–254.
Weibezahn, Martin: Ethische Standards in der Verwaltung. Ein Beitrag zu Funktion und Legitimation des Amtes in der Bundesrepublik Deutschland unter Einbeziehung der angelsächsischen Perspektive, 2012.
Wendel, Saskia: Ethik/Ethisch, in: Frank/Baum/Kreutzer (Hrsg.), Lexikon philosophischer Grundbegriffe der Theologie, 2003, S. 128–132.
Wesel, Uwe: Der Gang nach Karlsruhe, 2004.
Wieland, Wolfgang: Dialektik I. Philosophisch, in: Betz et al. (Hrsg.), Religion in Geschichte und Gegenwart, Bd. 2, 1999, Sp. 806–808.
Wiese, Walter: Das Amt des Abgeordneten, AöR 101 (1976), S. 548–576.
Wilde, Manfred: Amt, in: Cordes/Lück/Werkmüller (Hrsg.), Handwörterbuch zur deutschen Rechtsgeschichte, 2. Auflage, seit 2008, Sp. 207–211.
Wilson, Thomas: Theorien der Interaktion und Modelle soziologischer Erklärung, in: Arbeitsgruppe Bielefelder Soziologen (Hrsg.), Alltagswissen, Interaktion und gesellschaftliche Wirklichkeit, 1973, S. 54–79.
Wischmeyer, Thomas: Informationsbeziehungen in der Verwaltung, in: Voßkuhle/Eifert/Möllers (Hrsg.), Grundlagen des Verwaltungsrechts, 3. Auflage, 2022, Bd. I, § 24, S. 1743–1798.
Wissenschaftsrat: Perspektiven der Rechtswissenschaft in Deutschland. Situation, Analysen, Empfehlungen, DrS 2558–12, 2012.
Wißmann, Hinnerk: Pädagogische Freiheit als Rechtsbegriff. Personales Handeln in der öffentlichen Verwaltung, 2001.
–: Verwaltungsrecht. Grundlagen, Strukturen, Herausforderungen, 2023.
Wittreck, Fabian: Empfehlen sich Regelungen zur Sicherung der Unabhängigkeit der Justiz bei der Besetzung von Richterpositionen? Gutachten G zum 73. Deutschen Juristentag, 2020.
Wolff, Heinrich Amadeus: Das rechtsstaatliche Prinzip, in: Stern/Sodan/Möstl (Hrsg.), Das Staatsrecht der Bundesrepublik Deutschland, 2022, Bd. I, § 15, S. 597–685.
–: Öffentlicher Dienst, in: Stern/Sodan/Möstl (Hrsg.), Das Staatsrecht der Bundesrepublik Deutschland, 2022, Bd. II, § 47, S. 621–656.

Yasin, Khawaja Asad: Öffentliche Ämter im Spannungsfeld rechtlicher Anforderungen und politischer Erforderlichkeit. Zur Anwendung des Grundsatzes der Bestenauslese auf politische Beamte, kommunale Wahlbeamte und Richter an den obersten Gerichtshöfen des Bundes, 2021.

Zezschwitz, Friedrich von: Das Gemeinwohl als Rechtsbegriff, 1967.

Zintl, Reinhard: Der Homo Oeconomicus: Ausnahmeerscheinung in jeder Situation oder Jedermann in Ausnahmesituationen, Analyse und Kritik 11 (1989), S. 52–69.

Zippelius, Reinhold: Allgemeine Staatslehre. Politikwissenschaft, 17. Auflage, 2017.

–/*Würtenberger, Thomas:* Deutsches Staatsrecht, 33. Auflage, 2018.

Register